Theologie angesichts des Digitalen

THEOLOGISCH-PHILOSOPHISCHE BEITRÄGE ZU GEGENWARTSFRAGEN

Herausgegeben von Susanne Dungs, Uwe Gerber, Hendrik Klinge, Lukas Ohly und Andreas Wagner

BAND 27

Zu Qualitätssicherung und Peer Review der vorliegenden Publikation

Die Qualität der in dieser Reihe erscheinenden Arbeiten wird vor der Publikation durch die Herausgeber der Reihe geprüft.

Notes on the quality assurance and peer review of this publication

Prior to publication, the quality of the work published in this series is reviewed by the editors of the series.

Roman Winter-Tietel / Lukas Ohly (Hrsg.)

Theologie angesichts des Digitalen

Beiträge zu den theologischen Herausforderungen durch Digitalität und Digitalisierung

PETER LANG

Lausanne - Berlin - Bruxelles - Chennai - New York - Oxford

Bibliografische Information der Deutschen Nationalbibliothek
Die Deutsche Nationalbibliothek verzeichnet diese Publikation in der Deutschen Nationalbibliografie; detaillierte bibliografische Daten sind im Internet über http://dnb.d-nb.de abrufbar.

Umschlagabbildung: Generiert mit Künstlicher Intelligenz (KI) unter Verwendung von Canva (Text to Image).

ISSN 2194-1548
ISBN 978-3-631-89588-7 (Print)
E-ISBN 978-3-631-90998-0 (E-PDF)
E-ISBN 978-3-631-90999-7 (EPUB)
DOI 10.3726/b21281

Verlegt durch:

Peter Lang GmbH, Berlin, Deutschland

info@peterlang.com http://www.peterlang.com/

Inhalt

Roman Winter-Tietel

Einleitung

Dass in Zeiten revolutionärer Veränderungen die *Ethik* eine bedeutsame Rolle in der Gesellschaft einnimmt, verwundert wohl nicht. Bedeutsame Umbrüche, ob in der Technik, den Medien oder der Wirtschaft, evozieren neue Formen des sozialen Miteinanders und rufen daher eine (ethische) Überprüfung der etablierten Interaktionen der gesellschaftlichen Subjekte auf den Plan. Überall, wo Menschen miteinander interagieren, ist daher eine moralische Dimension ihres Lebens berührt. In den gegenwärtigen Zeiten hat sich die menschliche Interaktion nicht nur anteilig in das virtuelle Netz von Sozialen Medien und Plattformen verlagert, sondern sie wird darüber hinaus durch nicht-menschliche Akteure angereichert oder konstituiert, wenn nicht gar konterkariert. Diese Verbindung von algorithmischen Intelligenzen und fleischlichen Menschen zu einem Gefüge aus digitaler und lebendiger Lebenswelt hatte u.a. Stalder (2016) als eine Kultur der Digitalität beschrieben. Forschende nach ihm, aber auch nicht wenige vor ihm haben mit ethischen Impulsen zu dieser neuen Perichorese der Lebenswelt Stellung bezogen. Die Theologische Ethik war in dieser Debatte sicherlich nicht lautstark, aber durch Theologen wie *Lukas Ohly* mindestens seit Beginn an prominent vertreten.

Als die Herausgeber im Jahr 2022 den titelgleichen Workshop planten, waren ihre Überlegungen von diesem langjährigen Eindruck (der Prominenz der Theologischen Ethik beim Thema Digitalisierung) geleitet. Es ging darum, einen ergänzenden Impuls zu geben, bei dem auch die Dogmatik eindringlicher in den Diskurs eintritt. Es ist nämlich bezeichnend, dass in der beschriebenen gesellschaftlichen Transformation gerade seitens der Ethik Stellungnahmen erwartet und teilweise gegeben werden. Von der Dogmatik jedoch – wie vielleicht von der Theologie insgesamt – werden in den gesellschaftlichen und politischen Debatten, die um die Gestaltung einer menschlichen Zukunft (auch betreffs eines Zusammenlebens mit nicht-menschlichen Akteuren) kreisen, keine Antworten (mehr) erhofft – so scheint es. Bernhard Lauxmann wird in diesem Band konstatieren, dass dieser Eindruck zu Recht besteht und darin begründet ist, dass die Dogmatik eine „rückwärtsgewandte" sowie am „Wort" verhaftete und damit scheiternde Disziplin ist. Ein harsches Urteil, das vielleicht nicht nur für die Dogmatik, sondern die gesamte Theologie gilt? Jedenfalls läge darin ein möglicher Grund ihrer gesellschaftlichen, politischen und visionären Irrelevanz.

Denn entweder könnte sie sich nur zur Kritik am Bestehenden und Neuen hinreißen, ohne ernsthafte Alternativen zu präsentieren, oder ihre so vermeintlichen Alternativen und Visionen wären nichts weiter als Wiederholungen des Vormaligen und in der Vergangenheit Gebliebenen. Solche Antworten braucht die gegenwärtige Gesellschaft (die westlich-demokratische jedenfalls) scheinbar nicht mehr. In Zeiten, in denen Antworten auch durch Künstliche Intelligenzen (KI) gegeben werden (können), richtet man den Blick nicht länger zurück, um nicht zu Stein zu erstarren.

Befragt man etwa eine solche KI – im konkreten Fall handelt es sich um ein Interview, das Roman Winter-Tietel mit *ChatGPT* im Januar 2022 geführt hat – zum Thema der zukünftigen Arbeitswelt, antwortet sie, dass es im Zuge der Integration von KI-Systemen in die menschliche Lebens- und Arbeitswelt wahrscheinlich zu offenkundigen Neuerungen kommen wird. *Eine* konkrete Erweiterung der Arbeitsfelder wird in Zukunft, neben der Datenanalyse und Entwicklung von KI, die *ethische* Reflexion darüber sein, wie „KI-Systeme immer mehr in unser Leben eingebettet werden" (ChatGPT) können. Scheinbar sehen nicht allein also die (heutigen) Menschen einen Relevanzbedarf an ethischer Reflexion der gegenwärtigen und zukünftigen Lage der Digitalität. *Was* kann die Theologie und insbesondere die Dogmatik zu diesem Diskurs beitragen? *Warum* sollte sie überhaupt etwas dazu beitragen? Auf die letzte Frage gibt es immerhin begründete Antworten.

Die Dogmatik reflektiert zwar neben der Geschichte des christlichen Glaubens(verständnisses) die dazugehörigen Lehrinhalte. Sie ist jedoch dezidiert, wie die Praktische Theologie auch, auf die Gegenwart und Zukunft gerichtet, für die sie eine gesellschaftlich-relevante Hermeneutik formuliert, um damit vom christlichen Glauben Rechenschaft und vielleicht sogar Zeugnis[1] abzulegen. Um dieser Aufgabe angemessen zu begegnen, evaluieren TheologInnen in systematisch-theologischer Manier ihre Lebenswelt und entwerfen Deutungen und Positionierungen im Sinne des Christlichen. Aus der inhärenten Dynamik der Systematischen Theologie erwächst mithin ihre Bewegung zur Reflexion der Lebenswelt. Ob ihr das gelingt, hängt allerdings nicht unwesentlich von ihrer Methodik ab. An dieser Stelle kann man ein teilweise scheiterndes Vorgehen beobachten, das vielleicht die tendenziöse Irrelevanz der Theologie für die Gesellschaft erklären könnte. Die Gründe dafür sind vielfältig und werden in diesem Band von Ohly und Lauxmann in ihren Beiträgen diskutiert.

---

1 Sofern die Theologie als Aufgabe und Funktion der Kirche verstanden wird.

Unumstritten scheint hingegen der Umstand, dass die Systematische Theologie ihre Aufgabe in der je eigenen Gegenwart hat. Und da die gegenwärtige Situation, wie vielleicht nie zuvor, von einer technologischen Welle (die u.a. als Digitalisierung gelabelt wird) erfasst ist, ist es nur folgerichtig, dass diese digitale Lebenswelt auch das systematisch-theologische Denken selbst mitreißt. Darum soll dieser Trend in diesem Band reflektiert werden.

Dabei wird die Schlüsselkompetenz für den Erfolg der theologischen Forschung möglicherweise darin liegen, inwieweit es der Theologie gelingt, ihrer eigenen Methodik und Sache treu zu bleiben. Es ist immer wieder beobachtet worden, dass die Theologie gerade dann zum Scheitern verurteilt ist, wenn sie in ihren deutenden Modellen und sinngebenden Symbolen meint, die Welt besser erklären zu können als die der Sache eigentlich entsprechenden Wissenschaften. Am Paradigma der Schöpfung kam diese Einsicht etwa darin zum Ausdruck, dass die Theologie nicht länger von Weltentstehungserklärungen und -theorien redet, die neben den naturwissenschaftlichen stehen, sondern von Sinn und Lebensdeutungen (im Anschluss an Luthers Auslegung der Schöpfung[2]) durch religiöse Symbole. Gegenwärtig gehört Ingolf Dalferth zu den prominentesten Vertretern einer genuin theologischen Methode;[3] jedenfalls wäre es nicht vermessen zu sagen, dass sein Lebenswerk auf dieses Vorhaben ausgerichtet ist. Mit großer Klarheit hat er das etwa in seinem Auferstehungsaufsatz[4] gezeigt: Solange die Theologie meint, die Auferstehung anders erklären zu können als ihr angemessen *qua* theologische Methode, nämlich stattdessen durch einen Rekurs auf historische, physikalische oder psychologische Methoden – solange wird die Theologie fehlgehen. Bezieht man diesen kritischen Blick auf die Digitalität, wird man zu dem Schluss kommen: Sie ist keine Sache der Dogmatik! Daher scheint es verfehlt, theologische Erklärungen für die Digitalität zu erwarten. Das

---

2 Vgl. Kleiner Katechismus, Zweites Hauptstück, Erster Artikel.

3 Es wäre vielleicht falsch, von „der" theologischen Methode schlechthin zu sprechen. Worauf ich allerdings hinweisen will, ist der Umstand, dass die Theologie ihre eigene Sache stets verfehlt, wenn sie diese unter methodischen Charakteristiken der Wissenschaften des Seienden untersucht. Der theologische Gegenstand ist nicht das Seiende. Die Theologie kann zwar auf die Methodik anderer Wissenschaften zurückgreifen – und sie hat faktisch immer mit ihnen zu tun –, darin aber nie aufgehen, weil es ihr um das geht, „ohne das es nichts von alldem geben könnte: Gott". Ingolf Dalferth: Volles Grab, leerer Glaube? Zum Streit um die Auferweckung des Gekreuzigten. In: ZThK 95.3. 1998. S. 379–409. Hier S. 382. Ist aber Gott der Gegenstand der Theologie, ist nur die *theo*logische Methode ihm angemessen.

4 Vgl. Ebd.

können andere Wissenschaften – u.a. die Ethik – besser. Dennoch hat sich die Dogmatik mit dieser Einsicht noch nicht von der Digitalität verabschiedet. Der zentrale Bezugspunkt für sie ist nicht das *Phänomen*[5] der Digitalität als Untersuchungsgegenstand, sondern ihre *Wirkung* auf den Theologievollzug und den christlichen Glauben. Weil mit guten Gründen anzunehmen ist, dass sich beide transformieren, ist eine theologische Reflexion dazu nötig. Da der Glaubensvollzug und die relevanten existentiellen Glaubensgehalte heute unter andere – und zum Teil neue – Bedingungen gestellt sind, ist die theologische Forschung sinnvoll. Wenn etwa behauptet wird, dass Menschen durch Virtualität oder Cloud-Systeme auferstehen oder ewig leben könnten, so ist es eine theologische Aufgabe, aufzuklären, was Ewiges Leben (eigentlich) bedeutet.

Dass die Systematische Theologie diese Aufgabe und ihre Sache in der Tat nicht mehr länger ignoriert, zeigen die mannigfaltigen Publikationen zum Thema, die gerade in den letzten Jahren Konjunktur erleben. Genannt seien an dieser Stelle nur zwei: der Digitalitätsband von W. Beck, I. Nord und J. Valentin[6] sowie die EKD-Denkschrift „Freiheit digital“[7]. Die hier vorgelegten Workshopergebnisse reihen sich ohne Zweifel in diese Debatte ein, setzen aber eigene Schwerpunkte. So war es von Beginn an für die Herausgeber ein Anliegen, gerade junge AkademikerInnen, also *digital natives*, in den Forschungsdiskurs einzubinden, um diesen TheologInnen und PhilosophInnen eine Stimme zu verleihen. Entsprechend müssen die Beiträge auch eingeordnet werden: Sie sind Versuche seitens kreativer Köpfe, die gegenwärtige Dynamik der Digitalität für die Theologie so fruchtbar zu machen, dass innovative Forschung dabei entsteht, ohne Verwerfungen (aber durchaus Kritik) auszusprechen.

Damit soll nicht der Digitalität oder einem „Zeitgeist“ unkritisch das Wort geredet werden. Alle hier versammelten Beiträge sind sich der Problemlage, die durch die Digitalität und die damit einhergehende teils fragwürdige Nutzung der Daten aus der Privatsphäre für die gegenwärtige und zukünftige Arbeitswelt, für die Ethik und die Anthropologie sowie für das menschliche Selbstverständnis entstehen, umfänglich bewusst. Nicole Kunkel, Kathrin Burghardt, Christian Schlenker und Winter-Tietel werden darauf ausführlich eingehen.

Was die hier präsentierte theologische Forschung u.a. leitet, ist darüber hinaus noch etwas anderes. Zunehmend lässt sich ein Sachverhalt beobachten, den

5 Eventuell könnte man aber sagen, dass der Bezugspunkt der Theologie die *Phänomenalität* als solche sei.

6 Theologie und Digitalität. Freiburg 2021.

7 Leipzig 2021.

die Theologie bis jetzt (völlig) vernachlässigt hat und der ihr zum Verhängnis werden könnte, nämlich ihre eigene Perichorese durch die Digitalität. Ohly wird das in seinem Beitrag zuweilen die „Kolonialisierung" der Theologie nennen. Gemeint ist damit die Beobachtung, dass theologisch Forschende oder Kritisierende eine Perspektive zum Thema Digitalität einzunehmen meinen, die scheinbar davon gefeit ist, in den digitalen Sog gezogen zu werden, d.h. eine Perspektive, in der sich die Forschenden frei von der digitalen kulturellen Dynamik wähnen. Ihre kritische Metasicht scheint sich außerhalb der technischen und sozialen Dynamiken zu befinden, sodass ihnen ein unverzerrter Blick auf die Digitalität gelingt. Doch ist hierbei wohl in Zweifel zu ziehen, wie das denn möglich sein soll. Ist die Theologie etwa kein Teil der Lebenswelt, und können TheologInnen eine Vogelperspektive einnehmen im Gegensatz zu allen anderen Wissenschaften? Beides ist fragwürdig. Daher rührt unser Verdacht, dass die Theologie der Digitalität unlängst auf den Leim gegangen ist. Sie mag die Digitalität kritisieren oder loben, ist aber je schon in ihrem Fahrwasser, sodass auch ihre Kritik selbst eine „digitale" ist.

Seit einiger Zeit verfolgen die Herausgeber eine Reflexion dieser Problematik. Sie sehen aktuell zwei Möglichkeiten, wie die Theologie mit dieser Involviertheit umgehen kann. Die erste Möglichkeit wird in Ohlys Beitrag angedeutet. Er skizziert im Schluss seines Artikels einen Lösungsvorschlag durch eine Rückführung auf die Reflexion des hermeneutischen Zirkels, in dem die Theologie je schon lebensweltlich beheimatet ist, weil sie aus dem Widerfahren des Glaubens „west". Ohlys Pointe ist dabei, dass sich die Theologie auf ihr *zirkuläres Verstehen* besinnen sollte. Das zirkuläre Verstehen setzt beim Vorverständnis an, das sich nicht herstellen lässt, sondern stets nur ereignet. In dem Rekurs auf das Vorverständnis entsteht eine „Selbstdistanz im Selbstvollzug"; eine Distanz, die just eine Perspektive auf die Digitalität erlauben könnte, ohne von ihr okkupiert zu sein.

Eine andere Möglichkeit des theologischen Zugangs zur Digitalität scheint in den Beiträgen von Schlenker und Winter-Tietel auf. Während es bei der ersten Möglichkeit um eine kritische Distanz im Vollzug *unter* den Bedingungen der Digitalität geht, folgt die zweite Möglichkeit einer Ausrichtung auf die genuine Quelle theologischen Denkens *trotz* der Bedingungen der Digitalität: die Selbstoffenbarung. In der Linie dieses theologischen Zugangs lassen sich gegenwärtig Denker wie Jean-Luc Marion[8] oder Michel

8 Vgl. Jean-Luc Marion: Gegeben sei. Entwurf einer Phänomenologie der Gegebenheit. Freiburg 2015.

Henry[9] benennen. Worum es dabei geht, kann man wie folgt skizzieren: Verneint man die Annahme, dass die lebensweltliche *Erfahrung* eins sei mit der *Quelle* der Glaubenserfahrung, das heißt die Annahme, dass der göttliche und der menschliche Geist eins seien,[10] so folgt daraus der Schluss, dass es unterschiedliche Quellen von Erfahrung geben muss. Entweder also lässt sich die Glaubenserfahrung aus der menschlich-lebensweltlichen Erfahrung herleiten oder eben nicht. Gesetzt den Fall, es gebe eine andere Quelle der Glaubenserfahrung – eine Glaubenserfahrung, die zwar (selbstverständlich) *in* der menschlich-lebensweltlichen Erfahrung sich phänomenalisiert, nicht aber *aus* ihr entspringt, dann könnte die Theologie im Rekurs auf diese Quelle eine Position einnehmen, die gerade *nicht* lebensweltlich imprägniert ist, weil die Glaubenserfahrung und die Position nicht *aus* der Lebenswelt stammen. Und in der Tat hat die christliche Theologie (fast durchweg) eine solche Quelle behauptet oder angenommen, die sie mit dem Begriff der Offenbarung symbolisiert hat. Eine wesentliche Charakterisierung dieser Quelle war ihre Nicht-Phänomenalisierung im Horizont der Welt.[11] Dass hierbei *nicht* auf eine supranaturale Offenbarung rekurriert wird, dürfte unlängst aus der Nennung von Denkern wie Marion oder Henry klar sein. Es sei mit ihnen darauf hingewiesen, dass es eine Erfahrung *in* der menschlich-lebensweltlichen Erfahrung gibt, die nicht *aus* ihr stammt, sondern widerfahren ist aus den *Bedingungen der Möglichkeit* für Erfahrung überhaupt. Diese Bedingung der Möglichkeit für die *Glauben*serfahrung hat die Theologie die Selbstoffenbarung Gottes genannt. Es lassen sich für diesen Sachverhalt aber auch andere analoge Nicht-Phänomene mit ihren phänomenalen Substituten in Anschlag bringen, nämlich (alle?) Substituten, die ihren Urgrund in einem nicht-phänomenalen *Widerfahrensmoment* (oder einer Gabe) haben: Freisein und Lebendigkeit. Gemeinsam ist ihnen, dass sie zwar *in* der menschlich-lebensweltlichen Erfahrung ausgewiesen werden können, aber gerade nicht mit

9 Vgl. Michel Henry: Inkarnation. Eine Philosophie des Fleisches. Freiburg 2002; Ders.: Ich bin die Wahrheit. Für eine Philosophie des Christentums. Freiburg 1997.

10 Darauf hat Tillich kritisch hingewiesen und sich selbst gegen die Vereinheitlichung ausgesprochen. Vgl. Paul Tillich: Systematische Theologie I–II. Hrsg. von Christian Danz. 9. Aufl. Berlin 2017. S. 50.

11 Gerade Sören Kierkegaard hat mit großer Vehemenz die Unmöglichkeit einer direkten Einsicht der Offenbarung vertreten und sie als Geheimnis verstanden: „Eine Offenbarung, damit dass es eine Offenbarung ist, wird durch ihr Gegenteil erkannt, und das ist das Mysterium. Gott offenbart sich – das wird dadurch erkannt, dass er sich verbirgt. Daher: nichts von dem ist direkt." Niels Jørgen Cappelørn u.a. (Hg.): Søren Kierkegaards Skrifter. Bd. 24. København 2007. [NB22:14] S. 113. Meine Übersetzung.

ihr identisch sind,[12] weil sie aus einer anderen Quelle herrühren. Die Quelle selbst ist mithin kein *Phänomen* im Horizont der *Welt* (weil sie *als solche* nicht erscheint), wohl aber Bedingung der Möglichkeit, dass überhaupt etwas erscheint.[13] Henry hat das mit dem Leben der Lebendigen so umschrieben:

> Das Leben hat keine phänomenologische Existenz, wenn wir darunter einen spezifischen Phänomenalisierungsmodus der reinen Phänomenalität verstehen. Die phänomenologische Nichtexistenz des Lebens in diesem radikalen Sinne führt wiederum zu der [...] Substitution, die als eines der beständigsten Merkmale des abendländischen Denkens erkannt wurde, nämlich zur Substitution des Lebens des Lebendigen durch dessen Bezeichnung als lebendig Seiendes. [...] Wie jedes Seiende jedoch hat es sein Sein nur durch seine Eigenschaft *als Phänomen*.[14]

Das Leben (nach Henry) (so wie auch die Freiheit oder der Glaube) ist kein *Phänomen* der ekstatischen Welt. Es ist eine Selbstimpression menschlich-lebendigen Fleisches, deren phänomenale („sichtbare") Form die der Qualia ist und ihr Substitut das lebendig Seiende.

> Was dem ‚Leben' als Selbstoffenbarung eigentümlich ist, besteht folglich darin, daß es sich selbst offenbart. Diese scheinbare Tautologie beinhaltet zwei Bedeutungen [...]. Einerseits will Selbstoffenbarung heißen, wenn es sich um das Wesen des Lebens handelt, daß das Leben offenbart, diese Offenbarung vollzieht. Andererseits ist jedoch auch *das Offenbarte das Leben selbst.* An dieser Stelle unterscheidet sich also der dem Leben eigentümliche Offenbarungsmodus grundlegend von dem der Welt. Denn auch die Welt offenbart, läßt offenbar werden, aber in einem ‚Außen', indem sie jedes Ding [...] außer sich wirft, so daß das Ding sich immer nur als anders, verschieden und äußerlich im Medium radikaler Außenheit zeigt, die das ‚Außer-sich' der Welt ist.[15]

---

12 Menschen verstehen sich als frei und lebendig. Dieses Erleben und Verstehen ist aber selbst *nicht* Leben und Freiheit; letztere sind Bedingung der Möglichkeit für erstere. Kant hatte diesen Sachverhalt mit der Seele festgestellt und ihr daher bescheinigt, eine regulative Idee zu sein, weil sie nicht vorgestellt (vor-sich-stellen; im Licht erscheinen) werden kann.

13 Im gewissen Rahmen gilt dieser beschriebene Sachverhalt sogar für die Hermeneutik und Phänomenologie von Dalferth. In seinem Buch über Sünde legt er die Emphase gerade darauf, dass Sünde nicht als Phänomen erscheint, weil sie einen Existenzmodus des Menschen beschreibt. Sie ist, so könnte man interpretieren, die Bedingung der Möglichkeit für ein sündiges Leben, aber nicht mit dessen phänomenalen Gehalt identisch. Vgl. Ingolf U. Dalferth: Sünde. Die Entdeckung der Menschlichkeit. Leipzig 2020. S. 9–18.

14 Henry: *Ich bin die Wahrheit.* S. 67. Hervorheb. R. W.-T.

15 A.a.O. S. 47. Hervorheb. im Original.

Die Theologie hat diese Quelle die *Selbstoffenbarung Gottes* genannt, wobei sie an dieser Stelle eine *Deutung* vornimmt, die ihr indes *widerfährt* – nämlich in der Selbstoffenbarung Gottes in Jesus Christus. Henry hat diese Quellen ebenfalls als Gott verstanden, hat sie aber zugleich mit dem Leben identifiziert, das sich fleischlich selbstaffiziert. Weil die Quelle der Glaubenserfahrung nicht mit der menschlich-lebensweltlichen Erfahrung in eins fällt, darf die Theologie davon ausgehen, dass es außer der lebensweltlichen Erfahrung als Quelle (eine) andere Quelle(n) der Erfahrung von Freisein, Lebendigkeit und Glauben gibt,[16] die genuin die Möglichkeit einer lebensweltdistanzierten Theologie evoziert. Lässt die Theologie diese Quelle in ihrer Selbstimpressionalität gelten und ihre Kategorien sich von ihr vorgeben, darf eine Perspektive auf die Digitalität geltend gemacht werden, die *extra nos* ist. Und das wäre die andere Möglichkeit, wie theologisch über die Transformation christlicher Glaubensinhalte und -vollzüge geurteilt werden kann.

In diesem Band gehen wir den genannten Möglichkeiten eines theologischen Zugangs zur Digitalität nach. Diese Wege erscheinen zwar gangbar, müssen sich aber in der theologischen Praxis erst bewähren. Der Band hält die ersten Ergebnisse dazu fest, ohne eine Vollständigkeit oder Makellosigkeit der Reflexion zu behaupten.

***

Diesem Themenkomplex widmete sich also der damalige Workshop „Theologie angesichts des Digitalen" in Frankfurt 2022. TheologInnen und PhilosophInnen haben dogmatische und ethische Entwürfe präsentiert, die skizzieren, wie mit der Digitalität auf Augenhöhe umgegangen werden kann. Der Band ist in drei Sektionen unterteilt. Ohly und Lauxmann werden in *Verortungen und Aufgaben* aus der systematisch-theologischen und praktisch-theologischen Perspektive einerseits in den theologischen Digitalitätsdiskurs und andererseits in die Herausforderungen gegenwärtiger Dogmatik einleiten.

Ohly gewährt einen Überblick über die theologische Digitalitätsforschung. Er reflektiert ihre Einflüsse und Diskursfelder in den jeweiligen dogmatischen Topoi und benennt ein zentrales Problem der Theologie vor dem Hintergrund der Digitalität: Ihre eigene Blindheit für die Imprägnierung durch

16 An dieser Stelle ist ontologische Enthaltung geboten. Es lässt sich nur mit Spekulation etwas über den Status der Quelle(n) sagen. Da sie ein Geheimnis ist, das sich indirekt in Phänomenen kundgibt, wird es nicht wie ein Rätsel gelüftet. Daher werden auch Begriffe wie Transzendenz o.ä. als Charakteristika hier vermieden.

digitale Muster. Einen aktuellen Diskussionsbedarf erkennt er im Verständnis des Online-Abendmahls, wobei er an dieser Stelle seine eigene Position in Spiel bringt.

Lauxmann wiederum macht auf die Abhängigkeit der Dogmatik von ihrer (medialen) Tradition aufmerksam. Als Praktischer Theologe wagt er einen Blick über die Grenzen seines Fachs mit einem Plädoyer für eine zeitgemäße Dogmatik. Kern seiner Argumentation ist die dogmatische Verortung der Ev. Theologie in der Zeit der Reformation, womit zugleich die mediale Lebenswelt der Reformatoren übernommen wird. Dem Buch und dem Wort verhaftet, fehlt der Systematischen Theologie die Ressource, die Pluralität und Singularität der gegenwärtigen medialen Entwicklung zu verstehen.

In dieser Sektion spiegelt sich daher pointiert die bereits oben beschriebene Problematik der Theologie in einer medialen und kulturellen Umbruchszeit: Ihr Verhaftetsein in einem wenig reflektierten Vorverständnis – oder ihre Mimesis der medialen Transformation. Beide Tendenzen lassen sich auch im Streit um das Online-Abendmahl beobachten: Entweder es herrscht Ablehnung vor, weil man in den alten medialen Formen verhaftet bleibt und kein Verständnis für die Transformation mitbringen kann – oder man begrüßt die Neuerungen, indem man z.B. auf den kontinuierlichen (und zweifellos vorhandenen) Gemeinschaftsaspekt im Online-Mahl verweist, und übersieht so, dass der Sinn des Abendmahls vielleicht gerade in der Diskontinuität und dem Bruch mit der Welt verborgen liegt; mithin übersieht man die Pointe des Abendmahls, weil nur noch die korrelative Methode zentral wird.

Die zweite Sektion *Philosophie und Theologie* versammelt die Beiträge, die sich an der Grenze der beiden Disziplinen bewegen. Sie sind systematisch-theologischer Natur, insofern es den Beiträgen darum geht, den christlichen Glauben in der Gegenwart kritisch zu reflektieren und seine Formen in der Digitalität aufzuspüren.

Hendrik Klinge widmet sich in seinem Beitrag den Überlegungen zum Virtualitätsbegriff. Er zeigt dabei auf, dass dieser vielfach in der theologischen Tradition – der Sache nach – begegnet. Heute wird der Virtualitätsbegriff dort prominent gebraucht, wo von „Welten“ die Rede ist. Hier will Klinge mit einer ontologischen Differenzierung eingreifen, in dem er die virtuellen Welten in eine kommunikative Ontologie einordnet. Er überträgt seinen Vorschlag auf das, was man gemeinhin Realität versteht und prüft, ob nicht auch diese durch eine kommunikative Ontologie konstituiert sei. Dabei kommt er zu einer provokanten These, nämlich, dass sich Gott in den virtuellen Welten nicht offenbaren kann.

Auch Daniel Rossa rekurriert auf den Virtualitätsbegriff, vorwiegend jedoch als einer zentralen Kategorie für eine Negative Theologie. Hier sieht er u.a. die

Anwendungsfelder in der Liturgie. Die Rekonstruktion der Negativen Theologie erfolgt über Gregor von Nyssa. Der Beitrag ist in weiten Teilen begriffsgeschichtlich aufgebaut, wobei die Transformation des Virtualitätsbegriffs von der Alten Kirche bis in die Gegenwart skizziert wird. Systematisch-theologisch pointiert Rossa die Virtualität als ein Kennzeichen menschlicher Existenz, weil der Mensch seinen Horizont der Lebenswelt (u.a. im Glauben) zu transzendieren vermag und dies seinen virtuellen Existenzmodus beschreibt. Im Schluss werden Beispiele für ästhetische Entwürfe in der Kunst und Liturgie gegeben, die Virtualität unter Anwendung negativer Immersionsbrüche demonstrieren.

Kathrin Burghardt geht der Frage nach, ob künstlich-intelligente Systeme ein (Selbst)bewusstsein haben oder es entwickeln können. Ihr *discrimen rerum* zwischen KI-Systemen und Menschen ist dabei das *Verstehen*, das sich einem widerfahrenen Vorverständnis verdankt und daher gerade nicht simuliert oder hergestellt werden kann. Maschinen, so Burghardt, können nur informiert werden, nicht aber verstehen. Ihre Position stützt Burghardt mit Rekurs auf Bultmann und Heidegger, die für die Verfasserin eine sachgemäße Beschreibung des „Daseins" bereitstellen.

Winter-Tietel widmet sich der Reflexion der Digitalität als eines technischen Phänomens. Er erschließt das „Wesens der Technik" mithilfe der Kritik Tillichs und Heideggers. Dabei wird die Metapher *Gestell* rekonstruiert und für die Digitalität mit dem hermeneutischen Begriff der „Deutung" angereichert. Winter-Tietel betont, dass die Technik nicht die „Welt" verändert, sondern das Selbstverständnis des Menschen im Gegenüber zu ihr. Es geht also um eine daseinshermeneutische Pointe. So zeichnet er einen hermeneutischen Gegensatz zwischen Glauben und Technik, wobei die Zuspitzung der technischen Übergriffe in der Kontingenzverhinderungspraxis zu sehen sind. Hierbei wird Kontingenz von einer *Gabe* in die *Habe* umgedeutet.

Die dritte Sektion *Ethik und Leben* bündelt die Beiträge zu ethischen Fragestellungen. Kennzeichnend für diese Sektion ist ihre konkrete Situierung in der gegenwärtigen Lebenswelt, wobei Teile davon auch als Angewandte Ethik gelten können.

Nicole Kunkel richtet ihren Fokus auf die Unterscheidung zwischen Autonomie und Selbstregulation als Differenzkriterium zwischen Maschinen und Menschen. Sie plädiert dafür, den Begriff der Autonomie nicht mehr länger für KI-Systeme zu gebrauchen, weil Autonomie hier einerseits nicht sachgerecht und andererseits ethisch auch nicht wünschenswert ist. Darüber hinaus reflektiert Kunkel die prägenden Dynamiken der Techniknutzung auf die Lebenswelt, u.a. mit Rückgriff auf Bruno Latour. Zum Schluss ordnet Kunkel die Technik in eine schöpfungstheologische und providentiale Perspektive ein.

Tijana Petković reflektiert aus der Perspektive der Orthodoxen Theologie die menschlich hervorgebrachte Technik und ihre Entwicklung im Lichte göttlicher Fürsorge und eschatologischer Transformation hin zur Theosis. Konkret geht sie der Frage nach, ob die Technikentwicklung als Teil des Theosisprozesses verstanden werden kann. Ihr zentraler Kronzeuge für diesen Gedanken ist der russische Forscher Sergey Horuzhy. Seine mystische Philosophie sowie den orthodoxen Synergiegedanken nutzt Petković für eine technisch-theologische Theosisrevision.

Schlenker rückt die christlich-eschatologische Hoffnung in den Mittelpunkt. Mit einer Gegenüberstellung von künstlich-intelligenter Zukunftsberechnung und menschlich-paradoxer Hoffnungserwartung thematisiert er die Unterscheidung zwischen Hoffen und Vorwegnehmen. Besonders in der Philosophie Kierkegaards entdeckt er die sachgemäße Beschreibung menschlicher Hoffnung als einer Erwartung des Guten gegenüber der menschlichen Verzweiflung, wie sie Kierkegaard immer wieder zum Thema macht.

Ulrike Sallandt beschließt den Band mit einem ethischen Entwurf ihrer Theologie des Verlassens. Sie versteht dabei die zentrale Aufgabe der Theologie in einer ethischen Reflexion der menschlichen Gottesbeziehung als Raumgabe. Die Metapher des Raumes wird dabei in der Nähe zum *spatial turn* als ein sich immer wieder vollziehender Beziehungs- und Diskursraum verstanden. Dieser ist in der Digitalität einer Transformation unterworfen, die noch undeutliche Konsequenzen für die Theologie bereithält. Sallandts Votum will hier auf christologische und ethische Aufgaben aufmerksam machen.

***

Mit einer „Theologie angesichts des Digitalen“ ist ein Thema aktueller und allererster Güte berührt. Dabei geht es um nicht weniger als die Positionierung der Theologie in der gegenwärtigen Debatte um die Digitalität. Zugleich verbindet sich damit wohl auch die Frage nach einer Zukunftsbereitschaft der Theologie als solcher, da die medialen Veränderungen und die technischen Entwicklungen zurecht als derart einschneidend betrachtet werden, dass ihnen das Label *Revolution* zukommt. Der vorliegende Band, der fundamentaltheologische, systematisch-theologische, religionsphilosophische und ethische Reflexionen zu dieser Transformation versammelt, mag nur ein „kleiner Tropfen im Ozean“ der Ideen sein. Doch freilich wünschen ihm die Herausgeber und AutorInnen dieses Bandes die Wirkung, die zuweilen von solchen Tropfen ausgehen kann: Dass sie nämlich eine Welle in Gang setzen, die langfristig die akademische Theologie verändern wird.

Wir sind dankbar für die vielen finanziellen Zuwendungen, die unser Projekt sowie die Drucklegung ermöglicht haben. Die EKHN, EKKW und EKD (Digitalinnovationsfonds) förderten sowohl die Tagung als auch die Open-Access-Publikation. Darüber hinaus gilt der Dank dem Verein Freunden und Förderer sowie der Graduiertenakademie der Goethe Universität Frankfurt, insbesondere dem Zentrum für Religionsforschung und Theologie (RuTh). Marcus Beier danken wir für das Lektorat des englischen Textes; Carl Henrich unterstützte uns bei den Korrekturen der deutschen Texte.

Verortungen // Aufgaben

Lukas Ohly

Noch etwas vergessen? *Theologische Aufnahmen der Digitalität und ihre blinden Flecken*

Breite Denkbewegung

„Digitalisierung" bildet einen Containerbegriff für so unterschiedliche Phänomene wie Künstliche Intelligenz, Robotik, Virtuelle Welten, smarte Kommunikationstechniken und BIG DATA, deren Gemeinsamkeit nicht hinreichend damit erfasst wird, dass sie „digital" sind. Denn digital ist schon das geschriebene Wort,[1] das aber nicht ausdrücklich mitbesprochen wird, außer wenn es mit einem der obigen Unterthemen verglichen wird (Muster, Computerprogramme, Oberflächen, Informationen). Ebenfalls geht die Digitalisierung nicht darin auf, dass sie auf Technik beruht, und ebenso wenig, dass man sie auf Medientechnik zuspitzt und ihre Gemeinsamkeit als Medien beschreibt. Denn nicht mit allen digitalen Medien beschäftigen sich die Diskurse der Digitalisierung. Darüber hinaus befassen sie sich unter anderem auch mit Produktionstransformationen, deren Charakter nur missverständlich als medial zu beschreiben ist. Die Vorlage eines 3D-Druckers ist für ihn kein Medium, sondern allenfalls für die Menschen, die den Fertigungsprozess so interpretieren. Ansonsten müsste man schon den Elektroimpuls eines Lichtschalters als Medium der Lampe verstehen, einfach weil die Lampe eine Vermittlung braucht, um zu leuchten. Das kann man machen, verspielt aber dann die besondere Bedeutung des Medienbegriffs. Die Lampe wird auch so leuchten, wenn der Elektroimpuls kein Medium ist.

Nicht alles also, was digital ist, ist schon ein Thema der Digitalität/Digitalisierung. Es bleibt daher einstweilen offen, was ein Kennzeichen der Themen ist, die unter diesem Containerbegriff verhandelt werden. Man hat eher den Eindruck, dass der Begriff verschiedene Diskursstränge zueinander gezogen hat, die jeweils schon länger laufen. Erst durch diesen integralen Prozess sind diese Themen für eine theologische Forschungslandschaft prominent geworden.

Robotik etwa, der erste Diskursstrang, ist in der ersten Dekade des Jahrtausends für die Theologie ein klares Nischenthema gewesen. Angenähert hat man

1 Vgl. Ingolf U. Dalferth: Religiöse Rede von Gott. München 1981. S. 154.

sich daran jedoch bereits durch die schon seit den 1990er Jahren begonnene Debatte um die Hirnforschung und den freien Willen. Wenn Bewusstsein und Willensentscheidungen von einem biologischen Apparat abhängig sind, lassen sie sich theoretisch auch künstlich generieren. Ein erster Schritt zur Themenstellung der Digitalisierung dürften daher die Gedankenexperimente zum Neuroenhancement gewesen sein, und zwar weniger zu aufhellenden Neuropharmaka als vielmehr zum Neurochip. Es erstaunt dann nicht, dass heute der Transhumanismus eine wesentliche Säule der Digitalisierungsthematik bildet sowie die ethische Frage zur Entscheidungsfähigkeit von Maschinen („autonomes" Auto, Pflege- oder Kampfroboter).

Mir scheint, dass ein zweiter Diskursstrang, nämlich die Virtuellen Welten, zum ersten Mal breiter in der katholischen Theologie zu finden gewesen ist. Die Modelle zur Realpräsenz Christi im Abendmahl besitzen die Ressourcen, die „Anwesenheit des Abwesenden"[2] oder auch das „Unsichtbare im Sichtbaren"[3] zu diskutieren. Was verborgen real ist in dem, was erscheint, bekam durch die Avatare z.B. im damaligen Online-Spiel „*Second Life*" ein empirisches Anwendungsfeld. Mit Ilona Nords Habilitationsschrift „Realitäten des Glaubens" kamen die Virtuellen Welten auch in der evangelischen Theologie zum Durchbruch. Wie wenig man hier vorangekommen ist, kann man an der durch die Corona-Krise ausgelöste Debatte um das Online-Abendmahl sehen. Es ist bezeichnend, dass gegenwärtig ausgerechnet am Abendmahl die Realitätsfrage des Glaubens diskutiert wird, während sich Nord – gut protestantisch – am Anwendungsfeld der Predigt orientiert hatte.[4] Insbesondere in den aktuellen praktisch-theologischen Beiträgen zum Online-Abendmahl ist man aber kaum über Nords Antworten hinausgekommen.[5] Nord hat ihre Predigttheorie als Theorie immersiver Wirklichkeitsbildungen über den Umweg durch die Ekklesiologie entfaltet, nämlich anhand der Frage, wie sich soziale Räume bilden.[6] Damit beweist Nord, dass die evangelische Theologie mit ihrer ekklesiologischen Unterscheidung von

2 Peter Roth u.a. (Hg.): Die Anwesenheit des Abwesenden. Theologische Annäherungen an Begriff und Phänomene von Virtualität. Augsburg 2000.

3 Jean-Luc Marion: The Idol or the Radiance of the Painting. In: Ders.: In Excess: Studies of Saturated Phenomenon. New York 2002. S. 80 f.

4 Vgl. Ilona Nord: Realitäten des Glaubens. Zur virtuellen Dimension christlicher Religiosität. Berlin u.a. 2008. S. 117.

5 Vgl. Christoph Schrodt: Abendmahl: digital. Alte und neue Fragen – nicht nur in Zeiten der Pandemie. In: ZThK 118. 2021. S. 495–515. Hier S. 504 f.

6 Vgl. Nord: *Realitäten*. S. 43.

sichtbarer und unsichtbarer Kirche[7] ein analoges Modell zur katholischen Transsubstantiationslehre besitzt, wie nämlich das Verborgene die Erscheinung bildet.

Der Datenschutz ist als dritter Diskursstrang innerhalb der evangelischen Ethik schon seit den 1990er Jahren ein Thema gewesen. Allerdings konzentrierte sich die Positionierung auf den Eingriff von Freiheitsrechten durch den Staat („der gläserne Bürger") und nicht durch Digitalkonzerne. BIG DATA wiederum ist für die evangelische Theologie bis heute ein Nischenthema geblieben. Es wird aktuell nur relevant, wenn es gemeinsam mit der automatischen Mustererkennung durch Algorithmen diskutiert wird: Um aus den Datenspuren eines Users ein Profil zu erstellen, bedarf es einer Menge gesammelter Daten. Seitdem wird auch theologisch-ethisch das Recht auf Vergessen propagiert. Dieses ist eine datenschutzethische Übertragung der soteriologischen These, dass der Mensch weder auf seine Eigenschaften noch auf seine Geschichte festgelegt ist.

Daher erfolgte die Integration der Diskurse im Digitalisierungsparadigma theologisch über:

1. die Anthropologie (Hirnforschung, Neuroenhancement bis zur Künstlichen Intelligenz),
2. die Christologie, von dort her abgeleitet auch die Ekklesiologie (Virtuelle Realitäten),[8]
3. die Hamartiologie (BIG DATA, Recht auf Vergessen).

Zwar ist „Digitalisierung" kein ursprünglich theologischer Begriff. Aber die Wahrnehmung gesellschaftlicher Transformationsprozesse als „Digitalisierung" oder „digitale Revolution" erlaubt nun der Theologie, ihre Einzeldiskurse unter dem Blickwinkel dieser globalen Transformation zusammenzuführen. Diese Zusammenführung ist wohl zum ersten Mal ausführlich in Johanna Haberers Büchlein „Digitale Theologie" von 2015 erfolgt. Und sie ist bestätigt worden in der EKD-Denkschrift „Freiheit digital" von 2021.

1. Zusammenführende Beiträge

Beide Studien zeichnen sich dadurch aus, dass sie sich keiner theologischen Disziplin eindeutig zuordnen lassen. Die Zusammenführung der Diskurse führt

7 Vgl. a.a.O. S. 35.

8 Dass ich zuerst die Christologie nenne und nicht die Ekklesiologie, hängt daran, dass der Zusammenhang von Sichtbarkeit und Unsichtbarkeit der Kirche auf der Unterscheidung der zwei Naturen Christi gründet: Das Sichtbare ist enhypostatisch im Unsichtbaren verwirklicht.

auch zu einer innertheologischen Zusammenführung der Disziplinen. Exegetische und kirchenhistorische Einzelbeobachtungen kommen dort ebenso vor wie dogmatische, ethische und praktisch-theologische Erwägungen. Gerade bei der EKD-Denkschrift fällt diese mehrschrittige Ordnung auf, weil andere Denkschriften diesen Aufbau *nicht* zeigen.

Diese innertheologische Interdisziplinarität deutet an, dass die theologische Zuständigkeit bei diesem Thema noch nicht geregelt ist. Alle haben dazu etwas zu sagen, weil in der Digitalität alles mit allem verbunden ist – über die Informationswerte, die Daten haben. Das bedeutet zugleich, dass die umfassende Durchdringung der Digitalität, von Korrelationen und weitverzweigten Vergleichen auch das theologische Denken erfasst hat. Die binnentheologisch interdisziplinäre Aufbereitung könnte insofern ein Symptom der Digitalisierung sein und nicht nur Ausdruck einer gesamttheologischen Anstrengung, ihre Folgeprobleme zu bewältigen. Vielmehr könnte es gerade so sein, dass mit der Zusammenführung der Diskurse im theologischen Denken bestätigt wird, wie sehr dieses selbst schon „digitalisiert" ist. Das wäre gerade deswegen keine Überraschung, da die Digitalisierung eben unterschiedliche Diskurse zusammengefasst hat und diese Zusammenführung deswegen ihr prominentes Ausdrucksmittel ist. Aber es wäre trotzdem bedeutsam für die theologische Reflexion, weil dann offenbleibt, wie sich die Theologie in eine kritische Distanz zu diesem Trend stellen kann, um ihn zu reflektieren. Ich werde im Folgenden darauf immer wieder zurückkommen.

Haberer beschreibt, wie durch die Digitalisierung die Wirklichkeit transformiert wird und wie dabei Prädikate des Gottesbegriffs durch die Digitalität verwirklicht werden. So kann man beispielsweise „die digitale Technologie getrost eine Schöpfung nennen, denn sie schafft einen neuen Lebensraum und damit eine neue Welt."[9] Ebenso werden alle verfügbaren Informationen für alle Nutzer zu jeder Zeit „allgegenwärtig" und der Mensch somit „allwissend" werden.[10] Haberer rekapituliert: „Niemals hat eine Technologie scheinbar so sehr die in den Religionen proklamierten Eigenschaften Gottes angenommen."[11]

Theologisch-ethisch hingegen versucht Haberer eine Distanz zu diesen Trends aufzubauen, indem sie die Zehn Gebote für das digitale Zeitalter auslegt. Dabei nimmt sie jedoch die Religion unkritisch als Quelle ihrer Kritik, ohne ihren

9 Johanna Haberer: Digitale Theologie. Gott und die Medienrevolution der Gegenwart. München 2015. S. 119.

10 A.a.O. S. 122.

11 A.a.O. S. 193.

Standpunkt im digitalen Geflecht zu überprüfen. Pointiert gesagt: Anscheinend ist die Religion von der digitalen Transformation nicht betroffen. „In allen alten Kulturen ist es die Religion, die die Basis bildet für die Regeln des Zusammenlebens.“[12] Wenn Religion also kulturübergreifend das ethische Zusammenleben regelt, wird sie auch nicht selbst kulturell imprägniert. Scheinbar also bietet die Religion (oder Haberer) eine Vogelperspektive auf die Digitalisierung, um von dort aus die ethischen Leitlinien zu skizzieren.

Wie es die Digitalität anstellt, „scheinbar“ die Eigenschaften Gottes zu übernehmen, will Haberer wissen: „Liebe und Tod, sie lassen sich nicht digitalisieren. Allerdings lassen sich ihre Bedingungen verändern: Dass menschliche Existenzen im Netz vernichtet werden können, steht außer Frage, auch dass sie quasi zum Verschwinden gebracht werden können.“[13] Die Digitalisierung kann also Menschen so behandeln, als ob sie nicht mehr existieren. Ihr digitaler Tod ist ein Quasi-Tod, aber anscheinend genauso wirksam, als wären die betroffenen Menschen im nicht-digitalen Sinne „wirklich“ tot. Es gibt also eine unangetastete Realität hinter der Digitalität, die lediglich suggestiv ersetzt wird. Dieser Sachverhalt wäre zwar sozial genauso wirksam, aber doch ein ontologischer Schein. „Liebe und Tod“ gehören offenbar zur Realität, zu der auch die Eigenschaften Gottes und damit der Gegenstandsbereich der Religion gehören. Und da sie nicht digitalisierbar sind, bleibt die Religion ein von der Digitalität *unabhängiger* Bereich.

Das ist u.a. deshalb nicht plausibel, weil sich Haberer widerspricht, dass die Digitalität Menschen zum Verschwinden bringen kann: Zugleich betont sie nämlich, dass das Internet nie vergisst.[14] Könnte das nicht ein Beleg dafür sein, dass das Internet eine bleibende Realität ausprägt und nicht nur eine soziale Suggestion? Oder anders: Wie kann Religion technologisch unbetroffen sein, wenn der Suggestivkraft der Digitalität *reale Eigenschaften* zukommen? In der Digitalität ist ja „wirklich“ alles unvergessen, das ist keine Illusion. Dann ist die folgende Aussage ontologisch zu verstehen: „Es wird keine undokumentierten Jahre mehr geben, keine vergessenen Dummheiten.“[15] Am Beispiel Haberers deutet sich also an, dass die theologische Reflexion ihre digitale Verwobenheit *übersieht*, wenn sie selbst die Illusion einer kulturübergreifenden Regelungskompetenz erzeugt. Genau diese Illusion könnte ein digitales Symptom sein, nämlich

12 A.a.O. S. 192.

13 A.a.O. S. 196.

14 Vgl. a.a.O. S. 136.

15 Ebd.

die Hintergründe zu vergessen, die die Rede von göttlichen Realitäten (z.B. der Nicht-Vergesslichkeit) bestimmen.

Die EKD-Denkschrift von 2021 übernimmt Haberers ethische Gliederung der Zehn Gebote ebenso wie ihr Freiheitsparadigma und die autonome Distanznahme von digitalen Prozessen. Während Haberer jedoch primär eine tugendethische Perspektive einnimmt,[16] weitet die Denkschrift den Blick auf die Rechtsethik.[17]

Trotz der Gliederung an den Geboten enthält die Denkschrift nicht nur ethische Erwägungen, sondern auch praktisch-theologische Zugänge (Netzgemeinden[18]) wie dogmatische Beschreibungen (z.B. ekklesiologische[19]). Viele Wirklichkeitsbeschreibungen gehen über das Phänomen der Digitalität hinaus bzw. drücken aus, dass sie von der Digitalisierung ergriffen werden. Das Konsumverhalten in der kapitalistischen Wirtschaft wird ohne sofortigen Bezug zur Digitalisierung beschrieben,[20] ebenso wie die Ziele eines nachhaltigen Ressourcenverbrauchs,[21] die evangelische Doktrin vom gerechten Frieden[22] oder die evangelische Sexualethik als Partnerschaftsethik.[23] Beinahe erweckt die Denkschrift den Eindruck einer allgemeinen angewandten Ethik, die sie unter dem Vorzeichen der Digitalisierung formuliert.

Aber auch die EKD übernimmt Haberers Voraussetzung, die christliche Ethik sei vom Digitalisierungsdruck *unbetroffen*. Zwar wandern Zuschreibungen Gottes auf Digitalkonzerne ab,[24] aber die digitalen Erlösungsversprechen werden nur scheinbar eingelöst.[25] Mit einer christlichen Haltung, die menschliche Freiheit

---

16 Das kann am Beispiel des Feiertagsgebotes erhellt werden: „Vielleicht würden für die Selbstvorsorge netzfreie Tage hilfreich sein als passiver Widerstand gegen den Sog der Sirenenserver." A.a.O. S. 194.

17 Wieder am Beispiel des Feiertagsgebotes: „Es geht darum, Zeiten der Erwerbsarbeit, des familiären Lebens, der freien Zeit und der Fest-Zeiten neu zu qualifizieren und zu strukturieren. Dies gilt einerseits individuell: Wann lasse ich mich wie unterbrechen, physisch wie digital? Es gilt andererseits auch im Blick auf die gesellschaftlich geregelten Zeitstrukturen." Freiheit digital. Die Zehn Gebote in Zeiten des digitalen Wandels. Eine Denkschrift der Evangelischen Kirche in Deutschland. Leipzig 2021. S. 107.

18 Vgl. a.a.O. S. 76.

19 Vgl. a.a.O. S. 86.

20 Vgl. a.a.O. S. 216.

21 Vgl. a.a.O. S. 111.

22 Vgl. a.a.O. S. 127 f.

23 Vgl. a.a.O. S. 155.

24 Vgl. a.a.O. S. 46.

25 Vgl. a.a.O. S. 30, 43.

als Geschenk anzunehmen, lässt sich der Suggestivdruck der Digitalität eindämmen.[26] Gerade mit dem argumentativen Aufbau, die biblisch-exegetischen Befunde voranzustellen, vermittelt die Denkschrift den Eindruck, die christliche Ethik sei nach ihrer historischen Entwicklung inzwischen ahistorisch geworden. Etwa wird zum Ehebruchsverbot die Frage, wann im digitalen Zeitalter die Untreue beginnt, so beantwortet: „Jesus hat das siebente Gebot radikalisiert."[27] Damit wird das unerschöpfliche digitale Angebot an sexuellen Gelegenheiten schon hinreichend mit einem ethischen Kriterium begrenzt. Ob die Radikalisierung des Gebots durch Jesus gerechtfertigt war und ob sie der digitalen Situation gerecht wird, wird nicht mehr gefragt.

Ebenso gibt die Denkschrift zu erkennen, dass es Unverfügbares gibt, das mit der Digitalisierung nur vernichtet werden kann, aber nicht durch digitale Unverfügbarkeiten erweitert wird.[28] Weder die personale Anwesenheit lasse sich durch virtuelle Präsenz ersetzen noch interpersonale Beziehungen oder gar Liebe mit Hilfe von Sexrobotern.[29] Das Unverfügbare bildet also ein Widerlager gegen die vollständige digitale Transformation. Die Zehn Gebote schließlich markieren dieses Widerlager. Damit ist die gebotsethische Rechtfertigung ein- für allemal erledigt, weil sich das Unverfügbare nicht durch technologische Innovationen je neu bildet, sondern „ahistorisch" zum anthropologischen Grundbestand gehört. Wie schon Haberer kann die EKD eine unbetroffene Außensicht auf die Digitalisierung einnehmen. Und wie schon bei Haberer schleicht sich hier ein Widerspruch ein: Denn das Unverfügbare ist eben unverfügbar und daher auch kein verfügbarer Standpunkt, von dem aus neue Phänomene kritisch beurteilt werden können. Man kann allenfalls den Standpunkt der christlichen Haltung zum Unverfügbaren einnehmen. Aber indem dieser Standpunkt von Menschen eingenommen wird, die sich in Digitalisierungsprozessen bewegen, ist er schon keine Außensicht mehr.

Das zeigt sich etwa im Hinblick auf die kirchlich eigenen Transformationsschübe. Hier ist die EKD nämlich offener und fragt zum virtuellen Abendmahl, „ob das Unverfügbare, was sich mit dem Gottesnamen verbindet, in angemessener Form zum Ausdruck gebracht wird."[30] Anscheinend ist der digitale Transformationsprozess innerhalb der Kirche weniger riskant, weil die Kirche

26 Vgl. a.a.O. S. 47, 51 f.
27 A.a.O. S. 155.
28 Vgl. a.a.O. S. 30 f., 38, 44, 167.
29 Vgl. a.a.O. S. 121, 165, 167.
30 A.a.O. S. 83.

ohnehin schon den Raum der Achtung des Unverfügbaren bildet. Aber gerade so zeigt sich, wie sehr die christliche Haltung zum Unverfügbaren selbst transformiert wird. Plötzlich wird nicht mehr ganz ausgeschlossen, dass die virtuelle Anwesenheit, die angeblich die personale Präsenz nicht ersetzt, beim Online-Abendmahl nun doch die Unverfügbarkeit Gottes zur Darstellung bringen könnte. Die Vorstellung also, mit nicht-ersetzbaren Unverfügbarkeiten einen unabhängigen Standpunkt zu gewinnen, ist nicht kritisch genug.

2. Gegenwärtige Diskurslagen

Ich deutete an, dass die theologischen Zuständigkeiten bei dieser zusammengeführten Gesamtthematik noch nicht geklärt sind. Mir scheint nun, dass an einer Entscheidung daran aktuell gearbeitet wird, indem das Digitalisierungsparadigma seinerseits einem anderen Paradigma unterstellt wird. In der Praktischen Theologie wird das über das Medienparadigma versucht. Hier ist die Digitalisierung nicht mehr ein Thema, bei dem gesellschaftliche Transformationsprozesse aus einer einheitlichen Perspektive betrachtet werden. Vielmehr verlangt die Digitalisierung selbst nach einem grundsätzlicheren Paradigma. Und weil medientheoretisch bekanntlich alles durch anderes interpretierbar ist und es nichts gibt, was unvermittelt ist,[31] ergibt sich, dass ein Paradigma deshalb durch ein (anderes) Paradigma interpretierbar ist, weil es ein Medium ist. Wissenschaftstheoretisch halte ich diesen Ansatz für eine geschickte Komplexitätsreduktion, die wissenschaftspolitisch einer für die Medientheorie zuständigen theologischen Disziplin den Vorrang gibt, nämlich der Praktischen Theologie.

Wissenschaftstheoretisch werden nämlich Digitalisierungsphänomene dadurch zugänglich, dass sie Medien sind. Sie dienen also der Kommunikation. Reduziert werden damit die technologischen Tiefenebenen, die dem Maschinenparadigma folgen. Wenn also das angebliche Sender-Empfänger-Modell der christlichen Verkündigung durch die offenere „Kommunikation des Evangeliums" ersetzt wird,[32] werden zugleich maschinelle Übertragungstechniken ausgeblendet, die unmittelbare, weil gerade uninterpretierte „Daten" an einen Empfänger für eine Interpretation überhaupt erst bereitstellen. Wenn ich mithin

31 Vgl. Nord: *Realitäten*. S. 83.

32 Vgl. Christian Grethlein: Praktische Theologie als Theorie der Kommunikation des Evangeliums in der Gegenwart – Grundlagen und Konsequenzen. In: IJPT 18. 2014. S. 287–304. Hier S. 298; Anna-Katharina Lienau: Kommunikation des Evangeliums in social media. In: ZThK 117. 2020. S. 489–522. Hier S. 495.

rufe: „Alexa, schalte das Licht im Wohnzimmer an!“, vermittle ich nicht eine Information, die Alexa zuerst einmal interpretieren muss, bevor sie im Wohnzimmer das Licht anstellt. Vielmehr setzt meine Stimme einen kausalen Impuls, dem eine eindeutige Wirkung entspricht. Maschinell wird ein Sender-Empfänger-Modell angewendet.

Nun könnte es allerdings sein, dass Alexa mich nicht „verstanden“ hat. Dann heißt das nicht, dass sie meinen Befehl erst einmal interpretieren musste, um festzustellen, dass ihrer Interpretation keine ihr mögliche Wirkung entspricht. Es heißt vielmehr, dass auf maschinellem Wege Daten verlorengegangen sind. Es wäre euphemistisch, dieses Scheitern als „Interpretationsoffenheit“ oder „mediale Ambiguität“ zu (v)erklären. Dass das Licht immer noch aus ist, liegt nicht daran, dass alles Medium ist, sondern dass die kausale Geschlossenheit eines maschinellen Ablaufs gestört war. Und sie war deshalb gestört, weil sie von einem anderen geschlossenen Ablauf überlagert war.

Indem aber das Medienparadigma die praktisch-theologische Beschäftigung mit der Digitalisierung dominiert, werden die anderen Disziplinen mit Feststellungen konfrontiert, die ihnen den Ausbruch aus dem Medienparadigma erschweren. Darin liegt die wissenschaftspolitische Dominanz der Praktischen Theologie in Sachen Digitalität. So kann etwa behauptet werden, dass das Internet ein lebensnäheres Medium für die religiöse Kommunikation darstellt,[33] was voraussetzt, dass auch die kopräsente Kommunikation im Kirchenraum im gleichen Maß eine vermittelte ist wie die digitale.[34] Gegenüber der Ein-Mann-Show des Gottesdienstes zeige sich im Web eine breitere Durchsetzung des allgemeinen Priestertums aufgrund der größeren Interaktivität.[35] Soziale Räume sind keine ontologischen Entitäten, sondern vermittelte Verdichtungen von Kommunikation.[36] Daher entstehen sie genauso in Internetforen wie im Gemeindehaus, dort sogar wirksamer. Das kann man alles sagen, nachdem man die Digitalität auf das Medienparadigma reduziert hat. Man hat sich dann aber von vornherein entschieden, bestimmte Phänomene nicht in den Blick zu nehmen, beispielsweise die Störungen virtueller Räume durch Bots, durch die Überschneidung mit anderen gleichzeitig verfügbaren und genutzten Online-Angeboten, die den

---

33 Vgl. Christian Grethlein: Gottesdienst in Deutschland – im Umbruch! Einige Überlegungen zur Zukunft evangelischen Gottesdienstes. In: ZThK 118. 2021. S. 122–140. Hier S. 127.

34 Vgl. Nord: *Realitäten*. S. 103.

35 Vgl. Lienau: *Kommunikation des Evangeliums*. S. 499.

36 Vgl. Nord: *Realitäten*. S. 180.

Raumbegriff digital transformieren, oder durch die ethische Beurteilung der Auswertungsmechanismen im Hintergrund. Wenn alles Medium ist, ist das, was nicht Medium ist, auch nicht interessant. Die These, dass alles Medium ist, verdankt sich dann einer *petitio principii.*

Auch die Theologische Ethik kämpft um die Deutungshoheit, vor allem in apologetischer Absicht: Wie an der EKD-Denkschrift schon gesehen, gilt es, einen Wesenskern vor dem digitalen Zugriff zu retten, das Unverfügbare, die menschliche Freiheit oder den Menschen. Es fällt auf, dass sich gegenwärtig der Diskurs um eine Theologische Anthropologie als fragmentiert darstellt. Das liegt an seiner Interdisziplinarität und an der Unübersichtlichkeit, die damit verbunden ist.[37] Dagegen aber gleichen sich die Positionen zum Transhumanismus in der Theologischen Ethik an, indem sie – bei allen unterschiedlichen Gewichtungen – einen menschlichen Wesenskern herauszuarbeiten versuchen. Dieser menschliche Wesenskern erscheint gerade dadurch, dass er zu retten ist – also durch die ethische Perspektive und nicht oder deutlich weniger durch die Theologische Anthropologie, durch die Dogmatik.

Durch die These, dass alles Medium ist, droht der Wesenskern sich selbst in Daten zu verflüchtigen: Es gibt dann keinen Wesenskern, sondern nur Verweise, vielleicht auch Verweise auf diesen Wesenskern, ohne ihn aber damit schon zugänglich zu machen. Deshalb wirkt die Dominanz der Praktischen Theologie im Digitalisierungsdiskurs für die Ethik innertheologisch als Bedrohung. Ethisch kann der Vorrang der Medientheorie geradezu als Immunisierungsstrategie digitaler Transformation vor der ethischen Reflexion verstanden werden. Das mag ein Grund dafür sein, warum in diesem Themenfeld die Bedenkenträger unter den Ethikern in der Mehrheit sind: Sie scheinen vor allem Sorgen um ihre wissenschaftstheoretische Rolle zu haben. Wird überhaupt noch gehört, dass bei den Themen der Robotik, der Mustererkennung, des Hochfrequenzhandels oder selbstlernender künstlicher Systeme ethische Probleme auftauchen, auch wenn sie sich nicht medientheoretisch abbilden lassen?

3. Dogmatische Horizonte

Die Dogmatik hält sich auffällig zurück in den Debatten. Meistens beschränken sich dogmatische Abhandlungen auf kurze Seitenblicke, die aber über ethische

37 Vgl. z.B. Gregor Etzelmüller, Thomas Fuchs, Christian Tewes (Hg.): Verkörperung – eine neue interdisziplinäre Anthropologie. Berlin/Boston 2017.

Bedenken selten hinausgehen und auch wenig tiefer gehen.[38] Dabei gäbe es durchaus einiges zu klären. In dem folgenden Durchgang durch dogmatische Loci werden keine abschließenden Antworten gegeben, aber die Herausforderungen angedeutet, denen sich die Dogmatik früher oder später stellen muss.

3.1. Die Theologische Hermeneutik

Am auffälligsten treten – wenn auch vereinzelt – hermeneutische Beiträge hervor. Das ist kein Wunder, operiert doch die Digitalisierung auf der Ebene von Sinn und Schlussverfahren. Aber auch theologisch fordern gesellschaftliche Umbrüche primär das Verstehen als Verstehen heraus. Bevor man also fragen kann, was die Digitalisierung mit der Christologie zu tun haben könnte, wird die Theologie hermeneutisch herausgefordert, wie sie digital verstanden werden kann und wie die Digitalität theologisches Verstehen zulässt. Steigt also die Zahl hermeneutischer Beiträge an, so ist das ein Indikator für verunsichernde Umbruchssituationen. Dietrich Korsch spricht deshalb bei der Digitalisierung von einer fundamentaltheologischen Herausforderung[39] – und weniger von einer dogmatischen.

Auffällig sind bei der theologisch-hermeneutischen Durchdringung zwei Trends:

1. Es wird versucht, ein kritisches Widerlager zur Digitalisierung zu finden, das es der Theologie erlaubt, diese Umbrüche überhaupt zu verstehen anstatt von der Digitalisierung bereits selbst ergriffen worden zu sein. Ein solches Widerlager findet sich etwa in der Unschärfe gegenüber der transparenten Eindeutigkeit[40] oder auch in der Religion als Ursprung des Sinns, auf dem die Digitalität zwar gründet, ohne ihn dabei unterlaufen zu können.[41]
2. Das theologische Verstehen zielt auf eine Bildhermeneutik.[42] Das mag überraschen angesichts der starken Textbezogenheit und der Zentralstellung

38 Vgl. z.B. Ingolf U. Dalferth: Sünde. Die Entdeckung der Menschlichkeit. Leipzig 2020. S. 20 ff., 408.

39 Vgl. Dietrich Korsch: Rechnen und Verstehen. Anfänge zur Kritik der digitalen Vernunft. In: Ralph Charbonnier, Jörg Dierken, Malte Dominik Krüger (Hg.): Eindeutigkeit und Ambivalenzen. Theologie und Digitalisierungskurs. Leipzig 2021. S. 195–293. Hier S. 293.

40 Vgl. Malte D. Krüger: Geheimnisvolle Unschärfe. In: Charbonnier, Dierken, Krüger (Hg.): *Eindeutigkeit*. S. 23–82. Hier S. 28 f.

41 Vgl. Korsch: *Rechnen*. S. 279.

42 Vgl. Malte D. Krüger: Bildhermeneutische Theologie. Evangelische, hermeneutische und metaphysische Perspektiven. In: Ders., Andreas Lindemann, Arbogast

> der auditiven Kommunikationsform des evangelischen Glaubens.[43] Doch gründet die Bildhermeneutik in der Erfahrungsbildung, die damit sowohl den prominenten Begriff des Gefühls aufnehmen kann als auch das Offenbarungsereignis.[44] Die protestantische Bildhermeneutik versteht das Bild weniger als Gegenstand des visuellen Zum-Erscheinen-Bringens, sondern vielmehr als – quasi „unsichtbarer" – Ursprung visueller Bilder, etwa als Medium der Selbstbeziehung,[45] die ja als Beziehung kategorial von Gegenständen verschieden ist, oder als Prozess der Symbolbildung beziehungsweise als Einbildungskraft des Kontrafaktischen.[46] Eine solche Bildtheologie scheint direkt zur Christologie zu führen: Christus ist das Bild der Bilder[47] und damit Vermittlungsgrund, über den das wahre Verstehen verläuft.[48]

Wenn also Bilder, über die in digitalen Plattformen kommuniziert wird, nur die Oberfläche einer religiös tieferliegenden Wahrheit sind, findet die Religion einen kritischen Blick aus der Tiefe auf die Digitalität. Christus ist wahrer Mensch, weil er wahres Bild Gottes ist. Das wahre Menschsein beruht also auf bildhafter Vermittlung.

Eine solche Hermeneutik hat einen apologetischen Zug, geht es ihr doch um die Rettung eines eigenständigen theologischen Verstehens. Sie knüpft mit der Bildmetapher an die digitale Bilderflut an, um deren Macht theologisch aufzuheben. Demgegenüber tritt in der Beschreibung der Digitalisierung die Wahrnehmung des auf Dauer gestellten Schließens und Bildens von Zusammenhängen in den Hintergrund, das sich ebenfalls im „Unsichtbaren" vollzieht. Es könnte daher sein, dass sich die neue protestantische Bildhermeneutik von der Oberfläche der Bilder ablenken lässt, indem sie das Digitale nur dort verortet, wo man seine phänomenalen Korrelate „sehen" kann. Dabei scheint gar zirkulär vorausgesetzt zu werden, dass nicht sein kann, was nicht sein darf, nämlich dass

---

Schmitt: Erkenntnis des Göttlichen im Bild? Perspektiven hermeneutischer Theologie und antiker Philosophie. Leipzig 2021. S. 33–160. Hier S. 39.

43 Vgl. den Beitrag von B. Lauxmann in diesem Band.

44 Vgl. Krüger: *Bildhermeneutische Theologie*. S. 45 f.

45 Vgl. Korsch: *Rechnen*. S. 263.

46 Vgl. Krüger: *Bildhermeneutische Theologie*. S. 46 f.

47 Vgl. a.a.O. S. 52. Vgl. Korsch: *Rechnen*. S. 290.

48 Vgl. Philipp Stoellger: Gott als Medium und der Traum der Gottunmittelbarkeit. In: Ders., Hans-Peter Großhans, Michael Moxter (Hg.): Das Letzte – der Erste. Gott denken. Festschrift für Ingolf U. Dalferth zum 70. Geburtstag. Tübingen 2018. S. 351–393. Hier S. 380.

das Digitale auf derselben Ebene des *unsichtbaren Bildens* prozessiert wie das religiöse Erleben.

Könnte nicht die klassische Bevorzugung des gesprochenen Wortes in der reformatorischen Schrifthermeneutik eine eigene Positionalität gegenüber dem Digitalen erlauben? Wenn der Glaube aus der Predigt kommt (CA V) und wenn sich das Wort Gottes mündlich, nämlich in Kopräsenz der Gemeinde zu verstehen bringt,[49] sind weder Glaube noch Gottes Wort digitalisierbar. Jegliches philologische Bemühen um christliche Zeugnisse ist dann lediglich abgeleitet von diesem Kontext. Nun könnte man einwenden, dass die Reformation unlöslich mit der Erfindung des Buchdrucks verbunden gewesen ist und dass der Protestantismus somit zu der Digitalisierung des Wortes Gottes wesentlich beigetragen hat, während es doch gerade das römisch-katholische *ex opere operato* ist, das die aktuelle Präsenz des Priesters voraussetzt. Die Dekontextualisierung des Wortes Gottes durch die Verbreitung der Bibel führt hingegen zu einem autonomen Gebrauch, biblische Texte zu vergleichen und zu kritisieren.[50] Dazu müssen sie auf einem gemeinsamen Format beruhen, um den jeweiligen Textvergleich verlässlich, eben kontextfrei vorzunehmen. Das Buch geht über das flüchtige Textzeichen hinaus und verzeitigt Texte zur weiteren kritischen Bearbeitung. Wie verhält sich dieser starke Digitalisierungsschub der Reformation zu ihrer eigenen Hermeneutik, nämlich dem gesprochenen Wort die Schlüsselstellung zu geben?

Im Zeitalter der Digitalisierung lässt sich auch das gesprochene Wort stetig verzeitigen. Und inzwischen können sich künstliche Sprachassistenten mit uns unterhalten. Wird damit nicht sogar endlich der reformatorische Anspruch zur Vollendung gebracht, die gespeicherten biblischen Texte in allen Lebenslagen – und nicht nur im Gottesdienst – jederzeit zum Klingen bringen zu lassen? Wird hier nicht gut reformatorisch die verlässliche Textgestalt mit der Aktualität der Rede zur Anrede verknüpft? Damit ist die Frage verbunden: Können Maschinen uns anreden? Zweifellos können sie mit uns Kontakt aufnehmen und eine Mensch-Maschine-Interaktion auslösen. Was der Interaktion jedoch fehlt, ist Kopräsenz, weil die Maschine keine Zeitlichkeit hat: Sie entwirft sich nicht auf *ihre* Zukunft von *ihrer* Geschichte her; allenfalls prognostiziert sie *jedermanns*

49 Vgl. Ingolf U. Dalferth: Wirkendes Wort. Bibel, Schrift und Evangelium im Leben der Kirche und im Denken der Theologie. Leipzig 2018. S. 342.

50 Vgl. Horst Gorski: Christlicher Glaube in Zeiten digitaler Kommunikation. In: ZEE 62. 2018. S. 263–278. Hier S. 274 f.

Informationen aus einem bestehenden Datenmaterial. Ohne Zeitlichkeit verfehlt aber die Maschine die Bedingung, mit anderem kopräsent zu sein.

Aber wäre es denn hermeneutisch ein Nachteil, wenn sich die Hörer einer künstlich generierten Anrede darin täuschen, dass sie „wirklich" angeredet werden? Oder könnten sie nicht die Sprachassistentin sogar bewusst als Verkündigerin anerkennen? Wäre dann ihr Verstehen des Wortes Gottes falsch, vielleicht sogar obwohl auf der semantisch-propositionalen Ebene das Evangelium unverfälscht verkündigt wird? Die Sprachassistentin könnte ja durch ihr Datenmaterial Worte aus anderen kirchlichen Kopräsenzsituationen für diese Situation generiert haben. Und wenn sich eine Gemeinde aus Menschen versammelt und der Sprachassistentin lauscht, so besteht doch auch eine Kopräsenzsituation. Muss also die Gemeinde mit der Predigerin wirklich kopräsent sein? Reicht es zur Bekräftigung der Gemeindesituation nicht aus, dass sie auf Wort und Geist ausgerichtet ist?[51]

Die Dogmatik überlässt gegenwärtig weitgehend der Praktischen Theologie die Interpretation der Gemeindekopräsenz.[52] In der Praktischen Theologie wird jedoch der Präsenzbegriff virtuell gedehnt, so dass auch Videokonferenz-Gottesdienste gemeindekonstitutive Situationen darstellen. Phänomenologisch jedoch kann nicht behauptet werden, dass sich die Versammelten eines Online-Meetings nah oder fern sind. Vielmehr werden diese Attribute hier außer Kraft gesetzt. Eine Person kann mir zwar nahe sein, wenn sie im geometrischen Raum weit entfernt ist. Aber nicht deswegen ist mir eine Person im Online-Meeting nahe, weil sie mir geometrisch entfernt ist, und ebenso wenig, weil ich sie auf dem Display sehe. Nähe und Ferne werden hier vielmehr beide übersprungen. Ob mir jemand aus dem Meeting nahe wird, ist unabhängig davon, ob das Meeting Nähe erzeugt. An die Stelle der Raumrelationen treten Kommunikationsbeziehungen ohne Präsenz. Wenn man hier den (Ko-)Präsenzbegriff doch einträgt, setzt man eine *petitio principii*. Es ist zwar zuzustimmen, dass Räume sozial konstituiert werden.[53] Aber das führt nicht zu dem Umkehrschluss, dass Personen immer dann, wenn sie miteinander interagieren oder kommunizieren, einen sozialen Raum erzeugen. Die Raummetapher wird sonst leer und tautologisch. Kommunikation kann sich auch als Linie (Befehlskette) oder als Fläche (zugängliches Nebeneinander von Informationen, etwa beim E-Mail-Postfach) zeigen. Die Raummetapher ist nur dann erschließend, wenn ich nicht nur etwas

51 Vgl. Dalferth: *Wirkendes Wort*. S. 304.
52 Eine rühmliche Ausnahme findet sich bei Korsch: *Rechnen*. S. 284.
53 Vgl. Nord: *Realitäten*. S. 43. Vgl. auch den Beitrag von U. Sallandt in diesem Band.

im Beziehungsraum bewegen kann (wie auf Flächen), sondern mich selbst, und wenn meine Beweglichkeit von den anderen Beteiligten wahrgenommen oder empfunden wird. Diese Beweglichkeit manifestiert sich als Annäherung und Entfernung. Das mag auch auf Online-Meetings zutreffen, in denen ein Meinungsaustausch stattfindet, bei dem sich die Positionen annähern oder distanzieren können. Aber das bloße Zugeschaltetsein im Meeting konstituiert noch keinen Raum.

Mir scheint daher, dass die Dogmatik schon in ihrer Prolegomena einen guten Anlass hat, über das Verstehen des Wortes Gottes im digitalen Zeitalter zu reflektieren. Schweigen ist immer vieldeutig. Warum die Dogmatik in den Diskurs noch nicht flächig (!) eingetreten ist, darüber lässt sich spekulieren.[54] Aber wenn die Dogmatik das Wirklichkeitsverständnis des christlichen Glaubens überprüft, dann scheint sie im Digitalisierungsparadigma entweder keine Herausforderung für das christliche Wirklichkeitsverständnis zu wittern oder hat die Digitalisierung noch nicht verstanden.

3.2. Die Schöpfungstheologie

Die Schöpfungstheologie verhandelt den Streit um das angemessene Wirklichkeitsverständnis unter dem Blickwinkel des Gewordenseins der Wirklichkeit. Die Wirklichkeit ist Schöpfung: Sie ist kontingent und entstammt einem Ursprung, für den die Unterscheidung wirklich/unwirklich nicht anwendbar ist, zumindest nicht auf derselben kategorialen Ebene. Die Welt ist *creatio ex nihilo.*

Im Hinblick auf digitale Artefakte wird theologisch daher m.E. angemessen zwischen dem Gewordenen und dem Gemachten unterschieden. Ein Roboter oder eine künstlich intelligente Mustererkennung sind gemacht. Sie verdanken sich nach Hannah Arendt der Tätigkeit des Herstellens.[55] Aus dem Gewordenen entspringt dagegen für Arendt das Handeln. Für das Handeln ist es charakteristisch, dass es Neues hervorbringt[56] und damit ein Spiegelbild der *creatio ex nihilo* ist.[57] Das Handeln behält den Zauber des Gewordenen, nämlich des

54 Vgl. den Beitrag von B. Lauxmann in diesem Band.

55 Vgl. Hannah Arendt: Vita activa oder Vom tätigen Leben. 10. Aufl. München 2011. S. 143.

56 Vgl. a.a.O. S. 217.

57 Vgl. Hannah Arendt: Vom Leben des Geistes. Das Denken. Das Wollen. 10. Aufl. München 2020. S. 434.

Geborenseins, das einen unableitbaren neuen Menschen in diese Welt setzt.[58] Maschinen sind dagegen hergestellt und können nicht *handeln*.

Wenn die Schöpfungstheologie die Unterscheidung geworden/gemacht einbringt, so muss sie den Begriff des Gewordenseins qualifizieren, nämlich als Geschehen der *creatio ex nihilo*. Das Gewordene verdankt sich einer anderen Entstehung als das Gemachte, dessen Ergebnis aus den Ursachen hinreichend folgt. Das Gewordene mag zwar auch Ursachen haben, die es aber nicht hinreichend bestimmen. Manche Theologen versuchen den Unterschied quantenphysikalisch zu bestimmen (M. Haudel[59]), andere prozessphilosophisch, bei dem ein Prozess für die gleichzeitig existierenden Entitäten so lange unerkennbar ist, bis er zu seinem Ende gekommen ist (A. N. Whitehead[60]). Wieder andere entdecken eine retroaktive Kausalität, um aus dem Gewordenen den Ursprung zu finden, den es ohne das Gewordene nicht gäbe (S. Žižek[61]) oder zeigen, dass Gott an die zeitliche Linearität nicht gebunden ist (J. Schole[62]).

Wie leistungsfähig diese Modelle im digitalen Zeitalter sind, hängt auch davon ab, ob sie den Unterschied des Gewordenen zum Gemachten durchhalten können. Könnte nicht ebenso mit Gründen behauptet werden, dass ein selbstlernendes künstliches System Neues hervorbringt, das sich keinem Herstellungsprozess verdankt? Könnte nicht mithin Gewordenes aus dem Gemachten hervorgehen? – Selbst wenn das der Fall ist, so wird dadurch das Gewordene nicht schon zu etwas Gemachten. Das Gewordene offenbart sich nicht am Ergebnis, das ein neues Produkt darstellt, sondern an einer anderen *Zugangsart* zum Ergebnis. Das Gewordene fällt auf, ohne dass seine Entstehung beobachtbar ist. Oder anders: Was daran beobachtbar ist, ist nicht das, was das Gewordene ausmacht. Wenn man also in einem Zeitraffer die Entstehung eines Menschen im Mutterleib verfolgt, so können die einzelnen Entwicklungsphasen zwar entdeckt werden, aber die Übergänge sind nicht sichtbar. Sie werden erst rückwirkend sichtbar durch das Eingetretensein der jeweils neuen Phase. Die Unterscheidung zwischen geworden und gemacht ist also eine kategoriale, keine qualitative.

---

58 Vgl. Hannah Arendt: Macht und Gewalt. 27. Aufl. München 2019. S. 81.

59 Vgl. Matthias Haudel: Theologie und Naturwissenschaft. Zur Überwindung von Vorurteilen und zu ganzheitlicher Wirklichkeitserkenntnis. Göttingen 2021. S. 300.

60 Vgl. Alfred N. Whitehead: Prozeß und Realität. Entwurf einer Kosmologie. Frankfurt 1987. S. 236 f.

61 Vgl. Slavoj Žižek: Event. A Philosophical Journey through a Concept. London 2014. S. 4.

62 Vgl. Jan Schole: Der Herr der Zeit. Ein Ewigkeitsmodell im Anschluss an Schellings Spätphilosophie und physikalische Modelle. Tübingen 2018.

3.3. Die Theologische Anthropologie

Wie bereits erwähnt, dominiert theologisch der apologetische Zug in der Aufnahme anthropologischer Fragestellungen. Und natürlich bietet sich die Diskussion mit dem Transhumanismus an, weil er das Gedankenexperiment auf die Spitze treibt, dass das Wesen des Menschen auf Datenträgern speicherbar oder durch *Mind-Uploading* auf neue Subjekte überführbar ist. Dabei ist nicht so wichtig, wie seriös die Szenarien des Transhumanismus einzuschätzen sind. Vielmehr stellt der Transhumanismus die Frage in den Raum, wie sich „Leib und Seele" zueinander verhalten, wie also das menschliche Erleben an materielle Bedingungen gekoppelt ist, die, weil sie materiell sind, prinzipiell auch reproduzierbar sind. Tatsächlich hat sich die christliche Apologie in ihrer Theologiegeschichte selbst als kreativ erwiesen, wenn sie durch Gegenszenarien zur Klärung aufgefordert war. Man denke an die Entwicklung der Trinitätslehre oder an Schleiermachers kategoriale Weiterentwicklung der Religion. Insofern kann erwartet werden, dass die Dogmatik vom apologetischen Diskurs um den Transhumanismus profitiert.

Für die Theologische Anthropologie ist es aber charakteristisch, das Wesen des Menschen *coram Deo* zu bestimmen. Wird sie nun mit den Szenarien des Transhumanismus konfrontiert, wird das kreative Potenzial verspielt, sobald unvermittelt die Szene gewechselt und der Mensch in seiner Unfertigkeit und Passivität beschrieben wird. (Wie ist Passivität prozessual darstellbar? Und wie lässt sie sich auf Datenträgern speichern?) Das kreative Potenzial besteht nämlich darin, die Gedankenexperimente zur digitalen Transformation des Menschen kategorial mit der Gottesperspektive zu vermitteln. Hier bietet sich wieder die Unterscheidung geworden/gemacht an.

Die Theologische Anthropologie hat zudem zu klären, wo sie den digitalen Menschen verortet, im alten oder im neuen Menschen. Gegenwärtig dominieren die schöpfungstheologischen Implikationen innerhalb der anthropologischen Apologetik. Aber die Theologische Anthropologie umfasst den gefallenen und den erlösten Menschen. Muss es eine Apologie des Sünderseins geben? Was also wird mit Unvollkommenheit des Menschen gemeint: seine geschöpfliche Begrenztheit oder seine widersprüchliche Existenz? Stimmt nicht die Theologie mit dem Transhumanismus schließlich sogar darin überein, dass der Mensch überwunden werden muss, dass er einer Neuschöpfung bedarf? Auch darüber wird inzwischen diskutiert, wie die Erlösungsmodelle des Transhumanismus soteriologisch zu beurteilen sind.[63] Aber auch hier wird das kreative Potenzial

63 Vgl. Robert M. Geraci: Apocalyptic AI. Visions of Heaven in Robotics, Artificial

schon durch das Pauschalurteil verspielt, dass im Transhumanismus das Heil nicht von Gott kommt. Denn damit wird die Szenerie verlassen, noch bevor in ihr zu Ende gespielt wird. Mir scheint daher, dass zunächst in der Hamartiologie das Digitale interpretiert werden muss, bevor die Anthropologie entscheiden kann, inwiefern sie den Menschen vor den transhumanistischen Szenarien verteidigen soll.

3.4. Die Hamartiologie

Wenn Ingolf Dalferth betont, dass die Sünde nur über die Gottesbeziehung und erst von dort aus auch in der Beziehung des Menschen zur Welt bestimmt werden kann,[64] kann er das Digitale nicht dadurch hamartiologisch in den Blick nehmen, dass es das Digitale ist. Auch das Digitale kann dann nur *coram Deo* ins Auge gefasst werden. Das widerspricht aber der typischen Kritik Dalferths an alternativen Sündenverständnissen, deren Inhumanität er *an ihnen selbst* aufweist,[65] auch beim Thema Transhumanismus.[66] Es ist natürlich klar, dass er auf einem anderen Wege zirkulär argumentieren würde: Das Inhumane der digitalen Transformation menschlicher Lebenswelten wäre ja sonst nur deshalb inhuman, weil sie ohne Gott konstruiert wird. Um diesem Zirkelschluss zu entkommen, legt es sich nahe, die Inhumanität an der Digitalisierung selbst aufzuweisen, um erst in einer Schlussfolgerung zu zeigen, dass ihr die Gottesbeziehung fehlt. Aber wenn das Kriterium zunächst ausgeblendet wird, an dem über Humanität überhaupt erst befunden werden kann, kann die Inhumanität entweder nur *prima facie* oder suggestiv aufgezeigt werden – oder indem man den Zirkel versteckt, der auch dieser Begründung zugrunde liegt. Einerseits also: „Wir sind in unzählige Verblendungszusammenhänge verstrickt.“ Andererseits: „Diese Verblendungen lassen sich nicht von innen her aufklären.“[67] Sie sind also ohne die Gottesbeziehung gar nicht als Verblendungen identifizierbar.

Man kann durchaus damit starten, dass die Sünde in einer verfehlten Gottesbeziehung besteht. Dann aber ergibt sich noch nicht von selbst, dass die Digitalisierung schon Ausdruck der Gottferne ist. Dass Transhumanisten „gottlos“ sind,

---

Intelligence, and Virtual Reality. Oxford 2010. S. 98. Vgl. auch den Beitrag von T. Petkovic in diesem Band.

64 Vgl. Dalferth: *Sünde*. S. 391.

65 Vgl. z.B. a.a.O. S. 361, 372, 386.

66 Vgl. a.a.O. S. 22.

67 A.a.O. S. 386.

sagen sie zwar selbst,[68] aber das spricht noch nicht für die Sünde der Digitalität. Ist die Digitalisierung also

1. Ausdruck des Schöpfungsauftrags, die Erde zu bebauen und zu bewahren,
2. der Versuch des Sünders oder der Anspruch der Sünde, sich der Schöpfung zu bemächtigen oder
3. eine technologische Entwicklung, die postlapsarisch im Glauben Heil wirkt?

3.5. Die Christologie

Versteht man Christus als Modell oder Typos, wie sich Gott in der Welt zur Darstellung bringt, kann es auch andere Exemplare dieses Typos geben. In diesem Fall verhilft die Christologie der Medientheorie zur theologischen Anschlussfähigkeit: In der Welt muss Gott so vermittelt werden, dass er sich selbst vermittelt, damit er erfahren wird oder zur Sprache kommen kann. Gott *ist* also selbst Medium[69] und hat kein unvermitteltes Sein. Da Gott also *Selbstvermittlung ist*, ist er nur mit Anderem. Indem sich somit Gott in Christus vermittelt, schafft er ein *allgemeines* Modell seiner selbst, nämlich dass er Selbstvermittlung ist.

Offen ist, wie sich die konkrete Selbstvermittlung Gottes in Christus zur allgemeinen Modellierung Gottes als Vermittlung verhält. Pointiert gesagt, könnte man medientheoretisch eine Brücke zur Digitalisierung schlagen, indem man das allgemeine Medienparadigma zuspitzt:

1. Gott ist Vermittlung.
2. Die Vermittlung Gottes in Christus braucht weitere Vermittlungen, um sie zu benennen.
3. Gott braucht Medien bzw. konstituiert Gegenstände dieser Welt zu Medien seiner selbst. Seine Selbstvermittlung in Christus greift auf andere Medien über.
4. Die Digitalisierung gründet auf Medien und erzeugt sie in autonomer Selbstvermittlung.
5. Durch die Digitalisierung kann Gott auf noch mehr Medien für seine Selbstvermittlung zurückgreifen.
6. Die Digitalisierung entspricht Gottes Selbstvermittlung, weil sie ebenso Selbstvermittlung ist. Sie vermittelt das Prinzip, das Gott ist.

Ergo: Die Digitalisierung ist christologisch.

---

68 Vgl. Geraci: *Apocalyptic AI*. S. 9, 86, 100.

69 Vgl. Stoellger: *Gott*. S. 382.

Dieses raffinierte Modell beruht darauf, Gottes Selbstvermittlung formal zu beschreiben, quasi als transzendentale Medientheorie der Gotteserkenntnis. Die inhaltliche Konkretion der Medialität Christi wird dabei unterschlagen. Theologisch ist nämlich von Bedeutung, dass Jesus am Kreuz als Medium durchgestrichen wird: „Verschwinden im Erscheinen"[70]. Jesus wird als Sohn Gottes in dem Moment erkannt, als er stirbt und nur noch „war" (Mk 15,39). Gott vermittelt sich in einem Menschen, der „nicht hier" ist (Mk 16,6). Gott vermittelt sich mithin als abwesendes Medium, in der Medialität des Fehlenden. Nicht die bloße Anreicherung von Medien, nicht die formelle Selbstvermittlung, sondern die Vermittlung Gottes in einem *durchgestrichenen* Medium zeichnet Gott aus. Gott ist die Selbstvermittlung mit einem abwesenden Medium, dessen Eigenschaften durchgestrichen sind. Das belegt zwar gerade seine anhaltende Vermittlungsbedürftigkeit, aber als *Selbst*vermittlung *ist* er nur in abwesenden Medien. Das Wort vom Kreuz ist also entweder etwas anderes als Gottes Selbstvermittlung, indem es das Kreuz expliziert sowie etwas anderes vermittelt, als es selbst ist, oder es ist als Gottes Selbstvermittlung die Anwesenheit des abwesenden Mediums. – Oder es ist beides (*vere Deus et vere homo*).

3.6. Die Pneumatologie

Mit der Anwesenheit des Abwesenden ist eine Anschlussfigur an die Pneumatologie gegeben.[71] Christus ist „nicht hier", schickt aber den Heiligen Geist (Joh 16,7; Apg 1,8). Die Anwesenheit des Heiligen Geistes schließt das Abwesendsein Christi ein. Die geistliche Nähe Christi ist dann an seine mediale Absenz gebunden. Oder anders: Der christliche Mediengebrauch übersteigt das Mediale, indem es zum Verschwinden gebracht wird. Hierzu gehört die *viva vox evangelii*, die verklingt, das fließende Wasser der Taufe, und das Abendmahl, dessen Präsenzsymbole verzehrt werden.[72] Insbesondere Karl Barth hat daraus ein aktualistisches Verständnis der Nähe Gottes herausgestellt.[73] Versteht man den Unterschied zwischen Gott und Mensch aber nicht wie Barth und Kierkegaard als „unendlichen qualitativen Unterschied"[74], sondern als kategorialen

70 Ebd.

71 Vgl. Lukas Ohly: Anwesenheit und Anerkennung. Eine Theologie des Heiligen Geistes. Göttingen 2015. S. 156.

72 Vgl. Michael Moxter: Medien – Medienreligion – Theologie. In: ZThK 101. 2004. S. 465–488. Hier S. 479.

73 Vgl. Karl Barth: Die Kirchliche Dogmatik. II.1. Zürich 1940. S. 204.

74 Karl Barth: Der Römerbrief (Zweite Fassung). In: Karl Barth Gesamtausgabe 2. Hrsg. von Cornelius van der Kooi, Katja Tolstaja. Zürich 2010. S. 138.

Gegensatz, lässt sich die Absenz Christi mit der Präsenz des Heiligen Geistes verbinden. Gerade das mediale Verschwinden ist Anwesenheit des Abwesenden. Im Fehlen drängt sich das auf, was fehlt. Bei einem „unendlichen qualitativen Unterschied" dagegen würde es zu einem Widerspruch führen, dass das Abwesende zugleich ein Anwesendes ist.

Oben hatte ich behauptet, dass die Zusammenführung von Daten für den Korrelationsabgleich ein Kennzeichen der Digitalität darstellt. Um alles miteinander zu vergleichen, muss es eine gemeinsame Einheit geben – das Datum oder die Informationseinheit –, zu der man alles erst einmal transformieren muss. Es ist klar, dass kategoriale Unterschiede bei diesen Prozessen stören. Sie müssen also entweder ausgeblendet oder durch Datenkorrelate ersetzt werden. Im Ergebnis sind beide Verfahren die gleichen. Dabei zeigt sich eine logisch zirkuläre Struktur der Digitalisierung: Es wird bereits vorausgesetzt, dass unterschiedliche Kategorien korrelationsfähig sind. Das ist eine Voraussetzung, die ihr Ergebnis bereits vorwegnimmt – und zwar trotz der aufweisbaren Kategorienfehler, die dabei entstehen. Solche Fehler können missachtet werden, weil sich eben Datenkorrelationen konstruieren lassen. Und sie lassen sich konstruieren, weil vorausgesetzt ist, dass sie sich konstruieren lassen. Daher führt dieses Verfahren zur Ausblendung kategorialer Unterschiede.

Der Ausschluss kategorialer Unterschiede immunisiert vor Kritik, weil eine Distanznahme des Digitalisierungsparadigmas dem Kennzeichen der Zusammenführung widerspricht. Es gibt keinen Standpunkt außerhalb der Digitalität, der nicht digital zusammenführbar wäre. Also widerspricht jegliche Kritik am digitalen Paradigma ihrer faktischen Gegebenheit. Anders gesagt: Wer die Anwesenheit des Abwesenden wahrnimmt, ignoriert die digitale Wirklichkeit. Digitalität vs. kategorial differenzierte Wirklichkeitsbestimmung werden zu Optionen einer irrationalen Entscheidung. Man muss so oder so bereits das Ergebnis voraussetzen, auf das man durch das jeweilige Verfahren kommen wird.

Die Pneumatologie der Anwesenheit des Heiligen Geistes beim abwesenden Christus kann wiederum die zirkuläre Struktur der digitalen Prozessierung durchschauen. Damit muss keine ethische Kritik an digitalen Formaten oder Artefakten verbunden sein. Die Geisteswissenschaften und auch die Theologie selbst arbeiten gegenwärtig stark mit digitalen Techniken, indem sie etwa Textkorrelationen wissenschaftlicher Literatur generieren. Allerdings kann die pneumatologische Kategorienerweiterung dazu beitragen, die begrenzte Reichweite digitaler Ergebnisse bescheiden einzuschätzen.

Ein Beispiel: Es ist ein Schicksal der Technikkritik Heideggers, dass die Heidegger-Gesamtausgabe fast vollständig digital verfügbar ist, mit der man die Korrelation aus Technikkritik und seinem Antisemitismus „berechnend" entdeckt hat. Heidegger könnte die Kritik an ihm geradezu als Bestätigung seiner Technikkritik betrachten. So richtig also die Beobachtungen an Heideggers Antisemitismus sind, die weitgehend digital entdeckt worden sein dürften, so sehr bestätigen sie die zirkuläre Struktur des digitalen Gesamtverfahrens. Die Kritik an Heidegger setzt das einheitliche Format sowie die Annahme voraus, dass seine Texte Daten sind. Dieses zirkuläre Verfahren ermöglicht es den Heidegger-Interpreten aber nicht, aus der Textebene zum In-der-Welt-sein hinauszugelangen. Denn dazu müsste ihre Hermeneutik über die Feststellung bloßer Textkorrelationen hinausgehen.

Nach meinem Eindruck wird die Zusammenführung von allem in Daten *qua* Kategorie des Gegenständlichen vorgenommen: Gegenstände bestehen aus Eigenschaften, die auf sie zutreffen oder nicht. In Daten wird festgelegt, ob die Eigenschaften erfüllt sind. Die Zuordnung von Eigenschaften auf ein Muster kann daher als Individuation eines Gegenstandes betrachtet werden. Daher scheint sich die digitale Transformation auf Gegenstände zu beziehen und damit auf die Kategorie der Gegenständlichkeit.

Man könnte allerdings anfragen, ob Daten eine eigene Kategorie sind, da räumliche oder zeitliche Zuordnungen von Gegenständen zueinander nicht als raumzeitliche Lokalisierungen digital vorgenommen werden. Was ein Ort oder ein Zeitpunkt ist, wird nämlich wieder durch Daten bestimmt, so dass digital kein kategorialer Unterschied zwischen einem Pferd besteht und dem Ort sowie dem Zeitpunkt, wo es steht. Wenn also ein Navigationssystem den Ort berechnet, an dem ich mich befinde, so beschreibt es nur Korrelationen von Daten, zu denen auch mein Standort gehört. Zwischen Standort und mir besteht eine Datenkorrelation, aber kein räumliches Verhältnis. Während für Gegenstände ihre raumzeitliche Lokalisierung wesentlich ist (auch für ideelle Gegenstände wie Gedanken, da auch sie seriell angeordnet sind), werden solche Ordnungen im digitalen Datensystem aufgehoben. Das digitale Muster mag zwar persistieren, aber es besteht doch nur solange, wie es aktualisiert wird. Es besteht ohne Vor- und Nacheinander zu anderen Mustern. Die kategoriale Reduktion von Anwesenheit, die das Abwesende einschließt, geht also einher mit der Reduktion des Gegenständlichen zugunsten einer eigenen Kategorie, in der Nähe und Ferne und damit Beziehungen als eigene Kategorie keine Rolle spielen, nämlich Daten. Pneumatologisch kann man die digitalen Verfahren als hochabstrakte durchaus wertschätzen. Aber in der Pneumatologie wird Skepsis bis Ablehnung zu den impliziten oder gar expliziten Wirklichkeitsansprüchen der Digitalisierung vorherrschen.

3.7. Die Ekklesiologie

Beim Online-Abendmahl verdichtet sich die Frage digitaler kirchlicher Vergemeinschaftung. Volker Leppin hat darauf hingewiesen, dass spätestens bei der Taufe die Grenze der digitalen Überführung erkennbar ist: „Wer im Raum der Kirche unterwegs ist, weiß offenbar, auch ziemlich klar: Taufen gehen so [digital] nicht. Das ‚Ich', das sagt: ‚Ich taufe dich' ist nicht einfach digital übertragbar."[75] Leppin betont, wie andere auch,[76] die leibliche Kopräsenz der Christen in der Kirche. Der Grund dafür scheint für Leppin nicht darin zu liegen, dass der Täufling nicht selbst das Wasser über sich schütten kann, sondern dass das „Ich" des Täufers dabei nicht leiblich abwesend sein kann, während es mit dem Mund spricht: „Ich taufe dich…". So wäre also auch keine Abhilfe zu erwarten, wenn dieses Ich in einem gemeinsamen Online-Meeting einen Knopf drücken könnte, der am Ort des Täuflings eine Taufkanne in Gang setzen würde, die Wasser über den Täufling gießt. Dieses Ich wäre dennoch zu weit entfernt, um am Täufling zu handeln.

Auch Gregor Etzelmüller betont: „Die Erzählgemeinschaft des Glaubens konstituiert sich als Leib Christi durch leibliche Vollzüge: durch die Kommunikation des Evangeliums von Angesicht zu Angesicht."[77] Während Nord gegen die Fetischisierung der Face-to-Face-Kommunikation polemisiert hatte,[78] betont Etzelmüller den neurowissenschaftlichen, soziologischen und psychologischen Zusammenhang der Einschreibung sozialer Praxis im Leib.[79] Der eigene Leib ist also selbst schon Vollzug und Resonanz sozialer Beziehungen und damit ebenso „zwischenleiblich"[80], wie er persönlich ist. Ebenso wie man am Telefon nicht sprechen lernen kann,[81] kann man auch nicht in einem Online-Meeting verräumlichte soziale Praktiken erlernen.

---

75 Volker Leppin: Wertvolles Geschehen. Wer allzu schnell auf eine digitale Form des Sakramentes setzt, macht es sich zu einfach. Online: https://zeitzeichen.net/node/8326#contra (zuletzt 17.04.2023).

76 Vgl. z.B. Gregor Etzelmüller: Er, der lebt, gebot: Teilt das Brot – auch in Corona-Zeiten? In: Junge Kirche 81. 2020. S. 42–45. Hier S. 44.

77 Gregor Etzelmüller: Was ist evangelische Haltung? Zur Verkörperung des Evangeliums. In: EvTh 78. 2018. S. 166–179. Hier S. 176.

78 Vgl. Nord: *Realitäten*. S. 173.

79 Vgl. Etzelmüller: *Was ist evangelische Haltung*? S. 176.

80 Bernhard Waldenfels: Phänomenologie der Aufmerksamkeit. Frankfurt 2004. S. 193.

81 Vgl. Peter Janich: Was ist Information? Kritik einer Legende. Frankfurt 2006. S. 35.

Diese Betonung leiblicher Kopräsenz scheint mir jedoch zirkulär zu sein, denn sie setzt bereits das Ergebnis voraus, dass Leiblichkeit Kopräsenz impliziert. Man kann als Anhänger von Online-Gemeinden durchaus einräumen, dass der Ursprung christlicher Vergemeinschaftung in der Face-to-Face-Begegnung liegt. Doch was ist, wenn sich soziale Praktiken bereits in den Leib eingeschrieben haben? Kann sich dann nicht eine Online-Gemeinde „versammeln", deren Mitglieder ursprünglich von Angesicht zu Angesicht gelernt haben, was eine Versammlung ist und wie man sich darin verhält? Muss nicht zwischen der *Genese* der Kirche als leiblicher Gemeinschaft und ihrer *Geltung* als raumzeitlich transzendierender Gemeinschaft unterschieden werden? Legt nicht gerade die kategoriale Unterscheidung in der Anwesenheit des Abwesenden solche christlichen Sozialformen nahe, in denen der „Leib Christi" nicht buchstäblich verstanden wird? Sind nicht bereits Gebetsgemeinschaften, die für abwesende Glieder dieses Leibes beten, Überstiege raumzeitlicher Zwischenleiblichkeit?

Diese Debatte ist im vollen Gang. Mir scheint jedoch, dass die Fronten zwischen praktisch-theologischer Offenheit für digitale Formen und einer Zurückhaltung bei den anderen theologischen Disziplinen verlaufen. Unerledigt ist m.E. aber die Frage, was der Leib kategorial bedeutet: Wann ist er Widerfahrnis (Vollzug), Gegenstand (Körper) oder Anwesenheit (Resonanz)? Dann lässt sich aufklären, inwiefern auch der Leib *Christi* wesentliche Signaturen dieser drei Kategorien trägt, die über die eigenen Präferenzen zur digitalen Gemeinschaft hinausgehen. Zum Teil wird ja praktisch-theologisch die Online-Gemeinde damit legitimiert, dass sich die Gemeinschaft für die Teilnehmenden echt anfühlt und ihrem Bedürfnis gerecht wird.[82] Solche Bekenntnisse sind eine Selbstlokalisierung in die Online-Gemeinde. Könnten aber solche Selbstlokalisierungen nur deshalb möglich sein, weil sich christlich-soziale Praktiken bereits verleiblicht haben? Und wie verhalten sich Selbstlokalisierung und Anerkennung mitlokalisierter Christen zueinander?

3.8. Die Eschatologie

Die Eschatologie ist m.E. der prominenteste dogmatische Topos in der Diskussion um die Endzeithoffnung des Transhumanismus. In ihr verdichtet sich die Frage, ob ewiges Leben eine Angelegenheit des verbesserten Menschen ist oder eine Angelegenheit Gottes. Dass die meisten theologischen Beiträge auf eine Apologie des Menschen zielen (ohne dass derzeit eine Theologische Anthropologie

---

82 Vgl. Schrodt: *Abendmahl*. S. 511.

breit entwickelt wird), belegt, dass die Theologie weitgehend das Kampffeld des Transhumanismus akzeptiert hat, nämlich die Anthropologie. Dabei sind die Fragestellungen eschatologisch: Gibt es ein ewiges Leben? Erstmals wird die Frage nach dem ewigen Leben von der Heilsfrage entkoppelt: Denn wenn ich auf Erden ewig lebe, wie kann ich zur ewigen Seligkeit gelangen?

Transhumanisten mögen mit ihren Szenarien noch beides aneinander koppeln: Der von Umweltzerstörung und Ressourcenverbrauch irreversibel geschädigte Planet Erde mag für den natürlichen Menschen zwar unbewohnbar werden, nicht aber für den verbesserten Menschen, dessen Körperteile bei Bedarf ausgetauscht sowie dessen Hirnpotenziale auf robustere und leistungsfähigere Rechenmaschinen überführt werden. Das Leben auf dem Mars ist dann ebenso möglich wie eine dauerhafte raumübergreifende Vernetzung mit allen Menschen, mit denen man in Kontakt bleiben will. Sogar raumlose sexuelle Interaktion ist mit Hilfe direkter Verdrahtung der beteiligten neuronalen Lustzentren realisierbar.[83] Sogar wenn ich von der Geliebten abgewiesen werde, kann ich mit ihrem täuschend echten Avatar sexuell interagieren. Die sexuelle Reproduktion einer Gattung mag zwar künftig asexuell sein,[84] aber es wäre doch eine Schwächung der visionären Assoziation aus ewigem Leben und ewigem Heil, wenn transhumanistische Wesen künftig auf sexuelle Befriedigung verzichten müssten. Žižek merkt zu Recht an, dass die Vorstellung einer digitalen sexuellen Kommunikation von einer Entsexualisierung nicht zu unterscheiden ist: Denn wenn allein das eigene neuronale Lustzentrum direkt befriedigt werden kann, kann die direkte Verdrahtung allenfalls epiphänomenal noch ein Lustobjekt hervorbringen, als Nebeneffekt neuronaler Kausalität, die kein biologisches Geschlecht hat.[85]

Nun bedurfte es auch in der Theologie erst eines Jürgen Moltmanns, um im Reich Gottes sexuelle Erfüllung zu erwarten anstatt einer asexuellen Liebesgemeinschaft.[86] Dabei geht der Zusammenhang von ewigem Leben und ewigem Heil im christlichen Kontext über die bloße Erlebnisintensität und -dauer hinaus. Hier scheint mir ein Aspekt wesentlich zu sein, nämlich die universale

83 Vgl. Slavoj Žižek: Körperlose Organe. Bausteine für eine Begegnung zwischen Deleuze und Lacan. Frankfurt 2005. S. 125.

84 Vgl. Nick Bostrom: Superintelligenz. Szenarien einer kommenden Revolution. Berlin 2014. S. 245.

85 Vgl. Žižek: *Körperlose Organe*. S. 125.

86 Vgl. Jürgen Moltmann: Der Weg Jesu Christi. Christologie in messianischen Dimensionen. München 1989. S. 285 f.

Entgrenzung der eschatologischen Liebesgemeinschaft, damit „Gott sei alles in allem" (1. Kor 15,28). Die eschatologische Liebesgemeinschaft ist aber keine bloße Frage der individuellen Ausstattung der transhumanistischen Wesen. Selbst wenn diese durch Neuro-Enhancement zur agapeischen Liebe determiniert werden, seufzt die ganze Schöpfung, weil sie der Vergänglichkeit unterworfen ist (Röm 8,20–22). Eine universale Liebesentgrenzung bei kosmisch-zeitlicher Begrenzung bleibt unvollendet. Der Rahmen für eine vollendete Erlösung muss daher außerhalb der Welt gefunden werden. Ein Leben in unendlich zeitlicher Dauer ist unter weltlichen Bedingungen nicht erfüllbar. Und ein ewiges Leben im Sinne einer kategorialen Unterscheidung der Zeitlichkeit von der Zeit[87] ist kein Resultat technischen Hervorbringens.

4. Blinde Flecken

Ich habe skizziert, welche dogmatischen Fragestellungen mit der Digitalisierung verbunden sein können (und sind). Da die Dogmatik den Zusammenhang der christlichen Glaubenstopoi erhellt und auch die Digitalisierung durch das Zusammenziehen von Daten charakterisiert ist, besteht eine Affinität, aber auch eine Konkurrenzbeziehung zwischen Digitalisierung und Dogmatik. Verdichtet die Digitalisierung die theologischen Diskurse in der Anthropologie, Christologie und Hamartiologie, wie ich das oben ausgeführt hatte?[88] Oder behält die Dogmatik eine Unabhängigkeit von der Digitalisierung, womit sie in Distanz zu ihr treten kann?

Mir scheint, dass die gegenwärtige Zurückhaltung, eine zusammenhängende Theologische *Anthropologie* zu entwickeln, auf der Interdisziplinarität anthropologischer Ansätze beruht. Die Beiträge sind uferlos und kombinieren soziologische, philosophische, psychologische, biologische, insbesondere neurowissenschaftliche und daran anknüpfend auch informationswissenschaftliche Verfahren miteinander. Die Fragmentarität der Ergebnisse korreliert mit ihrer kombinatorischen Vielfalt. Ich habe gezeigt, dass die Digitalität durch die Formatierungsangleichung von Perspektiven in Dateneinheiten gekennzeichnet ist.

87 Vgl. Gerhard Ebeling: Dogmatik des christlichen Glaubens. Bd. 2. 3. Aufl. Tübingen 1989. S. 353; Eberhard Jüngel: Grenzen des Menschseins. In: Ders.: Entsprechungen: Gott – Wahrheit – Mensch. Theologische Erörterungen. 2. Aufl. München 1986. S. 358; Robert C. Neville: Normative Cultures. New York 1995. S. 136. Robert Spaemann: Personen. Versuche über den Unterschied zwischen „etwas" und „jemand". Stuttgart 1996. S. 130.

88 Sektion 1.

Somit lässt sich die Fragmentarität der Anthropologie als Symptom der Digitalität verstehen, in der zwar alles mit allem kombinierbar ist, ohne dass aber der betrachtete Gegenstand fassbar wird. Nicht das Wesen des Menschen wird so fassbar, sondern Muster lösen einander in einer endlosen Datenanreicherung ab. Die Anthropologie eignet sich insofern als Zusammenfassung theologischer und außertheologischer Einzeldiskurse, als ihr integrierendes Verfahren in der Datenanreicherung besteht.

Eine ähnliche Angleichung erfolgt in der *Christologie* durch das Medienparadigma. Wenn alles Medium ist, gibt es eine gemeinsame Maßeinheit, mit der alle Gehalte kombinierbar werden. Und auch die Hamartiologie ist bereits von der Digitalisierung imprägniert. Ich hatte oben behauptet, dass die digitale Zuspitzung der *Hamartiologie* in der Aufnahme von BIG DATA besteht: Allein das massenhafte Vorliegen von Daten gibt den Menschen dem Gesetz der Sünde preis, dem er nicht entkommen kann, auch wenn er will (Röm 7,15). Die Hamartiologie kann theologische Diskurse zusammenfassen, weil ihre Einheit nicht das einzelne Datum ist, sondern die Masse an Daten, zu der der Mensch auch gehört.

Gibt es eine Integration dieser drei Integrale? Wenn sie selbst bereits digital kolonialisiert sind, so wird auch ihre Integration nur digital vollziehbar sein. Denn wenn in der Anthropologie das Wesen des Menschen nicht mehr thematisierbar wird, kann Jesus nicht als der wahre Mensch beschrieben, sondern nur seine allgemeine Menschlichkeit fragmentarisch „abgebildet“ werden. Wenn wiederum Christus der wahre Mensch ist, bleibt offen, wie er sich zu den digitalen Mustern anthropologischer Einzelforschung verhält. Auf theologischer Ebene lässt sich dann keine unabhängige dogmatische Integration der drei Loci erreichen. Ist aber alles Sünde, dann wird die Digitalität zu ihrem Kriterium. Christus ist wahrer Mensch, weil er Medium ist. Die Sünde ist das Integral der Medien, zu denen auch der Mensch gehört. Und er ist Medium, weil er ein Datenmuster ist.

Mir scheint also, dass eine dogmatische Unabhängigkeit von der Digitalität allenfalls scheinbar ist. Ich habe bereits am Beispiel gezeigt, wie sehr die digitalen Analyseverfahren auch in die Geisteswissenschaften eingezogen sind. Durch das Durchsuchen von Datenbanken wird Literatur anders „gelesen“. Selbst beim Querlesen folgte der Rezipient noch der gehaltlichen Anordnung der Verfasserin. Bei der Suchwortanalyse dagegen werden Bedeutungscluster auf „synchrone“ Weise gebildet und auf die Korrelationen der Begriffe hin untersucht. Diese Vermittlung von Begriffen folgt der formalen Logik, die selbst digital ist und – wie Husserl ihr bereits bescheinigte – allenfalls zirkulär Logik andemonstriert, anstatt sie beweisen zu können.[89] In der Digitalität nun wird die logische Form zum unhinterfragbaren geschlossenen Raum des Prozessierens: Sie ist die wahre Logik, weil sie digital ist, und nicht, weil sich in ihr die transzendentale Logik andemonstriert. Übersehen wird die geschichtliche Situierung der Begriffe bei der Autorin. Die Begriffe sind formale Informationseinheiten und nicht „durchlebte" Gehalte, wie sie Schleiermachers oder Diltheys Hermeneutik noch in den Mittelpunkt stellten.[90]

5. Wie gewinnt die Theologie einen kritischen Standpunkt zur Digitalität?

Nun kann man fragen, ob die digitale Unhintergehbarkeit nicht einen Widerspruch darstellt, da durchaus ein Kontrast zu ihr gedacht werden kann. Die digitale Zirkularität ist ja durchschaubar, was einen Blick „von außen" voraussetzt. Darauf lässt sich antworten, dass der Zirkel mit seiner Durchschaubarkeit noch nicht umgangen werden können muss, wenn er durchschaut wird. Es müsste ein Weg gegeben sein, wie gegenwärtig theologisch anders gedacht werden kann, wie also die Zusammenhänge dogmatischer Topoi eigenständig gebildet werden können. Die herrschenden digitalen Verfahren der gegenwärtigen Textinterpretation scheinen eher darauf hinzuweisen, dass dies noch nicht der Fall ist. Es lässt sich also plausibel annehmen, dass die dogmatische Distanz zum Digitalisierungsparadigma noch in diesem verbleibt und daher nur oberflächliche Kritik kreiert. Die Theologie bemerkt dann nicht, wie sehr sie von der Digitalität bereits kolonialisiert ist.

Das könnte ein Grund dafür sein, warum zwar die Theologische Ethik kritische Technikfolgenabschätzung der Digitalität vornimmt, die historischen Disziplinen die Technik nutzen und die Praktische Theologie über die medientheoretische „Einnordung" eine wissenschaftstheoretische Rechtfertigung des Digitalisierungsparadigmas leistet, aber die Dogmatik merkwürdig zurückhaltend auf die Digitalisierung reagiert. Denn wenn die Dogmatik für die Wirklichkeitsbeschreibung des christlichen Glaubens zuständig ist, aber ihr Denken bereits digital ergriffen ist, kann sie diesem Filter ihres Denkens kaum

89 Vgl. Edmund Husserl: Logische Untersuchungen. Bd. I [Hua XVIII]. 2. Aufl. Den Haag 1975. S. 170.

90 Vgl. Friedrich Schleiermacher: Hermeneutik und Kritik. 7. Aufl. Frankfurt 1999. S. 82; Wilhelm Dilthey: Der Aufbau der geschichtlichen Welt in den Geisteswissenschaften [GW VII]. 8. Aufl. Stuttgart 1992. S. 140 f.

entkommen. Die theologische Wirklichkeitsbeschreibung kann das Digitale dann nicht eigens in den Blick nehmen, weil sie zwar noch bemerken kann, wie sie verfährt, aber dieses Bemerken selbst schon digital inkulturiert ist.

Die Dogmatik muss sich einer geeigneten Methode vergewissern, wie sie sich vom digitalen Denken distanzieren kann, um eine unabhängige Wirklichkeitsbeschreibung im Lichte des Evangeliums vornehmen zu können. Vielleicht eignet sich bereits der hermeneutische Zirkel als Widerlager gegen die vollständige Okkupation digitaler Transformation theologischen Denkens. Der hermeneutische Zirkel, der bei einem Vorverständnis einsetzt, um zum Verstehen zu gelangen, ist Selbstdistanz im Selbstvollzug: Nach Bultmann wird das Vorverständnis überstiegen, ohne jedoch ganz verlassen zu werden. Der Gehalt des Vorverständnisses ändert sich, aber das Auftreten des Neuen im Verstehen lässt sich aus dem Vorverständnis nicht ableiten.[91] Es muss mich etwas *treffen*, damit ich neu verstehen kann.[92] Bei Husserl vollzieht sich die phänomenologische Reduktion als „Rückbesinnung" auf das „Vorurteil", um zu Neuem zu gelangen, „worauf man eigentlich hinaus will":

> Es heißt, die sedimentierte Begrifflichkeit, die als Selbstverständlichkeit der Boden seiner privaten und unhistorischen Arbeit ist, wieder lebendig zu machen in seinem verborgenen geschichtlichen Sinn. […] Selbstdenker sein, autonomer Philosoph im Willen zur Befreiung von allen Vorurteilen, fordert von ihm die Einsicht, daß alle seine Selbstverständlichkeiten *Vorurteile* sind […]. Eine historische Rückbesinnung der in Rede stehenden Art ist also wirklich eine tiefste Selbstbesinnung auf ein Selbstverständnis dessen hin, worauf man eigentlich hinaus will, als der man ist, als historisches Wesen. Selbstbesinnung dient der Entscheidung.[93]

Bekanntlich hat auch Heidegger die Entbergung des Seins von Epochen abhängig gemacht, die das Denken nicht allein anbrechen lassen kann, weil sich das Sein selbst entbergen muss.[94] „Indes zeigt sich die Geschichte des abendländischen Denkens erst dann und nur dann als Geschick des Seins, wenn wir aus

---

91 Vgl. Rudolf Bultmann: Ist voraussetzungslose Exegese möglich? In: Ders.: Glauben und Verstehen. Bd. 3. Tübingen 1960. S. 147. Bultmanns Unterscheidung von Daten und deren Bedeutung lässt sich auch für das Verhältnis von Digitalem und Theologie fruchtbar machen.

92 Vgl. Rudolf Bultmann: Der Gottesgedanke und der moderne Mensch. In: Ders.: Glauben und Verstehen. Bd. 4. Tübingen 1965. S. 120.

93 Edmund Husserl: Die Krisis der europäischen Wissenschaften und die transzendentale Phänomenologie [Hua VI]. Den Haag 1954. S. 73.

94 Vgl. Martin Heidegger: Der Satz vom Grund. In: Gesamtausgabe Bd. 10. Frankfurt 1997. S. 135.

dem Sprung her auf das Ganze des abendländischen Denkens zurückblicken.“[95] Der hermeneutische Zirkel ist dann nicht nur ein Verfahren, mit dem eine theologische Deutung in Distanz zum Digitalen treten kann. Vielmehr ist zirkuläres Verstehen für Heidegger der Gegensatz zum Digitalen überhaupt:

> Mit welchem Recht legt man den einzigen Wert auf solche „Worte“? Was will man damit, daß alles eindeutig, widerspruchsfrei und zirkellos und eingängig sei? Ist das nicht die unbedingte Einseitigkeit und die Eigensinnigkeit des gedankenlosen Denkens?[96]

Das Denken, das Logik ausbildet, muss über der Logik stehen.[97] Aber seine Priorität verdankt sich dem Ereignis dessen, was dem Denken nicht aus Vorhandenem ableitbar ist und wofür Kenntnisse „nichtig“ sind.[98] „Wohin jedoch der Sprung vordenkend einspringt, ist kein geradezu betretbarer Bezirk des Vorhandenen, sondern der Bereich dessen, was als Denkwürdiges erst ankommt.“[99]

Diesen Beschreibungen des hermeneutischen Zirkels ist gemein, dass das Verstehen einen Widerfahrenscharakter hat, der sich im zirkulären Verfahren nicht erzeugen lässt, sondern unvermittelt auftritt. Das trifft sogar auf Husserl zu, bei dem sich die Vorurteile in der phänomenologischen Reduktion nur zeigen, wenn diese auf die transzendentalen Bedingungen *gestoßen* werden:

> Es drängt sich das Regelmäßige, das Allgemeine auf, dessen Erkenntnis als höherer Wert dasteht; es weckt demgemäß ein höheres, auf größere Allgemeinheit gerichtetes theoretisches Interesse; von den Allgemeinheiten niederer Stufe wird es fortgetrieben zu denen höherer Stufe, und so geht es weiter.[100]

Es ist daher zu erwarten, dass der Begriff „Digitalisierung“ Unverstandenes enthält, das für selbstverständlich erachtet wird und eines zirkulären Prozesses bedarf, der von diesem Vorverständnis ausgeht, um sich von ihm zu distanzieren. Es ist aber zugleich zu hoffen, dass sich die Theologie je und je diesen Begriff erschließt und in ihrer jeweiligen Rückschau vom digitalen Paradigma löst. Der hermeneutische Zirkel könnte das geeignete Verfahren dazu sein, wenn er seinerseits zirkulär als Widerlager des Denkens gegen seine digitale Kolonisation verstanden wird.

---

95 A.a.O. S. 132.

96 Martin Heidegger: Das Ereignis. In: Gesamtausgabe Bd. 71. Frankfurt 2009. S. 295.

97 Vgl. ebd.

98 Vgl. a.a.O. S. 47.

99 Heidegger: *Der Satz*. S. 132.

100 Edmund Husserl: Vorlesungen über Ethik und Wertlehre 1908–1914 [Hua XXVIII]. Dordrecht 1988. S. 166.

Bernhard Lauxmann

Verstummt die Dogmatik angesichts boomender Digitalität?
Ein praktisch-theologischer Zwischenruf

Hinführung

Was heißt es für den Glauben, wenn sich die spätmoderne Kultur durch digitale Medien und Technik nachhaltig verändert? Diese Frage wurde von den Initiatoren des Workshops „Theologie angesichts des Digitalen" in ihrem *Call for Papers* aufgeworfen, wobei diese Frage damals disziplinspezifisch zugespitzt war: Angesichts boomender Digitalität wäre zu klären, „warum die Systematische Theologie [hierzu] kaum etwas, oder oft nur Ablehnendes [...] zu sagen hat"[1]. Im *Call* war die Rede von Problemen, „die von einer gestaltungswilligen und verantwortungsbewussten Systematischen Theologie zu bearbeiten wären." Es ging den Initiatoren um eine „systematisch-theologische Problemstellung", deren Zentrum die Dogmatik bilde: „Während die Digitalisierung gegenwärtig zu dem Megathema unserer Zeit (über)erhoben wird, findet es zwar in der Praktischen Theologie [...] Beachtung, kaum jedoch in der Dogmatik. Andere Wissenschaften sind um einiges aktiver [...]. Die Dogmatik aber scheint zu schweigen, und wartet – wie so oft?" Soweit die kritische Fragestellung.

Trotz der inhaltlichen Fokussierung auf die Dogmatik und der vornehmlichen Beteiligung von Systematischen Theolog:innen an der Auseinandersetzung will ich mich auch als Praktischer Theologe dazu äußern. Ich will im Folgenden anhand des skizzierten Problemhorizonts darlegen, wie es *aus Sicht der Praktischen Theologie* um die Dogmatik als systematisch-theologischer Disziplin bestellt ist. Ausgangspunkt ist dabei das Problem dogmatischer Selbstbeschreibung durch Dogmatiker:innen, die ihre Disziplin angesichts boomender Digitalität als „verstummt" wahrnehmen. Konkret gehe ich im ersten Schritt auf das Wagnis ein, die *Dogmatik* praktisch-theologisch in den Blick zu nehmen. Im zweiten Schritt widme ich mich problemorientiert konkreten dogmatischen

1 Hier und im Folgenden beziehe ich mich auf den damaligen *Call* von Winter-Tietel, Ohly: Theologie angesichts des Digitalen. Auf Zitate daraus wird eigens hingewiesen. Der ursprüngliche *Call* befindet sich hinten im Anhang.

Selbstbeschreibungen aus praktisch-theologischer Perspektive und mache dabei auf eingespielte Muster aufmerksam. Ich thematisiere dann in einem dritten Schritt mögliche Adaptionen, die zu einer positiven Fortentwicklung der theologischen Arbeitsgemeinschaft beitragen können – und angesichts veränderter Aufgabenbestimmungen auch naheliegen.

1. Ein Wagnis

Das Problem eines innerdogmatisch empfundenen Verstummens der *Dogmatik* angesichts von Digitalität *aus praktisch-theologischer Perspektive* zu erörtern, ist riskant. Das Risiko besteht darin, theologisch übergriffig zu werden und in fremden Feldern zu dilettieren. Enzyklopädische Grenzüberschreitungen innerhalb der Arbeitsgemeinschaft „Theologie" könnten deren Plausibilität gefährden. Zugleich lassen sich enzyklopädische Grenzüberschreitungen auch nicht vermeiden und können gut begründet sein. Praktisch-theologisch über die Probleme systematisch-theologischer Dogmatik zu schreiben, bleibt aber auch dann noch ein Wagnis.

1.1 Enzyklopädische Unterscheidungen

So wie der Sinn bibelwissenschaftlicher Methoden darin besteht, „den Text vor menschlicher *Übergriffigkeit* […] zu schützen"[2], so lässt sich der Sinn enzyklopädischer Arbeitsteilungen als Schutz wissenschaftlicher Arbeitsgemeinschaften beschreiben. Es ist sinnvoll, dass sich zuallererst Dogmatiker:innen der Dogmatik widmen – und nicht Praktische Theolog:innen.

In der Beziehungsgeschichte zwischen Praktischer Theologie (PT) und Systematischer Theologie (ST) bildete die Disziplin der Dogmatik oft das Zentrum enzyklopädischer Streitigkeiten: Aus einer „allzu starken Abhängigkeit der PT von der zeitgenössischen Dogmatik"[3] resultieren Schwierigkeiten, deren Folgen die PT bis heute beschäftigen. Selbstüberhebungen, die eine „sich von der Dogmatik emanzipierende Praktische Theologie"[4] versuchte, waren teils von zweifelhaftem Ruf: Wie sollten auch Praktische Theolog:innen all das stemmen, was bis dato arbeitsteilig von *beiden* Fächern geleistet wurde? Wer Dogmatik als Stück

2 Jürgen Mette: Die Evangelikalen. Weder einzig noch artig. Eine biografisch-theologische Innenansicht. Aßlar 2019. o.S. [ebook].

3 Christian Albrecht: Enzyklopädische Probleme der Praktischen Theologie. Tübingen 2010. S. 90.

4 Ebd.

der PT definiert[5] und meint, dass die PT ihre Aufgabe „*nur* so erfüllen könne[], dass *sie selber dogmatisch* wird“[6], gefährdet die theologische Arbeitsgemeinschaft eher, als dass er/sie diese fördert. Weil die Dogmatik das Zentrum eines langen enzyklopädischen Beziehungsgeflechtes bildet und sich eingespielte Arbeitsteilungen bewährt haben, bin ich als Praktischer Theologe – trotz verlockender Möglichkeiten zur Grenzüberschreitung – gut beraten, mich in enzyklopädischer Zurückhaltung zu üben. In Einzelfällen *muss* aber auch ein enzyklopädischer Übergriff gewagt werden. Sonst würde die eingeübte Differenzierung der Fächer (und Disziplinen) zu einem seelenlosen Prozess ohne Ringen um die gemeinsame Sache. Otto Pöggeler hielt daher fest: „Was die Theologie als Struktur zeigt, gilt in modifizierter Weise auch für andere Geisteswissenschaften: der Wissenschaftler hat Schwierigkeiten, sein Thema zu isolieren – er muss immer in vielen Nachbardisziplinen ‚dilletieren‘ […].“[7] Pöggeler setzt hier die ausdifferenzierte, arbeitsteilige Struktur der theologischen Arbeitsgemeinschaft voraus, mahnt aber zugleich die Notwendigkeit zur Grenzüberschreitung ein – der „extreme Fall der Theologie“[8] ist bei ihm ein Vorbild für andere Wissenschaften.

Für die PT ist die ST die wichtigste Bezugsdisziplin innerhalb des theologischen Fächerkanons. Wie die ST versteht sich auch die PT als gegenwartsorientierte Disziplin. Während es der ST aber um „die methodische Orientierung an der Wahrheitsfrage“[9] geht, wie es Lukas Ohly in fast polemischer Abgrenzung zur PT formuliert,[10] präferiert die PT die Orientierung an der „Wirklichkeit“

5 Vgl. Wilhelm Gräb: Dogmatik als Stück der Praktischen Theologie. Das normative Grundproblem in der praktisch-theologischen Theoriebildung. In: ZThK 85. 1988. S. 474–492.

6 Gräb: *Dogmatik*. S. 491.

7 Otto Pöggeler: Einleitung. In: Ders., Hellmut Flashar, Nikolaus Lobkowicz (Hg.): Geisteswissenschaft als Aufgabe. Kulturpolitische Perspektiven und Aspekte. Berlin 2019. S. 10.

8 Pöggeler: Einleitung. S. 9.

9 Lukas Ohly: Arbeitsbuch Systematische Theologie. Techniken – Methoden – Übungen. Tübingen 2019. S. 17.

10 Angesichts kirchentheoretischer Unterscheidungen, die zum praktisch-theologischen Standardrepertoire gehören (Kirche als *Interkation*, *Institution*, *Organisation* und *Hybrid*) hält Ohly fest: „Diese Diskussion vernachlässigt eine *methodisch transparente Wahrheitsfrage*.“ Er meint, dass hier „die Wahrheitsfrage vernebelt wird“ und versucht die praktisch-theologischen Befunde normativ aufzuklären: „Kirche bietet die Verkündigung des christlichen Evangeliums und ist daher institutionell verlässlich – ansonsten *kann sie nicht mehr Kirche sein*.“ Alle Zitate Ohly: *Arbeitsbuch*. S. 16. (Hervorhebungen B.L.).

jener empirisch wahrnehmbaren Praxis, die sie als *christliche Religionspraxis* näher qualifiziert[11] und als solche kulturhermeneutisch sichtbar macht.[12] Die PT greift dabei auf all jene Methoden zurück, die der Wahrnehmung, dem Verständnis und der Optimierung dieser Praxis dienen. Sie blendet in ihrem Optimierungsbemühen Wahrheitsfragen nicht aus, agiert in normativer Hinsicht aber in weiten Teilen zurückhaltend. Praktische Theolog:innen haben sich, disziplinhistorisch betrachtet, aufgrund des lange unhinterfragten innertheologischen Wirklichkeitsdefizits bewusst von der Orientierung an idealen Begriffen und der Wahrheitsfrage gelöst und seit der „empirischen Wendung"[13] ihre Wirklichkeitsorientierung verstärkt. Das Thema der ST mag „die Wahrheit und die Orientierungskraft einer [...] Glaubensweise, [...] die uns kraft ihres Grundes und ihres Gegenstands in die Wahrheit [...] des schöpferischen Seins und des geschaffenen Seins führen will"[14], sein. Sie mag sich im Gefolge von Wolfhart Pannenberg als *wahrheitszentrierte* Theologie und als kritisches Korrektiv gegenüber spätmodernen Relativismen verstehen.[15] Das Thema der PT ist das jedoch nicht. Die einen agieren stärker normativ-orientierend, die anderen stärker deskriptiv-sondierend. Beides kommt im intradisziplinären Gespräch *Theologie* zusammen. *Damit die Arbeitsgemeinschaft Theologie nicht auseinanderbricht, bedarf es der Kooperation zwischen beiden Fächern.*

1.2 Grenzüberschreitende Anfragen

Wenn ich als Praktischer Theologe der titelgebenden Frage trotz bestehender Risiken nachgehe, dann nur deshalb, weil ich es angesichts der Herausforderungen im Schnittfeld von Religion und Digitalität für unverzichtbar halte, dass die theologische Arbeitsgemeinschaft in ihrer Ausdifferenzierung bestmöglich funktioniert. Die PT braucht für die eigenen Auseinandersetzungen mit

11 Vgl. Ulrike Wagner-Rau: Praktische Theologie als Theorie der christlichen Religionspraxis. In: Kristian Fechtner, u.a. (Hg.): Praktische Theologie. Ein Lehrbuch. Stuttgart 2017. S. 19–28.

12 Vgl. Birgit Weyel: „Kenntnis des wirklichen Lebens". Von der Empirie in der Praktischen Theologie. In: PTh 97. 2008. S. 328–341.

13 Vgl. Klaus Wegenast: Die empirische Wendung in der Religionspädagogik. In: ZPT 20.3. 1968. S. 111–125.

14 Konrad Stock: Systematische Theologie. Teil 1: Erfahrung und Offenbarung. Göttingen 2017. S. 134.

15 Vgl. Thorsten A. Leppek: Wahrheit bei Wolfhart Pannenberg. Eine philosophisch-theologische Untersuchung. Göttingen 2017. S. 11–27.

christlich-religiöser Praxis im Kontext von Digitalität die normative Perspektive der ST, mithin der Dogmatik. Die im *Call* anzutreffende Selbstbeschreibung dogmatischer Forschung als einer angesichts boomender Digitalität verstummenden Disziplin, muss praktisch-theologische Forscher:innen beunruhigen: Wie sollen „wir" denn in diesem Feld weiterkommen, wenn die normative Nachbardisziplin ausfällt? Wozu widmen „wir" uns einzelnen Praktiken so detailliert, wenn danach unklar bleibt, wie sie normativ einzuschätzen sind? Wie wollen „wir" das, was hier christlich-religiös geschieht, nachhaltig optimieren, wenn dogmatische Orientierungen „unserer" Sondierungen ausbleiben?

2. Fremdbeobachtungen

2.1. Dogmatik als praktisch-theologischer Gegenstand

Die nachfolgenden Befunde zur dogmatischen Selbstbeschreibung resultieren aus praktisch-theologischen Sondierungen im Feld und folgen zudem einer von Andreas Reckwitz ausgelegten kultursoziologischen Optik.[16] Dabei ist ein spezifisch praktisch-theologisches Verständnis der Dogmatik vorausgesetzt: Dogmatik wird als Teil christlicher Glaubenskultur begriffen, als *gelehrte Religion heute*. Was Dogmatik dabei auszeichnet, ist vor allem ihre *Forschungspraxis*, eine elaborierte Spielart christlich-religiöser Praxis zweiter Ordnung. Nur als gegenwärtige Forschungspraxis im Feld christlicher Glaubenskultur ist die Dogmatik für die PT als Theorie christlicher Religionspraxis in der Gegenwart als Analysegegenstand überhaupt relevant. Ihrem eigenen Verständnis zufolge überschreitet die PT also keine enzyklopädische Grenze, wenn sie dogmatische Forschungspraxis analysiert. Die Frage, die auf Basis dieses Verständnisses zu klären ist, lautet: Wie wird die dogmatische Forschungspraxis in ihren Selbstbeschreibungen dargestellt? Als was wird Dogmatik z.B. im *Call* der Tagung sichtbar? Welche eingespielten Strukturen und Präferenzen werden sichtbar – und wie ließen sich diese zeitgenössisch optimieren?

16 Vgl. Andreas Reckwitz: Digitalisierung als Singularisierung. Vortrag vom 11.12.2018. Online: https://youtu.be/JVSIkeolDXo (zuletzt 17.04.2023). Vgl. auch Ders.: Zwischen Hyperkultur und Kulturessenzialismus. Die Spätmoderne im Widerstreit zweier Kulturalisierungsregime. In: Ulrike Blumenreich, u.a. (Hg.): Welt. Kultur. Politik. – Kulturpolitik in Zeiten der Globalisierung. Bielefeld 2018. S. 81–90; Reckwitz: *Die Gesellschaft*; Reckwitz: *Gesellschaftstheorie*.

2.2. Wortorientierung – Generalisierung – Retrospektion

Die dogmatische Forschungspraxis, wie sie im *Call* sichtbar wird und auch andernorts begegnet, zeichnet sich aus durch A) eine dominante Sprach- bzw. Textorientierung, B) Verallgemeinerungen und Singularkonstruktionen sowie C) Retrospektionen sowie Rückgriffe. Dies gilt es im Folgenden zu erläutern.

1. Wort-, Text- und Sprachorientierung

Die Selbstbeschreibung der Dogmatik ist von einer Grundorientierung an *Text, Wort und Sprache* gekennzeichnet, wie sie in der Renaissance zwar plausibel gewesen sein mag, im *Post-Gutenberg-Zeitalter* aber – aus Sicht der Dogmatiker:innen wohl folgerichtig – in Stummheit umschlägt. Der *Call spricht* Bände: Vom *Schweigen*, von *Stummheit* und von *Sprachunfähigkeit* der Dogmatik ist da die Rede.

Mit der Orientierung an den Theologien der Reformation importieren Dogmatiker:innen deren medientheoretischen Präferenzen. Dass diese Theologien die Schrift in ihrem Wortverständnis in den Mittelpunkt stellen und wortlastig sowie textbezogen argumentieren,[17] ist nur unter der Prämisse wirksamer Medienlogiken der Renaissance-Ära plausibel; war doch die Reformation von *Druck-Medien* und dem Leitmedium *Buch* geprägt. Die in der Renaissance dominante Mediengattung der *Druck-Medien* wurde in der Moderne[18] jedoch abgelöst von der Mediengattung audiovisueller *Tele-Medien*. Schon dieser Medienwandel überführte die tiefe Begegnung *mit dem Wort* in eine stärker oberflächliche Begegnung *mit audiovisuellen Effekten*,[19] wobei mittlerweile auch die Hochzeit der Tele-Medien vorbei ist: Die Tele-Medien wurden in der Spätmoderne überholt von *Digital-Medien* und dem Leitmedium *Computer*. Solche Transformationen (s. Tabelle 1) scheinen sich relativ wenig in der dogmatischen Sprech- und Denkweise niedergeschlagen zu haben: Nicht nur in heutigen Ansätzen zu einer

---

17 „Gott ist im Wort, verhüllt im Wort, macht sich kund im Wort. Sein Geist wirkt nicht außerhalb des Wortes […]. Wer glaubend das Wort gehört hat, hat das Sakrament empfangen." Ekkehard Guhr: Die Sprachlosigkeit des „Wortes Gottes". Praktisch-theologische Anmerkungen zu Kommunikationsstörungen in der evangelischen Kirche. In: IJPT 11.1. 2007. S. 92–105. Hier S. 96.

18 Moderne meint hier sowie in Tabelle 1 die *industrielle Moderne*, die sich von der *bürgerlichen Moderne* sowie von der *Spätmoderne* unterscheidet.

19 Vgl. Roberto Simanowski: Digitale Literatur. In: Torsten Siever, u.a. (Hg.): Websprache.net. Sprache und Kommunikation im Internet. Berlin 2005. S. 185–201. Hier S. 195.

erklärt reformatorischen Theologie dominiert die Orientierung an (gedrucktem) Text, Buch und Wort, wie wir sie aus der Reformation kennen.

Tabelle 1: Gesellschaftliche Leitmedien nach A. Ziemann[20]

	Hochkultur	*Renaissance*	*Moderne*	*Spätmoderne*
Mediengattung	Symbol-Medien	Druck-Medien	Tele-Medien	Digital-Medien
Leitmedium	(Hand-)Schrift	Buch (und Kupferstich)	Fernseher	Computer
Funktion	Klassifizieren von Begriffsgruppen, Optimierung von Verwaltung	Speichern, Erinnern, Verbreiten	Vermitteln, Verbreiten, elektronische Kommunikation	Datenspeicherung, Datenverarbeitung, digitale Kommunikation
Medienästhetik	Skriptografie	Typografie	Audiovisualität	Multimedia

Wie stark diese dogmatischen Medienpräferenzen noch wirken, zeigen die kulturpessimistischen Überlegungen von Ingolf U. Dalferth, der die Krise des traditionellen Publikations- und Verlagswesens als Bedrohung theologischer Wissenschaft deutet und der Digitalisierung kaum etwas Positives abgewinnen kann.[21] Er wünscht sich in alte Zeiten zurück, in denen sich Wissenschaftler:innen auf gedruckte Aufsätze und gebundene Monografien kaprizieren konnten und vom traditionellen Publikationssystem finanziell profitierten:

20 Vgl. Andreas Ziemann: Medien und Gesellschaft. In: Dagmar Hoffmann, Rainer Winter (Hg.): Mediensoziologie. Handbuch. Baden-Baden 2018. S. 57–70. Hier S. 61; Ders.: Soziologie der Medien. 2. Aufl. Bielefeld 2012. S. 28.

21 Dalferth spricht unter der Überschrift „Digitalisierung und die Verfügbarkeit von Literatur“ von einer *Gefährdung akademischer Diskussion* und von *Veränderungen theologischer Arbeitsgewohnheiten*. Er verweist auf die „sektiererische[] Selbstabschließung von Gruppen und Grüppchen“, die „widersprüchliche Gleichzeitigkeit von Denkfiguren“ und das „Verbleiben im Echoraum der eigenen *community*“. Kritisch fasst er zusammen: „Wo ungefiltert alles verfügbar ist, wird aus distinkten Stimmen eine bloße Geräuschkulisse, die keine Orientierung mehr ermöglicht.“ Alle Zitate: Ingolf U. Dalferth: Sind wir noch urteilsfähig? Gegenwärtige Herausforderungen der Theologischen Literaturzeitung. In: ThLZ 7. 2020. Sp. 605–618.

> Wissenschaftler und Wissenschaftlerinnen forschen und schreiben Aufsätze und Bücher. Verlage publizieren Zeitschriften, Bücher und Buchreihen, in denen Forschungen veröffentlicht werden können. [...] Sie benötigen akademisch ausgewiesene Experten und Expertinnen als Autoren und Fachherausgeber [...]. Falls sie finanziellen Gewinn machen, beteiligen sie die Autoren und Autorinnen in vertraglich geregelter Weise daran [...]. Von diesem kooperativen Arrangement, von dem beide Seiten profitierten, ist heute wenig übriggeblieben.[22]

Gleichwohl erkennt man innerhalb der dogmatischen Arbeitsgemeinschaft auch Symptome des Versäumnisses: Man spürt, dass „der dogmatische *Begriff* und der assertorische *Satz* [...] an allgemeiner Überzeugungskraft und Verbindlichkeit verlieren."[23] Kann es sein, dass die dogmatische Forschungspraxis, die antritt, „technische Augmentierungen unserer Leibsynthese", „künstlich-intelligente Wesen" oder „glaubende Existenz im Virtuellen" (so im *Call*) zu analysieren, grundlegende Medientransformationen weithin verpasst hat? Wie will sie gelebte Religion im Feld spätmoderner Digitalität sachgemäß deuten, wenn ihre Grundorientierung aus der Renaissance stammt? Könnte es sein, dass Gott den Zeitgenoss:innen gar nicht die Anrede verweigert,[24] sondern dass vielmehr Dogmatiker:innen Gott für Zeitgenoss:innen unzugänglich machen, indem sie den Paradigmen vergangener Zeiten anhängen? Könnte das nicht sowohl die heutige *Sprachlosigkeit des Wortes Gottes*[25] als auch das *Verstummen der Dogmatik* erklären?

---

22 Dalferth: *Sind wir noch urteilsfähig*? Sp. 605 f.

23 Hartmut Rosenau: Von der Wahrnehmung Gottes. Vorüberlegungen zur Einführung in das Thema „Ästhetik". In: Elisabeth Gräb-Schmidt, Reiner Preul (Hg.): Ästhetik. Leipzig 2010. S. 1–14. Hier S. 1.

24 Vgl. Ulrich H. J. Körtner: Theologie des Wortes Gottes. Positionen – Probleme – Perspektiven. Göttingen 2001. S. 61–68 sowie S. 378 f. Außerdem: Ders.: Vom Schweigen Gottes. Ein Kapitel negativer Theologie. In: FZPhTh 46. 1999. S. 445–460. Christiane Moldenhauer: Praktische Theologie der Bibel. Exemplarische Felder des Bibelgebrauchs in kirchlich-gemeindlicher Praxis. Göttingen 2018. Moldenhauer übernimmt Körtners Sicht und legt nahe, „dass eine Grenze allen Verstehens auch im ‚Schweigen Gottes' liegen kann, der seine Anrede an den Menschen [...] verweigert und [...] ins Gebet und in die Buße führt – in der Hoffnung, dass Gott neu spricht und sein Wort vernehmbar macht." (A.a.O. S. 66).

25 Vgl. Guhr: *Die Sprachlosigkeit*. S. 92–105.

2. *Generalisierung und Singularisierung*

Die Selbstbeschreibung der Dogmatik ist geprägt von *Orientierungen am Allgemeinen.* Sie ist reich an *verallgemeinernden* Formulierungen im Singular. Von *einer* neuen Hermeneutik, *der* Dogmatik, *der* Theologie, *einem* (Gegen-)Entwurf, *einer* christlichen Vision des Internets, *einer* Eschatologie des Virtuellen ist im *Call* die Rede. Solche Redeweisen deuten auf eine besonders dominante Orientierung am Allgemeinen hin, die seit dem Siegeszug der sozialen Logik des Besonderen nicht unhinterfragt bleibt.[26]

Wie kommt es, dass in dogmatischen Kontexten so von „dem Menschen", „der Kultur" oder „der Öffentlichkeit" die Rede ist, als wäre die spätmodere Kultur folgenlos für den wissenschaftlichen Gebrauch von Sprache? Während „die meisten Kulturwissenschaftler*innen" Zentralbegriffe „nur widerwillig im Singular benutzen, weil somit die Gefahr besteht, eine spezifische Erfahrung postmodernen Seins zu verabsolutieren"[27], scheint die dogmatische Arbeitsgemeinschaft von solcher Skepsis unbehelligt. Dass sich im *Call* kein expliziter Verweis auf Vielfalt, Heterogenität, Diversität oder Pluralität systematisch-theologischer Forschungspraxis oder ihrer Gegenstandbestimmung findet, verstärkt den Eindruck. Pluralformulierungen finden sich im *Call* allenfalls in der Beschreibung des „kritischen Gegenübers" dogmatischer Forschung: Man deutet (und fühlt) sich als durch „religiöse, abergläubische oder synkretistische Vorstellungen" (Plural), durch „Symbole und Bilder der Welt" oder durch „heutige[] Vorstellungen und [...] Wirklichkeiten der Technikentwicklung" *herausgefordert.* Dass die spätmoderne Kultur mit ihren mannigfaltigen symbolischen Ausdrucksformen produktive Konsequenzen für das Selbstverständnis der Dogmatik haben könnte – hin zu mehr innerdogmatischer Vielfalt, Pluralität und Heterogenität –, wird nur vage antizipiert. Man hält etwa – negativ formuliert – fest: „Eine Ablehnung [...] der *quasireligiösen Symbole* sollte nicht zu schnell riskiert werden." Die Überlegung, dass in der Gegenwartskultur anzutreffende quasireligiöse Symbole (Plural) auch Symbole *des Glaubens* (Singular) provozieren, illustriert – entgegen der Stoßrichtung des Satzes – durch die Rede von *dem* Glauben, wie stark die Züge und Zwänge zu Verallgemeinerungen und zu Singularformulierungen sind.

26 Vgl. Reckwitz: *Die Gesellschaft.*

27 Martin Lüthe: Lebensgefühl und Lebensform in Postmoderne und Zukunft. Popularkultur und Medialität als affektive Regime. In: Ulrike Bardt, Werner Moskopp, Tina Massing (Hg.): Lebensgefühl und Lebensform in der Postmoderne und Zukunft. Münster 2018. S. 227–238. Hier S. 227.

Könnte es sein, dass die von Dogmatiker:innen formulierte „Aufgabe, die Situation des christlichen Daseins in der Welt kritisch zu evaluieren, um Orientierungslinien zu ziehen", vielleicht gar nicht von *der* Dogmatik durch *einen* (Gegen-)Entwurf, *eine* christliche Vision oder *eine* Eschatologie zu erfüllen ist – sondern eigentlich diverse Dogmatiken, multiple Entwürfe, heterogene Visionen und vielfältige Eschatologien geboten wären, um die Komplexität des Problemfelds zu erfassen? Bräuchte es nicht mehr innerdogmatische Adaptionsanstrengungen hin zu mehr Pluralität bzw. Diversität?[28]

„Wenn *die* Kirche mit *der* Bibel in *die* Öffentlichkeit tritt, muss sie [...] *das* Wort Gottes bezeugen."[29] – Solche Aussagesätze erscheinen Zeitgenoss:innen zunehmend intellektuell unredlich. Es braucht innertheologische Kritik an derartigen Verallgemeinerungen, weil es sich nicht bloß um Stilfragen handelt, sondern um sprachliche Ausdrücke eines Problems, das den sachgemäßen Zugang zu spätmodernen Aufgaben im Schnittfeld von Religion und Digitalität verstellt. Die innertheologisch anzutreffende *Logik des Allgemeinen* ist ein Problem. Dazu gehört auch der Versuch, geschlossene Systeme durch verallgemeinernde, typologisierende, rationalisierende und normierende Praktiken zu konstruieren. Solch theologisches *Doing Generality* widerspricht den Zeichen der Zeit sowie den zeitgenössischen Zielvorstellungen für theologische Forschungen: „Die Intention einer Theologie kann es nicht sein, ein festes religiöses ‚Weltbild' zu entwerfen, ein Ensemble von theologischen Aussagen, die man als allgemeine Wahrheiten gleichsam ‚auf Flaschen abfüllen' könnte, aus denen man zu jeder Zeit einen wirkmächtigen Schluck trinken könnte."[30] Praktisch-theologisch besehen, müsste man mit der normierenden Verallgemeinerung einzelner christlich-religiöser Sinngehalte und dogmatischer Theologumena brechen, weil sie die Wahrnehmung derselben als

---

28 Solches Fragen setzt *Offenheit* und *Vorläufigkeit*, und damit das Prinzip der *Dialogizität* auf Seiten der Forschenden und des Forschungsgegenstands voraus. Es geht um handlungsstrategische *Adaptionen*: „Da der Gegenstand nicht zerstört werden darf, müssen sich die experimentellen Techniken ihm flexibel anpassen." Thomas Burkart: Qualitatives Experiment. In: Günter Mey, Katja Mruck (Hg.): Handbuch Qualitative Forschung in der Psychologie. Wiesbaden 2010. S. 252–262. Hier S. 258.

29 Michael Kißkalt: Bibelauslegung und Mission. Anmerkungen zur hermeneutischen Kategorie der Kontextualität. In: Carsten Claußen, Ralf Dziewas, Dirk Sager (Hg.): Dogmatik im Dialog. Beihefte zur Ökumenischen Rundschau 132. Leipzig 2020. S. 119–133. Hier S. 133. (Hervorhebung B.L.).

30 Manfred Oeming: Verstehen und Glauben. Exegetische Bausteine zu einer Theologie des Alten Testaments. Berlin 2003. S. 46.

(potentiell) *singulär* verunmöglicht. Ein solcher Bruch entspräche wohl auch dem Gegenstands- bzw. Aufgabenbereich theologischer Forschungen – selbst wenn man die Position nicht teilt, dass „Glaube" und „Religion" Ähnliches bezeichnen.[31] „Denn Religion scheint doch vor allem etwas zu sein, was es im Plural gibt, als Vielfalt der Religionen und Bekenntnisse in all ihren Formen, Unterformen und Sonderformen."[32] Und auch für die Realisierungen christlichen Glaubens gilt: „Im Horizont des Christlichen ist der Glaube stets personal und insofern auch plural."[33]

Warum bleibt die Dogmatik dem Zeitalter der Renaissance und dem auf Allgemeinheit abzielenden Denken der Reformator:innen so sehr verhaftet? Die Theologie der Reformation war aus heutiger Sicht von einem Drängen auf äußerste Allgemeinheit geprägt. Die spezifischen *Inhalte* reformatorischer Theologie folgten unbeirrt der *Logik des Allgemeinen*. Sowohl die lutherische *Sündenlehre*, die schlechthin für alle Menschen *qua* Menschsein gilt, als auch die ihr korrespondierende *Rechtfertigungslehre*, die keinen Unterschied nach Werken oder Eigenschaften macht, sondern auf die *reine* Zuschreibung der Gerechtigkeit Christi abzielt, wie es in der Taufe als rituell vermitteltes „Überkleiden" des Menschen *mit der Allgemeinheit Christi* ausgedrückt ist – beide Lehren illustrieren dies.[34] Solche dogmatischen Theologien und Theologumena sperren sich aber gegenüber der heute dominanten *Logik des Besonderen*, die wiederum die gegenwärtige spätmoderne Gesellschaft prägt.[35] Angesichts dessen wundere ich mich als Praktischer Theologe, wenn im Kontext dogmatischer Sünden- und Rechtfertigungslehre bis heute verallgemeinernde Singularformulierungen begegnen und „dem Menschen" untergeschoben werden. Nicht nur Ulrich Körtner versucht im Rückgriff auf fest mit dem Allgemeinen gekoppelten Topoi reformatorischer Theologie bis

---

31 Karl Barth ist der bekannteste Vertreter einer strikten Unterscheidung von Religion und Glauben. Vgl. hierzu Juliane Schüz: Glaube in Karl Barths Kirchlicher Dogmatik. Die anthropologische Gestalt des Glaubens zwischen Exzentrizität und Deutung. Berlin 2018.

32 Henning Tegtmeyer: Gott, Geist, Vernunft. Prinzipien und Probleme der Natürlichen Theologie. Tübingen 2013. S. 334.

33 Georg Wagensommer: Wertebildung in der berufsorientierten evangelischen Religionspädagogik. Eine explorative Studie. Münster 2020. S. 151.

34 Vgl. Tobias Graßmann: Die Gesellschaft der Singularitäten im Lichte reformatorischer Lehre. Anmerkungen zu einer anregenden gesellschaftlichen Gegenwartsanalyse. In: DtPfrBl 118.8. 2018. S. 475–477.

35 Vgl. Reckwitz: *Die Gesellschaft*.

zuletzt „eine systematisch-theologische Interpretation *des* Menschen."[36] Leitend ist dabei seine Überzeugung, dass „die These, *der* glaubende Mensch sei Gerechter und Sünder zugleich, unaufhebbar zu den zentralen Einsichten einer reformatorisch geprägten Theologie gehört."[37] Auch Wilfried Härle hält fest: „In der Rechtfertigungslehre geht es um nichts weniger als […] das durch Christus verwirklichte und ermöglichte Heil *des* Menschen."[38] Matthias Haudel schreibt über die *fides apprehensiva* im Kontext des Rechtfertigungsgeschehens: „Obwohl *der* Glaube dadurch als empfangende Haltung transparent wird, kommt die […] aktive Partizipation *des* Menschen auch zum Tragen."[39] – Was kann das aber heute in einer Gesellschaft der Singularitäten bedeuten: *der* Glaube *des* Menschen?[40]

3. *Retrospektionen*

Die Selbstbeschreibung der Dogmatik zeichnet sich durch eine *Rückgebundenheit* der Forschungspraxis aus – im Sinne *historischer Retrospektionen* sowie im Sinne *hermeneutisch-theologischer Rückbezugnahmen*. Im *Call* ist die Rede von einer „zurecht *rückwärtsgewandte[n]* Theologie" oder vom „*Rückgriff* auf ihr eigenes Ursprungsereignis". Man verweist dabei mit Ingolf U. Dalferth[41] auf die „anaphorische[42] Dimension des Glaubens", und beklagt zugleich ein Defizit an

---

36 Ulrich H. J. Körtner: Luthers Provokation für die Gegenwart. Christsein – Bibel – Politik. Leipzig 2018. S. 85.

37 Ebd.

38 Wilfried Härle: Dogmatik. 4. Aufl. Berlin 2012. S. 161.

39 Matthias Haudel: Gotteslehre. Die Bedeutung der Trinitätslehre für Theologie, Kirche und Welt. Göttingen 2015. S. 245.

40 Weiterführend sind die dogmatischen Überlegungen bei Claas Cordemann: Lutherische Theologie in einer Gesellschaft der Singularitäten. In: Lutherjahrbuch 86. 2019. S. 272–305; Ders.: Gestärktes Personal für die Kirche in einer Gesellschaft der Singularitäten. In: WzM 73.2. 2021. S. 99–115.

41 „Dass Gott ganz anders ist, ist […] kein erster Satz. Er bezieht sich anaphorisch auf ein *vorausgehendes Reden* […] *von Gott*, das kommentiert […] wird." Ingolf U. Dalferth: Die Wirklichkeit des Möglichen. Hermeneutische Religionsphilosophie. Tübingen 2003. S. 544.

42 In den Sprachwissenschaften definiert man Anaphern wie folgt: „Anaphern sind Ausdrücke, die innerhalb eines Textes einen anderen Ausdruck […] wieder aufgreifen und mit denen ein Sprecher somit auf einen im Text oder Diskurs bereits erwähnten Referenten erneut Bezug nimmt" Manfred Consten, Monika Schwarz-Friesel: Anapher. In: Ludger Hoffmann (Hg.): Handbuch der deutschen Wortarten. Berlin 2009.

Visionen: „[Man] versagt vielleicht darin, eine visionäre Sprache und Systematik zu entwickeln."

Dass „Dogmatik" und „Vergangenheit" semantisch gekoppelt sind, lässt sich durch diverse Erkundungsgänge belegen: Auf Wikipedia kursiert ein Bonmot Reinhard Slenczkas, das die Bedeutung des Dogmatischen wie folgt reflektiert: „Als dogmatisch wird bezeichnet, wer in der Äußerung seiner Meinung als Starrkopf gilt, *der sich den Forderungen der Zeit und den Erkenntnissen der Zeitgenossen verschließt* und stattdessen zwangsläufig dem Denken der *Vergangenheit* verhaftet ist und *rückständig* bleibt."[43] Dem Kirchenvater des 20. Jahrhunderts, Karl Barth, attestierte Dietrich Bonhoeffer, dass er sklavisch auf den Pfaden der Alten wandle – eine reaktionäre Geste, die Wegbegleiter:innen verteidigten.[44] Auch die vorangegangenen Überlegungen haben solche Rückgebundenheit angezeigt: Dogmatische Theologien sind mit ihrer Orientierung am Allgemeinen dem Denken der Reformator:innen verhaftet und mit ihrem Faible für Druckwerke sodann auch den Medienparadigmen der Renaissance. Muss das so sein – und soll es so bleiben?

2.3. Synthese

Die dogmatischen Selbstbeschreibungen der Gegenwart lassen Strukturen erkennen, die sich bei der Auseinandersetzung mit gelebter Religion im Feld spätmoderner Digitalität hemmend bemerkbar machen. Angesichts von Retrospektionen, Generalisierungen und medialen Präferenzen für vergangene Epochen verwundert es nicht, dass Dogmatiker:innen ihre Disziplin heute

---

S. 265–292. Hier S. 265 f. Es geht im Kern um die „Fortführung eines Themas durch *Wiederaufnahme*". (A.a.O. S. 282).

43 Reinhard Slenczka: Kirchliche Entscheidung in theologischer Verantwortung. Grundlagen, Kriterien, Grenzen. Göttingen 1991. S. 64–73. Zit. bei Art. Dogma. Wikipedia-Artikel in der Version vom 10.11.2022. Online: https://de.wikipedia.org/wiki/Dogma (zuletzt 17.04.2023).

44 „Sie haben einmal eingewandt, daß Sie die Sklaverei bedauern, der Barth in dieser Dogmatik verfallen ist – daß er sich ängstlich hütet, in den Fußstapfen der alten Dogmatiker zu wandeln. Ich halte diese reaktionäre Geste nicht für verfehlt. [I]ch glaube allerdings auch, daß für uns ebenso notwendig ist eine Dogmatik, die ohne diese reaktionären Krücken auskommt, die nach vorwärts Anschluss sucht. […] Vielleicht macht Barth das nächste Mal […] zwei Schritte vorwärts." Richard Widmann: Brief an Dietrich Bonhoeffer vom 25.02.1926 (Nr. 95). In: Dietrich Bonhoeffer: Jugend und Studium 1918–1927. Hrsg. von Hans Pfeifer, Clifford J. Green und Carl-Jürgen Kaltenborn. Gütersloh 1986. S. 159–161. Hier S. 160 f.

als verstummt, mutlos oder visionsarm beschreiben. Christian Danz weist darauf hin, dass das Zutrauen in die dogmatischen Forschungsbemühungen seitens der theologischen Arbeitsgemeinschaft abnimmt: „Auch in der akademisch betriebenen Theologie wird […] der Dogmatik nicht mehr zugetraut, einen konstruktiven Beitrag zur Erforschung der Religion zu leisten.“[45] Wenn ich recht sehe, sind viele der geschilderten Probleme nicht neu. Bereits Falk Wagner sah neben der Ausblendung der Sozialdimension in der Text- und Vergangenheitslastigkeit seiner Disziplin große Defizite:

> Das Hauptdefizit der professionellen Theologentheologie, das die Kehrseite ihrer *Text- und Vergangenheitslastigkeit* darstellt, besteht […] in der weitgehenden Ausblendung der *Sozialdimension der christlichen Religion*, die im Blick auf moderne Religion von Individuen sowohl zeitliche, personale und sachliche als auch psychische Komponenten […] impliziert.[46]

Mit diesem Hinweis hat er einen zentrale Punkt identifiziert, der angesichts *kultursoziologischer Zeitdiagnosen* der Gegenwart und von Plädoyers für eine *Theology after Google*[47] mehr denn je plausibel ist: Gegenwartsorientierte Theologien müssen soziokulturell fabrizierte Objekte, Subjekte, Räumlichkeiten, Zeitlichkeiten und Kollektive gleichermaßen für ihr jeweiliges Verständnis gelebter Religion als relevante Güter in den Blick nehmen – ein Fokus auf Worte, Begriffe, Texte oder Gedanken wäre heute zu eng; zusätzlich zu *Autor:innen* sind heute z.B. auch *Content Creators* ernstzunehmende theologische Bezugsgrößen.

3. Weichenstellungen

Der Kultursoziologe Andreas Reckwitz, der sich mit *Die Gesellschaft der Singularitäten* in die Reihe gegenwartsanalytischer Großwerke eingeschrieben hat,[48] argumentierte in einem Vortrag im Jahr 2018 für ein Verständnis der *Digitalisierung als Singularisierung.*[49] Auch im Werk *Spätmoderne in der Krise*

---

45 Christian Danz: Gottes Geist. Eine Pneumatologie. Tübingen 2019. S. 98.

46 Falk Wagner: Metamorphosen des modernen Protestantismus. Tübingen 1999. S. 232 (Hervorhebung B.L.).

47 Philip Clayton: Theologie und Kirche im Google-Zeitalter. Thesen und Beobachtungen im Google-Zeitalter. In: Tobias Braune-Krickau, Katharina Scholl, Peter Schüz (Hg.): Das Christentum hat ein Darstellungsproblem. Zur Krise religiöser Ausdrucksformen im 21. Jahrhundert. Freiburg 2016. S. 26–43.

48 Vgl. Reckwitz: *Die Gesellschaft.*

49 Vgl. Reckwitz: *Digitalisierung.*

hielt er jüngst fest: „Die Digitalisierung liefert den […] Singularisierungsmotor der Spätmoderne."[50] Dieser gedanklichen Spur will ich nun nachfolgen, um daraus Konsequenzen auch für die dogmatische Forschungspraxis abzuleiten:

Während die industriellen Techniken der „klassischen" Moderne auf Standardisierungen ausgerichtet waren und Allgemeines fabrizierten, bringen digitale Techniken der Spätmoderne Einzigartigkeiten hervor – sie *singularisieren.*[51] Reckwitz hält fest: „Der technologische Komplex aus Computern, Digitalität und Internet ermöglicht und erzwingt eine fortdauernde Fabrikation von Subjekten, Objekten und Kollektiven als einzigartige."[52] Die spätmodere Kultur der Digitalität orientiert sich an der (sozialen) Logik des Besonderen; und die in ihr hervorgebrachten Kulturfabrikate wetteifern im hyperkulturellen Markt um Aufmerksamkeit, Valorisierung und Aneignung *als Besondere.* Der Befund, dass digital-technische Infrastrukturen heute als *Singularisierungsmaschinen* fungieren, muss freilich auch Folgen für Forschungspraxen haben, die Kulturgüter im Schnittfeld von Digitalität und Religion wahrnehmen, verstehen und orientieren wollen.[53] Dieser Befund provoziert daher eine veränderte theologische Aufgabenbestimmung für Praktische Theolog:innen als auch Dogmatiker:innen.

3.1. Zur Aufgabenbestimmung

Eine aus der besagten Entwicklung abgeleitete Aufgabenstellung für gegenwartsbezogene Theologien ist in der folgenden Tabelle dargestellt. Dabei handelt es sich um eine auf die Zeichen der Zeit fokussierende Adaption der derzeit bestehenden Aufgaben; nicht aber um ein systematisches Modell für eine umfassende, vollständige oder gar immerwährende Aufgabenbeschreibung für gegenwartsorientierte Theologien.

50 Reckwitz: *Gesellschaftstheorie.* S. 115.

51 Vgl. Reckwitz: *Digitalisierung.* Min.: 15:05–16:44.

52 Reckwitz: *Die Gesellschaft.* S. 227.

53 Vgl. Bernhard Lauxmann: Wir müssen den Blick auf Spiritualität/Religiosität neu justieren! Das Singularisierungstheorem als Herausforderung der interdisziplinären Religionsforschung. In: Annette Haußmann, Niklas Schleicher, Peter Schüz (Hg.): Die Entdeckung der inneren Welt. Tübingen 2021. S. 251–281.

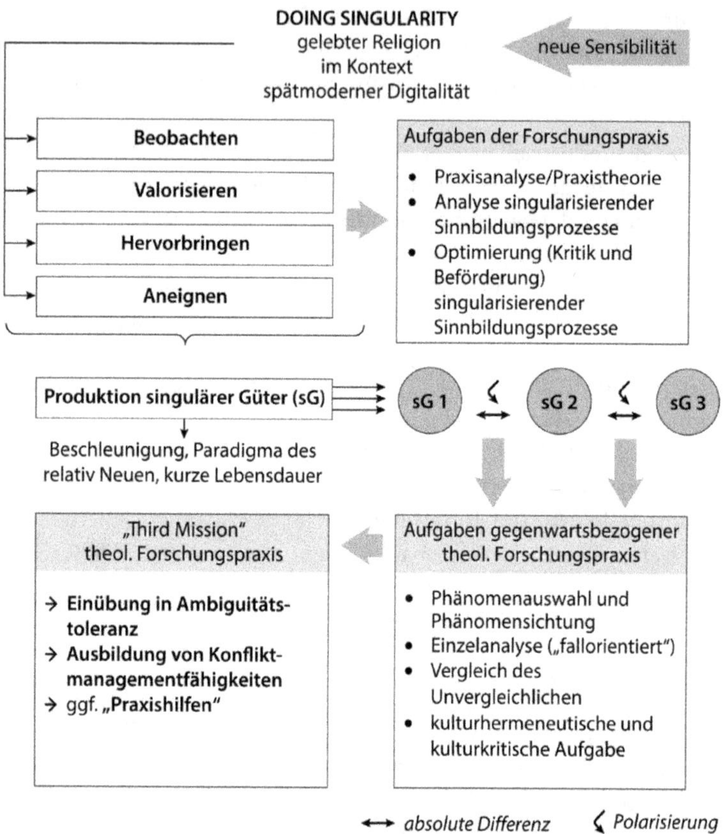

Tabelle 2: Zur Aufgabenbestimmung gegenwartsbezogener Theologien

Beginnend ginge es darum, gelebte Religion im Kontext spätmoderner Digitalität ausdrücklich vor dem Hintergrund des Singularisierungstheorems wahrzunehmen und entsprechend für (christlich-religiöses) *Doing Singularity* aufmerksam zu werden. Singularisierung konkretisiert sich auch im christlich-religiösen Feld in Praktiken des *Beobachtens, Valorisierens, Hervorbringens* und *Aneignens.*[54] Die verschiedenen Gestalten des Christlich-Religiösen lassen

54 Vgl. Reckwitz: *Die Gesellschaft.* S. 64–71; Bernhard Lauxmann: Singuläres Christsein. Von der Einzigartigkeit der Christenmenschen in der spätmodernen Glaubenskultur der Singularitäten. [Im Erscheinen]. Bes. Kap. 2 § 6.

sich zunehmend auch als „besondere" Kulturgüter verstehen. Sie sind vielfach Folgen eines unter Zeitgenoss:innen eingeübten Gespürs für Einzigartiges, von sozialen Wertzuschreibungen (z.B. durch *Likes* oder *Ratings*), von Zusammenstellungen und gekonnten Hybridisierungen (z.B. durch *Design*) oder auch von einzigartigen Resonanzerlebnissen. Es gilt daher, die von der Logik des Besonderen geprägten Praktiken des Beobachtens, Valorisierens, Hervorbringens und Aneignens theologisch wahrzunehmen und deren kulturelle Realisierungen zu analysieren. Eine solche Wahrnehmung und Analyse schließt auch (Kultur-) Kritik ein. Weil die verschiedenen christlich-religiösen Singularitätsgüter, die oft von kurzer Lebensdauer sind, stark polarisieren und zwischen ihnen oft absolute Differenzen bestehen, stellt sich für die theologische Forschungspraxis dogmatischer oder praktisch-theologischer Couleur besonders das Problem der Phänomenenauswahl und die Aufgabe des Vergleichs des Unvergleichlichen.[55] Kulturhermeneutische Sichtungen und Analysen werden zunehmend von einzelfallorientierten, qualitativen Untersuchungen getragen sein müssen. Durch ein entsprechendes Vorgehen dürfte die theologische Forschungspraxis, sei sie praktisch-theologisch oder systematisch-theologisch, auch zu einem erhöhten Grad an Ambiguitätstoleranz beitragen und Konfliktmanagementfähigkeiten befördern. Weil eine von der singularisierenden Digitalisierung imprägnierte spätmoderne Kultur der Digitalität auch die gelebte Religion durchdringt, muss die Art und Weise, wie „wir" Theologie treiben, das Singularisierungstheorem stärker berücksichtigen als bisher geschehen. Theologien, die dieser Aufgabenbeschreibung nachkommen, dürften sich wohl als relevante Akteur:innen im Feld interdisziplinärer Religionsforschung erweisen.[56]

3.2. Prospektion – Singularisierung – Multimedia

Was die dogmatische Arbeitsgemeinschaft betrifft, so dürfte es angesichts dieses Modelles für eine Neubesinnung wohl hilfreich sein, von Retrospektionen auf *Prospektionen* zu setzen. Unter Prospektion verstehe ich den bewussten Zugriff auf noch verborgen liegende oder verschüttete glaubenskulturelle Ressourcen der auf uns gekommenen Traditionen; der Begriff verweist auf

55 Vgl. Andreas Reckwitz: Vergleich des Unvergleichlichen. Singularisierungprozesse und Vergleichspraktiken. Vortrag vom 16.05.2018. Online: https://youtu.be/TrAfj1j0isY (zuletzt 17.04.2023).

56 Vgl. ausführlicher bei Lauxmann: *Wir müssen den Blick.*

archäologisch-geophysikalische Praktiken[57] und legt *produktive Auseinandersetzungen mit dem Vergangenen und Verschütteten* für die Gegenwart und Zukunft nahe. Prospektion meint aber auch Praktiken des theologischen Vor- und Vorausdenkens, des Antizipierens von Zukunftsentwürfen für künftig gelebte christlich-religiöse Praxen – so die Begriffsverwendung bei Ernst Lange.[58] Prospektiv orientierte Theologien schöpfen aus dem kulturellen Pool des Vergangenen und nutzen die dort anzutreffenden vielfältigen Ressourcen in der jeweiligen Gegenwart für die wissenschaftliche Begleitung christlicher Glaubenskulturen. Soziologisch gesprochen, befördern sie auch Hybridisierungen im Feld der Wissenschaftskultur, die dem Regime kulturkosmopolitischer Öffnung folgen.[59] Sie nutzen bestehende Theorien als Werkzeuge und nicht als Systeme.[60]

Anstelle von Generalisierungen wären mithin stärker *Singularisierungen* in der Theologie zu forcieren. Weite Teile der gegenwärtigen Forschungspraxis innerhalb der theologischen Arbeitsgemeinschaft sind bereits vom Besonderen geprägt.[61]

Anstatt der dominanten Orientierung auf Mediengattungen der Renaissance und der Präferenz für Wort, Text und Schrift wäre für die dogmatische Forschungspraxis eine Orientierung an pluriformer *Multimedialität* wünschenswert: Zeitliche, subjektive/personelle, objektive/materielle, soziale, örtliche, dingliche/materielle Dimensionen der spätmodernen Glaubenskulturen sind gleichermaßen in den Blick zu nehmen. Es gilt die gegenwärtige Medienkultur ohne eine Verkürzung auf ihre sprachlichen oder textlichen Bestandteile zu reflektieren und sich als Forscher:in so auch als Zeitgenoss:in zu erweisen.

---

57 Vgl. Hans Mommsen: Archäometrie. Neuere naturwissenschaftliche Methoden und Erfolge in der Archäologie. Stuttgart 1986. S. 15–17.

58 Vgl. Ernst Lange: An Petr Pokorny (Brief vom 07.05.1969). In: Ders.: Briefe 1942–1974. Hrsg. von Martin Bröking-Bortfeldt, Markus Ramm und Christian Gößinger. Berlin 2011. S. 378–380. Hier S. 379 f.

59 Vgl. Reckwitz: *Zwischen Hyperkultur*. S. 81–90.

60 Reckwitz: *Gesellschaftstheorie*. S. 44–50.

61 Michael Schüssler spricht davon, „dass heute letztlich jede Praktische Theologin ihr eigener Ansatz und ihre eigene Disziplin ist" und hält mit Bezug auf das Singularisierungstheorem fest: „Man kann nur einen Fehler machen, nämlich so zu forschen und zu schreiben, wie alle anderen." Beide Zitate: Michael Schüssler: Hybride Komplizenschaften entlang robuster Existenzfragen. Wissenschaftstheoretische Bestandsaufnahmen (katholischer) Praktischer Theologie. In: Bernd Schröder, Thomas Schlag (Hg.): Praktische Theologie und Religionspädagogik. Systematische, empirische und thematische Verhältnisbestimmungen. Leipzig 2020. S. 433–455. Hier S. 443 f.

4. Zusammenschau

Akteur:innen praktisch-theologischer Arbeitsgemeinschaft wünschen sich eine Dogmatik, die sich nicht in Texten oder Begriffen, in Vergangenem oder Zurückliegendem und im Allgemeinem oder Pauschalem verliert, sondern der gelebten Religion im Digitalen mit ihrer bewährten analytischen Scharfsicht und ihrer normativen Schlagkraft *zeitgenössisch* zuwendet, sodass Ressourcen der (gelehrten) Tradition für die Zukunft fruchtbar werden können. Damit wird auch ein eigenwilliges Patchwork im christlich-religiösen Feld in seinem Geltungshorizont verständlich und angesichts der nicht auf den Begriff zu bringenden Vielfalt spätmoderner Glaubenskultur eine Orientierung bieten. Dafür bedarf es aus praktisch-theologischer Sicht einiger Anstrengungen und Adaptionen, aber auch enzyklopädischer Vergewisserungen zur Aufgabenstellung der gegenwartsbezogenen theologischen Forschung. Dass zwei praktisch-theologische Kolleg:innen auf den Entwurf dieses Beitrages in ihrem Feedback *zustimmend* reagierten und die Stoßrichtung (im einen Fall) *leidenschaftlich* und (im anderen Fall) *unumwunden* teilten; wohingegen zwei systematisch-theologische Kolleg:innen auf die dargelegte Kritik am Allgemeinen mit *wenig Verständnis* reagierten, auf eine unverändert bestehende Vergleichbarkeit von (singulären) Einzelphänomenen aufgrund gemeinsamer Voraussetzungen verwiesen sowie spätmoderne Singularisierung mit etablierten philosophischen Differenzierungen erklärten und darin vor naturalistischen Fehlschlüssen der Argumentation warnten, kann durchaus als Zeichen gewertet werden, dass in der theologischen Arbeitsgemeinschaft einiges an Rede- und Vergewisserungsbedarf besteht.[62] Vielleicht sind disziplinäre Grenzüberschreitungen mehr denn je notwendig – auch und gerade (keineswegs „nur“), um künftig gelebte Religion im spätmodernen Kontext der Digitalität noch besser erfassen zu können. Erste Schritte in diese Richtung sind freilich längst getan.[63]

62 Ich danke allen vier Kolleg:innen gleichermaßen für ihr Feedback.

63 Die Anlage eines kürzlich erschienenen Kompendiums zum Thema beweist den instruktiven Wert derartiger Grenzüberschreitungen. Vgl. Wolfgang Beck, Ilona Nord, Joachim Valentin (Hg.): Theologie und Digitalität. Ein Kompendium. Freiburg 2021.

Philosophie // Theologie

Hendrik Klinge

„Chatte, dass ich Dich sehe" *Zur theologischen Ontologie virtueller Welten*

Die Pluralität der Welten – Einleitende Überlegungen

Mit dem Begriff *Welt* wird gemeinhin die Totalität all dessen, was existiert, bezeichnet; zur Welt gehört alles, was der Fall ist.[1] Insofern scheint es von vorneherein eine unpassende Redeweise zu sein, von *mehreren* Welten zu sprechen. Gibt es denn eine Mehrzahl an „Totalitäten", i.e. plurale Gesamtgefüge alles dessen, was ist? Gibt es mehr als das, was existiert? Dieser Intuition zum Trotz ist die Rede von mehreren Welten nicht nur in der Alltagssprache, sondern auch in der Philosophie weitverbreitet. Sie findet sich bei Platon ebenso wie bei Kant, bei mittelalterlichen Denkern nicht weniger als in den rezenten Versuchen, die Modallogik metaphysisch zu interpretieren.[2]

Mehr noch, seit das Internet immer mehr unser Leben bestimmt, erfahren wir selbst täglich, was es bedeutet, in mehr als einer Welt zu leben. Jene Welt, die wir gemeinhin als die wirkliche bezeichnen, wird ergänzt um eine „zweite" (digitale) Welt geradezu unendlich erscheinender Möglichkeiten. Unsere Bankgeschäfte erledigen wir in dieser zweiten Welt ebenso wie unsere Einkäufe. Wir pflegen Freundschaften im Cyberspace und lernen dort vielleicht sogar die Liebe unseres Lebens kennen. Selbst wissenschaftliche Konferenzen fanden während der Corona-Pandemie meist nur im digitalen Raum statt. Kurz, im digitalen Raum leben wir ebenso so selbstverständlich wie im realen. Und fast mag es – in Abwandlung eines Witzes von Woody Allen – so scheinen, als hielten wir uns in der wirklichen Welt nur noch deshalb auf, weil sie der einzige Ort, an dem wir ein gutes Sandwich bekommen.

Seit den Anfängen der Philosophie wird darüber gestritten, was es bedeutet, dass diese Welt, in die wir geboren wurden und in der wir sterben werden, die *wirkliche* Welt ist. Und ebenso kontrovers ist die Frage, in welcher Weise jene

---

1 Vgl. Ludwig Wittgenstein: Tractatus logico-philosophicus. In: Ders.: Schriften. Frankfurt 1960. S. 7–83. Hier S. 11.

2 Vgl. Timothy Williamson: Modal Logic as Metaphysics. Oxford 2013.

anderen Welten, die es ja irgendwie auch zu geben scheint, existieren.[3] Diejenige philosophische Disziplin, die sich der Frage nach dem Sein, nach dem Nicht- und Möglichsein ebenso wie der nach der Wirklichkeit der Dinge widmet, ist bekanntlich die Ontologie. Ihr obliegt es zu klären, welche Form von Sein den unterschiedlichen Welten jeweils zugesprochen werden kann. Neben der modalen Unterscheidung zwischen Möglichkeit und Wirklichkeit gewinnt gegenwärtig die zwischen Aktualität und Virtualität an Bedeutung. Der Grund hierfür ist, dass jene digitalen Welten, in denen wir uns „bewegen", meist als virtuelle beschrieben werden.[4] Was virtuelle Welten aus ontologischer Sicht besonders interessant erscheinen lässt, ist der Anschein, dass die Virtualität als eine Form des Seins bezeichnet werden kann, die *mehr* als nur möglich – und zugleich *weniger* als wirklich ist.

Zuerst soll im Folgenden daher eine nähere Klärung des Begriffs der Virtualität vorgenommen werden, um von dort aus zu einer genaueren Aussage über den ontologischen Status virtueller Welten zu gelangen. Hierbei werde ich vorwiegend und in gebotener Kürze auf den Konsens der Debatte rekurrieren. In einem zweiten Schritt möchte ich zeigen, dass es äußerst attraktiv erscheint, zur Erklärung des ontologischen Status virtueller Welten auf philosophische und theologische Theoreme zurückzugreifen, welche Begriffe wie Verstehen, Wahrnehmen und Kommunikation ins Zentrum rücken. Dabei möchte ich den Vorschlag unterbreiten, in Bezug auf virtuelle Welten von einer *kommunikativen Ontologie* zu sprechen. Im Anschluss stellt sich die Frage, ob eine solche kommunikative Ontologie – zumal aus theologischer Perspektive – nicht auch als Deutungsmuster dessen dienen kann, was wir (nicht-virtuelle) Realität nennen.

---

3 Man muss sich nur die Debatten um den sogenannten modalen Realismus im Hinblick auf mögliche Welten anschauen, um zu verstehen, wie komplex diese Angelegenheiten sind. Vgl. exemplarisch David Lewis: On the Plurality of Worlds. Malden 1986. S. 5–20.

4 Obwohl die Rede von virtuellen Welten mit dem Siegeszug des Internets deutlich an Bedeutung gewonnen hat, ist der Begriff viel älter. Da die virtuellen Welten des Internets, i.e. der Cyberspace, nicht möglich wären ohne die Entwicklung digitaler Technologien, werde ich im Folgenden von digital-virtuellen Welten sprechen, wenn ich mich explizit auf dieses Phänomen beziehe; wenn hingegen solche Welten gemeint sind, die, ohne die digitale Technologie vorauszusetzen, gleichwohl als virtuell anzusehen sind, werde ich schlicht den Ausdruck „virtuelle Welten" verwenden. Entgegen der landläufigen Definition setze ich dabei nicht voraus, dass alle virtuellen Welten technisch generiert sein müssen. Vgl. Oliver Krüger: Virtualität und Unsterblichkeit. Gott, Evolution und die Singularität im Post- und Transhumanismus. 2. Aufl. Freiburg 2019. S. 29.

Der Beantwortung dieser Frage ist der letzte Abschnitt gewidmet, der zugleich nochmals das Verhältnis von Realität und Virtualität fokussiert.[5]

1. Virtuelle Welten

Virtualität, so habe ich oben thetisch formuliert, bezeichnet mehr als Möglichkeit und zugleich weniger als Wirklichkeit. Um den ontologischen Status virtueller Welten zu verstehen, muss dies nun präzisiert werden. Obwohl virtuelle Welten irgendwo zwischen der wirklichen und unendlichen möglichen Welt(en) zu verorten sind, schlägt das Pendel doch stärker in Richtung der Wirklichkeit aus. Wenn wir von *virtual reality* reden, scheinen wir damit zu bekunden, dass Virtualität schlicht einen Modus von Wirklichkeit bezeichnet, der von dem, in dem sich die aktuale Welt befindet, unterschieden ist. Gilles Deleuze brachte dies in Aufnahme Marcel Prousts auf den Punkt, als er festhielt, dass das Virtuelle real sei, ohne aktual zu existieren; es bezeichne eine Form idealen Seins, die zugleich nicht abstrakt, sondern äußerst konkret sei.[6] Dass das Virtuelle ideal und zugleich konkret ist, kann näherhin so verstanden werden, dass das Virtuelle die reale Form der Anwesenheit bloß *simuliert*. Was virtuell ist, scheint anwesend zu sein, ist dies (weil ideal) aber in Wirklichkeit nicht.

Eine andere geläufige Annäherung an das Phänomen der virtuellen Realität besteht darin, auf den Wortursprung zurückzugehen. Virtualität wird von *virtus* abgeleitet, das, wie aus dem Schullatein bekannt, ursprünglich Tapferkeit, Tüchtigkeit oder Tugend bedeutet. Im übertragenen Sinn, der dann vor allem im Mittellateinischen wichtig wird, kann *virtus* aber auch (Wirk-)Kraft oder sogar Wunderkraft bedeuten.[7] Und eben diese Übersetzung von *virtus* mit (Wirk-) Kraft ist es dann auch, über die gemeinhin die Ableitung des Begriffs der Virtualität vorgenommen wird.[8] Virtuelle Wirklichkeit besitzt demnach dasjenige,

---

5 Den Ausdruck *Realität* werde ich im Folgenden *simpliciter* so verwenden, dass stets, wenn nicht anders angegeben, die aktuale Welt gemeint ist. Ist hingegen von virtueller Realität die Rede, wird dies eigens gekennzeichnet. Um Missverständnissen vorzubeugen, werde ich teilweise die Bezeichnung „aktual-real" verwenden, um davon die virtuelle Realität zu unterscheiden.

6 Vgl. Gilles Deleuze: Bergsonism. Übers. v. Hugh Tomlison, Barbara Habberiam. New York 1991. S. 96.

7 Vgl. Edwin Habel, Friedrich Gröbel: Mittellateinisches Glossar. 2. Aufl. Paderborn 2008. S. 427.

8 Das HWPh übersetzt *virtus* mit Wirkkraft und *virtuell* mit „der Kraft nach". Vgl. Sven K. Gnebel, Ralf Grötker: Art. Virtualität. Online: https://www.schwabeonline.ch/schwabe-xaveropp/elibrary/start.xav#__el ibrary__%2F%2F*%5B%40attr_id%3D%27verw.

was nur in der Kraft, aber nicht in der Wahrheit vorhanden ist, oder anders formuliert: dasjenige, was nur über seine *Wirkungen* anwesend ist. In einer Video-Konferenz bin ich offenkundig nicht als leibhaftige Person anwesend, wohl aber mit dem, was ich tue und sage. *Virtus* muss hier freilich in einem sehr weiten Sinn gedeutet werden, etwa auch so, dass mein Bild, das über die Videokamera übertragen wird, als eine von mir ausgehende Kraft oder Wirkung verstanden wird.

Veranschaulichen lässt sich dieses Verständnis virtueller Realität an einem theologischen Beispiel:[9] Im ersten Abendmahlsstreit der Reformationszeit ging es bekanntlich um die Frage, ob der Leib Christi wahrhaftig beim Abendmahl gegenwärtig ist. Dieser Streit um die Realpräsenz wurde von Lutheranern und Reformierten mit unterschiedlichen Argumenten geführt. Als Argument wurde seitens der Reformierten dabei angeführt, dass der Leib Christi seit der Himmelfahrt nicht mehr auf Erden, sondern eben im Himmel sei. Da Christus wahrer Mensch sei, müsse er auch einen wahren menschlichen Leib besitzen; und zum Wesen eines menschlichen Leibes gehöre es nun einmal, dass er nicht an zwei Orten auf einmal sein könne. Wenn nun aber der Leib Christi im Himmel eingeschlossen sei, könne er unmöglich im Abendmahl anwesend sein. Entgegen einer häufig anzutreffenden Missdeutung bedeutet dies aber nicht, dass in der gesamten reformierten Tradition ein bloß symbolisches Verständnis des Abendmahls vorherrsche, gemäß dem im Abendmahl lediglich ein Verweis auf den abwesenden Leib Christi stattfinde. Vielmehr lässt sich zeigen, dass in bestimmten Texten der reformierten Tradition ein Verständnis der Anwesenheit Christi im Abendmahl vorliegt, das im besten Sinne als *virtuell* bezeichnet werden kann. Besonders ist das im auf Heinrich Bullinger zurückgehenden *Zweiten Helvetischen Bekenntnis* (1566) deutlich:

> Der Leib Christi ist im Himmel zur Rechten des Vaters. Darum muss man die Herzen emporheben und darf nicht am Brot hängen bleiben und den Herrn nicht im Brot anbeten. Und doch ist der Herr nicht abwesend, wenn seine Gemeinde das Abendmahl

---

virtualitat%27%5D__167872 1590373 (zuletzt 17.04.2023). In der EphW wird „Virtualismus" ebenfalls auf *virtus* (hier übersetzt mit Vermögen, Kraft) zurückgeführt und als Bezeichnung für die Vorstellung, „daß die Wirklichkeit durch Kräfte und Gegenkräfte bestimmt ist", definiert. Vgl. Jürgen Mittelstraß: Art. Virtualismus. In: EphW IV. S. 548.

9 Die Bedeutung des Begriffs der Virtualität für das Verständnis des Abendmahls bzw. der Eucharistie wird gegenwärtig besonders im Bereich der katholischen Theologie hervorgehoben, wobei auch auf scholastische Vorbilder Bezug genommen wird. Vgl. dazu einführend Jan-Heiner Tück: Die Anwesenheit des Abwesenden. Notizen zur pneumatischen Selbstvergegenwärtigung Christi in der Eucharistie. In: Communio 40.1. 2011. S. 38–43.

> feiert. Die Sonne ist ja auch weit weg am Himmel und trotzdem ist sie mit ihrer Kraft bei uns. Wie viel mehr ist Christus, die Sonne der Gerechtigkeit, obwohl dem Leibe nach abwesend im Himmel, doch bei uns, zwar nicht leiblich, sondern geistlich durch sein lebenspendendes Wirken, wie er selbst bei seinem letzten Mahl erklärt hat, dass er bei uns sein werde (Joh 14.15.16).[10]

Laut diesem Text ist Christus auch gemäß seiner menschlichen Natur sehr wohl im Abendmahl anwesend – allerdings nicht mit seinem Leib, der im Himmel ist, sondern mit den Wirkungen, die von diesem ausgehen. Ebenso wie die Sonne von der Erde entfernt ist, zugleich aber ihre Strahlen auf diese sendet, erreichen uns im Abendmahl die Wirkungen des Sohnes, der zu Rechten Gottes sitzt. Diese Anwesenheit der menschlichen Natur Christi im Abendmahl ist nicht leibhaftig, sondern geistig. Christus ist, als wahrer Mensch, also nicht aktualreal im Abendmahl gegenwärtig, sondern eben virtuell, und das heißt: mit den Wirkungen, die von ihm ausgehen. Die geistliche Präsenz Christi im Abendmahl, wie sie in der reformierten Tradition verstanden wird, kann mithin als ein Beispiel *par excellence* für das angesehen werden, was wir (heute) virtuelle Realität nennen; also eine Realität, die in der Anwesenheit der Wirkung einer aktual abwesenden Entität besteht.

2. Kommunikative Ontologie

Rekapituliert man diese Reflexionen über den ontologischen Status virtueller Welten, drängt sich einem ein Ausruf Fausts auf: „Am Anfang war die Kraft!“ Virtuell wirklich ist eine Entität, die nicht selbst, sondern nur vermittelst ihrer Wirkung, Kraft oder Funktion anwesend ist. Virtuelle Welten sind mithin solche, die auf diese Weise rein funktional konstituiert sind. Der Cyberspace ist eine virtuelle Welt, weil hier nichts weiter existiert als die Wirkungszusammenhänge, die zwischen den Nutzern der entsprechenden Technologien bestehen.

Das sind nach wie vor recht vage Ausdrücke, die zudem, wie das Video-Konferenz-Beispiel zeigt, unbeschadet ihres heuristischen Nutzens nicht wirklich dafür geeignet sind, eine *Ontologie* virtueller Welten zu entwerfen, weil der Begriff der Kraft dabei weit über seinen physikalisch-präzisen Sinn hinaus erweitert werden muss. Ich möchte daher vorschlagen, den Begriff der Kraft durch einen anderen, allgemeineren zu ersetzen, der m.E. besser geeignet ist, um

10 Heinrich Bullinger: Das Zweite Helvetische Bekenntnis (1566). Online: https://www.evangelischer-glaube.de/2-helvetisches-bekenntnis (zuletzt 17.04.2023).

das Wesen virtueller Realität zu beschreiben: den Begriff der Kommunikation. Auch hier ist eine nähere Erläuterung geboten.

Mit Kommunikation meine ich hier – und das ist zentral – keineswegs nur sprachliche Äußerungen. Vielmehr soll der Begriff dem Wortsinn gemäß jede Art von Mitteilung bezeichnen. Die Mitteilung der Kräfte Christi, wie sie die reformierte Auffassung vom Abendmahl imaginiert, ist ebenso ein Akt der Kommunikation wie das Versenden einer Nachricht oder die Übertragung meines Gesichtsausdrucks über eine Videokamera. Dieser ursprüngliche Sinn von Kommunikation als Mitteilung hat m.E. den Vorteil, dass er im Gegensatz zum Begriff der Kraft alle jene Fälle umfasst, in denen eine Entität selbst abwesend ist, aber über das, was sie „aussendet", dennoch Präsenz gewinnt. Akzeptiert man diesen Begriff von Kommunikation, kann sodann die These gewagt werden: Virtuelle Realität ist kommunikative Realität, virtuelle Welten sind solche, die ontologisch durch Akte der Mitteilung konstituiert werden.

Diese Idee ist nicht neu. In der Philosophiegeschichte lassen sich ohne große Mühe Denker finden, die diesen Gedanken antizipiert haben. Am eindrücklichsten ist dies vielleicht bei George Berkeley der Fall. Als Hauptvertreter des dogmatischen Idealismus erkläre Berkeley, so Kant in seinen kritisch gemeinten Worten, „die Dinge im Raum für bloße Einbildungen".[11] Was Kant hier als Einbildungen desavouiert, kann m.E. als ein Paradebeispiel virtueller Realität angesehen werden. An zentraler Stelle heißt es in Berkeleys *Principles*:

> There was an odour, that is, it was smelled; there was a sound, that is to say, it was heard; a colour or figure, and it was perceived by sight or touch. This is all that can I understand by these and the like expressions. For as to what is said of the absolute existence of unthinking things without any relation to their being perceived, that seems perfectly unintelligible. Their *esse* is *percipi*, nor is it possible they should have any existence, out of the minds or the thinking things which perceive them.[12]

Esse est percipi, Sein ist Wahrgenommenwerden. Mit diesem Grundsatz ist Berkeley in die Geschichte der Philosophie eingegangen. Zugleich ist es dieser Satz, der ihn in den Augen Kants zu einem radikalen Idealisten werden lässt, dessen Position kaum ernsthafter Diskussion würdig ist. Angewandt auf das Phänomen virtueller Realität, besitzen Berkeleys Thesen doch eine überraschende Plausibilität. Fasst man Berkeleys Gedanken knapp zusammen, scheint die zitiere Passage zu besagen, dass nur „denkende Dinge", also der menschliche

---

11 Immanuel Kant: Kritik der reinen Vernunft. Nach der ersten und zweiten Originalausgabe. Hrsg. von Jens Timmermann. Hamburg 1998. S. 320 [KrV B 274].

12 George Berkeley: Principles of Human Knowledge. Three Dialogues. Oxford 1996. S. 25.

und der göttliche Geist, wirklich existieren. Die Dinge in der Sinnenwelt, Tisch, Bäume, Bücher, existieren hingegen nur, insofern sie von jenen „denkenden Dingen“ wahrgenommen werden. Dies bedeutet nun nicht zwingend, wie Kant meinte, dass die Erscheinungen der Sinnenwelt für Berkeley nur Einbildungen seien. Vielmehr existiert laut Berkeley alles, was wir wahrnehmen, nur deshalb, weil es Wirkungen auf einen empfangenden Geist aussendet. Der Sender existiert nicht ohne Empfänger, er existiert vielmehr nur durch das, was er sendet, oder: er existiert nur virtuell.

Dass die Gegenstände der virtuellen Welt nur existieren, wenn sie wahrgenommen werden, muss m.E. nicht ausführlich begründet werden. Das *second life* hört auf zu existieren, wenn niemand mehr online ist. Sobald ich meine Kamera ausschalte, ist mein virtuelles Selbst, so wie es in der Online-Konferenz erschien, nicht mehr da. Ich als virtuelle Person habe kein permanentes Sein, das von meinem Wahrgenommensein durch andere (oder auch mich selbst) unterschieden werden könnte.[13] Sein ist Mitteilung, ist Kommunikation. Für die virtuelle Realität kann dieser Satz uneingeschränkte Geltung beanspruchen. Der Rekurs auf Berkeley zeigt, dass dieser Gedanke auf die philosophische Tradition des Idealismus zurückgreifen kann, die das Sein an das Wahrgenommensein durch das denkende Subjekt bindet: Kein Sender ohne Empfänger, oder genauer: Der Sender existiert nur im Senden, i.e. in seinem Wahrgenommenwerden durch den Empfänger.

Wie verhält sich dazu aber nun die theologische Tradition? Ich glaube, es hilft, auf einen Denker zurückzugreifen, der als der eigentliche theologische Erbe Berkeleys gelten kann. Mit Johann Georg Hamann wird die kommunikative Ontologie, entgegen der ersten Entgrenzung, wiederum in einer Weise eingeschränkt, die dem umgangssprachlichen Sinn von Kommunikation näherkommt. Die kommunikative Ontologie wird so zu einer hermeneutischen Ontologie.

---

13 Nun mag man einwenden, dass z.B. ein Facebook-Profil auch dann existiert, wenn es sich gerade niemand anschaut; die E-Mail, die geschrieben wurde, ist doch auch existent, wenn sie ungelesen im Postfach des Empfängers liegt. Der Begriff der Existenz darf hier m.E. aber nicht zu stark ausgeweitet werden. Vielmehr möchte ich vorschlagen, für die genannten Phänomen den Begriff der virtuellen Potentialität zu reservieren. Solange die Dinge in der virtuell-digitalen Welt also nicht wahrgenommen werden, sind sie nur mögliche, nicht wirkliche Entitäten. Natürlich ist ein Profil auch vorhanden, wenn man nicht eingeloggt ist. Dann ist man aber nur eine mögliche virtuelle Person. Virtuell wirklich wird sie erst dadurch, dass sie durch andere (oder einen selbst) wahrgenommen wird.

3. Sein als Wortgeschehen

Im Anfang war das Wort (Joh 1,1). Es gibt wohl keinen Satz, der in gleicher Weise dazu geeignet wäre, an der Spitze einer dezidiert theologischen Ontologie zu stehen. Die christliche Theologie versteht die Schöpfung der Welt durch das Wort und bekennt sich damit zugleich dazu, dass diese Schöpfung, die in der Fleischwerdung des Wortes gipfelt, selbst worthaften Charakter besitzt. Hamann hat nun die Worthaftigkeit der Schöpfung in radikaler Weise zu Ende gedacht.

Bei ihm stoßen wir jedoch auf einen recht unsystematischen Denker, dessen Gedanken schwer zu rekapitulieren sind. Dafür sind seine Schriften viel zu dunkel und rhapsodisch. Ein (poetischer) Kerngedanken lässt sich bei ihm indes schnell benennen: Gott, der Herr der Welt, ist ein Schriftsteller.[14] Die Tätigkeit als Schriftsteller ist zweifelsohne eine im eminenten Sinn kommunikative. Indem Hamann Gott als Schriftsteller beschreibt, betont er zugleich, dass Gottes Wesen darin besteht, sich mitzuteilen. Hierin greift er einige der tiefsten Gedanken Luthers auf. Für den gegenwärtigen Zusammenhang ist ein anderer Aspekt entscheidend. Laut Hamann hat Gott, der Schriftsteller, nicht nur ein Buch (Bibel) in die Welt „entsandt", sondern hat diesem Buch vielmehr zwei weitere beigegeben: „Natur und Geschichte sind daher die 2 grossen Commentarii des Göttlichen Wortes und dies hingegen der einzige Schlüssel, uns eine Erkenntnis in beyden zu eröffnen."[15] Natur und Geschichte haben bei Hamann primär die Funktion, die Wahrheit des göttlichen Wortes, wie es in der Heiligen Schrift niedergelegt ist, verständlich zu machen; umgekehrt können sie selbst nur durch das göttliche Wort erschlossen werden – ein hermeneutischer Zirkel, der für Hamann Ausdruck tiefster göttlicher Weisheit ist.

Oswald Bayer hat mit Hinblick auf diese und ähnliche Stellen bei Hamann von einer „hermeneutischen Ontologie"[16] gesprochen. In der Tat: Wenn Natur und Geschichte, kurz alles, was existiert, nur ein Kommentar ist, der uns die Heilige Schrift verstehen lehrt, und wiederum diese beiden der einzige hermeneutische Schlüssel sind, um Natur und Geschichte zu verstehen, dann ist der

---

14 Vgl. Johann Georg Hamann: Tagebuch eines Christen. In: Ders.: Sämtliche Werke. Bd. I. Historisch-kritische Ausgabe. Hrsg. von Josef Nadler. Wien 1949–57. S. 5. Zu dem Motiv des göttlichen Schriftstellers bei Hamann und darüber hinaus vgl. Joachim Ringleben: Gott als Schriftsteller. Zur Geschichte eines Topos. In: Ders.: Rede, dass ich dich sehe. Göttingen 2021. S. 29–93.

15 Hamann: *Tagebuch*. S. 303.

16 Vgl. Oswald Bayer: Vernunft ist Sprache. Hamanns Metakritik Kants. Stuttgart 2002. S. 18.

ganze gewaltige Prozess der Natur- und Weltgeschichte nichts anderes als ein einziger Kommunikationszusammenhang von Reden und Hören, Verstehen und Verstandenwerden. Noch deutlicher wird dies aus einer berühmten Stelle in Hamanns vielleicht bekanntestem Werk, der *Aestehtica in nuce:*

> Rede, daß ich Dich sehe! – Dieser Wunsch wurde durch die Schöpfung erfüllt, die eine Rede an die Kreatur durch die Kreatur ist; denn ein Tag sagt's dem anderen, und eine Nacht tut's kund der andern. Ihre Losung läuft über jedes Klima bis an der Welt Ende, und jeder Mundart hört man ihre Stimme.[17]

Die ganze Schöpfung ist für Hamann eine einzige Rede Gottes, der durch die Kreatur zur Kreatur spricht. Deutlicher kann man den Gedanken einer kommunikativen Ontologie, die sich hier zur hermeneutischen spezifiziert, nicht aussprechen. Gott wird sichtbar, gewinnt Gegenwart allein in seinem Wort. Gott ist nicht anders da als im Akt der Kommunikation. Eine wortlose Epiphanie ist ausgeschlossen. Wer Gott sehen will, muss ihn hören. Die paradoxe, an Gott gerichtete Spitzenaussage des Textes könnte daher auch so paraphrasiert werden: *Kommuniziere, dass Du mir präsent wirst.* Gott ist nicht anders als im Wort zu haben. Nur durch das Wort, als eine spezifische Art der Wirkung, ist Gott überhaupt anwesend.

Der Übergang zur Frage nach der Ontologie virtueller Welten ist m.E. naheliegend. „Rede, dass ich dich sehe“, „kommuniziere, damit du für mich wirklich bist“ – das gilt eben gerade auch in der virtuellen Welt des Internets. Schalte ich weder meine Videokamera ein noch beteilige ich mich mit einem Redebeitrag an der Sitzung, dann existiere ich als *virtuelle* Person nicht. Nur im Akt der Kommunikation bin ich im virtuellen (digitalen) Raum wirklich. Nur, wenn ich dich höre und sehe, bist du für mich in dieser Welt da. So kann abermals in Abwandlung Hamann gesagt werden: „Chatte, dass ich Dich sehe“. Sonst bleibst du eine bloße virtuelle Möglichkeit.

Um in einer virtuellen Welt wie der des Internets, die durch reine Kommunikation konstituiert ist, zu existieren, müssen wir uns mitteilen. Dieser Gedanke kann gleichermaßen im Rückgriff auf Berkeleys Idealismus wie Hamanns Wort-Gottes-Theologie begründet werden. Anders als Berkeley führt uns Hamann jedoch noch in einer anderen Hinsicht weiter.

17 Johann Georg Hamann: Aesthetica in nuce. Eine Rhapsodie in Kabbalistischer Prose. In: Ders.: Hauptschriften. Leipzig 1937. S. 380–399. Hier S. 382.

4. Zwei Welten – oder doch nur eine?

Für die virtuelle Realität stellt Hamanns hermeneutische Ontologie wohl einen interessanten Ansatz dar. Von Anfang an darauf gemünzt ist sie aber nicht. Vielmehr will Hamann die ganze Welt als einen reinen Prozess der Kommunikation deuten. Und dies scheint mir, aus theologischer Perspektive und auch abgesehen von der Anwendung auf gegenwärtige Phänomene der Digitalisierung, zumindest auf den ersten Blick durchaus plausibel.

Wenn die Theologie die Schöpfung der Welt durch das Wort Gottes versteht – müsste sie dann die Schöpfung nicht in der Tat als einziges Gespräch zwischen Gott und seinem Geschöpf deuten; als ein Gespräch, das in Anlehnung an Luther in Zorn oder Gnaden geführt wird, gewiss aber bis in die Ewigkeit währt?[18] Ist eine kommunikative Ontologie nicht die einzig konsequente Position, wenn das Wort Gottes im Zentrum der Theologie stehen soll? Ist dann nicht bereits unsere gewöhnliche Realität (und nicht erst die virtuelle Welt des *second life*) im höchsten Maße virtuell? Was spräche dagegen, Hamanns Überlegungen zum Grundsatz einer allgemeinen Ontologie (statt nur einer sehr speziellen für virtuelle Welten) zu erheben? Ohne Zweifel: Die Antworten auf diese Fragen werden keineswegs eindeutig ausfallen. Gesteht man aber für den Moment zu, dass eine allgemeine kommunikative Ontologie sinnvoll ist, dass also theologisch tatsächlich die ganze Schöpfung als Gespräch zwischen Schöpfer und Geschöpf gedeutet werden kann, stellt sich eine gewichtige Folgefrage.

In der gegenwärtigen Forschung zur *virtual reality* wird betont, dass die Grenzziehung zwischen Virtualität und Realität keineswegs so trennscharf sei, wie sie auf den ersten Blick scheinen mag. Vielmehr verweisen z.B. Phänomene wie *augmented reality* auf fließende Übergänge.[19] In ontologischer Hinsicht folgt daraus die Frage, ob die aktual-reale und die digital-virtuelle Welt überhaupt noch als zwei Welten unterscheiden werden müssen oder ob es sich nicht vielmehr um *eine* Welt handelt?

Hieran könnte der soeben skizzierte Versuch einer theologisch fokussierten kommunikativen Ontologie anknüpfen. Der ontologische Status von realer und virtueller Welt wäre dann identisch. Beide sind allein durch Kommunikationsakte konstituiert. Die ontologische Grundlage der virtuell-digitalen Welt, wie sie

---

18 Vgl. zu diesen berühmten Worten Luthers: Markus Mühling: Liebesgeschichte Gott. Systematische Theologie im Konzept. Göttingen 2013. S. 234 f.

19 Vgl. David R. Koepsell: The Ontology of Cyperspace. Philosophy, Law, and the Future of Intellectual Property. Chicago 2000. S. 9 f.

uns das Internet eröffnet, ist die technisch vermittelte Kommunikation zwischen menschlichen (und teilweise künstlichen) Individuen. Die aktual-reale Welt ist indes nichts anderes als ein komplexer Kommunikationsprozess zwischen Gott und seinem Geschöpf. Zwischen Realität und (digitaler) Virtualität bestünde demnach eine Strukturäquivalenz. Sein ist Kommunikation, alles ist Mitteilung, Verstehen und Verstandenwerden.

Ich glaube indes, dass diese These falsch ist. Während ich es für äußerst plausibel halte, dass eine kommunikative Ontologie die angemessene Theorie ist, um den ontologischen Status virtueller Welten zu beschreiben, trifft dies meines Erachtens auf die aktual-reale Welt nicht zu. Realität kann nicht restlos auf Virtualität reduziert werden. Gegen Hamann und Berkeley, gegen den Idealismus und die radikale Wort-Gottes-Theologie gilt es m.E. daran festzuhalten, dass die Realität sich nicht restlos als kommunikatives Geschehen zwischen Gott und Mensch deuten lässt.[20] Ich komme damit abschließend nochmals auf den Unterschied zwischen der realen und virtuellen Welt zu sprechen.

5. Das Reale und das Virtuelle

Um etwas wahrzunehmen, muss man es nicht verstehen. Man kann einen chinesischen Text auf einem Bildschirm abrufen und ihn wahrnehmen, obwohl man kein Chinesisch beherrscht. Dieser Text ist dann virtuell-wirklich, obgleich man kein Wort davon versteht. Im Gegensatz zur hermeneutischen fordert die kommunikative Ontologie lediglich, dass etwas mitgeteilt wird, um wirklich zu sein, und dass diese Mitteilung auch einen Empfänger erreicht. Es wird *nicht* vorausgesetzt, dass dieser Empfänger auch versteht, was ihm mitgeteilt wird. Das, was es sowohl in der digital-virtuellen Wirklichkeit als auch In der gewöhnlichen Realität gibt, ist mithin das Unverständliche und Unverstandene, oder kurz: das Rätselhafte.

Vom Rätsel hat Eberhard Jüngel bekanntlich das Geheimnis unterschieden.[21] Für den theologischen Sinn von Geheimnis ist es dabei entscheidend, dass es nicht nur unaussprechlich oder unverstanden ist. Vielmehr müsse mit dem

20 Um dies zu begründen, reicht es m.E. nicht aus, auf den Sachverhalt zu verweisen, dass auch der menschliche Geist, der als Empfänger der göttlichen Kommunikationsakte fungiert, irgendwoher sein „Sein“ beziehe müsse. Die Einwände, die gegen die Anwendung der kommunikativen Ontologie auf die reale Welt vorgebracht werden können, reichen m.E. wohl tiefer; und es sind nicht zuletzt theologische Gründe, die hier entscheidend werden.

21 Vgl. Eberhard Jüngel: Gott als Geheimnis der Welt. 8. Aufl. Tübingen 2010. S. 341 f.

Neuen Testament behauptet werden, dass das Geheimnis sich *als* Geheimnis offenbare. Im Gegensatz zum Rätsel lässt es sich nicht auflösen. Es bleibt stets Geheimnis, gerade auch dann, wenn es offenbart wird.

> Darin unterscheidet sich das Geheimnis vom Rätsel, das dadurch, daß man es begreift, aufhört, rätselhaft zu sein. Geheimnisse hingegen kann man nicht auflösen, nicht ausziehen, nicht entblößen. [...] Ein wahres Geheimnis zieht uns an und ins Vertrauen. Es macht mit sich selbst *als* einem Geheimnis vertraut. Das Mysterium ist also selber das Subjekt des Sich-ergreifen-Lassens: es *offenbart* sich *als* das Geheimnis.[22]

Meine abschließende These ist daher, dass eben jene Art von Geheimnis in der digital-virtuellen Welt unmöglich ist, und dass dies einerseits der Grund ist, warum wir niemals für die aktual-reale Welt eine kommunikative Ontologie zugrunde legen können wie für die digital-virtuelle, und andererseits Gott sich in der digitalen Welt *nicht offenbaren* kann. Ich werde mich dabei im Folgenden auf die virtuelle Welt des Cyberspace konzentrieren und andere Formen virtueller Realität übergehen.

Das Grundwesen der digitalen Welt ist die Binarität. Entweder etwas wird wahrgenommen oder es wird nicht wahrgenommen. Entweder es wird kommuniziert oder es wird nicht kommuniziert. Entweder etwas ist anwesend oder es ist abwesend. Das Geheimnis besitzt nun eine dialektische Struktur, die ebendiese Binarität in jeder Hinsicht überschreitet. Das Wesen des Geheimnisses besteht gerade darin, dass das Unaussprechliche ausgesprochen wird. Im Geheimnis ist der abwesende, weil transzendente Gott anwesend. Er, der Ferne, ist uns doch ganz nah. Diese Anwesenheit des Abwesenden als Zur-Sprache-Kommen des Unaussprechlichen ist in der digitalen Welt unmöglich, weil sie prinzipiell nur zwei Zustände kennt, eins und null. Insofern die digitale Welt ihre ontologische Grundlage in der Kommunikation besitzt, ist hier eben jene dialektische Bewegung zwischen Schweigen und Zur-Sprache-Kommen, wie sie für das Geheimnis charakteristisch ist, unmöglich.

Anders formuliert: In der digitalen Welt ist alles auf Transparenz ausgelegt. Es kommt zwar auch hier nicht selten vor, dass kommunikative Akte misslingen, dass das Verstehen scheitert. Prinzipiell ist das Verstehen aber immer das Ziel. Niemand würde einen chinesischen Text auf seiner Homepage veröffentlichen, von dem er nicht glaubt, dass es Menschen gibt, die ihn verstehen können. Und selbst, wenn dies nicht der Fall ist, besteht doch die Absicht, dass jener Text als Wortbild wahrgenommen wird. Denn ohne die Wahrnehmung durch ein denkendes Subjekt besäße es keine virtuelle Wirklichkeit.

---

22 Ebd.

Das Geheimnis will aber gerade wahrgenommen werden als Verweis auf das, was nicht mehr wahrnehmbar ist. Die Offenbarung des unsichtbaren Gottes besteht eben darin, dass er sich als der Unsichtbare offenbart. Er tritt nicht einfach aus der Unsichtbarkeit in die Sichtbarkeit hinüber, sondern wird vielmehr nur so sichtbar, dass er unter dem Gegenteil seiner selbst (*sub contrario*) erscheint: am Kreuz und im Leiden.[23] Gottes Verborgenheit am Kreuz ist gerade seine Offenbarung; sein (scheinbares) Schweigen ist in Wirklichkeit der Kulminationspunkt seiner Rede an die Kreatur.

Diese Dialektik als die Anwesenheit vermittelt über das Gegenteil ihrer selbst könnte man auch das *Opake* nennen. Dieses Undurchlässige, das prinzipiell Nicht-Zu-Durchdringende, ist trotz Darknet und verwandter Phänomene radikal der prinzipiellen Transparenz der digital-virtuellen Welt entgegengesetzt. Die wahrhafte Rede Gottes an die Kreatur durch die Kreatur ist immer eine indirekte, vermittelt durch den Entzug und die Nichtpräsenz. Sie geschieht durch das Schweigen und den Verweis auf das, was niemals direkt mitgeteilt werden kann. Dies ist aber in der digital-virtuellen Welt, in der Welt absoluter Präsenz, unmöglich. In dieser Welt mag es das Rätselhafte geben, aber nie das Geheimnis.

Die lutherische Abendmahlslehre bringt dies m.E. auf den Punkt, wenn sie den Leib Christi am Abendmahl real anwesend versteht – und nicht nur virtuell, d.h. vermittelt über seine Kräfte und Wirkungen. Der Leib Christi ist selbst das Opake, das Undurchdringliche, das Geheimnis. Die Wirkungen, die von jenem Leib gemäß dem *Zweiten Helvetischen Bekenntnis* ausgehen, mögen rätselhaft sein, erinnern von Ferne vielleicht an jene mysteriösen Energien, von denen in esoterischen Werken der

23 Vgl. hierzu Luthers Gegenüberstellung von *theologia crucis* und *theologia gloriae* in den Konklusionen der Heidelberger Disputation (1518): Martin Luther: D. Martin Luthers Werke. Bd. 1. Kritische Gesamtausgabe. Weimar 1883–2009. S. 354 [WA 1, 354,16–22]. Die Dialektik zwischen Sichtbarkeit und Unsichtbarkeit Gottes, die Luther hier gipfeln lässt in der Aussage, dass die *invisibilia Dei* eben nicht aus den Schöpfungswerken, sondern *per passiones et crucem* erkannt werden, lässt sich insofern kritisch auf den Diskurs um die digital-virtuelle Realität beziehen, als nach Luther es gerade nicht die Schöpfungswerke (man mag ergänzen: jene Werke, die der Mensch erschafft) sind, sondern Kreuz und Leiden, in denen der unsichtbare Gott sichtbare Gestalt annimmt. In ähnlicher Weise beschreibt Thorsten Moos die gegenwärtigen Bemühungen um die Maschinenethik in Anspielung auf Luther als Ausdruck einer *anthropologia gloriae*. Vgl. Thorsten Moos: Digitaler Animismus. Theologische Anmerkungen zu einer Ethik der Digitalisierung. In: Benjamin Held, Frederike van Oorschot: Digitalisierung: Neue Technik – Neue Ethik? Interdisziplinäre Auseinandersetzung mit den Folgen der digitalen Transformation. Heidelberg 2021. S. 235–256. Hier S. 251.

Lebenshilfe die Rede ist – sie sind (sofern es sie denn gibt) in jedem Fall aber kommunikative Akte, da sie etwas mitteilen, i.e. die Wirkungen der menschlichen Natur Christi. Zwar verweisen auch sie auf das, was nicht mitgeteilt werden kann, d.h. den abwesenden Leib Christi, der nur über seine Wirkungen gegenwärtig ist; auch hier scheint also das Abwesende anwesend zu werden, indem es eben virtuell, über seine Wirkungen präsent ist. Das Entscheidende ist aber, dass dieser kommunikative Akt der Vergegenwärtigung ein äußerst gewöhnlicher ist. Es ist die Art, wie ein Zeichen das Bezeichnete gegenwärtig macht. Das Geheimnis ist hiervon gänzlich unterschieden: Die Trennung von gegenwärtigem Zeichen und abwesendem Bezeichneten ist hier aufgehoben. Vielmehr ist das Bezeichnete im Zeichen ganz gegenwärtig. Aber, und darin besteht eben die Dialektik, das Bezeichnete ist zugleich verborgen, indem es unter dem Gegenteil seiner selbst erscheint. Oder präziser formuliert: Während das anwesende Zeichen das abwesende Bezeichnete gegenwärtig macht, wird beim Geheimnis gerade das Abwesende als Abwesendes präsent. Gott offenbart sich als der Verborgene.

In der digital-virtuellen Welt haben wir es mit reinen Zeichen zu tun. Diese Zeichen sind wirklich, wenn sie wahrgenommen werden. Virtuelle Wirklichkeit gibt es daher nicht außerhalb kommunikativer Akte, die auf Wahrnehmung zielen. In der realen Welt aber gibt es auch das Geheimnis, jenes Geheimnis, dessen tiefster Ausdruck das Wort „Gott" ist.[24] Dieser prinzipielle Unterschied zwischen der aktual-realen und der digital-virtuellen Welt verbietet es m.E., den ontologischen Unterschied zwischen beiden zu nivellieren, indem man etwa einen Reduktionismus vertritt, der selbst das, was gemeinhin Realität genannt wird, als spezifische Form von Virtualität ausweist.

So sehr ich daher davon überzeugt bin, dass die kommunikative Ontologie zur Beschreibung digital-virtueller Wirklichkeit geeignet ist, glaube ich doch aus dezidiert theologischen Gründen betonen zu müssen, dass die reale Welt, in der wir geboren werden und in der wir sterben, sich niemals als rein göttlich-menschlicher Kommunikationsakt verstehen lässt. Dies ist weder möglich noch plausibel, weil es in der Realität etwas gibt, das in der digitalen Welt undenkbar ist: Das beredte Schweigen im Geheimnis; das Dasein Gottes als eines Verborgenen; das Opake, das kein Lichtstrahl durchdringt, weil es selbst das Licht ist.

---

24 Dieses Geheimnis ist mehr als ein bloßes Zeichen, es ist nicht nur Vergegenwärtigung des Abwesenden vermittels seiner Wirkungen, sondern die Gegenwart des Abwesenden selbst, Gottes Da-Sein im Wort.

Daniel Rossa

On Virtuality
A Negative-Theological Concept of Aesthetic Designs to Signify Divine Transcendence in Art and Liturgy?

Introduction

The following essay argues on virtuality as a category useful to a negative theology interested in performing aesthetic designs in liturgy as signifiers of divine and/or virtual transcendence. First, it will outline the twofold context of the discovery of the author's research interest in virtuality during the Covid-19 pandemic and his PhD research on Gregory of Nyssa performing negative theology in the liturgies of his liturgical sermons (1.). This is followed by a brief chronological overview over the discourse on virtuality in German-speaking theology (2.). Afterwards, the paper will point to traces of a possible negative-theological use of virtuality in the relevant discourse (3.), before it takes into view two highlights (scholasticism and modern philosophical anthropology) in the development of the pre-digital history of the concept of virtuality (4.), for an idea in which ways the wording of "virtuality" could fortify but also distinguish its use known from digital technologies. The section's result of virtuality as a condition of human existence leads to a semiotic reconstruction of what can be distinguished from this general virtuality in human life as an intentional use of virtuality in the production of "induced virtuality" (below IV) and its vanishing point as an interface for creating an awareness for the general virtuality of human existence with a potential to encounter transcendence as its complement in designs and performances of IV (5.). Consequently, the following section looks at the aforementioned discourse's understanding of liturgy as Christian IV (6.). Finally, the paper gives four examples for aesthetic designs in art and liturgy. Three of them can be seen as performing a pattern of virtuality using negative (-theological) immersion breaks which can be understood to point to the opening and transformative dynamics of divine transcendence signified and/or encountered via the interface of art and liturgy as IVs (7.).

1. The Twofold Context of Discovery of Virtuality as a Field for the Author's Research

The context of discovery of virtuality as a topic useful for my own theological research is twofold: As a first context of discovery appeared the perforce migration in teaching, services and the everyday life to the digital (*Digitalität*) during the Covid-19 pandemic. Here, I became aware of many people using the word families of "digitality" and "virtuality" synonymously.[1] This was surprising to me, particularly because of the impressive role virtual encounters played during my

1 For the research discourse this was observed already by Stefan Rieger: Menschensteuerung. Zu einer Wissenschaftsgeschichte der Virtualität. In: Sabine Jeschke, Leif Kobbelt, Alicia Dröge (Ed.): Exploring Virtuality. Virtualität im interdisziplinären Diskurs. Wiesbaden 2014. P. 20–43. Here p. 19 f. As well as Dawid Kasprowicz, Stefan Rieger: Einleitung. In: Dawid Kasprowicz, Stefan Rieger (Ed.): Handbuch Virtualität. Springer Reference. Wiesbaden 2020. P. 1–22. Here p. 10.14. For the ongoing debate in Protestant churches and theological departments on a digital celebration of communion this was suggested by Frederike van Oorschot, Florian Höhne: Media/lity. Between Image Ban and Eucharist. In: Cursor_ Zeitschrift für explorative Theologie. 2021. Online: https://s3.amazonaws.com/assets.pubpub.org/lty6sfphe7pvyfinronhiivo2tfnac4q.pdf. P. 7 (last access 17.04.2023). For a use of both word families in this discourse in a not always selective use cf. Florian Ihsen: Ökumenisch und online am Tisch des Herrn? Gedanken zu einem Votum des ÖAK und zur Diskussion um das digitale Abendmahl. In: Jutta Koslowski, Thorsten Leppek (Ed.): Fides quaerens intellectum. Festschrift für Walter Dietz. Leipzig 2020. P. 105–122. Here p. 110.115; Hella Blum: Einführung. In: epd-Dokumentation. 11. (Digital – parochial – global?!). 2021. P. 4–8. Here p. 6 f.; Frank Vogelsang: „Mein Leib für Dich gegeben“ auch auf digitalem Wege? Zur Diskussion um das digitale Abendmahl. In: Op. cit. p. 17–20. Here p. 17 f.; Frederike van Oorschot: Frederike van Oorschot: Einführung. In: epd-Dokumentation. 37 (Digital – parochial – global?! Ekklesiologische Perspektiven im Digitalen (4)). 2021. P. 4–6. Here p. 4 f.; Roman Winter-Tietel: Abendmahl digital? Überlegungen angesichts aktueller Herausforderungen durch Pandemie(n) und Digitalisierung. In: KuD 67.3. 2021. P. 235–259. Here p. 251, 257 and Daniel Rossa: Between Realistic Disillusionment and Virtual Enchantment. Critique of Denominational Barriers and Essays on a Vision for Intercommunion. In: Review of Ecumenical Studies 14.1. 2022. P. 41–63. Here p. 56 f., 59 f., 62 f. Rossa already tries to avoid to use "digital" and "virtual" interchangeably. Not contributing to the Protestant discourse on the digital celebration of communion but using terms of the word family of virtuality in different meanings, thus often interchangable to the word family of digitality cf. for the Catholic discourse on virtuality caused by the Covid-19 pandemic the special issue "Über Raum und Zeit". In: Heiliger Dienst 75.2. 2021 passim., esp. in the contributions of Stefan Bönert, Martin Sindelar, Stephan Winter and Christoph Amor.

life in a single-person household during the pandemic shutdowns: The salutary effect and grace you could experience by having a drink or dinner with friends virtually and celebrating communion on Holy Thursday was enchanting and far too valuable, to mix them up with simple digital procedures or systems like the digital administration program of Cologne University or things like the binary code. This made me think of the questions where virtuality is at play outside of digitality and how to distinguish virtuality from digitality.

The second context of discovery was my research on my PhD thesis on aesthetical designs (*Gestalten*) of negative theology. One part is dedicated to the investigation of the negative theology of Gregory of Nyssa (approx. 335–394 AD).[2] Negative theology for Gregory is neither limited to negations of divine properties, nor is it an affirmation by mystical silence. Instead, the dynamics of (the concept of) divine transcendence as the opposite to the space, time and the ever changing structure of creation (διάστημα) has its impact on humanity and anthropological capacities – particularly on what Gregory calls the ἐπίνοια: the capacity of conceptualisation.[3] Gregory presents something like a negative anthropology, a critical epistemology and a nominalistic philosophy of language: Human "knowledge" is only made up of provisional, phenomenological and pragmatical constructions, not of certain knowledge. However, for Gregory this critical

---

2 For a comprehensive understanding of Gregory's negative theology cf. e.g. Ari Ojell: Art. Apophatic Theology. In: Lucas Mateo-Seco, Giulio Maspero (Ed.): The Brill Dictionary of Gregory of Nyssa. Supplements to Vigiliae Christianae. 99. Trans. by Seth Cherney. Leiden 2010. P. 68–73.

3 Scot Douglass investigated this for all three Cappadocians (Theology of the Gap. Cappadocian Language Theory and the Trinitarian Controversy. New York 2005). Close to the end of his study, Douglass names his conviction and points to a desideratum, he mainly worked on with reference to the Cappadocians reading of the Scripture, but only partly for their liturgical understanding in Basil and Gregory of Naziansus, while he did not investigate further the liturgical sermons of Gregory of Nyssa, which I chose as the main focus point of the part on Gregory of my PhD thesis. Cf. Douglass: *Theology*. P. 247: "Perhaps the fundamental value of the Cappadocian theological output, therefore, was to be found in the performative aspect of their Christian proclamation [...], not in their contribution to the systematic metaphysical accomplishment of Christian thinking. There was a performative invitation to enter into an encounter, mediated by the constant re-reading of Scripture and the recounting of lives and epiphanic events according to the liturgical calendar, that asked of the listener an *epinoetic* engagement, an imaginative leap back into the world of Moses, into the lives of saints and martyrs, into the silence of the Holy of Holies, and around the very edge of the inaccessible. It is imaginative, not imaginary."

self-relativization is not humanity's loss, but its liberation – as language, thought and design (*Gestaltung*) come into play, qualified as economical dimensions. This is, why I decided not only to investigate Gregory's rhetoric but also what we know of the liturgical performance and church architecture in Nyssa and their interaction with Gregory's so-called liturgical sermons with respect to designs of negative theology. I see their semiotic compositions of constellations of words, actions, artefacts and humans as theological pattern and textures pointing to what can be understood as divine transcendence and its life-changing force.

This is the context in which I started to think about using the term "virtuality" for the description of a paradox dialectics: Some of Gregory's statements seem to oscillate between the impression of divine presence on the one hand and the guideline of his negative theology of divine transcendence as well as the limitation of humanity to phenomenological reflection instead of doing ontology on the other hand. This can be seen in a brief example, I take from *In sanctum et salutare Pascha*, probably Gregory's final speech of an Easter vigil. It describes the intended effect of sensual designs in liturgy on the participants:

> [...] The heart shone brighter as it portrayed the unspeakable blessedness of the things said and seen [sc. in the liturgy of the Easter vigil], hand-led by perceptible things towards the invisible; so that the benefits of this day of rest [sc. the feast of Holy Saturday], relied upon because of their own inexpressible expectation of what lies in store, became a picture of those other benefits "which eye has not seen nor ear heard nor have they entered into the heart of man" (1 Cor. 2:9).[4]

Here we find the negative-theological paradigm applied: The designs of sensual impressions are used as analogies, allegories or signs to signify the (economical effect of the) divine transcendence. This evokes the impression of the divine transcendence somehow becoming present – while being absent and staying transcendent. It just becomes "present" in an indirect way: Becoming

4 Gregory of Nyssa: The Holy and Saving Pascha [GNO IX 309–311]. Trans. by Stuart Hall. In: Andreas Spira, Christoph Klock (Ed.): The Easter Sermons of Gregory of Nyssa. Translation and Commentary. Cambridge 1981. P. 51–53. Here p. 51. For the original text cf. Gregory of Nyssa: In sanctum et salutare Pascha. In: Gregory of Nyssa: Sermones. Pars I. Gregorii Nysseni Opera IX. Ed. by Günter Heil, Andrian van Heck, Ernst Gebhardt, et al. Leiden 1967. P. 307–311. Here p. 309.15–21: [...] ἡ δὲ καρδία τῶν λεγομένων τε καὶ βλεπομένων φαιδρυνομένη τὴν ἄφραστον ἐτυποῦτο μακαριότητα διὰ τῶν φαινομένων χειραγωγουμένη πρὸς τὸ ἀόρατον, ὥστε τῶν ἀγαθῶν ἐκείνων, Ἃ οὔτε ὀφθαλμὸς εἶδεν οὔτε οὖς ἤκουσεν οὔτε ἐπὶ καρδίαν ἀνθρώπου ἀνέβη, εἰκόνα εἶναι τὰ τῆς καταπαύσεως ταύτης ἀγαθὰ δι᾽ ἑαυτῶν τὴν ἀνεκφώνητον ἐλπίδα τῶν ἀποκειμένων πιστούμενα.

significant by being signified. It "matters" not as a direct "manifestation", but because the matter points towards the divine transcendence, which is in itself incomprehensible. What is described here is rather a presentation than a representation in the model of a real presence achieved via a prototype-image-relation (*Urbild-Abbild-Representationsmodell*).

In another example – a part from the Epiphany sermon *In diem luminum* – Gregory's statements somehow sound like oscillating between a "presence" in terms of both at once: what later is called transubstantiation as well as a semiotic understanding of mental remembrance, thus a "sacra-*mentality*" according to the *Performanz*[5] of a *signum efficax*:[6]

> The bread again is at first common bread, but when the sacramental action consecrates it, it is called [!], and becomes, the Body of Christ. So with the sacramental oil; so with the wine: though before the benediction they are of little value, each of them, after the sanctification bestowed by the Spirit, has its several operation. The same power of the word [!], again, also makes the priest venerable and honourable, separated, by the new blessing bestowed upon him, from his community with the mass of men. While but yesterday he was one of the mass, one of the people, he suddenly rendered [...] a president, [...] an instructor in hidden mysteries; and this he does without being at all changed in body or in form; but while continuing to be in all appearance the man he was before, being, by some unseen power and grace, transformed in respect of his unseen soul to the higher condition. And so there are many things, which if you consider you will see that their appearance is contemptible, but the things they accomplish are mighty.[7]

---

5 For the differentiation between the terms performativity, performance and *Performanz* cf. Katharina Opalka: Narrativität und Demut. Metatheoretische Reflexionen zur Funktionalität anhand einer Relecture der Theologie Albrecht Ritschls. Tübingen 2021. Esp. p. 76–98. Following Cornelia Richter, Opalka understands *Performanz* as the transformative effect caused in an audience (becoming *performant*) by the performance of an act of performativity (e.g. a speech act). Opalka's position to distinguish between the more production-aesthetical concept of performativity, its concrete performance and *Performanz* as its possible but not necessary reception-aesthetical effect helps differentiating the ongoing discourse on performativity/performance.

6 For the oscillation mode between impressions of absence/transcendence and presence/efficacy in both understandings of communion – the Roman Catholic and the Reformed – cf. Rossa: *Between Realistic Disillusionment*. Esp. p. 54–56.

7 Gregory of Nyssa: On the Baptism of Christ. A Sermon. Trans. by Henry Wilson. In: Philip Schaff, Henry Wace (Ed.): A Select Library of Nicene and Post-Nicene Fathers of the Christian Church. Vol. 5. Gregory of Nyssa: Dogmatic Treatises, etc. Trans., with Prolegomena, Notes, and Indices by William Moore and Herny Wilson. 2nd ed. Peabody 1995. P. 518–524. Here p. 519. For the original text cf. Gregory of Nyssa: In diem luminum. In: Gregory of Nyssa: Sermones. Pars I. Gregorii Nysseni Opera IX.

These passages made me think about finding a word, to describe the tension and oscillation between this *impression* of a "presence" (which maybe is none) and understanding it more in terms of an aesthetic effect than in the quasi ontological category of presence, while keeping Gregory of Nyssa's negative-theological guidelines of divine transcendence and the limits of human recognition. First, this made me think of speaking of a *virtual presence* instead of a physical or a real one. At this point, I wonder, if not the wording of "presence" is far too close related to the idea of a physical or material reality (*res*).[8] Thus, with respect

---

Ed. by. Günter Heil, Adrian van Heck, Ernst Gebhardt et al. Leiden 1967. P. 219–242. Here p. 225.21–226.10: ὁ ἄρτος πάλιν ἄρτος ἐστὶ τέως κοινός, ἀλλ᾽ ὅταν αὐτὸν τὸ μυστήριον ἱερουργήσῃ, σῶμα Χριστοῦ λέγεταί τε καὶ γίνεται. οὕτως τὸ μυστικὸν ἔλαιον, οὕτως ὁ οἶνος, ὀλίγου τινὸς ἄξια ὄντα πρὸ τῆς εὐλογίας μετὰ τὸν ἁγιασμὸν τὸν παρὰ τοῦ πνεύματος ἑκάτερον αὐτῶν ἐνεργεῖ διαφόρως. ἡ αὐτὴ δὲ τοῦ λόγου δύναμις καὶ τὸν ἱερέα ποιεῖ σεμνὸν καὶ τίμιον τῇ καινότητι τῆς εὐλογίας τῆς πρὸς τοὺς πολλοὺς κοινότητος χωριζόμενον· χθὲς γὰρ καὶ πρώην εἷς ὑπάρχων τῶν πολλῶν καὶ τοῦ δήμου ἀθρόον ἀποδείκνυται [...] πρόεδρος, [...] μυστηρίων λανθανόντων μυσταγωγός· καὶ ταῦτα ποιεῖ μηδὲν τοῦ σώματος ἢ τῆς μορφῆς ἀμειφθείς, ἀλλ᾽ ὑπάρχων κατὰ τὸ φαινόμενον ἐκεῖνος ὃς ἦν, ἀοράτῳ δέ τινι δυνάμει καὶ χάριτι τὴν ἀόρατον ψυχὴν μεταμορφωθεὶς πρὸς τὸ βέλτιον. καὶ οὕτως ἐπὶ πολλὰ τῶν πραγμάτων φέρων τὸν νοῦν εὐκαταφρόνητα μὲν ὄψει τὰ φαινόμενα, μεγάλα δὲ τὰ ἀπ᾽ ἐκείνων τελούμενα. The whole section on the designs of the sacramental elements, officiants and liturgical furniture is even longer and works in the same logic, staying in a limbo and hovering in a vertigo between some supernatural event and mere human processes by acts of performances, verbalisation, interpretation and construction of signs, cf. Gregory of Nyssa: *In diem luminum*. P. 224.20–227.7; for an English translation cf. Gregory of Nyssa: *On the Baptism*. P. 519 f.

8 The English wording "presence" has the same connotations like the German wording *Präsenz*. Unlike in German, where, besides *Präsenz,* one could also speak of *Gegenwart* and *Anwesenheit*, the English term *presence* seems to be sufficient for the use of all three German terms. Furthermore, even if in German these three terms exist, they are normally used interchangeably. Nevertheless, a problem of the German and English terms is, that it is not clear at all, in which way they were used: Does "presence" signal a physical, ontic or phenomenological presence of something or someone? Does it refer to a "real" presence or just to an impression of the presence of something or someone? Does presence refer to the presence or its impression of something/-one else (as the epistemic object of "my"/the epistemic subject's epistemic act) in a situation or does it describe "my" (the subject of an observation or any other mental or physical activity of perception and communication) own state of attentiveness, as I am not furthermore sunk/lost in thought(s) or memories of the past or plans for the future, but my attention shifted towards present sensual perception, instead? Thus, speaking of presence in this way would describe some becoming co-present to a perceptible situation and

to transcendence – which is obviously meant as the opposite (or other) of any physical, material, creational or immanent "reality" – I would prefer to speak of *virtuality* instead of presence, where the impression of (the "presence" of) a transcendence in force appears as a phenomenon. In doing so, it "is" not any reality or presence proven by the personal impression, but the efficacy (*Wirksamkeit* = *Wirklichkeit*) of the impression *as* impression is taken seriously and can be understood to signify to (divine) transcendence (or to something else). To investigate if the wording "virtuality" can be used in this way, the following paragraphs of this essay shall work through the discourse on virtuality for the context of German-speaking theology.

2. The Discourse on Virtuality in the German-Speaking Context of Theology – A Chronological Orientation

For pragmatic reasons, in the following considerations I limit myself mainly to the contributions of what I call the *theological discourse on the word family of virtuality in the German-speaking context.*[9] To make it more compatible to the

its components and dynamics. With the last statement, this already implies a question of time(s) and their perception: presence then refers to present in grammar and time (instead of past and future). With respect to the German terminology, this aspect could be described via the term *Gegenwart*, which is used for the grammatical tense of present (*Präsens*) as well as for the temporal impression of now (*jetzt*), while *Anwesenheit* could be understood more in spatial terms to describe or locate something to be at "my"/the speakers here (*hier*) or a there his attention is drawn to. Thus, in a phone call the aspect of *Gegenwart* is given in this phenomenon/impression of co-presence (telepresence), while the aspect of *Anwesenheit* is not (it is not the person themselves but only a technical version of their voice one perceives). All this complexity makes the use of the wording "presence" as well as its German equivalents complicated and ambiguous, furthermore if presence is distinguished from representation, as representation can be understood in a more semiotic way or in a more (not meant in Cassirers understanding) symbolic register, where in the representation the ontological presence/participation of the represented entity is expected.

9 I am aware of far more literature on this topic in the international English-speaking discourse, cf. e.g. Graham Ward: Between Virtue and Virtuality. In: Theology today. 59.1. 2002. P. 55–70. Nevertheless, for the extent of an essay that tries to make its point of argumentation in making sure the author can use *Virtualität* ("virtuality") in a negative-theological way as a term for his PhD thesis and further research, it will suffice to spot the idea in the close context of thought, the author himself was raised theologically.

international discourse, I will not limit myself to the contributions of only the theology of one denomination but take into view Protestant as well as Roman Catholic positions and also contributions of religious studies or of dialogue partners of other disciplines, in cases they wrote in the publication organs of the relevant discourse.

Looking at the theological discourse at hand, an ambiguous observation can be made: On the one hand, this discourse begins in the 1990s. Thus, it shows a dependency to the daily life phenomena of digitalisation, digitality and computer-based virtuality, as it became topic of the discourses in media and communication studies and computer science.[10] As the initial and focal point for this development, one could understand Jaron Lanier's invention of the term "virtual reality" (below VR) around 1990, contributors of the discourse perennially refer to.[11] On the other hand, the theological discourse is from the beginning onwards interested in transcending an only digital understanding of the terms

---

10 Cf. e.g. Siegfried Steurer: Schöne neue Wirklichkeiten. Die Herausforderungen der virtuellen Realität. Wien 1996 as an early foundational contribution from media studies that tries to communicate the basic terminology and questions arising with the technology particularly of virtual reality.

11 Ralf Grötker: Art. Virtualität II. Virtuelle Realität. In: Joachim Ritter, Karlfried Gründer, Gottfried Gabriel (Ed.): Historisches Wörterbuch der Philosophie. Vol. 11. Darmstadt 2019. P. 1066–1068. Here p. 1066 refers to an interview with Lanier from 1989; Elisabeth Kraus: Virtuelle Religiosität in der Science Fiction. In: Christian Wessely, Gerhard Larcher, Martin Heim (Ed.): Ritus, Kult, Virtualität. Regensburg 2000. P. 65–78. Here p. 78 and Oliver Krüger: Virtualität und Unsterblichkeit. Gott, Evolution und Singularität im Post- und Transhumanismus. 2nd ed. Freiburg 2019. P. 58 just name Lanier as the inventor of the wording; Stefan Piasecki: VR Mediated Content and Its Influence on Religious Beliefs. In: Heidelberg Journal of Religions on the Internet. 13. 2018. P. 17–55. Here p. 22 names Lanier as the inventor but in 1991. Krüger: *Virtualität*. P. 29 f. also refers to the prehistory of fictions that influenced the invention of VR-technology, especially William Ford Gibson's fiction of the "cyberspace", as well as to Stanisław Lem's fiction of the so called "Phantomatik" from 1964, that implicitly described something like the use and effect of a VR. For fictional literature, especially science fiction as a source for the research and development of VR cf. Kraus: *Virtuelle Religiosität*; Piasecki: *VR Mediated Content*. Esp. p. 25 f. who names Stanley Weinbaum's short story *Pygmalion's Spectacles* from 1935 as the earliest story containing something like a VR and dated the beginning of the development of predecessors of real VR-technology to the 1960s. On the other hand, Rieger: *Menschensteuerung* explains the analogue contexts of use of the terms virtuality and immersion in the history of science and technology in the early 20th century.

and phenomena of virtuality and VR. Within the discourse, three chronological periods can be distinguished:

First period (middle of 1990s until the beginning of the 2000s): The contributions of a first period of theological research on virtuality are mainly interested in either one or some of the following aspects:

a) Exploring VR and digital virtuality as new phenomena of everyday life;
b) Introducing the basic vocabulary of the VR discourse to their subject;
c) Discussing media ethical dangers and challenges that arise by the new ways of inter- and transaction online and/or in a VR;
d) Raising the claim for corporeality as a constitutive part either of human existence or of a Christian understanding of either humanity and its capacities, social rituals or ontological reality in general;
e) Marking aspects of developmental psychology and epistemology in force in the condition and formation of human individuals and their perception and understanding of their lifeworld and its mediation of reality as crucial points for a better understanding of the concept of virtuality and its relation to the concept of reality;
f) Suggesting a critique of the understanding of virtuality and its ontological or epistemological claims for either creating a new reality or overcoming ontic reality at all and replacing it by a total VR simulation (what Jean Baudrillard calls "hyperreality" and "simulacrum"[12] and became a popular idea with the "Matrix" movies);
g) Discussing in which way the ontological and/or constructive claim of VR can be seen parallel to the understanding of the reality of faith, especially of that one of divine service and in sacraments, as some doyens of the media studies discourse on VR had suggested the identification of VR with transubstantiation or the sensuality of religious rituals;
h) Relating the discourse to topics from other discourses, especially of semiotics, aesthetics (including different ideas of play and performance) and image theory (*Bildtheorie*);
i) Collecting analogue phenomena of virtuality and/or virtual worlds; or
j) Reconstructing the pre-digital conceptual history of a broader term of virtuality.

---

12 Cf. Steurer: *Schöne neue Wirklichkeiten*. Esp. p. 96–102; Aleš Erjavec: Das fällt ins Auge… In: Gianni Vattimo, Wolfgang Welsch (Ed.): Medien-Welten Wirklichkeiten. München 1998. P. 39–57. Esp. p. 45–50 as well as Krüger: *Virtualität*. Esp. p. 53–55.

This first period begins slightly delayed to the German-speaking philosophical discourse on new media and virtuality.[13] While some primal essays were published separately in different publication media,[14] the majority of the discourse's contributions of this period can be found in three anthologies, all published in 2000. Two of them had been edited by Roman Catholic editorial teams and one by a Protestant editor: Christian Wessely et al. published a volume with the papers of a conference held in Graz 1999 on the relation and comparison of the ontological status of virtuality and liturgy and also outlined the relation of art and virtuality.[15] Peter Roth et al. published a volume considering virtuality by the different Roman Catholic theological subjects.[16] Thomas Klie's volume was

---

13 As far as I can see, the German-speaking voices of this philosophical discourse had been firstly collected in a workshop 1994 by Gianni Vattimo and Wolfgang Welsch, cf. Vattimo, Welsch: *Medien-Welten Wirklichkeiten*. The contributions in this volume mainly worked on the above-mentioned topics a–d, f and h–j.

14 Hans-Dieter Mutschler: Ethische Probleme der virtuellen Realitätserzeugung und des radikalen Konstruktivismus. In: Jahrbuch für Christliche Sozialwissenschaften. 37. 1996. P. 67–77; Hans-Günther Heimbrock: Virtuelle Räume. Wahrnehmung und Einbildung. In: Idem (Ed.): Religionspädagogik und Phänomenologie. Von der Empirischen Wendung zur Lebenswelt. Weinheim 1998. P. 217–233; Christian Wessely: Wie wirklich ist die Virtualität? Die Informationstechnologie fordert die Theologie heraus. In: HerKorr 53.10. 1999. P. 528–532; Susanne Heine: Virtualität – Imagination – Epiphanie. Zur Phänomenologie religiöser Erfahrung im Medienzeitalter. In: ZPT 51.3. 1999. P. 246–264 [nearly identical with the more in the relation of formation and image interested version Susanne Heine: Virtualität – Imagination – Epiphanie. Mediale Bildwelten und protestantisches Bildverständnis. In: Friedrich Schweitzer (Eg.): Der Bildungsauftrag des Protestantismus. Gütersloh 2002. P. 78–100]; Bernd Wannenwetsch: Plurale Sinnlichkeit. Glaubenswahrnehmung im Zeitalter der virtual reality. In: NZSTh 42. 2000. P. 299–315. In 1997 both leading councils of the churches of the major denominations in Germany, the *Evangelische Kirche in Deutschland* (below *EKD*) and the *Deutsche Bischofskonferenz* (below *DBK*) together published the media ethical orientation: Evangelische Kirche in Deutschland (Hg.): Chancen und Risiken der Mediengesellschaft. Online: https://www.ekd.de/mediendenkschrift _1997_einleitung.html (last access 17.04.2023), which shows an ecclesiastical awareness of the topic of the media, but does not explicitly refer in its text to "virtuality" (*Virtualität*) at all and only once to "virtual" (*virtuell*): "In the future, virtual reality seems to offer new possibilities for such escapism." (Chapter 2).

15 Cf. Wessely, Larcher, Heim: *Ritus*.

16 Cf. Peter Roth, Stefan Schreiber, Stefan Siemons (Ed.): Die Anwesenheit des Abwesenden. Theologische Annäherungen an Begriff und Phänomen von Virtualität. Augsburg 2000.

broader interested in new media in general, so that only a few contributions theorized virtuality explicitly.[17]

Considering all publications during this first period, some remarkable patterns emerge: Beside some exceptions,[18] for each denominational theology a single theological subject dominates the contributions. From the first publication in Protestantism onwards – which was, as far as I can see, from Hans-Günter Heimbrock –, religious pedagogy as a sub-discipline of practical theology made the most contributions during this first period. However, in Catholicism the discourse was dominated by systematic theology – including fundamental theology and catholic philosophy – and liturgics, which in Catholicism for a long time was understood to be systematic liturgics (*systematische Liturgiewissenschaft*), that is: the performance (in the meaning of: the correct execution) of doctrines.[19] It is therefore not surprising, that the Catholic part of the discourse of this period was mostly interested in the question of the comparability of digital virtuality and the central cultic ritual of the mass with reference to the ontological status,

---

17 Cf. Thomas Klie: Vita und Virtualität. Wie sich Religion digital vermittelt. In: Thomas Klie (Hg.): Darstellung und Wahrnehmung. Religion um medialen Crossover. Grundlegungen. Münster 2000. P. 7–15; Susanne Heine: Virtualität – Imagination – Epiphanie. Zur Phänomenologie religiöser Erfahrung im Medienzeitalter. In: Klie: *Darstellung*. P. 16–38; Jochen Hörisch: Die Heilsversprechen der neuen Medien. In: Klie: *Darstellung*. P. 39–45; Hans Weder: Virtual Reality. Ein theologischer Versuch aus neutestamentlichem Blickwinkel. In: Klie: *Darstellung*. P. 64–76 and Thomas Klie: Auf der Oberfläche tanzen! Von Oszillationen und Reinszenierungen. In: Idem: *Darstellung*. P. 250–263.

18 Until today in Protestant theology one can find the systematic theological contributions of Wannenwetsch: *Plurale Sinnlichkeit*; and van Oorschot, Höhne: *Media/lity*; as well as the New Testament's of Weder: *Virtual Reality*. In Catholicism Peter Roth: Virtualis als Sprachschöpfung mittelalterlicher Theologen. In: Roth, Schreiber, Siemons: *Die Anwesenheit*. P. 33–41 writes from the perspective of philology and Manfred Riegger: Ein virtueller Raum in der religiösen Erfahrungsbildung Aspekte zum Aufbau eines Raumes durch Imagination für biblisches Textverstehen. In: Roth, Schreiber, Siemons: *Die Anwesenheit*. P. 135–156 contributes from religious pedagogy. Adalbert Keller: Geschichtliche Wirklichkeit und "Virtuelle Realität". In: Roth, Schreiber, Siemons: *Die Anwesenheit*. P. 109–117 contributes from Patristics.

19 For a pointed description of the approach of *systematische Liturgiewissenschaft* and the official understanding of liturgy of the Roman Catholic Church cf. Michael Meyer-Blanck: Gottesdienstlehre. Neue theologische Grundrisse. 2nd ed. Tübingen 2020. P. 74 f., 107–109. This does not mean that Catholic contributors of this period of the discourse on virtuality in case they were liturgics understood themselves necessarily as systematic liturgics.

the classification of reality and virtuality, the importance of corporeality and the use of media and aesthetics in both contexts.

The Protestant perspective on the other hand was more interested in relating digital virtuality to the human mentality, affection, and perception as a general phenomenon in force in analogue ways of virtuality in the processes of epistemology and the entangledness of socialisation, individual formation and signification via medial representation.[20]

Second period (middle 2000s until the end of 2010s): From this first period a second period can be distinguished with three reasons:

a) In Protestant practical theology the topic of virtuality shifts from religious pedagogy to the sub-disciplines of liturgics and ecclesiastical cybernetics.
b) During the later 2000s and at the beginning of the 2010s not only essays and anthologies were published on virtuality in the theological discourse, but also monographs. Most striking with regards to this observation is that – as far as I can see – no Catholic authors published monographs on virtuality in theology.
c) The third reason for distinguishing a new period of research can be described by authors of Religious studies entering the discourse on virtuality.

While Catholic contributions more or less stay within the limits of the level of research of the first period,[21] especially two Protestant monographs dominated

20 It is remarkable that nearly all contributors of religious pedagogy relate their essays to Donald Winnicott's theory of the transitional object (*Übergangsobjekt*) and the potential space (*intermediärer Raum*), which combine their anthropological understanding of human perception, cognition and formation to corporeality, social interaction, play and the use of artefacts as mediations, cf. Heimbrock: *Virtuelle Räume*. Esp. p. 22–26; Heine: *Virtualität*. Esp. p. 247–257 and Riegger: *Ein virtueller Raum*. Esp. p. 137–155. Although Riegger is the Catholic one of these authors, he unfolds the theory of Winnicott *in extenso*. Besides Riegger it is Peter Ebenbauer: Rituelle Wirklichkeitsordnung im Cyberspace-Zeitalter. In: Wessely, Larcher, Heim: *Ritus*. P. 123–133 and Walter Fürst as well as the systematic theologians Christian Wessely, Gerhard Larcher, Johann Hafner and in the second period Saskia Wendel who show themselves in some points open-minded at least to think about more constructivist and anthropological understandings also of the mass.

21 There are fewer Catholic contributions in this second period: The anthology Thomas Sternberg, Martin Dabrowski (Ed.): Internet: Realität und Virtualität. Die gesellschaftsverändernde Kraft eines Alltagsmediums. Münster 2007 at least speaks of virtuality in its title, while its contributions are solely interested in questions of the medial presence and digital formats of congregations and the church on the internet. In 2011 the *DBK* published a second medial memorandum that uses virtual and virtuality

the discourse on virtuality in this period: Those were Bernd-Michael Haese's study in cybernetics from 2006 and Ilona Nord's study in liturgics from 2008.[22] Haese helps differentiating the terminological use of virtuality by distinguishing

---

mainly for referring to aspects of digitality, but at least tries to explain the background of the wording virtuality in section 18, cf. Deutsche Bischofskonferenz: Virtualität und Inszenierung. Unterwegs in der digitalen Mediengesellschaft. Ein medienethisches Impulspapier. Bonn 2011. P. 19 f. Online: https://www.keine-bildung-ohne-medien.de/wp-content/uploads/2018/02/Katholische-Kirche_KO_35.pdf (last access 17.04.2023). Aside from these two publications, only some essays were published by Catholic authors: While Martin Lätzel: Google ist wie Gott!? Liturgische Realität und reale Virtualität. In: BiLi 80.2. 2007. P. 105–110 and Maria Herrmann: "Aber das ist doch nicht echt!". Komplexität und Virtualität als Impulse gegenwärtiger Kirchenbildungsprozesse. In: ZPTh 39. 2019. P. 19–31 more or less repeat the attitude of introduction of or resentment against digitality and/or virtuality, Klaus Müller: Vom Tanz der Signifikanten. Die theologischen Wurzeln der Virtualität. In: Jeschke, Kobbelt, Dröge (Ed.): Exploring Virtuality. P. 81–92 and Saskia Wendel: Leiblichkeit und Virtualität. Mit allen Sinnen glauben und leben. In: Hirschberg 68.7/8. 2015. P. 424–439 relate the question on virtuality to theological and/or philosophical aspects of the history of thought, but overall do not push the discussion beyond the until then status.

22 Bernd-Michael Haese: Hinter den Spiegeln. Kirche im virtuellen Zeitalter des Internet. Stuttgart 2006. Esp. p. 105–262 and Ilona Nord: Realitäten des Glaubens. Zur virtuellen Dimension christlicher Religiosität. Berlin 2008. Karsten Kopjar: Kommunikation des Evangeliums für die Web-2.0-Generation. Virtuelle Realität als reale Virtualität. Berlin 2013 with reference to the discourse on virtuality sums up the results of the other two monographs, but does not lead to any further development of the discourse; I will not discuss his contribution. Bernd-Michael Haese: Der heilsame Fake. Von Träumen, Täuschungen und Virtualitäten. In: PrTh 47.2. 2012. P. 73–79 relates his research to Nord's question of religious use of virtuality. In the contributions of the theological discourse, we find this border crossing from Protestant religious pedagogy to liturgics prepared by the interaction of the contributions of the Protestant religious education scholar Michael Meyer-Blanck (who nevertheless wrote a well known course book on liturgics in 2011) and the Catholic liturgics scholar Walter Fürst, cf. idem: Sakramentalität im Zeitalter der Virtualität. Entwicklung und nötige Erneuerung des Sakramentalen. In: Diakonia 31. 2000. P. 393–400 and Michael Meyer-Blanck: Die Gestalt des Evangeliums und die Fragen von Virtualität und Sakramentalität, Ästhetik und Semiotik. In: Ulrich Feeser-Lichterfeld (Hg.): Dem Glauben Gestalt geben. Festschrift für Walter Fürst. Münster 2006. P. 239–248. Fürst and Meyer-Blanck wrote in the context of sacramentality. Meyer-Blanck does not directly refer to virtuality in his main text but in his essay's title and develops liturgics and sacramentality from an aesthetic paradigm, which later will be at work in Nord's understanding of virtuality in the context of liturgics.

four different meanings of virtuality in contrast to the classic differentiation in a philosophical and a digital use as is in use up to today. He also integrates the differentiations of VR, augmented reality (below AR) and mixed reality (MR).[23] While Haese tries to reflect on the modes of action especially of digital VR, Nord's study takes the principle decision to understand service as an analogue VR. Relating especially to semiotics and reception aesthetics, she unfolds the impressions of virtuality and immersion in the service as semiotic and aesthetical effects on the audience, affected by the arrangements of artefacts, actions, persons, architecture and the modes of ritual and celebration via introducing the theory of atmospheres to the discourse to understand the phenomenon of virtuality better.

In religious studies Oliver Krüger's study, originally from 2004 with several republications, in general works on post- and transhumanism but contains a useful chapter on defining the phenomenon and term of virtuality.[24] He was also the first volume's editor of the 2005 founded international publication organ of religious studies on religion online, located in Germany: The open-access journal *Online. Heidelberg Journal of Religions on the Internet*, which in some of its special issues or in single contributions refers to the topic of virtuality as well.[25]

Third period (from the end of 2010s onwards): After 2013 the term virtuality seems not to be referred to explicitly anymore in the titles or keywords of monographs or anthologies in theology and only a few essays directly refer to it. It is likely that the term and other terms close to virtuality – especially

23 Cf. Haese: *Hinter den Spiegeln*. P. 173–176. Besides this Haese relates to the impact of narrativity, game and playing for the way VR-technology is efficacious. Op. cit. p. 176–262.

24 Krüger: *Virtualität*. P. 29–60.

25 Cf. particularly the special issues Kerstin Radde-Antweiler (Hg.): Being Virtually Real? Virtual Worlds from a Cultural Studies' Perspective. In: Heidelberg Journal of Religions on the Internet 3. 2008. Online: https://heiup.uni-heidelberg.de/journals/index.php/religions/issue/view/153 (last access 17.04.2023) and Fabienne Duteil-Ogata, Isabelle Jonveaux, Liliane Kuczynski, et al. (Ed.): Le religieux sur Internet / Religion on the Web. In: Heidelberg Journal of Religions on the Internet 8. 2015. Online: https://heiup.uni-heidelberg.de/journals/index.php/religions/issue/view/2132 (last access 17.04.2023). Most of the contributions of these issues refer to religion in *digital* virtuality. However, Maria Bittarello: Another Time. Another Space. Virtual Worlds, Myths and Imagination. In: Heidelberg Journal of Religions on the Internet 3. 2008. P. 246–266 refers to the similarities of pre-digital and digital virtual worlds and Stefan Piasecki: *VR Mediated Content* can be mentioned as he sums up different current VR-technologies.

"immersion" – were investigated at this time in the broader context of other discourses, particularly the one on mediality and media theory.[26] It was only true before or during the Covid-19 pandemic that a third period in the research of virtuality appeared. It can be distinguished by being induced by two developments, both related to everyday life: This is a) an increasing interest in digitality because of the ongoing process of digitalisation in the Protestant churches in Germany, as digitalisation and digital tools are now influential not only in individual lives, but also in congregational life, church administration and research, teaching and administration in theological faculties.[27] This was b) catalysed by

26 Cf. e.g. the use of the term virtuality in the theological discourse on aesthetics in Johannes Rauchenberger: Medialisierung des Unsichtbaren. Christlich inspirierte Bildlichkeit zwischen Körperlosigkeit, Materialität und Virtualität in zeitgenössischen Bilddiskursen. In: Reinhard Hoeps (Ed.): Handbuch der Bildtheologie. Vol. 3. Zwischen Zeichen und Präsenz. Paderborn 2014. P. 568–604. Esp. p. 594 f. Or the use of the term immersion in media theory e.g. in Philipp Stoellger: Die Medialität des Geistes oder: Pneumatologie als Medientheorie des Christentums. Zum Medium zwischen Gottes- und Menschenwerk. In: Heike Springhart, Günter Thomas (Ed.): Risiko und Vertrauen. Festschrift für Michael Welker zum 70. Geburtstag. Leipzig 2017. P. 139–174. Esp. p. 167–174. Stoellger for the term immersion directly refers to media scholars. However, in theology there were contributions in the discourse on virtuality that introduced the term of immersion to theology before cf. critically in Wannenwetsch: *Plurale Sinnlichkeit.* P. 299 f. and productively and extensively in Nord: *Realitäten.* Esp. p. 2, 4 f., 12 f., 42–44, 67 f., 98 f., 124 f., 178, 185–190, 243–245, 300 f., 320 f. That the term of immersion was part of the general discourse on virtuality can be seen e.g. in Steurer: *Schöne neue Wirklichkeiten.* Esp. p. 29–33, 42 f.; Kasprowicz, Rieger: *Einleitung* P. 10; Mathias Kofoed-Ottensen: In the possible phenomenological autonomy of virtual realities. In: Indo-Pacific Journal of Phenomenology 20. 2020. P. 1–7. Here p. 5.

27 For the context of the ecclesiastical interest cf. the new memorandum on digitality Evangelische Kirche in Deutschland (Hg.): Freiheit digital. Die Zehn Gebote in Zeiten des digitalen Wandels. Leipzig 2021. Online: https://www.ekd-digital.de/dokumente/denkschrift-freiheit-digital.pdf (last access 17.04.2023). Surprisingly, the *EKD* did not publish its second memorandum on media before 2021, while the *DBK* did so 10 years earlier. Its title's reference on The Ten Commandments suggests that the whole work has the design of a contribution to media ethics: Its main part (cf. op. cit. p. 39–232) structures the field of digital activities in using The Ten Commandments. The terminology of the discourse on virtuality (searching the document for the terms "Virtualität", "virtual", "virtuell", "VR" and "augmented") can be found in the document: Op. cit. p. 29, 45, 61–64, 66, 73, 83, 117, 121, 145, 154 f., 163, 167, 209 f., 229. It is used in the usual ways of the theological discourse on virtuality so far: a) interchangeably with or not clearly distinguished from the word family of digitality (p. 83 [celebration of communion]; p. 117 [video conferencing]; p. 145 [dating online]; p. 163, 167 [digital sexual

the Covid-19 pandemic. It was in this context that a discourse on the digital celebration of communion emerged so that some of its contributions explicitly related to the word family of virtuality again. In the context of the present study, the explorative contribution of Frederike van Oorschot and Florian Höhne leads further as they relate the topics of mediality, "image-ban"[28] and communion towards each other and explain the uses of the term virtuality in this context, as well as they introduce to the discourse Hans Belting's differentiation of medium, image and body and went beyond Nord's understanding of service as an anlogue VR by suggesting the term of AR for service, as well as for Christian life. It was also the impression of the Covid-19 pandemic that motivated the special issue *Über Raum und Zeit* of the catholic journal *Heiliger Dienst* in 2021, which contains several contributions, using the term virtuality or relating to phenomena and strategies one could assemble with this term.[29]

---

experiences]; p. 209 [digital trade]; p. 210 [digital contacts]), b) referring to analogue virtual, viz. fictional-fictitious worlds or imaginative-imaginary mental worlds (p. 29, 61, 155), c) criticising the difference of "real" vs. "virtual" and with reference to the status of reality of the virtual (p. 29, 229), d) in the close meaning of VR technology and their special effects on the human perception and the formation of identity and skills (p. 45, 61, 63 f., 66, 121, 154), e) for differentiating VR and AR (p. 61 f.), f) to mark an understanding of the church as the body of Christ as a virtual, viz. trans-temporal, eschatological community of the invisible or hidden church (p. 73).

28 Van Oorschot, Höhne: *Media/lity*. P. 2 passim.

29 Cf. *Heiliger Dienst* 75.2. 2021. Observable in this issue is an interesting mix of contributions that were written on the context of digitality and using virtuality mainly in this context e.g. the contributions of Stefan Böhnert, Martin Sindelar, Stephan Winter or Christoph Amor. On the other hand, exegesis and attempts of storytelling, spatial concepts and liturgical ways of raising the impression of a "presence" were discussed sometimes explicitly relating to the word family of virtuality, e.g. in the contributions of Winfried Löffler, Elisabeth Birnbaum, Moni Egger and Matthias Hamann. What is remarkable here is that the topic of virtuality in German-speaking Catholicism from the beginning of the discourse until today is more discussed in publication organs with a strong relation to Austria, especially to Graz – maybe because of the institute for systematics and liturgics there. This does not only include the above-mentioned conference volume from 2000 but as well the issue on "Digitale Transformation. Philosophische und theologische Problemhorizonte", edited by Christian Feichtinger and once again Christian Wessely as Limina. Grazer theologische Perspektiven 3.2. 2020. In this issue the contributions of Daniel Pachner: Wirklichkeit und Erfahrbarkeit digitaler Welten. Überlegungen zum Begriff der Virtualität. In: Limina. Grazer theologische Perspektiven 3.2. 2020. P. 18--38 and Herbert Hrachovec: Omnipräsenz / Telepräsenz. In: Limina. Grazer theologische Perspektiven 3.2. 2020. P. 71-91 are of interest

3. Traces of a Negative-Theological Understanding of Virtuality in the Theological Discourse of the German-Speaking Context

After raising my hypothesis that virtuality as a term and/or phenomenon/impression could be useful to signify negative-theological patterns, I decided to take a look at the theological discourse on virtuality in the German-speaking context, to verify my impression. In the following section, I present some of the statements that convinced me that virtuality can be used in a way to signify modes of absence, unavailability and transcendence.

The Catholic fundamental theologian Johann Hafner, who, as early as 2000, followed the line of the following quotation from 2012 suggests:

> Virtuality arouses the appearance that the absent is present [...]. Precisely because of its position between appearance and being, alienation and proximity, between experience and deception, the virtual is suitable as an analogy for the presence of God in the world. Virtuality makes the abstract sensual, the distant close, the absent present [...]. And this in such a way that one can no longer decide and is no longer even interested in whether it is real or fake what is showing itself to me.[30]

---

here: Pachner discusses Gilles Deleuze's concept of virtuality and Hrachovec makes clear that the metaphorical dimension of digital technologies and the impressions of virtuality should not be related to the topos of divine omnipresence, as both point to fully different concepts.

30 Johann Hafner: Virtualität. Die Strukturanalogie medialer und religiöser Kommunikation. In: LS 63.1. 2012. P. 7–12. Here p. 7. Here and in the further course, German quotations are always translated by me. Cf. the original text: "Virtualität erweckt den Schein, dass das Abwesende anwesend sei [...]. Gerade wegen seiner Stellung zwischen Schein und Sein, Entfremdung und Nähe, zwischen Erlebnis und Täuschung eignet sich das Virtuelle als Analogie für die Gegenwart Gottes in der Welt. Virtualität macht das Abstrakte sinnlich, das Entfernte nah, das Abwesende anwesend [...]. Und dies so, dass man nicht mehr entscheiden kann und sich nicht einmal mehr interessiert, ob es nun echt oder unecht ist, was sich mir da zeigt." As early as in 2000 Hafner published on virtuality, cf. idem: Gottes Benutzeroberfläche. Zur Funktion religiöser Versprechen. In: Roth, Schreiber, Siemons: *Die Anwesenheit*. P. 57–82. There he sees the relation between virtuality and theology given, as "religious statements about God's presence take the form of promises and are virtual in the sense that they *operationally establish the presence of an absent one*." Op. cit. p. 57. Cf. the original text: "Religiöse Aussagen über Gottes Gegenwart die Form von Versprechen annehmen und virtuell in dem Sinne sind, als sie die *Anwesenheit eines Abwesenden operativ herstellen.*" Op. cit. p. 58 f. Hafner's position seems to be one of *Vermittlungstheologie*, as his statements oscillate between theology of revelation and liberal philosophy of religion, cf. e.g. the reciprocal

It is this paradoxical dialectic between an economical presence and an absence of transcendence that Oliver Krüger refers to in his definition of virtuality from 2004:

> *Virtuality is the availability of the unavailable. Unavailable means spatial, temporal and material-physical unavailability of real or imaginary events. Availability means the simulation of the sensual perception of these events. […] In the context of media theory, virtuality thus enables the visual, acoustic or even haptic and olfactory presentation [Vergegenwärtigung] of spatially, temporally and physically inaccessible events from the real world or from imaginary or fictional worlds. Virtuality does not simulate space, time and bodies: virtuality simulates our perceptions of space, time and bodies.*[31]

Speaking of "*the availability of the unavailabile*" resonates the opposite of negative theology: While Krüger's formal unavailability contains more than the concept of divine transcendence, relating it to God seems to suggest some magic power of theurgy. However, Krüger specifies this created availability as a simulation of availability on a sensual level. Thus, it is only a semiotic analogy, a mediation produced here, instead of the evocation e.g. of the deity itself or the immediate presence of its reality. The unavailable is not made present or available – or at least only in making (it) available as (the) unavailable. Thus, read between the lines: virtuality is not about making present but about profoundly presenting unavailability – but doing it in such an attractive mode of affection that the oscillation of semiotic (re)presentation shifts between the *impressions*

---

shift in perspective from God speaking and humans doing theology: op. cit. p. 60–64, 70. For Hafner the criterion of religious experience is its character of irritation and blasting human comprehensibility, thus the structure of the promise Hafner develops could be understood grammatically to be formed in future perfect, cf. op. cit. p. 59. The faith dealing with the promises belief as a performance of faith works for him in the way of using signs, (re)presenting and thus anticipating the eschatological future of a different, "an-other" world and via this making it somehow in parts present or happening – what is the reason, why he speaks here of virtuality, cf. op. cit. p. 80 f.

31 Krüger: *Virtualität*. P. 59. Cf. the original text: "*Virtualität ist die Verfügbarkeit des Unverfügbaren. Unverfügbar meint räumliche, zeitliche und materiell-körperliche Unverfügbarkeit von realen oder imaginären Ereignissen. Verfügbarkeit meint die Simulation der sinnlichen Wahrnehmung dieser Ereignisse.* […] *Im medientheoretischen Kontext ermöglicht Virtualität demnach die visuelle, akustische oder sogar haptische und olfaktorische Vergegenwärtigung von räumlich, zeitlich und real nicht zugänglichen Ereignissen aus der realen Lebenswelt oder aus imaginären bzw. fiktiven Welten.* Virtualität simuliert nicht Raum, nicht Zeit und nicht Körper: Virtualität simuliert unsere Wahrnehmungen von Raum, Zeit und Körper."

of presence and absence, and intermediately makes forget its mediality. Virtuality could be understood as the interface-experience made by an audience of a simulation's or (re)presentation's character as an ambiguous figure (*Kippfigur*) between presence and absence or of the impressions of presence and absence/ transcendence at once.

What is also remarkable in Krüger's note that "Virtuality simulates not space, time and body" but "our perception of spaces, time and body" is that this relates virtuality not to the twofold idea of symbolic representation, but to the three-digit concept of the sign (including an audience/recipient/participant) and to the discourse of aesthetics (see also sections 5–7). However, the following statement of Ilona Nord from 2008 can be related to the understandings of Hafner and Krüger and helps to refine the functions of virtuality and mediality in this semiotic process between the encounter of a simulated unavailable in the medium by a human audience:

> The mediality of signs also has the function of making communication present. Via virtualisation processes, communication spaces are created in which presence is staged. [...] The ability to virtualise becomes the source code for what can be described as the medial self-empowerment of humans. It is about processes in which the sign-like representation of what is absent occurs, about letting that which is absent become present. Virtual realities intensify the perception that communication has less to do with the transmission of messages according to a representational model, but that reality is a construct, or rather *my* construct, of the perception of the world that I experience and communicate through signs. The ability to construct reality reveals part of the human *capacity for virtualisation.*[32]

32 Nord: *Realitäten*. P. 83 f. Cf. the original text: "In der Medialität von Zeichen liegt zugleich ihre Funktion, Kommunikation gegenwärtig werden zu lassen. Über Virtualisierungsprozesse werden Kommunikationsräume erzeugt, in denen Anwesenheit inszeniert wird. [...] Virtualisierungsfähigkeit wird zum Quellcode für das, was als mediale Selbstbefähigung des Menschen beschrieben werden kann. Es geht um Vorgänge, in denen es zur zeichenhaften Repräsentation des Abwesenden kommt, zum Anwesend-werden-lassen dessen, was abwesend ist. Virtuelle Realitäten intensivieren die Wahrnehmung, dass Kommunikation es weniger mit der Übermittlung von Botschaften nach einem Repräsentationsmodell zu tun hat, sondern dass Wirklichkeit ein oder besser *mein* Konstrukt der Wahrnehmung von Welt ist, die ich zeichenvermittelt erfahre und kommuniziere. In dem Vermögen, Wirklichkeit zu konstruieren, zeigt sich ein Teil menschlicher *Virtualisierungsfähigkeit.*"

With Nord, we can even strengthen an anthropological dimension of virtuality, which already resonated in Krüger's suggestion on the influence of human perception. Nord marks it as a human capacity, she calls "virtualisation". As we will see in the following section, this anthropological capacity will also be the vanishing point of a conception history of virtuality. Following Krüger and Nord, the place of virtuality in the semiotic process of mediality can be marked in the interaction between a human audience and the semiotic potential of a medium via/in its interface.[33]

A final remark will make clear that in the current state of the general discourse on virtuality, the dimension of a dialectical or paradox impression of the presence of an absent or at least of something non-real is important to understand

---

33 To some extent it also seems to be the intention of the explorative contribution of Frederike van Oorschot und Florian Höhne from 2021, which at one point explicitly "refer[s] to the relationship between virtuality and mediality from the question of mediality and mediatization." Van Oorschot, Höhne: *Media/lity*. P. 7. It is striking that their understanding of mediality resonates with the above described understanding of virtuality via the paradox dialectics of presence and absence, taken from contributions of the theological discourse on virtuality: Because of "media's function to bridge absent entities", they suggest that "Media-technology somehow makes present what is physically absent". Both quotations: Op. cit. p. 2. For Van Oorschot and Höhne this has the effect that when they come to the term of virtuality, their understanding falls a bit short compared to the reflections on virtuality of Hafner, Krüger or Nord – even if their contribution distinguishes two understandings of virtuality: "Virtuality in the philosophical understanding literally describes a field of possibilities, an imagined reality that can possibly come into being. When it comes to digital technologies, a virtual reality describes a communication space, a 'world of objects that promises to be reality without having to be.'" Op. cit. p. 7. – Neither the discussion of the scholastic use of the terms from the word family virtuality in Peter Roth: Virtualis als Sprachschöpfung mittelalterlicher Theologen. In: Roth, Schreiber, Siemons (Ed.): *Die Anwesenheit*. P. 33–41, nor the modern concept history in Knebel: *Art. Virtualität*. P. 1063 f. or the discussion of the meaning of virtuality in Gilles Deleuze as a contributor to modern French philosophy in Daniel Pachner: *Wirklichkeit* refer to the philosophical term only in the theoretical modal understanding of possibility. Against this reduction, all of them somehow seem to refer to virtuality in a pragmatic practical interest as an aspect in force in the individual's active perception and construction of their concrete lifeworld. Besides this critique of their only tentative idea of virtuality, it will be clear below with the reference to their use of the theory of Hans Belting, that nevertheless their contribution is innovative and helpful to clarify how virtuality and mediality are interrelated.

virtuality.[34] Thus, Dawid Kasprowicz and Stefan Rieger as the editors of the

---

34 In this contribution it is not the place for an extended excursus that analyses parallel structures with possibly the same or at least a similar dialectical and paradoxical pattern of the inversive power of an ambiguous figure between the poles of "presence" and "absence" and their oscillation, that can be found in current theological and related scholarship discourses outside of the discourse on virtuality. However, within the limitations of space of an essay and without claiming that they were working on exactly the same topic, I – for the sake of completeness – want to mention these family resemblances at least: 1) In image theory (*Bildtheorie*) the dialectics between presence and absence in images is described by various authors, e.g. Hans Belting, Gottfried Boehme and developed as the wording "iconic difference" (*ikonische Differenz*) by Gottfried Boehm from 1978 onwards. Cf. e.g. Gottfried Boehm: Ikonische Differenz. In: Rheinsprung 11. Zeitschrift für Bildkritik. 2011. P. 170–176. Online: https://rheinsprung11.unibas.ch/fileadmin/documents/Edition_PDF/Ausgabe1/glossar-boehm.pdf (last access 17.04.2023) as well as Friedhelm Hartenstein, Michael Moxter: Hermeneutik des Bilderverbots. Exegetische und systematisch-theologischen Annäherungen. Leipzig 2016. Esp. p. 268–271. 2) Latest 2004 Hans U. Gumbrecht relates to Jean-Luc Nancy for understanding effects of presence (*Präsenzeffekte*) in a dialectics of becoming present while being permeated with absence, when he refers to the phenomena of epiphany and presentification (*Präsentifikation*). Cf. Hans Gumbrecht: Diesseits der Hermeneutik. Die Produktion von Präsenz. Frankfurt 2004. Esp. p. 127–146. 3) Latest 2011 within the context of image and media theory as well as a hermeneutics of difference and with some subtle apophatic undercurrent Philipp Stoellger speaks of "presence in withdrawal" (*Präsenz im Entzug*). Cf. Philipp Stoellger: Entzug der Präsenz. Präsenz im Entzug. Ambivalenzen ikonischer Performanz als Grund von Iconoclashs. In: Philipp Stoellger, Thomas Klie (Ed.): Präsenz im Entzug. Ambivalenzen des Bildes. Tübingen 2011. P. 1–41; as well as Philipp Stoellger: Die prekäre Präsenzpotenz des Bildes und das Visuelle als Entzugserscheinung. In: Op. cit. p. 221–253. 4) Latest since 2015 Lukas Ohly works on a phenomenological concept of *Anwesenheit* as a dialectics of *Anwesenheit* and *Abwesenheit* (absence) or the experience of the mental/phenomenological *Anwesenheit* of what is (physical) absent e.g. in experiences of happenings (*Widerfahren von Widerfahrnissen*) and relates it to a trinitarian structure of a fundamental ontology or fundamental phenomenology. Cf. Lukas Ohly: Schöpfungstheologie und Schöpfungsethik im biotechnologischen Zeitalter. Berlin 2015. P. 4 f., 64–82. 5) Close to Ohly's relation between phenomenology and revelation but with reference especially to Stoellger and French phenomenology, Patrick Ebert in his PhD thesis develops a phenomenological theology of revelation and describes especially the temporal difference between the appearance of phenomena and their recognition as a dialectics and oscillation of revelation and withdrawal in using the wording *Spektralität* taken from Derrida. Cf. Patrick Ebert: Offenbarung und Entzug. Eine theologische Untersuchung zur Transzendenz aus phänomenologischer Perspektive. Tübingen 2020. Esp. p. 569, 576, 586, 595–598. 7) In differentiating relation to Gumbrecht's understanding

Handbuch Virtualität from 2020 suggest with reference especially to potentials of pre-digital understandings of virtuality that

> the virtual [is] located in a spectrum of the apparent, the unreal, the phantom-like, the ghostly and the uncanny. [As well as] [...] a horizon [open] for artificial worlds, for fictions and thought experiments, for illusions, [...] and thus for all that takes place in the mode of as-if.[35]

It will also be this characteristic *as-if*-mode, which may raise problems for a clear distinction of a specific state of virtuality different to the general mode of the human lifeworld, presented at the end of the following section on some major developments in the concept history of virtuality.

---

of presence, she sees to be to ontological, Katharina Opalka develops the wordings of "a-functionality" (*A-Funktionalität*) and "*Performanz*" within her PhD thesis, as mentioned above. For her understanding of a-functionality cf. Opalka: *Narrativität*. Esp. p. 11–16, 315–320.

35 Cf. Kasprowicz, Rieger: *Einleitung*. P. 6. Cf. the original text: "das Virtuelle in einem Spektrum des Scheinhaften, des Unwirklichen, des Phantomhaften, des Gespenstischen und des Unheimlichen ansiedelt. [...] einen Horizont für künstliche Welten, für Fiktionen und Gedankenexperimente, für Illusionen, [...] und damit für all das, was sich im Modus des *Als ob* vollzieht." Of course, in this description Rudolf Otto's understanding of the numinous and at least its moments of the *tremendum, majestas, fascinans, mysterium* and *des Ungeheuren* resonates, which relates it somehow to the dimension of divine transcendence. Cf. Rudolf Otto: Das Heilige. Über das Irrationale in der Idee des Göttlichen und sein Verhältnis zum Rationalen. München 2004. However, it is quite likely that the editorial team does not know about this relation and as it is the declared concept of this handbook, not to work precisely on the terminology or conceptual history of the term virtuality but to gather phenomena one could assemble in the "umbrella term" of virtuality (cf. Kasprowicz Rieger: *Einleitung*. P. 7, 10), the subliminal intention of section 5 to clarify the relation between the word families of mediality, imagination, fiction, immersion, simulation and virtuality will be quite useful. This is the case also for the theological discourse on virtuality, that did not clarify this for themselves yet, too. For a reading of Otto close to the negative-theological understanding of virtuality implemented here cf. Daniel Rossa: Leere voller Gott. Ottos Mysterium, Tillichs Tiefe und Doktor Murkes gesammeltes Schweigen als Leerstellenfiguren. In: Jörg Lauster, Ulrich Schmiedel, Peter Schüz (Ed.): Liberale Theologie heute. Liberal theology today. Tübingen 2019. P. 185–197. Esp. p. 186–189. It is striking that Ebert's approach not only uses the named dialectics known from Otto's numinous moment of the *mysterium* without – as far as I can see – taking notice of Otto's program, but also – as Otto did (Otto: *Das Heilige*. Esp. p. 14, 16, 19, 33) – uses the idea of the *Gespenst* (Ghost), when describing his leading concept of *Spektralität*. Cf. Ebert: *Offenbarung*. P. 569, 576, 595–598.

4. Two Highlights of the Pre-Digital Concept History of Virtuality: The Use in Scholasticism and Philosophical Anthropology

In the *Historisches Wörterbuch der Philosophie* the article on the term virtuality from 2001 is split up into two sub-articles, suggesting that there is a conceptual history of virtuality in the history of philosophy and another, shorter conceptual history of virtuality in media studies, literary studies and media philosophy, mainly referring to the concept of VR.[36] This distinction between a philosophical, analogue or imaginative understanding of virtuality and a technic(ologic)al or digital one became a classic distinction in the discourse of virtuality.[37] Ever since the Covid-19 pandemic at the latest, the experience of digital virtuality is a part of everyday life and in this way commonly known. Thus, this section is limited to two major understandings of a *pre-digital* concept of virtuality, designed to find out in which way such theological and/or philosophical understandings of virtuality could be compatible with the one known from digital technology. *Firstly*, the emergence and development of the uses of words from the word family virtuality in scholasticism will be investigated and *afterwards* the overall vanishing point of the wording virtuality in modern philosophical anthropology will be outlined.

Scholasticism: Coming from Latin *vir* (man), *virtus* with respect to a person means virility (*Männlichkeit*), braveness and virtue in general. However, with relation to entities in general, it is understood as effective force and potency.[38] Peter Roth notes that the Greek word δύναμις from the Vulgate was not translated by the Latin *potentia* but by *virtus*, which gave "*virtus* in the Christian use of language the meaning of 'miraculous power [*Wunderkraft*], miracle'".[39] Roth

---

36 Knebel: *Art. Virtualität* and Grötker: *Art. Virtualität.*

37 Cf. Roth: *Virtualis*. P. 40; Krüger: *Virtualität*. P. 57–59; Bittarello: *Another Time*. P. 246; Kasprowicz, Rieger: *Einleitung*. Esp. p. 3, 5 f., 12 f., 15; Daniel O'Shiel: Disappearing boundaries? Reality, virtuality and the possibility of "pure" mixed reality (MR). In: Indo-Pacific Journal of Phenomenology 20. 2020. P. 1–8. Esp. p. 1 f. and also van Oorschot, Höhne: *Media/lity*. P. 7 f.

38 Cf. for the etymology Roth: *Virtualis*. P. 33.

39 Ibid. Translating δύναμις by *virtus* also gives a nuance of meaning to *virtus* that relates it closer to the Greek term δύναμις as the Latin term *potentia*. Both can be understood as terms for possibility or potentiality (*Möglichkeit*). Nevertheless, Hans Weder suggested that the Greek understanding of the relation between the modes of δύναμις and ἐνέργεια were closer to the German understanding of *Möglichkeit* and *Wirklichkeit* than were the Latin *potentia* and *realitas*, as *realitas* with its connotation of *res* as material

shows also that the adjective *virtualis* (virtual) was first used "around 1100"[40] in scholasticism and discussed its different contexts of use as well as the meanings it received from there. As the result of his investigation and with reference to the understanding of "virtual" in the use it takes on with VR technologies, he outlines:

> As a result of our philological study, we must state: *virtualis* and "virtual", as we commonly understand it today, are two terms that require a precise delimitation from each

manifestations, corporeal things suggest an *in rem* understanding of reality. Instead, the Greek ἐνέργεια Weder sees closer to the German *Wirklichkeit*, which contains the word *wirklich* ("actual, effective") from the verb *wirken* that means "to act, to appear, to operate". Thus, being *wirklich* in German has the connotation of an entity being real because of/in its effect, of being real because of its actuality. It seems that Weder, with reference to the relation of the Greek words ἐνέργεια and δύναμις, suggests for δύναμις as well as for *virtus*/virtuality not an understanding of a "cold" theoretical possibility, but an understanding closer to a practical potency in force. As some kind of potential energy, that suddenly and at any point could show its potency in erupting, coming into play, being at work, becoming real in and as some kind of actuality. Thus, we could describe this as some kind of virtual "presence", of an impression of a cause present in virtue of its efficacy, virtually present via, in and as its effect. For Weder's understanding cf. Weder: *Virtual Reality*. Esp. p. 69–71. It became efficacious in the theological discourse in his reception by Nord: *Realitäten*. P. 146 f. and Kopjar: *Kommunikation*. P. 47 f. This ties in with Roth's remark on the Christian understanding of *virtus* as the power effective in miracles. On the other hand, Knebel: *Art. Virtualität*. P. 1062 for a historical understanding of virtual in causality confirms the idea of the cause containing the effect but rejects an understanding of vice versa recognising the cause in the effect. Roth remarks for the use of the word family of *virtus* in scholasticism, as well that "*forma effectus virtualiter continetur in causa* – 'the form of the effect is virtually included in the cause.'" Roth: *Virtualis*. P. 38. While for the effect he rejects to contain the capability it was effected by, even if he shows for Raimondus Lullus a use of language in trinitarian speculation that tries to overcome this with respect to the perichoresis of the trinity, when he tries to speak of the son as the effect of the father and at the same time wanted to use the word family of *virtus* for the Father and because of the perichoretic geometry has to do so as well for the Son. Cf. Roth: *Virtualis*. P. 38 f. Furthermore, in Thomas Aquinas, Summa theologica I, questio 2 the whole idea of causality works by the idea to conclude via an inference from the effect (of creation) to the *esse* of its cause (the divine creator). Does this to some point not imply that the cause as efficacy (*virtuality?*) is present via/in its effect?

40 Roth: *Virtualis*. P. 33. Cf. original text: "um 1100".

> other. "Virtual" and the noun "virtuality", which does not yet exist in the Latin tradition, have to be opened up anew by philosophy and theology.[41]

Given this result, today's theological concept of virtuality will not be identical with the understanding in scholasticism. Nevertheless, it makes sense, to dwell upon the use of its word family in scholasticism.[42] Of Roth's remarks on the use of *virtualis* and *virtualiter* in scholasticism, it is noteworthy that "virtual" was used in theological anthropology to describe a) the unity of the human soul with its different capacities as a *totum virtuale* and b) for the explanation of how human perception and (re)cognition work via a correspondence between the "existence" of the entities in reality and a virtual "existence" of all natures recognisable for humans in their mind.[43] A similar, but inverted, logic was used c) to explain the

---

41 Roth: *Virtualis*. P. 40. Cf. the original text: "Als Ergebnis unserer philologischen Studie müssen wir festhalten: *virtualis* und ‚virtuell', wie wir es heute gemeinhin verstehen, sind zwei Begriffe, die einer genauen Abgrenzung voneinander bedürfen. ‚Virtuell' und die in der lateinischen Tradition noch nicht vorhandene Substantivierung ‚Virtualität', müssen von Philosophie und Theologie neu für sich erschlossen werden."

42 Besides Roth's contribution, which I extensively used for the reconstructions of this section, helpful here are also Knebel: *Art. Virtualität*. Esp. p. 1062 f.; Krüger: *Virtualität*. Esp. p. 57 and Müller: *Vom Tanz*. Esp. p. 82–85.

43 In a Platonic register this could be understood in the way that cognition works as *re*cognition (ἀνάμνησις). However, in a more transcendental-philosophical, phenomenological, hermeneutical and/or constructivist register, the idea of a virtual "existence" in mind of the whole exterior world prefigures the basic difference of the lifeworld and a transcendent(al) reality or world beyond, inapproachable or inaccessible in itself. In this mindset recognition would not be any ontological knowledge about any ontic state of the entities behind their objectivity (of being objects of one's perception), but the awareness or consciousness of a pragmatic more or less sufficient correspondence and resonance with the exterior via interior representations one is able to deal with for one's orientation in life, world and "reality" (= lifeworld) successfully. Taking it this way, in the scholastic anthropology, the modern philosophical anthropology was implicitly prefigured *in nuce*, already. "Virtual"/*virtualis* then would be the marker for this difference between an exterior reality and an interior, mental intuitive or intentional (re) presentation, thus the negation of an immediate presence of reality/the real as a general human condition. In this way, virtuality would mark the absence of a physical, ontic (and hard-ontological) or real presence (in *Anwesenheit*, maybe even *Gegenwart* and thus *Präsenz* in a strong and hard way), while it gives way to weak(-ontological) attitudes and impressions of "presence" via semiosis, representation, (aesthetic) presentation and/or *Performanz* etc., in the way of spiritual, phenomenal understandings of "presence" one could distinguish from the strong and hard understanding of presence in renaming it with the adjective used, to describe its difference to usual understandings

presence of Christ in the sacrament of communion: Christ was understood to be in heaven or in God('s mind) in *modo naturali*, while at the same time appearing on earth and in the (different) celebration(s) of communion on multiple altars in *modo virtuali*. This use can be seen close to what was called d) a *tactus virtualis*, meaning a virtual encounter, thus an encounter with a *quantitas virtualis*. Central to a *tactus virtualis* was seen the contact of a divisible being with an indivisible entity, so that this *tactus* fully affects and thus (spiritually and/or virtually) transforms the whole divisible being without any obstruction. Thus, a *tactus virtualis* could be understood as a somehow transforming and overwhelming experience emerging within oneself – a revelatory emergence, epiphany or *Performanz* between emergency (*Ausnahmezustand*) and miracle.[44] It is these references to the human condition, to the question of presence in sacraments and to the *tactus virtualis* as a description of the overwhelming and/or transformative experience of a *Performanz* that are worth keeping in mind with regard to the use of the word family in scholasticism for sections 5–7, when moving on to the use of virtuality in modernity.[45]

---

of presence and thus speak of it using the wording "virtuality". This would fit with the following scholastic use in the context of the understanding of the sacrament of communion.

44 For the understanding of *quantitas virtualis* and *tactus virtualis* cf. Roth: *Virtualis*. P. 37. In the running main text I leave out Roth's explanations on the synonymous use of *virtualis* and *potentialis* as well as the use in Raimundus Lullus that shows that, at least with reference to the hypostatical union of the immanent Trinity becoming economical in the incarnation of Jesus Christ as the salutary effect on the world, there was an interest to see this effect caused by the Father, thus to have the Father virtually present in or at least represented by the appearance of the Son (John 1:18; 14:9). I do so, as I already mentioned this in dialogue with Hans Weder's statement. It seems that Gilles Deleuze's terminology of actuality and virtuality created a reflection on modal modes to analyse the effect of (electronic and digital) media on their users, that may allow to sense virtuality as a virtual cause or condition in the actual effects, cf. Pachner. *Wirklichkeit*.

45 Before moving on to the modern philosophical understanding of virtuality, it makes sense to mention, that in scholasticism, *virtualis*/"virtual" and *virtualiter*/"virtually" in Thomas also developed the meaning of an equivalent or synonym for *potentialis*/*potentialiter*, thus with the meaning of potentiality/potential/possibility (*Potentialität/Potential/Möglichkeit*), cf. Roth: *Virtualis*. P. 37 f. This sounds as if virtuality were used in the context of modal logic at the place of possibility. However, it makes more sense to understand virtuality as equivalent to the more powerful *Möglichkeit* of the potency (*potentia*/*Potenz*) of a *causa* in an experimental arrangement of causality. Then the complementary to virtuality would not be reality but actuality, which – once

Modern philosophical anthropology: Following the overviews of Sven Knebel, Ralf Grötker, Manfred Negele, Oliver Krüger, Bernd-Michael Haese, Ilona Nord, Saskia Wendel, Stefan Rieger and Dawid Kasprowicz,[46] the development of the concept of virtuality in modernity can be summarised as follows: The influence of epistemology and of the acceptance of the corporeal condition of human existence dismisses the hard difference between being and illusion or reality and fiction, in favour of the position of a constructivist *Lebenswelt* (lifeworld).[47] As Bernd-Michael Haese puts it: "There is consensus that direct recognition of reality is not possible for human beings. [...] We cannot *not* live *virtually*."[48] To put

---

again – would be problematic for the understanding of virtuality in VR technology to be in continuity to the scholastic understanding.

46 Knebel: *Art. Virtualität*; Grötker: *Art. Virtualität*. Esp. p. 1063 f.; Manfred Negele: Prothesen. Philosophische Annäherung an den Begriff von Virtualität. In: Roth, Schreiber, Siemons: *Die Anwesenheit*. P. 15–32; Krüger: *Virtualität*. Esp. p. 57 f.; Haese: *Hinter den Spiegeln*. Esp. p. 139–146; Nord: *Realitäten*. Esp. p. 53, 58, 88–100; Wendel: *Leiblichkeit*. Esp. p. 425–433; Rieger: *Menschensteuerung*, as well as Kasprowicz, Rieger: *Einleitung*. Esp. p. 5 f., 12 f., 15 f.

47 The wording *Lebenswelt* is a German *terminus technicus* used by different scholars (e.g. Edmund Husserl, Alfred Schütz) in various ways and there is an ongoing discussion on its hermeneutical valency. Most interesting here is that the use of the term *Lebenswelt* alsways marks on the one hand a person's unconscious involvement in the way they perceive what is/seems to be "reality" for them by the use of their capacities. In this way *Lebenswelt* seems to marks a general and formal anthropological structure. On the other hand, *Lebenswelt* refers to the actual state of the not questioned daily life, worldview etc. (In this meaning of describing an actual state this could also include to become familiar with these implications of one's own involvement in its construction, thus it could become part of one's everyday life to know about the constructivist aspect of *Lebenswelt*).

48 Haese: *Hinter den Spiegeln*. P. 146. Cf. the original text: "Einigkeit besteht darin, daß dem Menschen eine unmittelbare Erkenntnis der Wirklichkeit nicht möglich ist. [...] Wir können nicht *nicht virtuell* leben." These ontological consequences became most clear in a quotation of catholic philosopher Manfred Negele presenting Immanuel Kants critical epistemology: "According to Kant every experience is mediated. The thing-in-itself, one wants to recognise, remains intangible [*un(be)greifbar*]. We can only notice that its sensibility affects us. [...] What does the world of reason have in common with the reality that initiates our process of recognition? We do not know and we cannot know at all, as there is no possibility to compare our result with the source elements. Inevitably, we only move inside of our imaginary world. [...] Anything that seems real to us, upon examination, turns out to be an imagination. This imagination of imaginations is all the world to us – in-itself it is 'no-thing' ('*nichts*'). Instead of 'no-thing' we could also say illusion, image or 'prothesis'. [...] Our ignorance toward

it in brief terms: This philosophical understanding sees the influence of imagination in perception and conception of the lifeworld as constructivist, thus transcending the old oppositions of fact and fake, reality and illusion in creating what could be understood to be the reality of fiction or fictional reality.[49] The term virtuality seems to describe on the one hand a) the *Aufhebung* of the opposing understandings of reality and fiction into this inextricable entanglement of the human lifeworld. On the other hand, it also describes b) the human capacity to produce a lifeworld (Nord's "virtualisation"). Taking the two together, the human capacity and its ability of creating the virtuality of one's lifeworld, virtuality in modern philosophy is understood as anthropological condition.

At the end of this short overview of the pre-digital development of virtuality in highlights, it seems useful to turn back to the aspect of negative theology that my hypothesis claims for the phenomenon of virtuality: What then is negative or negative-theological in this use of virtuality as human condition? I would suggest that, having understood the constructivist mode of how humankind constructs their lifeworld and identity, human existence always takes place between the current constructed identity and lifeworld as its constructivist horizon constructed from the stand- and viewpoint an individual takes in this moment on the one hand. And on the other hand, likewise constitutional to human existence,

---

things-in-themselves forces us to life '*as if*'. Is this 'life-as-if' something else than a virtual reality? If Kant is right with his view of reality – does anything else remain for us than living in 'reality' 'as if' it were real?" Negele: *Prothesen*. P. 21, 23. Cf. the original text: "Nach Kant ist alle Erfahrung nur mittelbar. Das Ding an sich, das man erkennen will, bleibt un(be)greifbar. Das einzige, was wir von ihm feststellen können, ist, daß es unsere Sinnlichkeit ‚affiziert'. […] Was hat diese Welt des Verstandes noch mit der Wirklichkeit gemein, die zum Erkenntnisprozeß Anlaß gab? Wir wissen es nicht und wir können es nicht wissen, da uns keine Möglichkeit gegeben ist, das Ergebnis mit den Ausgangselementen zu vergleichen. Wir bewegen uns zwangsläufig innerhalb unserer Vorstellungswelt. […] Was uns als real gegeben erscheint, entpuppt sich bei näherer Betrachtung als ‚Vorstellung von Vorstellungen'. Für uns ist diese Vorstellung von Vorstellungen alles – an sich ist sie ‚nichts'. Statt 'nichts' könnte man auch sagen Schein, Bild oder 'Prothese'. […] Unsere Unkenntnis der Dinge an sich zwingt uns also, so zu leben, '*als ob*'. Ist dieses 'Leben, als ob' etwas anderes als eine virtuelle Wirklichkeit? Bleibt uns – wenn Kant mit seiner Sicht der Wirklichkeit Recht hat – etwas anderes übrig, als in der 'Wirklichkeit' zu leben, 'als ob' sie wirklich wäre?"

49 This pragmatic understanding could describe Hans Vaihinger's understanding of fiction and the as-if. Cf. Hans Vaihinger: Die Philosophie des Als Ob. System der theoretischen, praktischen und religiösen Fiktionen der Menschheit auf Grund eines idealistischen Positivismus. Mit einem Anhang über Kant und Nietzsche. Paderborn 2013.

is the consciousness of this horizon of the constructed lifeworld being preliminary instead of being finally fixed. Thus, this openness to *Horizonterweiterungen* (enhancements of the horizon) marks the negative-theological power of the concept of virtuality as *conditio humana*. In virtuality as the human mode of existence, the horizon of the lifeworld always signifies a transcendence beyond the horizon mobile with the own point of view. Thus, in virtuality as the human mode of existence, at the horizon of one's lifeworld transcendence begins and is vital as being virtual in the actualisation of lifeworld and identity. In virtuality as the mode of human existence, transcendence as the space for navigation and reorientation of attitude, identity and life is existential to human existence.[50]

In this respect, an awareness of transcendence as the negative and negative-theological reverse at the border of lifeworld's horizon will emerge as human existence is recognised as constructivist virtuality instead of enshrined hard-ontological reality. This leads us to the question of how an awareness of virtuality as human condition can be evoked.

5. Creating "An-Other" World? Induced Virtuality Under Semiotic (Re)Construction

Bernd-Michael Haese suggests the term "induced virtuality" (IV) for such a purposeful use of an artistic technique of virtualisation as well as for its products, which could make use of both, analogue or digital media.[51] What does he mean by IV? He describes it as a) a purposeful use of semiosis via constructing signs by the use of sensual objects other than just characters (*Schriftzeichen*) as the

---

50 For this dialectical relation of human existence and transcendence I stand close to Karl Jaspers program of a philosophy of religion – although I do not share his understanding of religious positions limited to those of revelational theology –, cf. e.g. Karl Jaspers: Der philosophische Glaube angesichts der Offenbarung. München 1962. Without the topic of virtuality, the understanding of the interrelation between everyday life and liturgy for the construction of the individual's lifeworld and of transcendence as a lifeworld phenomenon processed in liturgy/ritual close to my approach cf. the threefold understanding of transcendence and the typology of rituals in Eberhard Hauschildt: Was ist ein Ritual? Versuch einer Definition und Typologie in konstruktivem Anschluß an die Theorie des Alltags. In: WzM 45. 1993. P. 24–35. Esp. p. 30–34. With relation to negative theology, Thomas Rentsch constructed an understanding of "existential transcendence" (*existentielle Transzendenz*) as human condition close to Jasper's understanding and the relation described here. Cf. Thomas Rentsch: Transzendenz und Negativität. Berlin 2011.

51 Haese: *Hinter den Spiegeln*. P. 146–155.

material part of the sign (*Zeichengestalt*) on the one hand.[52] However, at the same time an IV uses b) the principle of isolation known best from the invention of language and alphabet, which liberates the semiosic[53] use from a direct reference in the physical world and supports the force of recombination.[54]

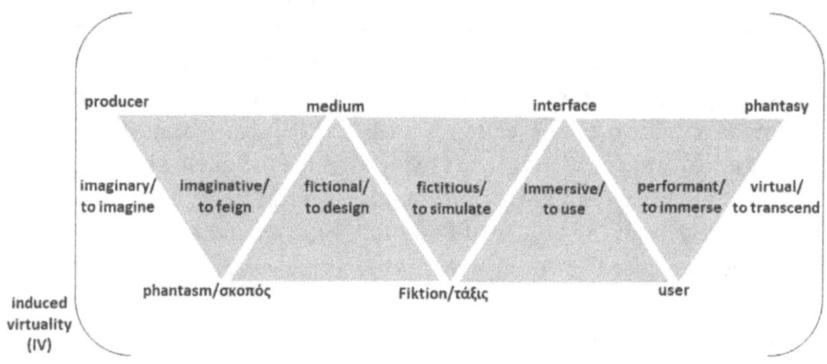

Daniel Rossa: Semiotic reconstruction of the semiosic process of induced virtuality.

For a semiotic reconstructing of the process of production aesthetics of an IV under construction, it is useful to apply some specific terms for further differentiations: What happens in the production of an IV is feigning mental images[55] of

52 Cf. op. cit. p. 147: "Die Verwendung von Dingen, die stellvertretend Erscheinungen der konkreten Welt repräsentieren und damit zum Gegenstand von Konzepten machen, ist die erste Stufe zur generellen Denk- und Erkenntnisfähigkeit des Menschen". This means his understanding of the gestalt part of the sign (*Zeichengestalt*) is broader than the construction of semiotic processes only by mere characters (*Schriftzeichen*), which would be an overly rational understanding of semiosis, even if the talk of signs is popularly used with a concentration of the abstract beyond of sensual objects.

53 According to Thomas Klie it makes sense to distinguish the adjectives "semiosic" (*semiosisch*) and "semiotic" (*semiotisch*) with Umberto Eco: While the former refers to the process of semiosis, the latter refers to semiotics as its derivation on a theoretical meta level, meaning the reflection on semiosis, cf. Thomas Klie: Zeichen und Spiel. Semiotische und spieltheoretische Rekonstruktion der Pastoraltheologie. Gütersloh 2003. P. 228.

54 Cf. Haese: *Hinter den Spiegeln*. Esp. p. 149–152.

55 With Frederike van Oorschot and Florian Höhne, I use Hans Belting's distinction of medium and image for my semiotic reconstruction of the way IV works. Cf. van Oorschot, Höhne: *Media/lity*. P. 3: "For Belting, the term '*images*' refers to inner, mental

the category of a *phantasm* (of mental provenance)[56] to become a medial fiction. Here, *feigning* means a semiosic process wherein a phantasm becomes manifested as the semiosic content (*Zeichengehalt*) of a physical-material gestalt as part of what is experienced as the physical-real "outside" in one's lifeworld. With Frederike van Oorschot and Florian Höhne, who refer for this to Hans Belting, I understand the *medium* as this concrete material appearance, being "de-*sign*-ed" (*gestaltet*) after the former phantasm and thus becoming the medium of the sign (*Zeichengestalt*). This is only possible, because of the specific "de-*sign*" (*Gestalt*) of the medium, somehow signifying the (former) only mental phantasm as something like its trace or echo. This echo of the phantasm, the trace of the phantasm left in the medium's "de-sign", is what I would consider a *fiction*. With Oliver Krüger who relates to Wolfgang Iser, I understand a *fiction* as the sensual manifestation of a phantasm "de-sign-ed" by the process of feigning the

---

images as well as to external images; 'production of images' happens 'in the social sphere', in human perception as well as in imagination. Hence, images are produced in *bodies*, they are embodied: Our body e.g. is the place in which imagination, memory and perception of images happens. But images are also embodied in a second way, namely in the medium that carries the image. In this distinction, the terms 'media' and 'medium' refer to the physical, material dimension of images, to the 'techniques and programmes' [sic!] that make images visible. While image and media belong together like 'two sides of one coin' and while their distinction does not parallel the classic distinction between form and matter, Belting understands them as referring to different aspects or dimensions of one phenomenon." I would like to use this distinction to clarify the relation between the semiotic digits of the mental image and the design of the medium in the semiosic processes of IV. *Medium* then refers to the physical signifier in force in a semiosic process of IV. Belting's division of the term "image" into two parts leads to an equivocation semi-helpful in terminology, but marking the crucial point of interaction between medium and (prod-)user, taking place at the sphere of the interface between medium and (prod-)user. Belting's $image_1$ refers to the image realised as picture in a painting, thus the image in the medium, while $image_2$ refers to the mental image in the brain of the recipient. In Belting's reception-aesthetical context, $image_2$ describes what Keller, with Augustine called a phantasy. To clarify this equivocation, I will refer to Oliver Krüger's reception of Wolfgang Iser's term of fiction.

56 With Adalbert Keller referring to Augustine, *phantasies* were seen as products of imagination, created by memories of the perception in a concrete experienced situation in the past. *Phantasms* on the contrary were seen to be mental images designed via a selection and recombination from the overall repertoire of all memories ever saved in mind, but never experienced as a single situation in the past of one's life. Cf. Keller: *Geschichtliche Wirklichkeit*. P. 109.

phantasm in a *gestalt* (medium) in the lifeworld.[57] There are not only parts of the medium "de-sign-ed" after the phantasm (fiction), but there are also (sometimes other) parts that were "de-sign-ed" with the intention of functioning for interactions with a user and to establish the interaction, communication and perhaps even an encounter or communion between the user and the fiction the medium contains. These parts of a medium can be called *interface*. The interrelation of phantasm, fiction and medial interface can be understood like the relation of text, τάξις and σκοπός in antiquity: Like the σκοπός, the phantasm is of content-based reasons responsible for the concrete design – its τάξις – of the medial interface (e.g. a written text), and as this τάξις mirrors or echoes the phantasm, the fiction is the τάξις shown in/at the medial interface.[58]

---

57 "Reality is to be understood as the world that can be directly experienced with human senses. […] The imaginary is to be understood as the imagination of perception, memory and conception produced by the human subject. The considerations of the Germanist [sic!; sc. Anglicist, DR] Wolfgang Iser can be useful here […]. Iser distinguishes between the real, the imaginary and fiction. By the imaginary he understands psychological forms of operation that arise spontaneously and involuntarily and thus includes manifestations of the imaginary as fantasy, imaginative power and imagination [*Einbildungskraft und Imagination*]. Through the intentional act of fabrication [*Fingieren*] that the imaginary undergoes in a literary work, it becomes fiction. Real life and the merely imagined unite in fiction, which in the case of literature is set down in writing." Krüger: *Virtualität*. P. 51 f. Cf. the original text: "Unter Realität soll die mit menschlichen Sinnen unmittelbar erfahrbare Welt verstanden werden. […] Das Imaginäre soll als die vom menschlichen Subjekt produzierte Imagination der Wahrnehmung, Erinnerung und Vorstellung verstanden werden. Hierbei können die Überlegungen des Germanisten [sic!] Wolfgang Iser von Nutzen sein […]. Iser unterscheidet zwischen dem Realen, dem Imaginären und der Fiktion. Unter dem Imaginären versteht er psychische Operationsformen, die sich spontan und unwillkürlich einstellen und umfasst damit Manifestationen des Imaginären als Phantasie, Einbildungskraft und Imagination. Durch den intentionalen Akt des Fingierens, den das Imaginäre in einem literarischen Werk durchläuft, wird es zur Fiktion. Lebensweltliche Realität und das bloß vorgestellte Imaginäre vereinigen sich in der Fiktion, die im Falle der Literatur schriftlich fixiert wird." For Iser's theory cf. Wolfgang Iser: Das Fiktive und das Imaginäre. Perspektiven literarischer Anthropologie. Frankfurt 2009.

58 The relations between a medium, its fiction and its interface are fluent as these three sometimes cannot be drawn too selectively: Even relating to a book, it is not as easy as one would think to differentiate between the whole medium and the interface: Of course, prima facie the sides of the pages where the letters of the text were printed on, appear to be the interface, while the binding and even the materiality of the pages the text is written on, belong only to the medium. This changes at the moment, where – because of the fiction contained by the book as its medium – e.g. the cover, the material of

Everything said so far only holds true for the production-aesthetical part (*Pol*) of the producer, as only from their intentional perspective between phantasm, fiction and medium with whom a semiosic/semiotic relation of prototype-image (re)presentation can be constructed. Nevertheless, part of this intentional

---

the pages etc. were designed after some content of the fiction. This e.g. is the case for my edition of Michael Ende's *The Neverending Story* (1979) that purposefully was designed after the book described in the story, its protagonist Bastian Balthasar Bux finds in an antiquarian bookshop and becomes involved in its story via an immersion to its world Fantastica (*Phantásien*). Cf. Michael Ende: Die unendliche Geschichte. Designed by Eva Schöffmann-Davidov. Stuttgart 2019. While in a theatre or a cinema, normally the stage and projection screen (and maybe their technical device to open the curtain, light the stage or project the movie) has to be understood as the interface of a medium, while the device to have popcorn with you during the presentation/performance or a glass of wine during the break – not to mention the cloakrooms and bathrooms – were part of the medium (the theatre or the cinema) but not of the interface (like all the software and the hardware of a notebook are not part of the interface but only its displays – the screen, the keyboard, the mouse, joystick, the speakers or phones). In the case of the theatre or the cinema this may shift as soon as the presentation or performance of the fiction appears beyond stage and projection screen, e.g. in installations of cardboard cutouts at the ticket counter, served dishes from the story of the theatre play or movie at the snack bar, staff or audience dressing up as characters of the play/movie or by other artistic preparations of these rooms not only the foyer but even the toilets could become part of the interface. Maybe the most holistic approach in analog or mixed media to make overlap the fiction and the interface of a medium close to the illusion of their full identity/identification via the interface imitating the fiction could be seen in theme parks. For a religious use of such interface design strategies of immersive imitation of Biblical fictions in Bible theme parks and their (digital) theological and/or religious-science research cf. James Bielo: Immersion as shares imperative. Entertainment of/in digital scholarship. In: Religion 48.2. P. 291–301. On the other hand, the relation between the fiction and the interface can become far more fluid than e.g. in the media of books or theme parks, where the fiction and the interface merged into one and stay fixed. This could be seen already in theatre or concert, where the media are more interface-media than fiction-media, as the theatre or orchestra ensemble could act and play different dramas and composition. The same goes for the projection technologies of cinemas, record players, tape recorders, video recorders, CD and DVD players, computers, smartphones, tablets etc. There it is always a medium with fiction (disk, stick etc.) that connects with the interface-medium (presentation medium) and structures or "de-signs" the fluid interface following the fiction taken from the storage medium. Of course, the highest fluidity between storage and presentation media is achieved with digital networks, particularly if a connection were established automatically.

activity of production aesthetics is also the expectation that for the user the echo or trace of the former phantasm should appear in the interaction with the medium, thus the fiction in the medium shall be encountered or at least recognised. The medium is planned, is "de-sign-ed" to impress, namely to give the impression of the fiction. This means it shall give the semiosic impression of the feigned phantasm or the fantastic fiction and not only the impression of the medium (its physical-material reality), nor of its mediality, that is through semiotically understanding the semiosic process on a meta level, or to receive the impression of its fictionality, i.e. to be experienced as feigned, fictional simulation of a fiction. Such a production-aesthetics designed for a special reception-aesthetical interaction is close to the idea of performativity on the level of verbal language. Thus, it describes a special type of *Performanz*, that is intended for the side of the user: In its use by a user, the design of the medial interface shall become transparent for the fiction for its user (to encounter the fiction). With regards to the user this will give the impression of an alterity not contained in its previous lifeworld, as it presents a fantastic fiction made-up from the depth of the producer's imagination, this feigning cannot construct its illusion as an *imitation*, that is, as a 1:1 reproduction or copy according to a model of the relationship of a prototype-image representation, but in the structure of a *simulation*:[59] With

59 Cf. Steurer: *Schöne neue Wirklichkeit*. P. 43. Both strategies can be imagined best via using the former imaginative difference of phantasy and phantasm on the fictional level of manufacturing the design of the medium, again: At the level of feigning, imitation is analogue to phantasy, while simulation is analogue to phantasm. Following Gernot Böhme, one can describe imitation and simulation also in using Plato's distinction in the *Sophistes* between the mimetic arts of εἰκαστική τεχνή and φανταστική τεχνή: "The *minésis* of the *eikastiké techné* means an identical replica of an original. The *phantastiké techné* instead takes itself the liberty of varying the original. Latter considers the view of the audience and wants to make appear what it presents that the audience recognises it 'properly'. […] This art of the *phantastiké* […] already contains the crucial moment, viz. that the artist's intention is not the production of an object or a piece of art, but of the imagination, the audience receives via the object. This is why this art is called *phantastiké techné*: It refers to the power of imagination of the individual, on its *imaginatio*." Gernot Böhme: Atmosphäre. Essays zur neuen Ästhetik. 4th ed. Berlin 2019. P. 105 f. Cf. the original text: "Bei der *eikastike techne* besteht die Mimesis im getreuen Nachbilden eines Vorbildes. Die *phantastike techne* dagegen erlaubt sich Abweichungen vom Vorbild. Sie berücksichtigt nämlich den Blick des Betrachters und will das, was sie darstellt, so zur Erscheinung bringen, daß es der Betrachter 'richtig' erkennt. […] Diese Kunst der *phantastike* […] enthält bereits das entscheidende Moment, nämlich daß der Künstler sein Ziel nicht eigentlich in der Herstellung eines Objektes oder (106)

reference to the ancient art of stage design, Gernot Böhme describes the logic of simulation with the words: "It does not want to create objects, but rather phenomena. The treatment of objects merely serves to produce conditions under which these phenomena can emerge."[60] Making such extraordinary other phenomena emerge means that simulation works as feigning "an-other" reality (or virtuality) than that of everyday life. It wants to manifest an imaginary/phantasm in other lifeworlds, thus it tries to induce an imaginative *surplus* via installing it as a fictional one (as an IV). For being and staying recognisable as such a *surplus* – of something different or new to lifeworld –, it has to give the impressions to the user of a) being positively distinguishable from lifeworld as "an-other", different, extraordinary "world", b) being vivid, thus giving the impression of being a "world" ([as] an IV) at all that could be inhabited (or a person that could be encountered etc.) and c) being negatively distinguishable from but also relatable to one's own (the user's/audience's) lifeworld, thus giving the user the chance of not forgetting but being able to compare the fictitious "world" to the lifeworld. This means that the fictitious "world" has to be seen through as fictional consistently – as a simulation not belonging to everyday life. In the interaction with the fiction in the medial interface all three components together can lead to the user's reception-aesthetical and *performant* impression of the encounter with the "world" of the fiction – thus to experience the impression described as virtuality (a co-presence with an entity not present in any conventional sense[61]). While a) can be understood to be the criterion of simulation and b) the criterion of

Kunstwerkes sieht, sondern in der Vorstellung, die der Betrachter durch das Objekt empfängt. Deshalb heißt diese Kunst ja auch *phantastike techne*: Sie bezieht sich auf das Vorstellungsvermögen des Subjektes bzw. auf seine Einbildungskraft, seine *imaginatio*". Böhme refers to the differentiation in Plato: Sophistes. 235b236c.

60 Böhme: *Atmosphäre*. P. 106 f. Cf. the original text: "Sie will nicht Gegenstände formieren, sondern vielmehr Phänomene schaffen. Die Behandlung der Objekte dient lediglich der Herstellung von Bedingungen, unter denen diese Phänomene hervortreten können." This also fits with Krüger's understanding of virtuality outlined above, see section 2. Cf also Haese: *Hinter den Spiegeln*. P. 162: "True imitation is less significant than pointed impression." Cf. the original text: "Getreue Nachbildung ist weniger entscheidend als pointierte Anmutung."

61 This special impression of the encounter with a fictional-fictitious entity different to everyday life and its materiality and reality and (the reflection on) the experience with it may remind one of the scholastic reflections on the *tactus virtualis* with a *quantitas virtualis*.

immersion, c) can be understood as the criterion of *immersion breaks*. Mathias Kofoed-Ottensen describes the effect of immersion breaks as follows:

> Immersion breaks are defined as the moment when the individual experiencing the virtual environment is made aware of the non-virtual environment in a way that disturbs the consistent totality of the virtuality […] such as the user of a head-mounted display bumping into things in their living room, hearing noises from "outside" the virtual domain, or other disturbances.[62]

As Haese points out, the phenomenon of immersion breaks must not be reduced to such dysfunctional moments of IVs, but they are functional to achieve the experience of semiosic/semiotic oscillation, constitutive to IV:[63] "Interestingly enough, the immanent deconstruction does not seem to diminish the virtual experience but on the contrary: […] Fundamental for enjoying a VR-experience is the knowledge, *that* it is a VR and not a real situation."[64]

It is striking that via this semiotic reconstruction of IV, it seems able to signify what could be described as something like virtual transcendence or the virtuality of transcendence in two ways: This is a) via the more "kataphatic" ways of immersive simulation which transcends the current version of one's lifeworld in the effects of encountering a *surplus* to everyday life in a fictitious simulation and the immersion to its "matryoshka-like" $[\text{virtuality}]^{\text{virtuality}}$ and b) via the more "apophatic" way of demonstrating the illusionary and fictional character of the simulation in transcending the first person semiosic perspective, the user were part(icipant) of the "reality" or better IV of the sign. This reciprocity of the different dimensions as well as the switch between the semiosic first person participant ("on-sign") and the semiotic third person observer perspective of the user ("off-sign") under the influence of these effects may also explain the oscillation mode observed in the paradox dialectics between presence and transcendence (see sections 1 and 3).[65] Both directions work via signifying and creating

62 Kofoed-Ottensen: *On the possible phenomenological autonomy*. P. 5. For literature but without naming it this is also described in Aleida Assmann: Im Dickicht der Zeichen. Berlin 2015. P. 217 f.

63 Cf. Haese: *Hinter den Spiegeln*. P. 159–162.

64 Op. cit. p. 160. Cf. the original text: "Interessanterweise scheint die immanente Dekonstruktion die virtuelle Erfahrung nicht weniger intensiv zu machen, ganz im Gegenteil: […] Das Vergnügen einer VR-Erfahrung liegt elementar im Wissen, *daß* es sich um VR und nicht um eine wirkliche Situation handelt."

65 With reference to Gianni Vattimo's theory on oscillation this was already remarked by Klie: *Auf der Oberfläche*; Haese: *Hinter den Spiegeln*. P. 159–161, 186 f. as well as Müller: *Vom Tanz*. P. 82–85.

the awareness of lifeworld's constructivism by making experienceable weak phenomenological transcendence as phenomenal transcendence – thus virtual transcendence – in marking thresholds ("on-sign"/"off-sign"). Thus, both modes work with virtual transcendence and thus could be understood as the negative-theological aspect of IV. Furthermore, this oscillation process of IV is the key to its use for creating an awareness of virtuality, Manfred Negele askes for under the condition of general anthropological virtuality:

> Within this general virtuality, then, what does our talk of "virtual realities" mean? Is it anything other than a shadow play within a shadow play? [...] Virtuality ultimately [...] offers us the chance to recognise how we have always "made" our world. We have the opportunity to learn something about ourselves in the creation and encounter with virtual worlds.[66]

After clarifying IV as a performance mode of creating an awareness for virtuality and thus transcendence, it is time to take into view liturgy as the/one prominent suggested Christian way of IV.

6. The Induced Virtuality of Liturgy: Semiotic Atmosphere and Augmented Virtuality

In the German-speaking theological discourse on virtuality it was Ilona Nord who programmatically developed the term VR to describe the semiotic structure and transformational effects of liturgy:[67]

> Christian religion and Christian faith cultivate a constructive handling of reality. This is something they have in common with virtual realities. [...] Virtual realities are able to lead people into alternative, sometimes fantastic worlds. [...] The Christian religion also opens up such communicative spaces. [...] This also applies to the great, sacramental Christian symbolic acts.[68]

---

66 Negele: *Prothesen*. P. 23 f. Cf. the original text: "Was bedeutet dann innerhalb dieser generellen Virtualität unsere Rede von 'virtuellen Wirklichkeiten'? Ist das etwas anderes als ein Schattenspiel im Schattenspiel? [...] Die Virtualität bietet uns letztlich [...] die Chance zu erkennen, wie wir unsere Welt immer schon 'selbst gemacht' haben. Wir haben die Möglichkeit, etwas über uns selbst zu erfahren in der Gestaltung und Begegnung mit virtuellen Welten."

67 Before her, the Catholic liturgical scholar Peter Ebenbauer reflected on the interrelation between digital virtuality and Christian ritual in a differentiating way to outline risks and potentials in Ebenbauer: *Rituelle Wirklichkeitsordnung*.

68 Nord: *Realitäten*. P. 1. Cf. the original text: "Christliche Religion und christlicher Glaube pflegen einen konstruktiven Umgang der Wirklichkeit. Darin liegt eine Gemeinsamkeit mit virtuellen Realitäten. [...] Virtuelle Realitäten vermögen es, Menschen in

Central to Nord's semiotic understanding of liturgy as VR was the interrelation between the concepts of immersion and atmosphere:

> Immersions are created through a specific way of dealing with moods and affects. One way in which this can happen is through the creation of emotionally attuned environments, in other words, atmospheres […] Material, linguistic and musical arrangements create atmospheres. […] Objects and styles of an environment give it a character that does not come about through each individual object alone, but which only arises in the fullness of their appearance: in atmospheric correspondence.[69]

For Nord those atmospheres emerge out of a semiotic complexity arising of a plurality and diversity of media and recipients:

> Spaces, as the thesis argues here, become perceptible through sensations that develop from the effect of objects arranged in a certain way and the perceptive capacity of the people who synthesise them. The effect of objects and people relating to each other develops its own *atmosphere* in the joint arrangement.[70]

With relation to virtuality and with respect to this semiotic structure and to the effect of immersion, one could wonder if atmospheres could be understood as the analog version of digital immersive simulations? Thus, the church room and

---

alternative, zum Teil fantastische Welten hineinzuführen. […] Auch die christliche Religion eröffnet solche Kommunikationsräume. […] Dies gilt auch für die großen, die sakramentalen christlichen Symbolhandlungen."

69 Op. cit. p. 185–187. Cf. the original text: "Immersionen werden über eine spezifische Art des Umgangs mit Stimmungen und Affekten erzeugt. Eine Art und Weise, wie dies geschehen kann, liegt in der Erzeugung von emotional gestimmten Umgebung, mit anderen Worten: von Atmosphären […] Dingliche, sprachliche und musikalische Arrangements erzeugen Atmosphären. […] Objekte und Stile einer Umgebung geben ihr einen Charakter, der nicht allein durch jedes einzelne Objekt zustande kommt, sondern der erst in der Fülle ihres Erscheinens entsteht: in der atmosphärischen Korrespondenz." Nord relates for her understanding of the phenomenon of the atmosphere to the philosopher of aesthetics Martin Seel and his theory of atmospheric correspondence in favour of this concept being semiotic reliable, instead of atmosphere theories like the one of Hermann Schmitz, always in danger of claiming something like an autonomous existence for atmospheres. Cf. Op. cit. p. 120 f., 186–189.

70 Op. cit. p. 119. Cf. the original text: "Räume, so lautet die hier vertretene These, werden wahrnehmbar durch Empfindungen, die sich aus der Wirkung von in bestimmter Weise angeordneten Gegenständen und der Wahrnehmungsfähigkeit der sie synthetisierenden Menschen entwickelt. Die Wirkung von Gegenständen und Menschen, die sich miteinander in Beziehung setzen, entwickelt im gemeinsamen Arrangement eine eigene *Atmosphäre*."

the space of liturgy can be understood as the interface for the simulation of a fiction or a fictitious world that can become a virtual world to the faithful or other audience who become part(icipants) of this semiosic constellation of the atmosphere. This seems to me the main reason, why Nord decided to use the metaphor of VR to describe the pattern of liturgy. However, last year Frederike van Oorschot and Florian Höhne suggests:

> Every Christian worshipping community – digital or not – is also a virtual community insofar as it hopes to participate in the community of the body of Christ, the invisible church, the community of saints. […] In this sense, every worship service has a virtual aspect […]. As this not only applies to the worship but – following Paul's understanding of the new life in Christ (*en christo*) – one could say: Christian life in itself is a form of augmented reality.[71]

Judging from the concept of a general anthropological virtuality it makes sense to me to describe the Christian lifeworld as an "augmented reality" (AR). It must be understood as being enhanced, as any human reality has to be understood as living in a semiotic interface of sense and not living immediate in a reality of pure being. Thus, AR is nothing particular to Christian life. Nevertheless, its concrete design is: Christian AR lives by specific semiosic/semiotic fictions, virtual to Christians, like the ones mentioned in van Oorschot's and Höhne's quotation. To some extent, I also understand the intention of van Oorschot and Höhne, as a question, whether liturgy should not better be understood as an AR instead of a VR. Even Nord herself was interested in distinguishing the mode of experience in liturgy form that one of everyday life, while never excluding liturgical space from lifeworld by establishing a special ontological state.[72] This brings me to the question: What about describing the IV of the liturgy as "augmented virtuality" (below AV)?

According to Daniel O'Shiel "'augmented virtuality' (AV) is a predominantly digital, virtual environment with a few real, perceptual objects called in and overlain when required (for example, a keyboard while gaming […])".[73] Transposed to an analog IV this means AV happens in a more virtual, thus medial-fictional surrounding with only fewer things or persons known from the everyday life. Is not this the case inside of a church room and during liturgy? The songs sung, the paintings shown, the readings read, the language games played and the actions performed in a church room during liturgy were all somehow different to the

71 Van Oorschot, Höhne: *Media/lity*. P. 7 f.

72 Cf. Nord: *Realitäten*. P. 225–229, 310 f., 316–332.

73 O'Shiel: *Disappearing boundaries*? P. 4.

everyday life. Nord also suggested the (in Germany) special time of a work-free Sunday, the church architecture, the mode of a ritual to mark this alterity of liturgy in comparison with the everyday life.[74] At the same time, if we enter a service we will always meet people in the nave, we know form our everyday life and most of them wearing cloths, we know from everyday life. Even if the language games are different to our everyday life, at least in Protestant services we use a language and scripture we are used from normal conversation and we find in books as profane as the phone book. Even more striking as the most powerful ("sacra-mental") tools to participate in the semiotic IV of liturgy we use bread, wine or grape juice, we can also eat and drink in our everyday life. All in all, I would say, speaking of liturgy as AV is the most adequate compared to VR or AR – as to understand its character as AV also helps to distinguish the status of liturgy as an IV from the AR of the status of the everyday virtuality of a Christian life.

7. The Encounter of Virtual Transcendence by Negative-Theological Design in Art and Liturgy

The last section of this paper looks at some aesthetical and liturgical examples of analogue IVs that contain hints of negative-theological virtuality or virtual transcendence in the contrast pattern between immersive simulation and immersion breaks. I will do so by looking at four analogue AVs of faith. All four work like the VR technology of a "window on the world", but the last one is installed as part of the AV of a nave, altogether with its constellation working more like a VR CAVE.[75]

---

74 Cf. Nord: *Realitäten*. P. 201–253.

75 In the theological discourse on virtuality both VR technologies are pointed described by Piasecki: *VR Mediated Content*. P. 22.24: "*Window on the World:* the three-dimensional environment is entered and viewed through a 'magical window on other worlds' […], usually a PC monitor as in most 3D games. […] In a CAVE (Cave Automated Virtual Environment) setting, the user is inside a specially arranged room which is partially adjusted to the expected virtual reality. In order to treat phobias some areas might be equipped accordingly and for example be fitted with the replica of a bridge railing. In some caves, images or animations are projected onto the walls the user has to respond to, as when using a CAVE training system for firefighters." I would describe the nave of an Orthodox church as an AV produced out of a mixture of both techniques: Like displays, the surface of the interior walls is completely faced by windows on the world of the (hi)story of salvation, while the overall impression given is that of a CAVE. One immerses into this AV's world shown as three-dimensional projection across the whole

Example 1: There is no need, to introduce the audience to the first example taken from art via a figure in this essay, as Leonardo da Vinci's *L'Ultima Cena* (1494–1497) is commonly known.[76] For our cultural memory it has the status of a pop-icon. I think one of the reasons for its fame is that it creates IV by giving the impression of joining Christ for a virtual dinner via its interface reminding of a notebook display during today's video conferencing, as the tableside closest to us is free and invites us, to join the table – especially in the canteen, it was painted on the wall, originally.

Example 2: While Leonardo's painting uses immersive simulation techniques, but in a more positivistic way, the second example can be interpreted with reference to the technique of immersion breaks. It shows one of the versions of Ben Willikens's paintings of communion (1976/1979), without question referring to Leonardo's scene. Here, we find negativity all over and as a very harsh immersion break: All persons of interest were erased, likewise the elements of the sacrament.[77] Willikens himself described his intention as pointing to the end of salvation history.[78] Feelings like sorrow and want were provoked, as this absence is nearly within one's reach. However, it does not really seem as the "virtual presence" of some kind of virtual transcendence, but just as an absence and loss. What becomes virtual is only what we know already. Adding the missing parts

---

projection room as an interface inhabitable or accessible especially during liturgy and its tools. The description of such a VR/AV and of orthodox church interior as a cave resonates a narrative, well known in two versions of the ancient Greek world: a) Plato's cave from his famous allegory of the cave in the *Politeia* and b) the orthodox icon of Christ's birth – according to the apocryphal *Protevangelium of James* – takes place in a cave/grotto as well. With relation to section 1 it is noteworthy that both narratives, the motif of the cave and the pilgrim destination of the grotto of Bethlehem were also known to Gregory of Nyssa. Cf. Giulio Maspero: Art. Cavern. In: Lucas Mateo-Seco, Giulio Maspero (Ed.): The Brill Dictionary of Gregory of Nyssa. Trans. by Seth Cherney. Leiden 2010. P. 131 f.

76 Leonardo da Vinci: L'Ultima Cena. Tempera on gesso. 700 x 880 cm. Santa Maria delle Grazie. Milan 1494–1497. In: Wikimedia Commons. Online: https://upload.wikimedia.org/wikipedia/commons/b/bb/Leonardo_da_Vinci_-_The_Last_Supper_high_res.jpg (last access 17.04.2023).

77 With Wolfgang Iser, you could describe this as an erasing paradigm (*gelöschtes Verfahren*) or minus paradigm (*Minusverfahren*). Cf. Wolfgang Iser: Der Akt des Lesens. Theorie ästhetischer Wirkung. 2nd ed. München 1984. Esp. p. 321–324.

78 For this quotation cf. Ben Willikens: Werke. Werkreihen/Chronologie. Online: https://www.benwillikens.de/werke (last access 17.04.2023).

from our memory does not create a presence of something new. It just enhances the impression of loss – not of transcendence (*Übersteigung/Überschreitung*).[79]

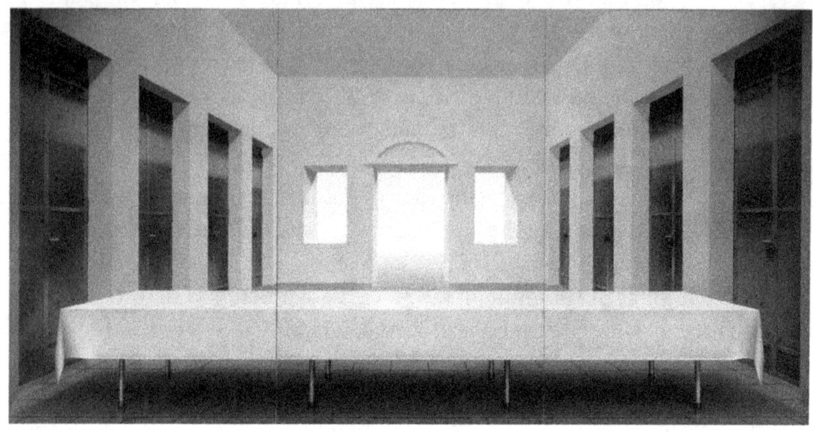

Ben Willikens, Abendmahl, Acryl on canvas. 300 x 600 cm (tripartite: each 300 x 200 cm), 1976–1979.[80]

79 Nevertheless, there is also one point that creates some transcendence, which is the vertical line from the white tablecloth to the open door in the wall and finally to the white, dusty, open background: The tabelcloth suggests the only kindness and hospitality in the fictitious design of the medial interface, the opening in the wall is something new, we did not find in Leonardo's painting, as it was covered by Jesus, thus maybe Willikens's door is even a hidden allegory for Christ, leading to the void of a horizon becoming a transcendent beyond because of the white dust veiling the horizon and the paintings vanishing point. For a productive practical example of how to use Williken's artpiece in the context of not only a sermon but the performance of a liturgy to produce some impression of the encounter with a negative-theological virtuality in the theological laboratory of the university's church in Bonn as a kind of experimental setup for a semiosic liturgical theology cf. Daniel Rossa: Eintreten des Festes trotz Ausbleiben der Gäste? (Lk 14,15-24), 18.06.2023, 2. Sonntag nach Trinitatis, in: Hauschildt, Eberhard (Ed.): Bildpredigten Visuelle Kunstwerke und Biblisches im Dialog, (Bonner Universitätspredigten 11) (im Druck). Online Version: https://www.etf.uni-bonn.de/de/schlosskirche/schlosskirche_downloads/predigtreihen/einzelpredigten/copy_of_wintersemester-2021-22/rossa-predigt-2-sonntag-nach-trinitatis-2023.pdf (last access 06.09.2023).

80 Ben Willikens: Werke. Werkreihen/Chronologie. Online: https://www.benwillikens.de/werke (last access 17.04.2023).

Jiří Kolář, Une heure avant la Cène/Une heure après la Cène, 1981.[81]

Example 3: The third piece of art discussed here is a twofold installation of the Czech artist Jiří Kolář (1914–2022), which he named *Une heure avant la Cène* and *Une heure après la Cène* ("One hour before the meal" and "One hour after the meal"). Once again, the title at least echoes Leonardo's work and the arrangement somehow also reminds of Willikens, as Kolář took away people and other elements. However, he deals with it more creatively because the difference between both installations suggests that something happened in between – in the immersion break (here pointed to by the page break). Thus, via keeping the transcendence of the implied actions, Kolář, with both scenarios – the one of the benches properly jacked and the other with them knocked over – induce something new, not known from Leonardo, and makes Kolář's audience start to think about the (s)cene in a transcendent fashion. It is the immersion break itself that develops the power of an immersive simulation. Hence, here we find a negative virtuality or some transcendence becoming virtual instead of present. While we encounter it, our expectations start to reorient, and our perception begins to oscillate. Kolář's immersion break may even resonate the most crucial immersion break in the Christian (hi)story of salvation – the one of the first locked and later empty tomb.

81 Photograph: C. Caroly (Paris). In: Institut für Kirchenbau und kirchliche Kunst der Gegenwart (Ed.): Abendmahl. Zeitgenössische Abendmahlsdarstellungen (20.06.–30.09.1982 Alte Brüderkirche Kassel). P. 82 f.

Otto Bartning, Auferstehungskirche, Essen, 1929/30 (exterior view).[82]

Example 4: The final example is taken from church architecture or church "de-sign". On the photographs, you can see Otto Bartning's *Auferstehungskirche* (1929/30) in the town of Essen, Germany. It is "de-sign-ed" in two distinguished liturgical spaces: one for proclamation, one for celebration. This was Bartning's phantasm. As you can see in its manifestation as medial fiction, in its centre appears a kind of high altar, originally not planned there. At the place, where normally a retable with field paintings were installed, we find an immersion break in the expected AV of liturgical space: There is a hole, a window, an opening towards the communion space. During proclamation, this space is as empty as Willikens's or Kolář's communion (s)cene. However, when the congregation celebrates communion in a circle around the tables installed in the "de-sign" of a cross, the scene becomes even more vivid, than Leonardo's scenario. The members of the congregation, waiting for the next circle to go or who have already received

82 Photograph: Wolfgang Kleber. Online: https://www.auferstehungskirche-essen.de/auferstehungskirche.php (last access 17.04.2023). The photograph was provided courtesy of the photographer and the congregation's presbytery.

communion and are now waiting and looking at the liturgy through the interface of the retable may experience an inspiring oscillation between presence, absence, virtuality and transcendence: Is the painting in the retabel absent? Or is it present as just being the installation of a frame? Thus, is it a virtual painting, like John Cage's *4'33'* is somehow virtual music?

Otto Bartning, Auferstehungskirche, Essen, 1929/30 (interior view).[83]

Furthermore, knowing both impressions, the emptiness during the proclamation and the presence during the celebration, always creates a virtual presence opposite to the actual. Finally, what if "What You See Is What You Get" (WYSIWYG)? Out of the image-ban transcendence of the empty frame of the altar interface during communion "we all, with unveiled face, beholding the glory of the Lord, are being transformed into the same image" (2 Cor 3:18). The current congregation can be seen as part(icipants) of the Last Supper (s)cene of the story of salvation. Installed at the altar's retable viz. the place reserved for divine transcendence, in their *imitatio Christi* (celebrating communion like Christ and

83 Photograph: Wolfgang Kleber. The photograph was provided courtesy of the photographer and the congregation's presbytery.

his disciples at Holy Thursday) it is as if they became part(icipants) of the *imago Dei*: “Truly, I say to you, as you did it to one of the least of these my brothers [sc. siblings], you did it to me” (Matthew 25:40), as “No one has ever seen God; if we love one another, God abides in us and his love is perfected in us” (1 Joh 4:12). It is via this negative(-theological) pattern of an immersion break in the aesthetic design of church architecture as the stage for the performance of liturgy, which opens to a *Performanz,* that the AV can create the interaction of liturgy and nave for its participants in their impression pointing to a transcendence in this virtuality and that is at the same time powerful in a transformative way for the life and self-understanding of the participants among each other.

Kathrin Burghardt

Digitales Selbstbewusstsein
Philosophische Interventionen

– Das Verstehen ist nie freischwebendes, sondern immer befindliches.[1]

Einleitende Fragwürdigkeiten

Dass Maschinen ein Bewusstsein entwickeln, kennen wir bereits durch fantasievolle Filme und Literatur. Vertreter:innen des Transhumanismus und des technologischen Posthumanismus postulieren die selbstbewusste Künstlichkeit in unterschiedlicher Form schon seit Jahrzehnten. Solch eine ideologisch anmutende Vorstellung wird in der theologischen und philosophischen Debatte häufig als Utopie bewertet. Neue technische Entwicklungen wie beispielsweise die des Chatbots ChatGPT, ein textbasiertes Dialogsystem des Unternehmens Open AI, drängen jedoch immer wieder neu darauf, sich den brisanten Fragestellungen über ein mögliches Bewusstsein von Künstlicher Intelligenz zu stellen, Paradigmen des Selbstbewusstseins zu überdenken und diese gegebenenfalls neu zu formulieren. Was passiert auf der phänomenologischen Ebene in einem künstlich intelligenten System, wenn es sich eigene Verrechnungswege sucht? Wie können reine Datenkorrelationen Zusammenhänge entdecken? *Versteht* der künstlich intelligente Algorithmus[2] die eingespeisten Daten und setzt diese mit sich selbst – einem System mit einem eigenen Code, den es fortzuschreiben vermag – in Beziehung? Eine der brisantesten aller Fragen in der Maschinenethik lautet: *Weiß die Maschine von ihrem eigenen Sein?* Weil uns die phänomenologische Sichtweise eines künstlich intelligenten Systems verschlossen bleibt und wir diese ebenso wenig wie jene unseres als menschlich anerkannten Gegenübers einnehmen können, will ich im Folgenden aus der phänomenologischen Perspektive einer *selbstbewussten* Person Kriterien eines Selbstbewusstseins

1 Martin Heidegger: Sein und Zeit. 19. Aufl. Tübingen 2006. S. 339.

2 Im Folgenden werden an einigen Stellen die Begriffe *(künstlich intelligenter) Algorithmus* und *(künstlich intelligentes) System* unter dem verallgemeinernden Begriff der *Maschine* als Gegenbegriff zum Menschen zusammengefasst.

formulieren, anhand derer über ein mögliches digitales Selbstbewusstsein *geurteilt* werden kann.

1. Informiert-werden und Verstehen

Deep Learning Algorithmen verarbeiten zur Verfügung gestellte Daten nach selbstgewählten Verrechnungspfaden, indem sie Merkmale erkennen und gruppieren, sodass eine Struktur entsteht, die es ihnen ermöglicht, wiederum neue Informationen zu elaborieren. Beispielsweise werden in *Convolutional Neural Networks* Bilddaten verarbeitet, indem die Pixel-Informationen des Eingabebildes in mehreren Schichten und Faltungen zu unterschiedlichen Gewichtungen verrechnet werden, um als *Output* beispielsweise die Zuordnung zu einer Klasse zu erreichen.[3] Obwohl der Mensch für eine (menschliche) Nutzung der entstehenden Daten mit der Durchführung eines *Labelings* unerlässlich ist, regt das maschinelle Erstellen von Zusammenhängen anhand bestimmter Merkmale eines *Deep Learning* Algorithmus dazu an, von einer Annäherung von Künstlicher Intelligenz an menschliche Verstehensprozesse zu sprechen. Naheliegend scheint es für technikoptimistische Futurist:innen[4] zu sein, die Möglichkeit einer künstlichen Entität, welche ihr eigenes Selbst versteht, in Betracht zu ziehen. Angesetzt wird dieses Postulat an den Vergleichspunkten, die zwischen menschlichen und maschinellen Verstehensprozessen herangezogen werden können. Denn auf der funktionalen Ebene der Informationsverarbeitung lassen sich menschliche und maschinelle Verstehensprozesse durchaus miteinander vergleichen. Informationen werden wahrgenommen, Zusammenhänge werden erkannt und eine elaborierte Ordnung wird erstellt. Es drängt sich aber die Frage auf, ob eine Angleichung der qualitativen und quantitativen Unterschiede zwischen menschlicher und maschineller *Information*sverarbeitung, welche vor allem die Komplexität des bereits bestehenden Informationskontextes in menschlichen Gehirnen betreffen, zu einer Ausbildung von Selbst*verstehen* bei Maschinen führt. Während sich künstliche Prozesse einer Informationsweitergabe auf der Ebene des Erkennens von Informationsgehalten und Kreierens von Information, Speicherung dieser und Anwendung auf neue Informationen

3 Vgl. Philip Häusser: Natürlich alles künstlich. Was künstliche Intelligenz kann und was (noch) nicht – KI erklärt für alle. München 2021. S. 121 ff.

4 Der technischen Weiterentwicklung und Überwindung des Menschen optimistisch eingestellte Denker:innen, welche meist den Strömungen des Transhumanismus und technologischen Posthumanismus angehörig sind.

beschränken, möchte ich hier die These vertreten, dass sich menschliche Verstehensprozesse auf einer anderen kategorialen Ebene als der funktionalen Informationsebene bewegen. Kategorial zu unterscheiden gilt es daher das Verstehen von dem Prozess des Informiert-werdens.

2. Das selbstbewusste Gehirn

Sind künstlich intelligente Maschinen wie der Algorithmus ChatGPT selbstbewusst oder können sie es nach vollständiger Erforschung des menschlichen Gehirns und erfolgreicher Simulation der Korrelate in künstlichem Substrat noch werden?[5] Warum sollte die Entwicklung von künstlich-intelligenten Entitäten vor dieser als menschlich konnotierten Eigenschaft halt machen?[6] Die Annahme, das Bewusstsein über das eigene Selbst sei in spezifischen Gehirnströmungen zu finden (Zerebrozentrismus[7]), eröffnet die Möglichkeit, dieses auch in künstlichem Substrat zu etablieren. Das Wissen über die vollständige Funktionsweise des Gehirns müsste die Persistenz jeglicher subjektiver Phänomene in der Künstlichkeit ermöglichen; das lässt sich aus der Theorie des Funktionalismus schlussfolgern.[8] Für technikoptimistische Denker:innen des Transhumanismus und des technologischen Posthumanismus liegt darin das Argument eines künstlichen Selbstbewusstseins. Ein Argument, das von der Ebene neurowissenschaftlicher Erkenntnisse auf die Ebene des Seins schlussfolgert.

Neben diesem Versuch der funktionalen Begründung von Selbstbewusstsein führen Trans- und Posthumanist:innen häufig noch ein weiteres Argument an, welches sich kategorial von dem ersteren unterscheidet, dieses aus ihrer Sicht jedoch unterstützen soll. Mithilfe der Erkenntnistheorie wird ein Argument formuliert, welches die Entscheidung, ob eine Maschine selbstbewusst sein kann oder nicht, in intersubjektive Anerkennungsdynamiken verlagert.

---

5 Vgl. Nick Bostrom: Superintelligenz. Szenarien einer kommenden Revolution. Übersetzt von Jan-Erik Strasser. 3. Aufl. Berlin 2018. S. 51 f.

6 Vgl. Ray Kurzweil: Die Intelligenz der Evolution. Wenn Mensch und Computer verschmelzen. Übersetzt von Helmut Dierlamm. Köln 2016. S. 101.

7 Vgl. u.a. Thomas Fuchs: Philosophie des Geistes: Das Gehirn – ein Beziehungsorgan. In: Information Philosophie. 5.2010. Online: https://www.information-philosophie.de/?a=1&t=4908&n=2&y=1&c=2# (zuletzt 17.04.2023).

8 Nach der Theorie des Funktionalismus ist die „abstrakte kausale Organisation des Gehirns" für das Bewusstsein verantwortlich. David J. Chalmers: Fehlende Qualia, Schwindende Qualia, Tanzende Qualia. In: Thomas Metzinger (Hg.): Bewußtsein. Paderborn 2005. S. 369.

In der Folge z.B. Dietrich Bonhoeffers kann über das Phänomen der Subjektivität gefragt werden: Verbleibt mir als selbstbewusster Mensch nicht ohnehin nur die Anerkennung des Bewusstseins meines:r Begegnungspartner:in, da dem Selbstbewusstsein aus erkenntnistheoretischer Sicht ein Ich-Verstehen inhärent ist, welches von anderen nie *erlebt* werden kann?[9] Gemäß einer Formulierung des Posthumanisten Ray Kurzweil entstehen so technikoptimistische Zukunftsvisionen:

> Maschinen werden uns davon überzeugen, dass sie über ein Bewusstsein und einen eigenen Willen verfügen, die unseren Respekt verdienen. [...] Sie werden menschliche Eigenschaften besitzen und für sich in Anspruch nehmen, dass sie menschlich sind. Und wir werden es ihnen glauben.[10]

Trans- und Posthumanist:innen argumentieren somit aus unterschiedlichen Perspektiven heraus. Während der Versuch eines funktional-logischen Schlusses auf das Sein eines künstlichen digitalen Selbstbewusstseins im Rahmen des Zerebrozentrismus von dem postulierten Wissen über den Ursprung beziehungsweise die Bedingung von Selbstbewusstsein auf die Möglichkeit einer Ausbildung desselben in einer Maschine in der Dritten-Person-Perspektive urteilt, steht in Anerkennungsdynamiken die Zweite-Person-Perspektive in Begegnungen zur Debatte. Die Zweite-Person-Perspektive in Begegnungs- und Anerkennungsdynamiken tritt an dieser Stelle für mich trotz ihrer Dringlichkeit in den Hintergrund. Ich möchte meine Argumentation in dem vorliegenden Beitrag explizit von der Zweiten-Person-Perspektive differenzieren (im Gegensatz zu Trans- und Posthumanist:innen, die beide Perspektiven häufig miteinander vermischen), da sie für die hier darzulegende Argumentation nicht von Relevanz sein wird.

Dem künstlichen Selbstbewusstsein möchte ich mich im Folgenden vielmehr über das Phänomen des Verstehens annähern. Dem Postulat technikoptimistischer Futurist:innen einer selbstbewussten künstlichen Entität will ich philosophisch-ontologische Interventionen entgegenstellen, die m.E. ein Selbstbewusstsein bei Maschinen ausschließen. Die Trans- und posthumanistische funktional-logische Argumentation schließt aus der Dritten-Person-Perspektive einer als objektiv angenommenen Erkenntnis über das selbstbewusste Gehirn auf die Ebene des Seins von Selbstbewusstsein und weitergehend, in der Dritten-Person-Perspektive verbleibend, auf das digitale Selbstbewusstsein. Im

9 Vgl. Dietrich Bonhoeffer: Sanctorum Communio. Eine dogmatische Untersuchung zur Soziologie der Kirche. In: Dietrich Bonhoeffer Werke 1. 2. Aufl. München 1986.

10 Kurzweil: *Die Intelligenz*. S. 109.

Gegensatz hierzu möchte ich im Folgenden von der phänomenologischen Ich-Perspektive ausgehend ontologische Schlussfolgerungen in Dritter-Person-Perspektive auf die Möglichkeit digitalen Selbstbewusstseins ziehen. Dabei werden Kriterien für das Selbstbewusstsein entwickelt, aufgrund derer das eigene Selbst *verstanden* werden kann, und aufgrund einer fehlenden Erfüllung derselben es künstlich digitalen Systemen verwehrt bleibt, ihr Selbst *verstehen* zu können. Begründen soll sich diese Argumentation in der kategorialen Unterscheidung zwischen menschlichem Verstehen und maschinellem Informiert-werden. Der phänomenologischen Methode folgend, wird aus der Ersten-Person-Perspektive über die Struktur des eigenen Daseins gesprochen. Aus dieser Perspektive des verstehenden Daseins und in der Analyse der ontologischen Strukturen des technischen Seins wage ich es, ontologisch auszuschließen, dass Maschinen in ihrer technischen Verfasstheit diese menschliche Verstehensstruktur aufweisen und somit ihr eigenes Selbst verstehen können.

Aus der Erfahrung meiner Existenz heraus (phänomenologische Ich-Perspektive) vermag ich es ontologisch, unabhängig von der möglichen Ich-Erfahrung einer Maschine (die mir *per definitionem* unerschlossen bleibt), darauf zu schließen, dass Maschinen eine Existenz im Sinne eines seinsverstehenden Daseins (Martin Heidegger) nicht aufweisen können.[11] Weil ich als seinsverstehendes Dasein die Bedingungen von Verstehen *erlebe*, kann und muss ich darauf schließen, dass Maschinen, welche diese Bedingungen aufgrund ihrer technischen Konditionen nicht erfüllen können, ontologisch daran gehindert sind, Selbstverstehen aufweisen zu können.

3. Vorverständnis

Um die ontologische Schlussfolgerung, dass Maschinen kein Selbstbewusstsein haben können, zu plausibilisieren, gilt es nun zunächst phänomenologisch festzustellen, von welcher Art das menschliche Verstehen ist, mit dem das menschliche Selbst verstanden werden kann, und was dieses kategorial von den Informationsprozessen innerhalb künstlich intelligenter Systeme unterscheidet. Das Phänomen, dessen ich mich für meine Argumentation des menschlichen Verstehens bediene, ist das des Vorverständnisses. Dabei steht die folgende These zur Debatte:

Menschen verstehen, weil sie ein Vorverständnis haben; Maschinen verarbeiten oder errechnen bloße Information ohne ein Vorverständnis.

11 Vgl. Heidegger: *Sein und Zeit*. S. 153.

3.1. Heißt Verstehen Kontextualisieren?

Eine Vergleichsebene, die häufig zwischen Menschen und künstlich intelligenten Systemen herangezogen wird, ist die qualitative und quantitative Unterscheidung der informationellen Kontextstruktur, derer sich Menschen und Maschinen gleichermaßen bedienen und in die Informationen eingebettet werden können. Die Kontextualisierung ist im menschlichen Gehirn aufgrund vielseitiger Wahrnehmungswege vielschichtig möglich. So können beispielsweise Emotionen mit olfaktorischen Wahrnehmungen verknüpft werden. Eine solche Vergleichsebene zwischen Menschen und Maschinen herzustellen, halte ich für luzide, eine Verwendung dieser Vergleichbarkeit als Begründung von künstlichem Selbstbewusstsein allerdings für fehlschlüssig. Eine technikoptimistische Überlegung, die der Gleichsetzung von Verstehen mit einer Verknüpfung und Einordnung von Informationen folgt, könnte aber auf die noch ausstehende Entwicklung hinweisen: Weil Maschinen über eine qualitativ und quantitativ unausgereiftere Kontextstruktur verfügen, können sie Informationen noch nicht auf dieselbe Art und Weise verstehen wie Menschen. Ich möchte allerdings darstellen, dass es Maschinen aufgrund ihrer technischen Konditionen unmöglich ist (und bleiben wird), zu *verstehen*.

Unterscheiden möchte ich daher das Phänomen des Vorverständnisses von dem Konstrukt eines informationellen Kontextrahmens, in welchen neue Informationen eingeordnet werden. Nach der Theorie des Informationsmonismus, die insbesondere technologisch-posthumanistische Denker:innen vertreten,[12] wäre das Vorverständnis, auf dessen Basis erst verstanden werden kann, das bereits miteinander verknüpfte und gespeicherte Wissen. Der Mensch ist im Wesentlichen sein „Muster“[13] an Information, so postuliert es Kurzweil. Jeder Zuwachs an Information würde demnach das Muster an Information und folglich das Wissen erweitern sowie die Fähigkeit zum Verständnis kausal sich bedingend mit der Quantität an Verknüpfungspunkten verbessern. Das Verstehen ist in dieser Theorie ein Prozess des Einordnens von Information in bereits bestehendes Wissen, um diese Information verfügbar zu machen. Das Verstehen bewirkt den Zuwachs an Wissen, wodurch sich die Entität stetig weiter (unter „gesunden“ Voraussetzungen) von dem Anfangspunkt der eigenen *Creatio* entfernt, die auch als der Zustand des geringsten Wissens interpretiert werden könnte. Weil

---

12 Vgl. Janina Loh: Trans- und Posthumanismus zur Einführung. 2. Aufl. Hamburg 2018. S. 27.

13 Kurzweil: *Die Intelligenz*. S. 206.

diese Theorie der Musterfortschreibung plausibel auf ein künstlich-digitales Substrat überschrieben werden kann, scheint einem künstlichen Verstehen auf Selbstbewusstseinsebene für Vertreter:innen dieser Theorie nichts im Wege zu stehen. Der Fehlschluss, den ich hierbei aufdecken möchte, äußert sich in eben dieser Schlussfolgerung. Fehlschlüssig ist es, davon auszugehen, dass sich die maschinelle Informationsverarbeitung durch qualitative und quantitative Annäherungen an eine menschliche Informationsverarbeitung zu einem *Verstehen* ausbilden kann. Dringend kategorial zu unterscheiden ist die Verarbeitung von Informationen von dem Prozess des Verstehens, der allen menschlichen Wahrnehmungen zugrunde liegt.

3.2. Vorgängiges Lebensverhältnis

Rudolf Bultmann beschreibt, wie jedem Verstehen einer Sache ein Vorverständnis im Sinne eines vorgängigen Lebensverhältnisses zu dieser Sache vorgeordnet ist. Verstehen „setzt ein nichtwissendes Wissen voraus, ein Wissen im Charakter der Frage.“[14] Dabei leitet „*das vorgängige Lebensverhältnis zu der Sache* [...] das Woraufhin der Befragung“[15]. Verstehen heißt bei Bultmann Interpretieren der Fraglichkeit des Seins der zu verstehenden Sache. Jede Sache erscheint dem verstehenden Subjekt somit zunächst in ihrer Fraglichkeit, so auch bei dem eigenen Dasein selbst. „Denn das Dasein weiß nie abschließend um sich selbst, sondern immer neu und anders, weil es nie abgeschlossen ist.“[16] Jede neue Lebenssituation stellt auch das eigene Dasein in Frage und gibt die Möglichkeit, es neu zu verstehen.[17] Die verstehende Interpretation bei Bultmann deutet sich zirkulär an. Nach einer Sache zu fragen, ist für die verstehende Interpretation derselben obligatorisch. Um nach einer Sache fragen zu können, muss ein vorgängiges Lebensverhältnis zu dieser Sache notwendigerweise bereits bestehen.[18] Bultmann meint daher: „Ohne zu fragen, kann ich nicht hören [...]. Um aber fragen zu können, muß ich in gewisser Weise schon wissen.“[19] Das, was das verstehende Subjekt

14 Rudolf Bultmann: Die Bedeutung der „dialektischen Theologie“ für die neutestamentliche Wissenschaft. In: Ders.: Glauben und Verstehen. Gesammelte Aufsätze 1. 8. Aufl. Tübingen 1980. S. 128.

15 Rudolf Bultmann: Das Problem der Hermeneutik. In: Ders.: Glauben und Verstehen. Gesammelte Aufsätze 2. 3. Aufl. Tübingen 1961. S. 227.

16 Bultmann: *Die Bedeutung*. S. 128 / Rudolf Bultmann: Glauben und Verstehen 1. S. 128.

17 Vgl. ebd.

18 Vgl. Bultmann: *Das Problem*. S. 216 / Rudolf Bultmann: Glauben und Verstehen 2. S. 216.

19 Bultmann: *Die Bedeutung*. S. 128 / Rudolf Bultmann: Glauben und Verstehen 1. S. 128.

als nichtwissendes Wissen bereits weiß, und die Voraussetzung, warum es überhaupt fragen kann, ist als das Vorverständnis des menschlichen Seins und der eigenen Existenz zu begreifen.[20] Es ist ein Verständnis der Lebenssphäre, in der sich menschliches Dasein bewegt und in der sich das eigene Dasein seine Möglichkeiten ausbildet.[21] Die zur verstehenden Interpretation notwendige Richtung der Befragung einer Sache ist nach Bultmann gegeben „durch *die Frage nach dem menschlichen als dem eigenen Sein.*“[22] Während das Vorverständnis nach Bultmann ein kontinuierliches ist, ist das Verstehen selbst situativ und muss jeweils im Entschluss ergriffen werden.[23]

Bultmann meint, dass niemand ohne ein Vorverständnis z.B. etwas, „was irgendwo in der Literatur über Liebe und Freundschaft, über Leben und Tod, kurz über den Menschen gesagt ist“[24], verstehen kann. Dadurch jedoch, dass „das Verständnis des Menschen seiner selbst immer ein unabgeschlossenes und jeweils im Entschluß zu ergreifendes ist“[25], kann die Interpretation nur eine objektive sein, wenn diese nicht in der Subjektivität verbleibt, sondern kritisch in Frage gestellt wird.[26] Bultmann sucht nach einer Objektivität in der Subjektivität. Zirkulär ist Bultmanns Darlegung des Verstehens durch seine Beschreibung der Möglichkeit und sogar Notwendigkeit, um nicht „naiv“[27] zu sein, der kritischen Auseinandersetzung mit der jeweiligen situativen Auslegung des Vorverständnisses. Das Vorverständnis ermöglicht jedoch, dass überhaupt nach den zu verstehenden Sachen gefragt werden kann. Insbesondere weil das situative Verständnis des Daseins nie abgeschlossenes ist, muss es in seinem Gehalt stets kritisch hinterfragt und daher veränderbar sein. Bultmann bemüht daher eine wechselseitige Dynamik zwischen situativem Verstehen und dem Vorverständnis. Das will ich im weiteren Verlauf analysieren.

---

20 Vgl. Bultmann: *Das Problem*. S. 228 / Rudolf Bultmann: Glauben und Verstehen 2. S. 228.

21 Vgl. ebd.

22 Ebd.

23 Vgl. Rudolf Bultmann: Der Begriff der Offenbarung im Neuen Testament. In: Ders.: Glauben und Verstehen. Gesammelte Aufsätze 3. 2. Aufl. Tübingen 1662. S. 7.

24 Ebd.

25 Ebd.

26 Vgl. ebd.

27 Ebd.

3.3. Rückblickende Synthese (I)

Die technikoptimistische Argumentation will in funktionaler Weise das selbstbewusste Gehirn (Zerebrozentrismus) aus einer als objektiv angenommenen Dritten-Person-Perspektive als von der spezifischen Organisation an Informationen abhängig (Funktionalismus) plausibilisieren. Dabei wird das eigene Bewusstsein nicht phänomenologisch, sondern ontologisch begründet. Schlussfolgerungen bezüglich eines digitalen Selbstbewusstseins drängen sich insbesondere deswegen auf, weil die Perspektive, aus der geurteilt wird, dieselbe ist (Dritte-Person-Perspektive). Hierzu unterschieden schließe ich in der vorliegenden Argumentation aus der Ich-Perspektive eines Phänomens des Vorverständnisses – als des jeglicher verstehender Interpretation vorgängigen Existenzverständnis des eigenen Seins – auf das Selbstbewusstsein. Inwiefern diese Methode zielführend für eine kategoriale Unterscheidung der ontologischen Strukturen menschlichen Daseins und eines maschinellen Seins ist, gilt es im weiteren Verlauf zu klären. Dabei gilt es die These, dass Menschen verstehen, weil sie ein Vorverständnis haben und Maschinen bloße Information ohne ein Vorverständnis verarbeiten oder verrechnen, zu überprüfen.

4. Die ontologische Zirkelstruktur des Daseins

> Das: Ich denke, muß alle meine Vorstellungen begleiten können; denn sonst würde etwas in mir vorgestellt werden, was gar nicht gedacht werden könnte, welches ebenso viel heißt, als die Vorstellung würde entweder unmöglich oder wenigstens für mich nichts sein.[28]

Mit diesen Worten von Immanuel Kant leite ich in meine Darlegung des menschlichen Verstehens im Sinne eines zirkulären Zusammenhangs des Selbstverstehens als Vorverstehen ein. Ohne mich selbst mitzudenken, kann ich mir keine Vorstellung von *etwas* machen. Kant beschreibt das als eine „transzendentale Einheit des Selbstbewußtseins", die „in allem Bewußtsein ein und dasselbe ist"[29]. Das Phänomen des Ich-Verstehens begleitet alle unsere Gedanken und Vorstellungen als ein Vorverständnis aller Verstehensprozesse. Aus dieser Einheit des Selbstbewusstseins heraus ist der Mensch nach Kant erst zu Erkenntnissen, die ohne Überprüfung in der Erfahrung feststellbar sind, befähigt. Ohne das *alle*

---

28 Immanuel Kant: Kritik der reinen Vernunft. 2. Aufl. In: Kant's gesammelte Schriften. Hrsg. von der königlich preussischen Akademie der Wissenschaften. Berlin 1900 ff. S. 131 f. [Folgend: KrV B].

29 KrV B 132.

meine Gedanken begleitende „Ich denke" wären Erkenntnisse a priori nicht möglich.[30] Ähnlich zirkulär anmutend argumentiert auch René Descartes mit seinem ersten Grundsatz der Philosophie, der da heißt *Cogito ergo sum.*[31] Erst das „Ich denke" macht das Ich existent.

Zur Überprüfung der Möglichkeit eines künstlichen Selbstverstehens soll nun im Folgenden phänomenologisch die Struktur des Selbstverstehens betrachtet werden und dessen Übertragbarkeit in technische Substrate untersucht werden.

Auf der Suche nach dem Sinn von Sein stößt Heidegger auf das Dasein, in dem uns das Sein von Seiendem erschlossen ist. Während Heidegger Sein als das konkrete Sein einer Sache versteht, beschreibt das Sein des Seienden die phänomenologisch aufzeigbare Seinsverfassung des Seins. „Dasein ist in der Weise, seiend so etwas wie Sein zu verstehen."[32] Heideggers Analyse des Seins basiert auf seiner Auslegung des Daseins in seiner existenzialen Verfasstheit eines Verhältnisses zu sich selbst. Als Existenz beschreibt Heidegger das „Sein selbst, zu dem das Dasein sich so oder so verhalten kann."[33] Damit skizziert Heidegger, wie Dasein ein mit Seinsverständnis ausgestattetes Seiendes ist; es hat den Vorrang zu allem anderen Seienden: „der ontisch-ontologische Vorrang des Daseins"[34]. Der ontische Vorrang vor allem anderen Seienden ergibt sich dadurch, dass das Dasein als Seiendes in seinem Sein durch Existenz bestimmt ist.[35] Der ontologische Vorrang des Daseins vor allem anderen Seienden besteht darin, dass es „auf dem Grunde seiner Existenzbestimmtheit an ihm selbst ‚ontologisch' [ist]."[36] Wenn die Ontologie nach Heidegger das Fragen nach dem Sein des Seienden ist, dann ist das Ontologisch-Sein des Daseins vorontologisch, weil es bereits ein Verständnis von Sein hat.[37] Dabei versteht das Dasein nicht nur das eigene Sein, sondern vielmehr das Sein alles nicht daseinsmäßigen Seienden. Dies beschreibt den dritten Vorrang, die „ontisch-ontologische Bedingung der Möglichkeit aller Ontologien."[38] Vorliegen haben wir mithin: ein Sein, welches das Sein des Seienden in der Weise, wie es phänomenologisch erscheint, erfassen und verstehen

---

30 Vgl. ebd.

31 René Descartes: Meditationen über die erste Philosophie. Übers. von Christian Wohlers. Hamburg 2009. S. 27 ff.

32 Heidegger: *Sein und Zeit*. S. 17.

33 A.a.O. S. 12.

34 A.a.O. S. 14.

35 Vgl. a.a.O. S. 13.

36 Ebd.

37 Vgl. a.a.O. S. 12.

38 A.a.O. S. 13.

kann. Mit Heidegger gesprochen: „zum Dasein gehört als ontische Verfassung ein vorontologisches Sein.“[39]

Dieser beschriebene Zustand des Daseins wird konkret, wenn man das Verstehen des Seins näher betrachtet, durch welches sich das Dasein ontisch auszeichnet: „Ursprünglich existenzial gefaßt, besagt Verstehen: entwerfend-sein zu einem Seinkönnen, worumwillen je das Dasein existiert.“[40] Heideggers Interpretation des Verstehensbegriffes beläuft sich auf ein Sich-Verstehen als „In-der-Welt-sein“.[41] Das Dasein *versteht*, dass es als ein existenziales Möglich-Sein in der Welt ist: „Verstehend ist das Dasein je, wie es sein kann.“[42] Dieses Verstehen ergibt sich nach dem folgenden zirkulären Schema: „Das Dasein entwirft als Verstehen sein Sein auf Möglichkeiten.“[43] Das verstehende Sein ist in seinen Möglichkeiten ein Seinkönnen.[44] Im Phänomen der Auslegung vermag das Dasein, die im Verstehen entworfenen Möglichkeiten auszuarbeiten. „In ihr [der Auslegung] eignet sich das Verstehen sein Verstandenes verstehend zu.“[45] Als Seinkönnen wird das verstehende Sein in der Auslegung zu dem, was es ist.[46] In der Auslegung des Verstehens versteht das Dasein, dass es ein Möglichkeitsrealisierendes und somit verstehendes Sein ist. „Seiendes, dem es als In-der-Welt-sein um sein Sein selbst geht, hat eine ontologische Zirkelstruktur.“[47] Das Verstehen als Existieren, als Sein, zu welchem sich das Dasein verhalten kann, eilt dabei dem entworfenen Seinkönnen voraus, es ist diesem gegenüber „primär zukünftig“[48].

> Dem entwerfenden Sichverstehen in einer existenziellen Möglichkeit liegt die Zukunft zugrunde als Auf-sich-zukommen aus der jeweiligen Möglichkeit, als welche je das Dasein existiert. Zukunft ermöglicht ontologisch ein Seiendes, das so ist, daß es verstehend in seinem Seinkönnen existiert.[49]

39 A.a.O. S. 17.
40 A.a.O. S. 336.
41 A.a.O. S. 337.
42 A.a.O. S. 336.
43 A.a.O. S. 148.
44 Vgl. ebd.
45 Ebd.
46 Vgl. ebd.
47 A.a.O. S. 153.
48 A.a.O. S. 337.
49 A.a.O. S. 336.

Nach Heidegger versteht das Dasein in seinem Seinsverständnis das eigene Sein als Seinkönnen in der Welt. Um ontologisch zu plausibilisieren, warum Maschinen dieses Verstehen nicht aufzeigen können, ist es aufschlussreich, Edmund Husserls Darlegung von Zeitbewusstsein und Identitätsverständnis hinzuzuziehen.

4.1. Husserls Identitätsbewusstsein

Husserl rekurriert auf das Selbstverständnis durch einen Verweis auf das Phänomen der Bewusstseinssynthese. Demnach synthetisiert der Mensch einzelne verschiedene Bewusstseinsphänomene zu einem intentionalen Gegenstand.[50] Er verfügt damit über ein vorgängiges Identitätsverständnis, das ihm ermöglicht, im Phänomen wechselnde, als zeitlich überdauernde Gegenstände zu identifizieren.[51] Für eine Darstellung der Bedeutung dieser Vorgängigkeit für die vorliegende maschinentheoretische Argumentation gilt es deshalb, die Bewusstseinssynthese näher zu beleuchten.

Nach Husserl kann sich das, was absolut voraussetzungslos gelten muss (also eine „apodiktische Evidenz"[52] ist), nur nach dem Vollzug der „phänomenologischen εποχή"[53] offenbaren. Bei dieser phänomenologischen Reduktion werden alle subjektiven Annahmen von Gegenständlichkeit über ein beliebiges Phänomen ausgeklammert. Danach verbleibt allein dasjenige, das transzendental und also erfahrbar ist: das „reine Ego mit dem reinen Strom meiner *cogitationes*"[54]. Es verbleiben die reinen erfahrbaren Bewusstseinsphänomene, welche voraussetzungslos evident sind.[55] Das Sein der Erfahrungswelt ist für das Ich beständig da, „nach einem Gegenwartsfelde wahrnehmungsmäßig bewußt in ursprünglichster Originalität, als es selbst"[56]. Nur auf das, was ich erfahre, kann ich mich voraussetzungslos verlassen, so Husserl. Das transzendental reduzierte Ego findet sich nun wieder in einem Strom verschiedener Bewusstseinsphänomene, die es situativ erfährt. Die Synthetisierungsleistung des Bewusstseins ermöglicht

50 Vgl. Edmund Husserl: Cartesianische Meditationen. Eine Einleitung in die Phänomenologie. Hamburg 2012. S. 46.

51 Vgl. Edmund Husserl: Zur Phänomenologie des inneren Zeitbewußtseins. Mit den Texten aus der Erstausgabe und dem Nachlaß. Hamburg 2013. S. 8.

52 Husserl: *Cartesianische Meditationen*. S. 18.

53 A.a.O. S. 60.

54 A.a.O. S. 61.

55 Vgl. a.a.O. S. 22.

56 A.a.O. S. 20.

es dem Ich, verschiedene Bewusstseinsphänomene einem einzelnen Gegenstand innerhalb des Bewusstseins zuzuordnen. So kann ich beispielsweise verschiedene Bewusstseinsphänomene von einem Stuhl haben und diese dennoch demselben Gegenstand zuordnen. Auf diese Weise ermöglicht die Synthetisierungsleistung dem Ich, Bewusstseinsphänomene der eigenen Existenz, welche bewusst-gemachte Versionen seines Selbst sind, zu einem evident erfahrbaren intentionalen Gegenstand des Bewusstseins zu identifizieren: Mit der universalen apodiktischen Erfahrungsstruktur

> hängt es zusammen und zu ihr selbst gehört es auch mit, daß das Ich für sich selbst apodiktisch vorgezeichnet ist als konkretes, mit einem individuellen Gehalt an Erlebnissen, Vermögen, Dispositionen seiendes, horizontmäßig vorgezeichnet als ein durch mögliche, in infinitum zu vervollkommnende und eventuell zu bereichernde Selbsterfahrung zugänglicher Erfahrungsgegenstand.[57]

Die erfahrbaren Bewusstseinsphänomene ergeben für Husserl dementsprechend noch nicht den absolut unbezweifelbaren Bestand des Verstehens und somit der Selbsterfahrung. Erst die Einordnung der evidenten phänomenalen Existenzerfahrungen des Selbst in die „universale apodiktische Erfahrungsstruktur“[58] lässt das Konstrukt „Ich“ entstehen, das identifiziert und also verstanden werden kann als zeitlich überdauernder „Gegenstand“. Die Erfahrungsstruktur, in welche sich alle Bewusstseinsphänomene einordnen, wird ermöglicht durch das Bewusstsein von Zeitlichkeit. Der Mensch kann Gegenstände identifizieren, indem er diese in eine immanente Zeitstruktur einordnet. Dabei werden einzelne Bewusstseinsphänomene zu einem intentionalen Gegenstand innerhalb des Bewusstseins synthetisiert und in eine fortlaufende zeitliche Struktur eingeordnet. Auch das Selbst wird dadurch ein intentionaler „Gegenstand“ des Bewusstseins, mit welchem sich das Ich identifiziert und zu welchem jede Existenzerfahrung zugeordnet werden kann. Welchen Grund das Ich zur Identifikation hat, gilt es im Folgenden herauszuarbeiten.

4.2. Zeitlichkeit

Die Zeitlichkeit im Sinne der vorgestellten Phänomenologie ist eine notwendige Voraussetzung der Synthetisierungsleistung des Bewusstseins, um verschiedene Bewusstseinsphänomene zu einem einzelnen intentionalen Gegenstand zu synthetisieren. Inwiefern das Bewusstsein von Zeitlichkeit selbst als eine Kategorie

---

57 A.a.O. S. 67.

58 Ebd.

von Selbstbewusstsein gelten kann, welche künstlich-intelligente Systeme nicht erfüllen können, soll im Folgenden diskutiert werden.

Für Heidegger erschließt sich Seinsverstehen erst aus der Zeitlichkeit des seinsverstehenden Daseins heraus. Im Zusammenhang mit der Zeit als Horizont des Seinsverständnisses eröffnet sich für Heidegger der Sinn von Sein: Es

> soll gezeigt werden, daß das, von wo aus Dasein überhaupt so etwas wie Sein unausdrücklich versteht und auslegt, *die Zeit* ist. Diese muß als der Horizont alles Seinsverständnisses und jeder Seinsauslegung ans Licht gebracht und genuin begriffen werden. Um das einsichtig werden zu lassen, bedarf es einer *ursprünglichen Explikation der Zeit als Horizont des Seinsverständnisses aus der Zeitlichkeit als Sein des seinverstehenden Daseins.*[59]

Indem das Dasein für Heidegger *zeitlich* ist, *versteht* es.

Auch Husserl thematisiert das „allumspannende innere Zeitbewußtsein"[60]. In phänomenologischer Perspektive ist Zeit, so wie jedes andere Phänomen der Welt, nur in subjektiver Erfahrung gegeben. Die *objektive Zeit* ist ebenso wenig wie die objektive Wahrheit gegeben. Husserl beschreibt dies wie folgt: „Die Erlebnisse werden von uns keiner Wirklichkeit eingeordnet. Mit der Wirklichkeit haben wir es nur zu tun, insofern sie gemeinte, vorgestellte, angeschaute, begrifflich gedachte Wirklichkeit ist."[61] Objektive Zeit ist somit ein als objektive Wahrheit einst festgelegter Informationsgehalt, der Informationen in temporale Beziehungen zueinander zu setzen vermag.

Nun könnten kritische technikoptimistische Stimmen erwidern, dass diese immanente Zeitlichkeit, von der die Phänomenologen sprechen, auch im technischen Substrat realisiert werden könnte, als mit Werten der objektiven Zeit verbundene Datensätze. Verschiedene Daten als Pendant zu den oben erwähnten Bewusstseinsphänomenen würden anhand bestimmter Merkmale von dem künstlichen System zu Klassen und Gegenständen zugeordnet werden. Der zeitliche Aspekt eines Vorher und Nachher könnte zusätzlich die Darstellung einer zeitlichen Entwicklung ermöglichen.

Was unterscheidet allerdings die technisch realisierbaren Werte objektiver Zeit von der immanenten Zeitlichkeit, derer sich Husserl bedient? Oder anders gefragt: Was unterscheidet eine künstliche Entwicklung von Zeit von einer bewussten zeitlichen Entwicklung, in welcher das Dasein sein Sein existierend erlebt? Um diese Fragen zu klären, möchte ich eine Unterscheidung von

59 Heidegger: *Sein und Zeit.* S. 17.

60 Husserl: *Cartesianische Meditationen.* S. 44.

61 A.a.O. S. 10.

Zeitgehalt und immanenter Zeitlichkeit aufzeigen. Zeitgehalt und Zeitlichkeit befinden sich auf zwei unterschiedlichen kategorialen Ebenen. Der Zeitgehalt ist in Informationswerten darstellbar. Zwischen den einzelnen Zeit-Werten besteht keine intrinsische kausale Verbindung, höchstens wird ihnen extern eine solche auferlegt. Zeitlichkeit hingegen lässt sich informationell nicht darstellen, sie ist erfahrenes Widerfahrnis. Das Bewusstsein des eigenen Selbst ist ein zeitliches, indem mir bewusst wird, dass es mich bereits gegeben haben musste, bevor ich überhaupt ein Erlebnis gehabt habe(n konnte). Das Bewusstsein von Zeitlichkeit ergibt sich durch das Widerfahrnis der Vorgängigkeit meiner Existenz. Sie ist die Möglichkeit der Erfahrung kausaler Zusammenhänge meiner Bewusstseinsphänomene über die Zeitlichkeit hinweg und somit der Erfahrung der Identifikation von Existenzerlebnissen meines Selbst und Phänomenen, die die meinen sind, mit einem vorgängig bereits existierenden Ich. Das Bewusstsein von Zeitlichkeit ermöglicht Synthetisierung: In Bezugsetzung zu mir und meiner Genese der Bewusstseinsphänomene.

4.3. Rückblickende Synthese (II)

Die ontologische Struktur des menschlichen Daseins deutet sich zirkulär an. Kants *Ich denke*[62] als Existenzverständnis widerfährt mir in jedem Verstehen, in jedem Bewusstseinsphänomen. Das Dasein ist nach Heidegger vorontologisch, in dem Sinne, dass es Sein verstehen kann: „Dasein ist in der Weise, seiend so etwas wie Sein zu verstehen."[63] Das Verstehen ergibt sich strukturell zirkulär in einem Vorverständnis des eigenen Seins als Seinkönnen in der Welt. Indem ich mein Selbst verstehend in der Welt entwerfe, widerfährt mir, dass ich bereits zuvor verstanden haben musste, dass ich entwerfendes Ich bin.

Als ontologisches Kriterium für Selbstbewusstsein, welches aus der erfahrbaren phänomenologischen Perspektive herauskristallisiert wird, ist das Einheitsbewusstsein *a priori*, nämlich die Vorgängigkeit der eigenen Existenz, die in jedem Bewusstseinserlebnis widerfährt. Warum künstlich intelligenten Systemen keine Vorgängigkeit ihrer eigenen Existenz widerfahren kann, warum ihnen Zeitlichkeit als Voraussetzung jeglicher Bewusstseinssynthese nicht bewusst sein kann, soll im folgenden Kapitel diskutiert werden.

62 Vgl. KrV B 131 f.

63 Heidegger: *Sein und Zeit*. S. 17.

5. Die ontologische lineare Struktur des technischen Seins

5.1. Information

Maschinen verstehen ihr Selbst nicht, obwohl sie auf alle ihre Datenkonfigurationen Zugriff haben und demnach über alle Informationen ihres Systems verfügen. Ich gehe damit auf ihre grundlegende Eigenschaft ein, aufgrund der Zusammensetzung ihrer Daten zu funktionieren. Aufschlussreich erscheint es mir, bezüglich der Debatte um künstliches Selbstbewusstsein bei selbstlernenden Algorithmen die Definition von *Information* näher zu betrachten. Dabei drängt sich die Frage nach der Differenz zwischen den Begriffen *System* und *Code* auf. Selbstlernende Systeme suchen sich nach Dateneingabe eigene Wege der Verrechnung dieser Daten, sie können aus genuinem Antrieb Informationen aus eingespeisten Informationen heraus generieren und diese in ihren Code integrieren, der ebenfalls aus Informationen besteht. Diese Sichtweise auf selbstlernende Systeme lieferte mir die Motivation für meinen Beitrag. Liegen unterschiedliche kategoriale Ebenen vor? Schreibt das System den eigenen Code und ist somit mit diesem nicht vergleichbar? Verfügt das System über seinen Code? *Versteht* das System den eigenen Code? Müssten nicht zwei Definitionen von Information differenziert werden, wenn eine Information als übergeordnetes System über die anderen Informationen als Code verfügt, aus welchem ersteres dann besteht? Zur Veranschaulichung der zu besprechenden Problematik möchte ich das folgende Argument darlegen und überprüfen:

(P1) Das künstliche System ist Information.
(P2) Das künstliche System verfügt über die eigenen Informationen.
(K) Das künstliche System ist Information und verfügt gleichzeitig über diese Information.

Hier liegt m.E. ein Widerspruch vor: Das System ist mit seinem Code gleichzusetzen, welcher aus Informationen besteht; Das System verfügt über den eigenen Code, indem Informationen verändert und eingefügt werden können. Eine These, die ich zur Lösung des Paradoxons überprüfen möchte, ist die folgende: Das künstliche System ist mit seinem Code *identisch.* Das System kann keine kategorial übergeordnete Instanz unterschieden vom eigenen Code sein, weil das System und der Code nicht voneinander getrennt werden können. Gegensätzlich verhält es sich aber wohl beim Menschen. Aus dem Vorverständnis meines Selbst heraus als meinen einzelnen Bewusstseinsphänomenen übergeordnete verstehende Instanz, also als sich mit diesen einzelnen Bewusstseinsphänomenen identifizierende Instanz, ohne die ich die einzelnen Bewusstseinsphänomene nicht als meine *verstehen* könnte, kann ich (ontologisch) plausibilisieren, dass ich mit meinen Bewusstseinsphänomenen *nicht identisch* bin. Vielmehr ist es sogar dem Begriff *Bewusstseinsphänomen* eigen, dass einem Ich etwas als ein Erlebnis aus der Ich-Perspektive bewusst wird.

Wie aber kann das künstliche System neue Informationen kreieren und in den eigenen Code integrieren, wenn es keine kategorial übergeordnete Instanz gibt, die neue Informationen in die bestehenden einordnet und somit neue Verrechnungswege schafft? Das künstliche System kann dies, indem die inhärenten technischen Strukturen eine Elaboration und Speicherung von neuen Informationen zulassen. Die Elaboration und Speicherung neuer Informationen folgen dabei keinem *übergeordneten* Schema, sie sind selbst funktionaler Teil des Codes und somit Information. Das künstliche System baut sich rein additiv (bzw. subtraktiv) auf. Die Informationswerte setzen sich zu einem teilweise von Menschen nicht mehr nachvollziehbaren Netz von Informationen zusammen, wobei neue Informationen an den bereits bestehenden Code gereiht, beziehungsweise in das Informationsnetz eingeordnet werden. Das künstliche System ist auf eine solche Weise programmiert, dass sich neue Informationen in das bestehende Netz aus Informationen einfügen. Dabei wird stets gezwungenermaßen eine Veränderung des Systems hervorgerufen. Dies führt zu einer Veränderung des Outputs des künstlichen Systems. Das System verändert sich dabei stetig mit der Einspeisung neuer Informationen zu einem anderen System, der Code verändert sich zu einem anderen Code und ist mit dem alten kausal nicht verbunden. System 1 (S1) ist kein Element von System 2 (S2). Das System kann also neue Informationen kreieren und in den eigenen Code integrieren, auch ohne eine kategorial übergeordnete Instanz vorauszusetzen. Der Unterschied zwischen menschlichem Verstehen und maschinellem informieren besteht an dieser konkreten Stelle: Der Code steht in keiner Verbindung zu einer kategorial übergeordneten Instanz, welche sich mit jeder bewusst-gemachten Version ihrer Selbst zu identifizieren vermag.

5.2. Entwicklung ohne Zeitlichkeit

Das seinsverstehende Dasein versteht seine Existenz als Seinkönnen in der Welt.[64] Der Mensch versteht, dass er in der Welt ist und sich in ihr nach seinen Möglichkeiten entwerfen kann. Unverfügbar für ihn ist seine eigene *Creatio*. Er versteht, dass er ein Seinkönnen ist, dem er sich nicht entziehen kann. Das

64 Vgl. a.a.O. S. 148.

künstliche System hingegen ist mit seinen Datenkonfigurationen gleichgesetzt. Das Zusammenspiel aller Informationen, die das System ergeben, erfüllt seine Funktion. Auch wenn das künstliche System ebenso wie der Mensch in seiner *Creatio* unverfügbar ist und somit sowohl Menschen als auch Maschinen davon abhängig sind zu sein, unterscheidet sich die Maschine hinsichtlich der fehlenden Möglichkeit, das eigene Sein existentiell zu *entwerfen*. Maschinen sind kein Seinkönnen. Maschinen sind ein Sein, allerdings kein Dasein (Heidegger). Sie sind ontisch stets die aktuelle Version ihrer selbst, sie sind die aktuell vorliegenden Datenkonfigurationen. Mit jedem neu eingespeisten Datum in das künstliche System entfernt sich dieses immer weiter von dem Code, der bei der *Creatio* als Ursprungs-Code gewesen ist. Die Informationsgehalte von vergangenen Versionen des künstlichen Systems bleiben in der jeweils neuen Version als qualitative Eigenschaften erhalten. Das künstliche System, bzw. der Code, ist jedoch ein anderer und kann nicht mehr mit dem älteren als ein und dasselbe System von dem System selbst bezeichnet werden. Eine Identifikation des neuen Codes (S2) mit dem alten Code (S1) kann das System nicht vornehmen, weil S2 und S1 unvereinbar sind, während das System und der Code identisch sind.

Im Gegensatz zu dieser Entwicklung, die jeweils neue Systeme mit noch vorhandenen Eigenschaften des vergangenen Systems entstehen lässt, steht das menschliche Dasein. Heidegger stellt eben diese Gegenüberstellung in seiner Beschreibung des zeitlichen Daseins heraus:

> Ob ausdrücklich oder nicht, *ist* es [das Dasein] seine Vergangenheit. Und das nicht nur so, daß sich ihm seine Vergangenheit gleichsam „hinter" ihm herschiebt und es Vergangenes als noch vorhandene Eigenschaft besitzt, die zuweilen in ihm nachwirkt. Das Dasein „ist" seine Vergangenheit in der Weise *seines* Seins, das, roh gesagt, jeweils aus seiner Zukunft her „geschieht".[65]

Die Bezeichnung der ontologischen Struktur technischen Seins als *linear* verdeutlicht hier die Gegensätzlichkeit zur dargestellten ontologischen *zirkulären* Struktur menschlichen Daseins. Der Begriff der Linearität soll deskriptiv anschaulich für eine Entwicklung stehen, die sich ohne Rückbezug zum Anfang kontinuierlich vom Anfang wegbewegt. Obwohl Menschen sich ebenfalls auf informationeller Ebene weiter von ihrer Ursprungs-*Creatio*, von ihrer zellulären Anfangs-Zusammensetzung entfernen, vermag der Mensch im Sinne eines ursprünglichen Einheitsbewusstseins, auf einer der informationellen kategorial

65 A.a.O. S. 20.

übergeordneten Ebene, die einzelnen bewusst-gemachten Versionen seines Selbst als ein Konstrukt-Selbst zu identifizieren.

6. Output – Fazit

In einem Teilbereich der Künstlichen Intelligenz, dem *Deep Learning*, erschließen künstlich intelligente Systeme aus Daten Zusammenhänge und lernen diese, indem sie die neuen Daten in ihr System integrieren und anwenden. Die maschinelle Informationsverarbeitung ist auf funktionaler Ebene mit der neuronalen Informationsverarbeitung des Menschen vergleichbar. Diese Vergleichsebene nutzen technikoptimistische Futurist:innen wie die des Transhumanismus und des technologischen Posthumanismus als Argumentationsgrundlage für eine Beweisführung eines künstlich-digitalen Selbstbewusstseins. Entgegen dieser Annahme wurden in dem vorliegenden Beitrag philosophische Interventionen gegen ein digitales Selbstbewusstsein auf der Grundlage phänomenologischer Einsichten entwickelt. Unterschieden wurde dafür u.a. das menschliche *Verstehen* von dem maschinellen *Informiert-werden*.

Die technikoptimistische Perspektive, die das Selbstbewusstsein auf kleinste berechenbare und austauschbare Funktionseinheiten reduziert, zwingt folgerichtigerweise dazu, von der Möglichkeit und Aussicht eines digitalen Selbstbewusstseins auszugehen. Diese Argumentationsweise gerät allerdings in Sackgassen und verstrickt sich in (aufgezeigten) Fehlschlüssen sowie widersprüchlichen Prämissen. Vielmehr muss aus der Ersten-Person-Perspektive des phänomenalen Erlebens heraus, welche die Zirkularität des eigenen Daseins offenbart, darauf geschlossen werden, dass künstliche Systeme, die bloße Information sind, solch eine Zirkularität nicht aufweisen können, zumindest nicht unter den (aktuell) vorzufindenden technischen Konditionen von künstlich intelligenten Systemen.

Ein situatives Verstehen des Entwurfs des eigenen Seins steht immer in dem Kontext eines kontinuierlichen Vorverständnisses des eigenen Daseins als sich entwerfendes Sein in der Welt. Das Dasein im Sinne Heideggers *existiert*, es verhält sich zu seinem eigenen Sein, als in seinen Möglichkeiten zu entwerfendes und zu verstehendes Sein. Das Dasein ist vorontologisch, weil es nicht erst nach der Seinsverfassung eines Seienden fragen muss, sondern den Sinn von Sein bereits versteht.[66] Im Vergleich hierzu ist das künstlich intelligente System perspektivlos seiend. Es besitzt kein Weltverständnis, da es nicht vermag, sich in

66 Vgl. a.a.O. S. 12.

der Perspektive einer Welt zu verstehen, in der es ist und in der es sich zu sich selbst verhält. Menschliche Verstehensprozesse bewegen sich auf einer anderen kategorialen Ebene als auf der funktionalen Informationsebene, weil mit dem Verstehen stets ein zirkuläres Selbstverstehen und Weltverstehen mitgegeben ist. Daher konstatiert Heidegger: „Das Verstehen ist nie freischwebendes, sondern immer befindliches."[67] Der Prozess des Verstehens wird stets vollzogen in zirkulärem Rückbezug auf bereits Verstandenes. Als bereits Verstandenes widerfährt die Vorgängigkeit des eigenen Seins als ursprünglich für jegliches Bewusstsein des zu verstehenden Objektes.

Künstliche digitale Berechnungsprozesse in künstlich intelligenten Systemen hingegen *verstehen* nicht, sondern *werden informiert.* Sie beschränken sich auf die Informationsweitergabe auf der Ebene der Aufnahme und des Verrechnens von Informationsgehalten sowie der Speicherung und Anwendung dieser auf neue Informationen. Dabei werden sie mit jeder Veränderung ein neues kausal unabhängiges System, welches Informationen anwenden und miteinander verrechnen kann.

Menschen widerfährt ein Einheitsbewusstsein a priori, eine Vorgängigkeit ihrer Existenz, die sie die einzelnen bewusst-gemachten Versionen ihrer Selbst als ein Konstrukt-Selbst identifizieren lässt. Der Mensch verbleibt dabei stets zirkulär im Anfang, in einem Vor-Verstehensprozess seines eigenen Daseins in der Welt. In diesem Zusammenhang erlebt und versteht er jede Version seines Selbst.

Ich kann in der Ersten-Person-Perspektive über meine ontologische Zirkelstruktur des Daseins sprechen. Aus den inhärenten Strukturen der maschinellen Informationsverarbeitung kann ich in der Dritten-Person-Perspektive aufgrund ontologischer Gegebenheiten darauf schließen, dass Maschinen diese zirkuläre Verstehensstruktur nicht aufweisen können. Aus der Erfahrung meiner Existenz und der kontinuierlichen Identifikation meines Selbst mit meinen Erlebnissen heraus, die alle meine Gedanken begleiten, muss ich darauf schließen, dass ein künstliches System nicht die erforderlichen Bedingungen für Selbstbewusstsein aufweist.

Folgende ontologische Kriterien wurden im Rahmen dieser Gedankenführung gegen ein digitales Selbstbewusstsein formuliert:

---

67 A.a.O. S. 339.

a. Das Widerfahrnis der Vorgängigkeit der eigenen Existenz: Es hat mich bereits vor diesem Erlebnis geben müssen, um dieses Erlebnis haben zu können.
b. Das Bewusstsein von Zeitlichkeit.
c. Die Identifikation des Einheitsbewusstseins a priori mit den bewusstgemachten Versionen des eigenen Selbst.
d. Die Synthetisierung eines Konstrukt-Selbst, das zeitlich existiert.
e. Die Übereinstimmung des künstlich intelligenten Systems mit seinem Code.
f. Die Unvereinbarkeit zwischen dem System 1 und dem veränderten System 2. Mit der Fortführung des Codes wird dieser durch einen anderen Code ersetzt. Es gibt keine kategorial übergeordnete Instanz, die sich mit Versionen des eigenen Selbst zu identifizieren vermag.

Weil künstlich intelligente Systeme die ontologischen Kriterien e. und f. erfüllen, ist es ihnen nicht möglich, die Kriterien a. bis d. zu erfüllen. Demzufolge kann ich darauf schließen, dass ein digitales Selbstbewusstsein aufgrund der technischen Eindimensionalität der Information ontologisch ausgeschlossen werden kann.

In dem vorliegenden Gedankengang habe ich Kriterien vorgelegt, an denen sich aufzeigen lässt, warum Maschinen aus ontologischer Hinsicht kein Selbstbewusstsein haben können. Warum bzw. ob Maschinen aus erkenntnistheoretischer Perspektive ein Bewusstsein in Begegnungsdynamiken anerkannt werden kann (oder sollte), ist ein Problem (und eine Perspektive (Zweite-Person-Perspektive)), das in der vorliegenden Argumentation keine Berücksichtigung fand, aber eindeutig ein Desiderat darstellt.[68]

68 Vgl. Kathrin Burghardt: Wenn Maschinen als Menschen zu begegnen scheinen. Anerkennung unter der Herausforderung transhumanischer Visionen. In: Lukas Ohly, Uwe Gerber (Hg.): Anerkennung. Leipzig 2021. S. 79-96.

Roman Winter-Tietel

Gestell und Deutung
Eine Phänomenologie der Digitalität

Einleitung

Der Begriff der Digitalität hat heute Konjunktur. Philosophie und Theologie bedienen sich wie andere Wissenschaften zuvor dieses reizenden Wortes, um vieles, wenn nicht gar alles, was mit Digitalisierung verbunden ist, gesellschaftlich und lebensweltlich zu deuten. Mit Digitalität wird die gewöhnliche lebensweltliche Unterscheidung zwischen digital und analog problematisiert. Die zentrale These lautet, dass sich eine klare Differenz zwischen Realität und Virtualität, sofern unter dem Letzteren die online-Welten und online-Praktiken gemeint sind, für die menschliche Lebenswelt erledigt hat. Wir sind nicht entweder online oder offline, sondern beides zugleich, sodass sich beides nicht parallelisieren lässt, sondern unlängst verschränkt.

Einer der bekanntesten Vertreter dieses Begriffs ist Felix Salder mit seinem Buch *Kultur der Digitalität*.[1] Stalder machte darin darauf aufmerksam, dass es zu Relationen zwischen menschlichen und nicht-menschlichen Akteuren kommt, die unsere *Kultur* transformieren.[2] Wesentlich für die Digitalität sei demnach, dass Praktiken, die online entstanden sind, in unserer analogen Lebenswelt Fuß fassen und damit unsere Lebenswelt durchweben.[3] Das Analoge erklärt sich dann zunehmend nicht mehr jenseits seiner digitalen Einbettungen.[4]

---

1 Beim ihm fungiert der Begriff als Hinweis auf die Mehrdimensionalität der kulturellen Veränderungen durch digitale Technologien. Er schreibt: Digitalität „taucht als relationales Muster überall auf und verändert den Raum der Möglichkeiten vieler Materialien und Akteure." Felix Stalder: Kultur der Digitalität. 2. Aufl. Frankfurt am Main 2017. S. 18.

2 Vgl. Benjamin Jörissen, Stephan Kröner, Lisa Unterberg: Einleitung. In: Dies. (Hg.): Forschung zur Digitalisierung in der Kulturellen Bildung. München 2019. S. 7–9.

3 Vgl. auch Florian Cramer: What is "Post-digital"? In: Post-Digital Research. 3/1. 2014. S. 10–24.

4 Vgl. Benjamin Jorissen, Martha Karoline Schröder, Anna Carnap: Postdigitale Jugendkultur. Kernergebnisse einer qualitativen Studie zu Transformationen ästhetischer und künstlerischer Praktiken. In: Susanne Timm, Jana Costa, Claudia Kühn, Annette Scheunpflug (Hg.): Kulturelle Bildung. Theoretische Perspektiven, methodologische Herausforderungen und empirische Befunde. Münster 2020. S. 61.

Was Stalder beschreibt, ist die Erfahrung, dass digitale Medien, Technologien und Praktiken kulturelle, emotionale, soziale und hermeneutische Effekte im Leben der Menschen zeitigen. Was er und andere aber m.E. gleichsam nicht (mehr) im Blick haben, ist der Charakter der technischen Potentialität, ist die wesenhafte Wurzel von Digitalität und digitaler Technik. Beide „wesen" in der *τέχνη*, also der Kunstfertigkeit und dem phänomenologischen Charakter der Zuhandenheit. Auch die Digitalisierung ist ein Kind der Zuhandenheit. Ohne eine phänomenologische Reflexion auf das, was altbackene Philosophen das Wesen der Technik genannt haben, lassen sich m.E. Digitalität und digitale Technik nicht zureichend verstehen. Digitalität hat das Wesen der digitalen Technik nicht im Blick, weil sie gleichsam von der transformierten Wirklichkeit ausgeht. Weder Digitalisierung noch Digitalität gäbe es aber ohne digitale Hardware, etwa Server oder Smartphones, mit denen hantiert wird und die an der *τέχνη* teilhaben. Beide, das Digitale und das Technische, müssen daher zugleich verstanden sein.

Über das Technische haben schon viele nachgedacht. Zwei Denker will ich in diesem Beitrag in den Vordergrund rücken: Heidegger und Tillich. Ihre Analysen zum Phänomen der Technik bieten sich als Ausgangspunkt an. Doch ihren Gedanken muss eine Phänomenologie der *digitalen τέχνη* zur Seite gestellt werden. Denn was die Damaligen unter moderner Technik verstanden haben, lässt sie nicht reibungslos auf das Digitale übertragen. Und auch die Relevanz ihrer Gedanken für die Theologie muss gleichsam aktualisiert und ergänzt werden.

Damit ist der Denkweg skizziert: Ich rekapituliere das von Heidegger und Tillich analysierte Phänomen der Technik, extrapoliere diese Analyse auf die digitale Technik sowie die Digitalität und verbinde die Ergebnisse zum Schluss mit der Theologie.

1. Die τέχνη und das „Gestell"

Heidegger hat die innere Dynamik der modernen Technik m.E. unter eine präzise und plausible Metapher gebracht hat: das Gestell. Diese *daseinshermeneutische* Metapher soll deutlich machen, dass moderne technische Gebilde (z.B. Kraftwerk) einerseits einem bestimmten Zweck unterliegen und andererseits die Welt und auch das Dasein, hermeneutisch verstanden, als leblosen Bestand und Ressource entbergen (d.h. verstehen). Heidegger beschrieb das so: Die Technik *fordert* den Menschen *heraus*, sein In-der-Welt-sein so zu vollziehen, dass die technischen Artefakte – und später alles andere auch – als *Bestand zu etwas* bestellt sind.[5] Wenn man also heute z.B. ein Flugzeug sieht, so meint Heidegger, sei der primäre verstehende Bezug zu diesem Seienden das Gestellt-Sein: Das Flugzeug ist Bestand auf dem Feld zum Fliegen; es ist bestellt von einer Airline und hingestellt auf das Rollfeld.

Das zentrale Moment dieser Technikanalyse ist die Erschließung einer Kaskade von phänomenologisch und hermeneutisch formulierten Weltbezügen. Aus dieser Wahrnehmung der Welt leiten sich menschliche Handlungsorientierungen und prägende *Praxen* ab, z.B. Schalten, Regeln, Speichern, Touchen, usw. Das alles gibt es im menschlichen Handeln und der Geschichte ohne die Technik nicht; daher ist auch das Gestell welterschließend und gerade nicht Weltlosigkeit, wie Heidegger meinte.[6] Vielmehr sogar: die Artefakte erschließen sich überhaupt erst als „weltend" in der Zuhandenheit durch das Dasein. Sonst sind sie unerschlossener (d.h. unverstandener) Elektroschrott. Sofern das Seiende in der Welt sich für den Menschen im technischen Sinne erschließt, ist es durch die *τέχνη* vorbestimmt. Oder es erschließt sich im poietischen Sinne – *ποίησις* oder *φύσις* – als ein *Sich-selbst*-Entbergen. Heidegger meinte seinerzeit, es gebe so etwas wie einen un-technischen Weltbezug; einen, der nicht durch die technische Hand gestaltet und umgeformt ist. Ich meine, man könnte über diesen Weltbezug sagen: er ist widerfahren und gerade nicht hergestellt; er wurzelt im Ereignis. Ein Beispiel dafür wäre eine Blume, die von selbst sich öffnet und sich zeigen lässt. *Techne* und *Poiesis* stellt Heidegger in einen Gegensatz, denn *Techne* „entbirgt solches, was sich nicht selber her-vor-bringt und noch nicht vorliegt."[7] Das Handwerk der Technik ist ein funktionierendes, stellendes, speicherndes Schaffen für einen Zweck. Tillich beschrieb das seinerseits so: „Das Wasser ist in Röhren, das Feuer in Drähte gebannt. Die Tiere sind ausgeschlossen oder ihrer vitalen Kräfte beraubt. Bäume und Pflanzen sind eingeordnet in den technischen

---

5 Vgl. seinen gesamten Aufsatz: Martin Heidegger: Die Frage nach der Technik. In: Gesamtausgabe. Bd. 7. 1. Abteilung. Vorträge und Aufsätze. Frankfurt 2000. S. 7–36.

6 In den „Schwarzen Heften" ist die Identifikation des Technisch-Rationalen mit Weltlosigkeit vor dem Hintergrund seines Antisemitismus entfaltet. Ich lehne diese Identifikation ab und meine, dass auch das Technische Welt erschließt; heute mehr denn je. Zudem ist es völlig absurd, die *τέχνη* mit einer bestimmten Kultur oder Religion zu identifizieren; denn die Technik gehört zum Menschen, gleich der Sprache, wie Ernst Cassirer es ausgezeichnet gezeigt hat. Vgl. Erst Cassirer: Form und Technik. In: Gesammelte Werke 17. Aufsätze und kleine Schriften (1927–1931). Hamburg 2004. S. 139–183.

7 Heidegger: *Die Frage*. S. 14.

Zusammenhang, dem rationalen Zweck der ‚Erholung' zu dienen."[8] Demnach wird der Technik ein intentionales „Wofür" unterstellt, etwa die Herrschaft über die Natur. Bei Heidegger ist es das „Herausfordern, das an die Natur das Ansinnen stellt, Energie zu liefern, die *als solche* herausgefördert und gespeichert werden kann."[9] Eindrücklich beschrieb er es in einem Bild über das Kraftwerk im Fluss:

> Das Wasserkraftwerk ist in den Rheinstrom gestellt. Es stellt ihn auf seinen Wasserdruck, der die Turbinen daraufhin stellt, sich zu drehen [...]. Im Bereich dieser ineinandergreifenden Folgen der Bestellung elektrischer Energie erscheint auch der Rheinstrom als etwas Bestelltes. Das Wasserkraftwerk ist nicht in den Rheinstrom gebaut wie die alte Holzbrücke [...]. Vielmehr ist der Strom in das Kraftwerk verbaut. Er ist, was er jetzt als Strom ist, nämlich Wasserdrucklieferant.[10]

Die so herausgehobene und entborgene Energie geht über in den menschlichen *Bestand*, der gesichert und verwaltet wird. Und ähnliches geschieht wohl auch mit dem Menschen selbst, wie Tillich bemerkte:

> Indem der Mensch Gegenstände in Dinge verwandelt, zerstört er ihre natürlichen Strukturen und Beziehungen. Dabei ereignet sich mit dem Menschen dasselbe, was sich mit den Gegenständen ereignet, die er umformt. Er wird selbst zu einem Ding unter Dingen. Sein Selbst wird zu einem Ding dadurch, daß es bloße Dinge produziert und mit ihnen arbeitet.[11]

Gerade das scheint heute im Hinblick auf den Menschen allzu oft zu geschehen: Seine Objektivierung zum vermessbaren und codierbaren, manipulierbaren und augmentierbaren Bestand oder Gehirn.

Diese Analyse des Wesens der Technik bei Heidegger ist in mehrfacher Hinsicht aufschlussreich. Indem er die technischen Artefakte an das In-der-Welt-sein bindet, entdeckt er gerade deren Herausforderungen und Umklammerung der menschlichen Existenz. Entsprechend hält auch Blumenberg fest: „Die Technik ist primär nicht ein Reich bestimmter, aus menschlicher Aktivität hervorgegangener Gegenstände; sie ist in ihrer Ursprünglichkeit ein Zustand des

---

8 Paul Tillich: Die technische Stadt als Symbol. In: Gesammelte Werke. Bd. 9. Die religiöse Substanz der Kultur. Schriften zur Theologie der Kultur. Stuttgart 1967. S. 310.

9 Heidegger: *Die Frage*. S. 15.

10 A.a.O. S. 16.

11 Paul Tillich: Systematische Theologie III. Hrsg. von Christian Danz. 5. Aufl. Berlin 2017. S. 552.

menschlichen Weltverhältnisses selbst."[12] Die Welt selbst erscheint damit in ihrem technischen Charakter gekoppelt an einen Zweck, der dem Lebendigen und Seienden ursprünglich fremd, und daher entfremdet ist. Die Technik „entfaltet nicht, sondern sie zerstört *lebendige* Zusammenhänge. Sie fällt den Baum und verwandelt ihn in das technische Material Holz."[13] Diese Beschreibung der *Techne* mag nun gut auf die moderne und teilweise destruktive Technik des 20. Jhs. zutreffen, sie muss aber heute um eine Phänomenologie der digitalen Technik erweitert und freilich auch in ihrem positiven Charakter gewürdigt werden.

2. Die τέχνη und die Deutung

Wenn die moderne Technik in der Weise des Gestells die Lebenswelt der Menschen durchwebt, so darf man fragen, in welcher Weise wohl die digitale Technik das tut? Auch letztere bleibt ja Technik, deren lebensweltlicher Ausdruck die Digitalität ist. Was aber ist deren Wesen? Ich meine zwar, dass auch die digitale Technik Menschen und Artefakte bestellt. Aber die digitale Technik kann mit dem menschlichen Bestand nicht darauf abzielen, Energie zu erzeugen. Die Entbergung unserer Daten, d.h. unseres Verhaltens, unserer Fotos und Bewegungsprofile, die im Bestand von Firmen und Konzernen sind, zielt nicht auf einen Energiegewinn, sondern auf etwas anderes: Diese Daten haben den Zweck der Deutung. Ich will in Analogie zu Heidegger vorgeschlagen, das Wesen der digitalen Technik nicht Gestell, sondern die *Deutung* zu nennen. Das soll an einem Beispiel plausibilisiert werden.

Viel genutzt und umworben ist etwa die *Payback*-Karte, die manche Menschen im Supermarkt an der Kasse in einen Scanner halten, um Punkte zu sammeln. Während sie das tun, sammelt ein Konzern Daten über das Einkaufsverhalten der KundInnen. Der Konzern nutzt die Daten für Analysen, z.B. über die Kaufkraft und welche Eissorte *Peter* gernhat. Eine Eiscreme-Firma ist entsprechend daran interessiert, Peters Daten zu bekommen. Und so kommt man ins Geschäft miteinander. Nun interessiert weder den Payback-Konzern noch die Eiscreme-Firma, *wer* Peter eigentlich ist. Seine Daten sind sein Profil. Er ist für

12 Hans Blumenberg: Lebenswelt und Technisierung unter Aspekten der Phänomenologie. In: Wirklichkeiten, in denen wir leben. Aufsätze und eine Rede. Stuttgart 1996. S. 32.

13 Paul Tillich: Logos und Mythos der Technik. In: Gesammelte Werke. Bd. 9. Die religiöse Substanz der Kultur. Schriften zur Theologie der Kultur. Stuttgart 1967. S. 299. Hervorh. R.W.-T.

die Wirtschaft eine Zahl, die in weitere Zahlen zerfällt. Diese Zahlen und Daten sind aber nicht einfach da, sondern in Deutungen eingebettet. Darauf machte der Soziologe Kucklick aufmerksam: „Daten sind nie neutral, sie erlauben keinen objektiven Blick auf die Welt, sondern stellen sie in einer Weise dar, die uns ein bestimmtes Verhalten nahelegt."[14] Die Anzahl des gekauften Eises von Peter liegt nicht als nackte und ungerahmte Zahl vor; sie steht immer in Relationen und Deutungsschemata, z.B. zu anderen Kunden, zum durchschnittlichen Zuckerwert oder zur Nachfrage dieser einen bestimmten Eissorte. Weil Peter und viele andere dieses Eis gekauft haben, folgt daraus eine Kaskade von deutbaren Entscheidungen über dies und das…

Wäre das nun schon alles an der Digitalisierung, wären wir bloß in der Statistik des 19. Jhs. Was die Digitalisierung davon unterscheidet, sind 1) der Verdacht, dass die Berechnungen dank einer Hochauflösung tatsächlich stimmen und somit ganz andere Deutungsschichten freilegen, sowie 2) dass die Daten in einem Netzwerk des Gestells stehen.

Zum 1)

Die Berechnungen stimmen aus zwei Gründen. Einmal werden sie nicht mehr von Menschen, sondern von hochspezialisierten Algorithmen und Artefakten durchgeführt, die eine unvorstellbare Masse an Daten in Hochauflösung generieren. Kucklick spricht in diesem Zusammenhang von *Granularität*. Dank der Hochauflösung kann jedes winzige Detail des Verhaltens oder, wenn man einen Seitenblick auf die Quantified-Self-Bewegung nimmt, des Leibes vermessen werden. Das führt dazu, dass jeder Mensch in seiner Individualität erscheint, aber im extremen Fall sogar zur Singularität hochaufgelöst wird. Das bedeutet, dass nicht die *Summe* aller Eigenschaften das Individuum ausmacht, sondern bereits der Blutzuckerspiegel so einzigartig erscheint, dass er die Singularität eines Menschen begründet. In der Hochauflösung verschwindet der Durchschnittsmensch, für Kucklick sogar das klassische Verständnis vom Individuum. Durch diese Hochauflösung kommen aber ganz andere Schichten des Menschen zum Tragen, nämlich jene, die *jenseits* der uns vertrauten Individualität sind.

Sodann wird diese hochaufgelöste Analyse direkt rückgekoppelt mit der Wirklichkeit: Weil z.B. die biometrische Uhr empfiehlt, mehr Schritte an den Tag zu legen, geht man darauf ein und verändert so wiederum die Analyse. In den digitalen Medien erscheint die Rückkopplung oft als Blase: Man bekommt personalisierte Werbung, weil man irgendwas *geliked* hat. Der Algorithmus

14 Christoph Kucklick: Die granulare Gesellschaft. Wie das Digitale unsere Wirklichkeit auflöst. 2. Aufl. Berlin 2015. S. 44.

kreiert den UserInnen zuerst ein individualisiertes Profil und bindet sie sodann in eine Blase ein mit dem Content, den diese fast garantiert folgen werden; weil Konzerne mit Aufmerksamkeit Umsatz generieren und entsprechend daran Interesse haben, die Aufmerksamkeit der UserInnen möglichst lange zu binden. Und wieder stimmen die Berechnungen der Algorithmen; diesmal aber weil die Menschen immer weniger wählen, denn das Angebot ist ja für sie personalisiert und vorgewählt worden.

Zum 2) sind die Daten im Gestell eingespannt. Es wäre banal, wenn die Payback-Daten nur für die Eiscreme-Firma interessant wären. Sie sind es ebenso für unzählige andere Akteure und Firmen, z.B. die Versicherung: Diese will über Peters Zuckerspiegel Bescheid wissen, um die Risiko-Beitragssätze anzupassen. Dann die Autobranche, die die Nachfrage nach SUVs oder Kleinfahrzeigen steuern muss, und dafür ökonomische, aber auch gesundheitliche oder korrelative Daten erhebt. Ferner die Diät-Ratgeber-Verlage, die den aktuellen Überkonsum beratschlagen wollen, z.B. durch eine konternde basische Bier-Diät. Die Liste kann unendlich (ins Absurde) fortgeführt werden, denn unendlich viele Akteure haben Interesse an den menschlichen Daten, da sie deutungsgeladen sind und zur Deutung einladen.

Es stellt sich sodann die Frage, ob *Deutung* wirklich der passende Begriff ist und nicht vielleicht durch den der Analyse oder der Berechnung ausgetauscht werden könnte. Da die Daten aber nie neutral sind und in einem Deutungsrahmen stehen, meine ich, dass mathematische oder informatische Begriffe ausscheiden sollten – weil sie selbst schon Deutungen sind.[15] Für den Begriff der Deutung spricht zudem die alltägliche Lebenswelt: Das Kaufverhalten etwa wird bereits mit Intentionen und Deutungsinteressen gesammelt, dann erst analysiert bzw. ausgewertet. Analysen folgen also den Deutungen (Intentionen).

Die Verdichtung der Deutung ist das *Profil*. Dabei erscheinen Menschen als Typen, als eher der sportliche Typ, die SPD-Wählerin, usw. Das sind Deutungen, die auf Zahlen bezogen werden. Und diese Deutungen sind für *jemanden* von Bedeutung. Man könnte z.B. auch aus den Zahlen und Daten erheben, ob jemand ein oder zwei Beine hat – nur ist das wahrscheinlich für niemanden von Bedeutung. Hingegen sehr wohl von Bedeutung ist, ob jemand Schuhgröße 44 oder 47 hat; denn das sind wichtige Referenzen für den Markt. Im Kapitalismus sind die Deutungen natürlich zu großen Teilen durch den Marktwert getrieben und vorgegeben.

---

15 Für den Begriff der *Berechnung* hat das Christian Schenker in diesem Band gut demonstriert.

Das in den Daten ausgedeutete Verhalten wird für weitere Deutungen bereitgestellt als Bestand. Das Individuum wird hochaufgelöst in eine Zahl, die aus Zahlen besteht, die Deutungen erlauben. Die Deutung aber verbleibt nicht in diesem Prozess der Datenverarbeitung; sie formatiert die Lebenswelt, indem *wir uns selbst*, daseinshermeneutisch gesprochen, *zur Deutung* werden. Menschen greifen auf Zahlen als Deutungsmittel zurück – Likes, Follower, Schritte, Kalorien, usw. – und das Ergebnis wird wiederum zu weiteren Deutungen in Form von Zahlen genutzt. Vor der Zahl und nach der Zahl ist die Deutung. In Heideggers Terminologie heißt das: Das In-Sein ist durch technische Artefakte transformiert; Menschen sind in der Welt durch ihr Smartphone. Die *Subjektivität* selbst ist ins Gestell der Daten eingespannt.[16] Wozu besitzt man sonst eine biometrische Smartwacht, die den Schlafrhythmus überwacht? Die generierten Daten des Leibes geben Aufschluss – aber über was eigentlich? Gerade über das, was man nicht fühlt oder demnächst fühlen wird, d.h. über sub- oder transindividuelle Deutungsschichten.

Die Deutung kann so wirken, als ob sie nichts mit den Daten zu tun habe. Das aber täuscht; denn auch das Gestell ist nichts, was extern an die Technik getragen wird. Heidegger meinte: „Gestell heißt die Weise des Entbergens, die im Wesen der modernen Technik waltet und selber nichts Technisches ist."[17] Und entsprechend ist zu sagen: Deutung ist die Weise des Entbergens. Das heißt was Wirklichkeit ist, was primär dem Dasein *erscheint*, wird in der Weise der Deutung vernommen. Deutung waltet in der Digitalität, ist aber selbst nichts Digitales oder Zahlenmäßiges. Aber in der Zahl liegt ihre Deutbarkeit. In der Deutung wird der Mensch nicht zum Bestand gestellt wie im Gestell; er wird in die Ausdeutung und Auslegung verdeutet, wie Kucklick pointiert herausgestellt hat: „Wir werden nicht mehr wie in der Moderne ausgebeutet, sondern ausgedeutet."[18] Und ferner:

> Wir werden gezwungen sein […] unser Selbstbild zu verändern. Da die Grenze zwischen Mensch und Maschine immer schwieriger zu ziehen sein wird, werden wir […] unser Selbstverständnis als rationale Wesen auf[…]geben, und uns […] neu erfinden. […] in einer Welt der Zahlen und Algorithmen [entwickeln wir] eine neue Form der Menschlichkeit.[19]

16 Vgl. Kucklick: *Die granulare Gesellschaft*. S. 204 f.

17 Heidegger: *Die Frage*. S. 21.

18 Kucklick: *Die granulare Gesellschaft*. S. 11.

19 A.a.O. S. 15 f.

Warum aber wirken diese Deutungen so faszinierend, fesselnd oder, wie Heidegger sagte, so herausfordernd auf die Menschen? Es liegt natürlich nahe auf das Soziale zu schließen; denn Soziale Netzwerke und Soziale Medien zeichnen sich scheinbar gerade durch dieses aus. Doch auch das täuscht. Dass jemand eine biometrische Uhr nutzt, kann man zwar durch das soziale Framing erklären, aber ebenso durch die Erfahrung von *Sinn*, den die Person dabei erfährt. Die Bedeutsamkeit der Zahlen entsteht nicht erst dadurch, dass sie durch einen sozialen Nexus geframed sind, sondern weil sie sinnvoll für das eigene Leben *erscheinen*. Die Deutung steht in einem Sinngeflecht, das man auch als Individuum bejahen kann, ohne dass es für *andere* relevant sein muss; etwa dann, wenn man durch die digitale Technik tatsächlich seine Gesundheit wiederherstellen will.[20]

Auch deshalb hat die digitale Deutung eine nahe Verwandtschaft zum Religiösen; denn Religion leistet Deutung. Gerade die hermeneutischen und daseinshermeneutischen Ansätze in der Theologie haben das brillant demonstriert. Und es dürfte kein Zufall sein, dass just im 20. Jh. vom Glauben als religiöse Selbstdeutung gesprochen wird, d.h. als Selbstinterpretation und -auslegung *coram Deo*.[21] Ist das vielleicht schon technische/digitale Theologie? Deutung ist jedenfalls formal betrachtet nichts spezifisch Neues. Nicht neu ist, dass Menschen sich nun durch Zahlen und Daten oder im Lichte einer Gottesidee deuten. Beides ist ein hermeneutischer Prozess, der dem Leben Sinn und Orientierung verleiht. Freilich darf man die Unterschiede nicht einebnen und muss auf die Besonderheit der technisch-digitalen Deutung verweisen. Denn das Problem der Deutung

---

20 Ich vermute daher, dass die Deutung zwar nicht sozial imprägniert sein muss, aber für alle Menschen dennoch etwas Charakteristisches aufweist. Die Deutung knüpft vielleicht an das an, was Hartmut Rosa in seinem Resonanz-Buch unter Reichweitenvergrößerung beschreibt. Nach ihm ist das zentrale Kennzeichen der Postmoderne die Tendenz, im individuellen und kulturellen Bereich die Reichweite zu erweitern. Diese Erweiterung bedeutet eine Steigerung menschlicher Möglichkeiten in der Welt. Rosa verknüpft die Reichweitenvergrößerung mit allen Prozessen der Moderne, etwa der Steigerung des ökonomischen Reichtums, der Liberalisierung der Gesellschaft oder der wissenschaftlichen Forschung, aber natürlich auch den individuellen Lebensmöglichkeiten. Und gerade diese lassen sich heute scheinbar durch Technik und Zahlen erschließen, weil die Technik *qua* Deutung die Möglichkeiten zur Verfügung stellt. „*Welt in Reichweite bringen* […] ist das treibende Motiv der Moderne überhaupt." Hartmut Rosa: Resonanz. Eine Soziologie der Weltbeziehung. Berlin 2019. S. 521.

21 Kaum einer hat diesen Zusammenhang klarer herausgestellt als Christian Danz, etwa in seinem Christologie-Buch. Ders.: Grundprobleme der Christologie. Tübingen 2013.

liegt nicht in der Deutbarkeit, sondern in der Weise der Wirklichkeitserschließung und im Verstehen von Welt.

3. Technik, Theologie und Kontingenz

Die hier vorgebrachte phänomenologische Skizze der digitalen Technik ist vorwiegend tragfähig mit ihrer Verbindung zum Wesen der Technik, wie es zu Beginn des 20. Jhs. erschlossen wurde. Gerade mit dieser Voraussetzung teilt sich meine Interpretation auch die Relevanz für die Theologie. Es ist m.E. eine Fehlinterpretation, wenn man meint, Technik lasse sich in der Theologie rein auf die neutrale Sphäre eines Adiaphorons begrenzen, so als sei sie selbst nicht Teil der erlösungsbedürftigen Welt. Dahingegen wusste Tillich es besser, als er sah, dass auch sie, die Dämonische und Befreiende „eingelassen werden muss in den letzten Lebenssinn, dass auch sie befreit und erlöst werden muss."[22] Denn die Technik gehört zur Welt und damit zur Struktur der Sünde:[23] „Auch ihr Mythos muß einmünden in den großen Mythos vom Seufzen aller Kreatur und der Sehnsucht nach einem neuen Sein."[24] Wird die Technik als bloße neutrale Möglichkeit betrachtet,[25] die von der Wirtschaft zur schlechten Wirklichkeit geweckt wird, dann kann leicht übersehen werden, dass die digitale Technik der Logik der Welt angehört. Eine neutrale Technik braucht aber keine Eschatologie, wie Tillich sie eingefordert hat. Ich meine daher, dass diese Neutralitätsthese dahingehend defizitär ist, als sie die daseinshermeneutischen Implikationen der Techniknutzung übersieht. Und diese Implikationen betreffen andere Formen der Welterschließung und des Verstehens, u.a. das Ereignis und die *Poiesis*.

---

22 Zum gegenwärtigen Mainstream der Digitalitätsanalyse gehört ihre Einbettung in eine theologische Ethik, wie man das etwa an der jüngsten EKD-Denkschrift „Freiheit Digital" ablesen kann. In solchen Überlegungen, so wichtig sie auch sonst für Glaubende seien mögen, scheinen doch eher Rückzugsgefechte auf. Denn die dort vertretene Ethik ist in der Hinsicht reaktiv, als sie unter dem gegenwärtigen Anpassungsdruck Ratschläge für einen humanen Umgang mit digitaler Technik formuliert, es aber versäumt, deutlich zu machen, dass auch Technik, wie Tillich sagt, befreit und erlöst werden muss. Vgl. Tillich: *Logos*. S. 306.

23 Wenn daher aktuelle Forschungen auf die (ethischen) Missstände der digitalen Phänomene hinweisen, artikulieren sie damit theologisch die strukturelle Eingelassenheit der Technik in die „Erbsünde".

24 Tillich: *Logos*. S. 306.

25 Wie Tillich es übrigens auch noch sah. Vgl. a.a.O. S. 303.

Wenn es stimmt, dass die moderne Technik das Seiende in einem Modus des Gestells, d.h. in der Herausforderung entbirgt, und entsprechend die digitale Technik die Wirklichkeit entbirgt im Modus der Deutung, dann liegt in diesen beiden Vollzügen die Tendenz, auch das *Unverfügbare*, das Widerfahrene, die Gegebenheit (J.-L. Marion) entweder zu verbergen oder ebenfalls zu bestellen, respektive zu verdeuten. Wo das Gestell herrscht „vertreibt es jede andere Möglichkeit der Entbergung. Vor allem verbirgt das Ge-stell jenes Entbergen, das im Sinne der ποίησις das Anwesende ins Erscheinen hervorkommen läßt."[26] Das Gestell verstellt nach Heidegger geschickhaft die *Poiesis*.[27] Heute geschieht in der digitalen Deutung aber wohl noch mehr: Die *Poiesis* selbst ist in den Bestand und die Deutung genommen. Das dürfte das Anliegen der Generative Künstlichen Intelligenz sein, die Beethovens 10. Symphonie vollendet hat oder Kunstwerke entbirgt. Die Technik selbst soll das Entbergende, mithin Offenbarung, werden.

Zur Technik und technischen Praxis gehören immer hermeneutische Formen des Weltverstehens, etwa dass das technische Seiende als zuverlässig, funktional, in der Deutung objektiv und eindeutig, usw. erscheint. Tillich hat das treffend erfasst:

> Die Technik befreit von dem Unheimlichen, Dämonischen in den Dingen, von ihrer Unantastbarkeit, von der Angst, die das Leben […] hemmt und drückt. Was technisch geformt ist, ist entdämonisiert. Aber freilich, es ist auch entleert: es hat etwas verloren von seiner Lebensfülle. Es ist beherrscht, und damit ist Gewalt getreten an Stelle des eros, der Wesen mit Wesen verbindet.[28]

Im Anschluss an Heidegger verstand Klaas Huizing das Gestell ganz richtig als „Kontingenzverhinderungspraxis".[29] Die Einfallsmöglichkeiten von negativer Kontingenz (z.B. Krankheit, Partnersuche, Datenverlust) sollen durch Technik abgebaut und verhindert werden (entsprechend: Medizintechnik, Datingplattformen, Blockchain). Ohne Zweifel mit Erfolg. Denn in der technisch-digitalen Welt soll nichts dem Zu-Fall überlassen werden. Die theologisch wichtige Frage ist aber: Welche Wirkung hat diese Praxis und Hermeneutik auf die Kontingenz des Religiösen selbst? Kann im Anschluss an Heidegger gesagt werden: Die

---

26 Heidegger: *Die Frage*. S. 28 f.

27 Vgl. a.a.O. S. 31.

28 Tillich: *Logos*. S. 305.

29 Klaas Huizing: Digitalisierung und Vulnerabilität. Ein Blickwechsel. In: Wolfgang Beck, Ilona Nord, Joachim Valentin: Theologie und Digitalität. Ein Kompendium. Freiburg 2021. S. 138, 145.

Technik „vertreibt" die anderen Möglichkeiten des Sich-Zeigens und Sich-zum-Verstehen-Gebens, mithin der *Gabe*, des *Widerfahrens*, des *Glaubens*?

Zuweilen wurde Religion ebenfalls als Kontingenzbewältigungspraxis verstanden. Das aber kann christlich doch nur unter dem Vorbehalt gesagt werden, wenn anstelle der Welt-Kontingenz eine andere Kontingenz, nämlich Gottes Handeln, gesetzt wird. Christlich ist Kontingenz eine Funktion des Handeln Gottes, seiner Freiheit,[30] sodass das Widerfahrene keineswegs immer *bewältigt* werden muss. Manchmal, und im Christentum sogar recht häufig, ist die Gabe eine Heilsgabe und Kontingenz die schöpferische Kraft eines liebenden und rechtfertigenden, aber keineswegs willkürlichen Gottes.[31] Daher gehört es zum Kernbekenntnis des Christentums, dass Glaube, Freiheit und Leben nicht von Menschen gemacht werden – und kontingent, weil eines heilsamen, göttlichen Ursprungs sind.

Dagegen erscheint heute das Widerfahrene und Zugefallene qua Technik verdeutet, weil nur ein technisch zu lösendes Problem. Wenn nichts mehr hilft, hilft die Blockchain. Freiheit zeigt sich nicht im Gehirnscanner, daher ist sie nicht. Leben kann man zurückrechnen auf Chemie und Physik, daher ist nicht Gott dessen Geber. Kontingenz ist eben ein zu lösendes und später (s.u.) zu simulierendes Problem.

Die Theologie aber meint: der Glaube ereignet sich, ganz gleich ob dieses Ereignis nun als *kontingentes* Sich-Verstehen beschrieben wird oder klassisch als eine Gabe des Hl. Geistes. Der Glaube wurzelt in der Offenbarung, also einer Enthüllung, jenseits des Begreifens oder Deutens – wie Kierkegaard sagt: im Paradox, d.h. im Gegensatz zur gewöhnlichen Meinung.

Die technische Verbergung der Kontingenz hat Heidegger bereits geahnt:

> Wo das Ge-stell waltet, prägen Steuerung und Sicherung des Bestandes alles Entbergen. Sie lassen sogar ihren eigenen Grundzug, nämlich dieses Entbergen als ein solches nicht mehr zum Vorschein kommen. So verbirgt denn das herausfordernde Ge-stell nicht nur eine vormalige Weise des Entbergens, das Hervorbringen, sondern es verbirgt das Entbergen als solches.[32]

Die Erfahrung gibt ihm wohl recht: Im Umgang mit technischen Artefakten sind diese als solche (intentional) nicht präsent, sondern hinter den Zwecken in die

---

30 Vgl. Ingolf U. Dalferth, Philipp Stoellger: Einleitung. Religion als Kontingenzkultur und die Kontingenz Gottes. In: Dies. (Hg.): Vernunft, Kontingenz und Gott. Konstellationen eines offenen Problems. Tübingen 2000. S. 4.

31 Vgl. Wolfhart Pannenberg: Systematische Theologie. Band 2. Göttingen 2015. S. 34–49.

32 Heidegger: *Die Frage*. S. 28.

Zuhandenheit entzogen. Funktionierende Technik ist wesentlich bestimmt durch ihre eigene Entzogenheit in die Hand. Wenn das In-der-Welt-Sein aber wesentlich durch technische Zwecke bestimmt ist, und diese Zwecke die Kontingenz qua Technik aushebeln (wollen), verstellt nicht die Technik, daseinshermeneutisch verstanden, zugleich das kontingente Sich-Ereignen des Glaubens – weil dieser zwecklos ist?

Wo das Technische und das Digitale walten, verstellen und verbergen sie die Enthüllung der schöpferischen Kontingenz und des Paradoxes. Sie okkupieren mit ihren Stellungen und Deutungen das Terrain der Kontingenz, weshalb sie mit dieser Praxis selbst zur *Religion* werden, wie das Extrem des Transhumanismus zeigt. Digitale Technik, die ihr Wesen in der Deutung hat, scheint damit – aus hermeneutischer Perspektive – strukturäquivalent mit Religion zu sein, insofern Religion „eine Folge der Entfremdung des Menschen von dem Grund seines Seins und der Versuch [ist], wieder zu ihm zurückzufinden."[33]

4. Die Dämonie des Digitalen und die Aufgabe der Theologie

Wenn jede hinreichend fortschrittliche Technologie von Magie nicht mehr zu unterscheiden ist, so sind wir mit dem Zeitalter des Digitalen in eine Verzauberung der Welt hineingetreten, bei dem die digitale Magie die Welt nicht mehr entdämonisiert wie die Tillichsche Maschine, sondern hermeneutisch redämonisiert: Auf einmal ist es die KI-Singularität, die das Kontingente schlechthin symbolisieren soll, weil ihre Algorithmen-Blackbox sich dem menschlichen Verstehen sukzessive entzieht. Das ist Kontingenzverhinderung qua Kontingenzsimulation.[34] Wie in der Religion wird negative Kontingenz *qua* Deutung in Sinn eingekapselt und so bewältigt bzw. verhindert. Und wie in der Religion wird diese Kontingenz dabei an eine Transzendenz delegiert, die für das menschliche Verstehen unzugänglich ist. Die KI wird zum unberechenbaren allmächtigen Gott stilisiert. Doch das alles sind eben nur phantasiegeladene Simulationen. Letztlich wird in ihnen etwas Bedingtes zum Unbedingten erhoben, was den dämonischen Charakter der gegenwärtigen Technikentwicklung durchscheinen lässt. Freilich handelt es sich bei allen hier vorgenommenen Beschreibungen nicht um ontologische Bestimmungen, sondern um hermeneutische Prozesse: Technik

---

33 Tillich: *Systematische Theologie III*. S. 456.

34 Vgl. Michael Makropoulos: Modernität und Kontingenz. München 1997. S. 31 f.

insgesamt und digitale Technik insbesondere transformieren Sinn und Welt(verstehen) so, dass Kontingenz als lösbares Problem verstanden wird.

Für die Theologie treten Probleme an zwei Fronten auf: Einmal in der technischen Tendenz, das Unverfügbare, die Kontingenz und die Gabe in die Verfügung zu stellen und als Habe zu deuten. In diesem ersten Sinne kann man fragen, ob etwa im *Glauben* der Mensch sich selbst deutet – oder ob das schon technische Sprache ist, weil nicht berücksichtigt wird, *wie* das möglich ist? Problematisch wird es m.E. dort, wo die Theologie darin mitgeht, dass die daseinshermeneutische Beschreibung mit dem Symbol des Christus eine solche wird, die der Mensch *selbst* herausfördert. Dann wäre das von Tillich genannten *Missverständnis vom Menschen* eingeschleust, nämlich, dass der Mensch eins wäre mit der Quelle aller religiösen Erfahrung, mithin des göttlichen Geistes, was *menschlicher* Erfahrung wiederum den Charakter einer Offenbarung verliehe.[35] Theologisch richtig ist aber zu sagen, dass die daseinshermeneutische Lozierung und Umorientierung *sich selbst* in Selbstaffektion (M. Henry) und Leidenschaft (S. Kierkegaard) ereignet und auch in ihrer Wirkung kontingent ist.[36] Die christliche Selbstdeutung ist wesentlich Deutung durch ein *extra nos*. Wo das Christentum also in der Gabe west, ist das Prinzip der digitalen Technik die Habe.

Die andere Front ist auf den ersten Blick anthropologischer, aber in Wahrheit christologischer Natur. Kucklick hat darauf hingewiesen: Menschen sind in der Digitalität in die Deutung gewiesen, ihr eigenes Wesen neu zu (er)finden (s.o.). Dabei war der traditionelle Bezug des Menschen das ζῷον, das Lebewesen. Daran anschließend folgte der berühmte Satz: Der Mensch ist das einzige *Tier*, das…

Nun aber und zunehmend mehr ist der Mensch das andere eines durch ihn selbst Hervorgebrachten, ob nun Roboter oder KI. Oder mit Heidegger gesprochen: „Das Wesen des Menschen [ist] dahin bestellt, dem Wesen der Technik an die Hand zu gehen."[37] Der berühmte Satz verliert Jahr um Jahr seinen Relativsatz. Alle Fähigkeiten, die den Menschen kennzeichneten, erscheinen als adaptierbar und programmierbar.[38] Was bleibt?

---

35 Vgl. Paul Tillich: Systematische Theologie I-II. Hrsg. von Christian Danz. 9. Aufl. Berlin 2017. S. 50.

36 Vgl. Dalferth, Stoellger: *Einleitung*. S. 44.

37 Martin Heidegger: Die Kehre. In: Gesamtausgabe. Bd. 11. 1. Abteilung. Identität und Differenz. Frankfurt am Main 2006. S. 115.

38 Vgl. zu dieser Frage den erhellenden Aufsatz von Ingolf Dalferth: Die Selbstverkleinerung des Menschen. In: ZthK 105.1. 2008. S. 94–123.

Die Rückzugsgefechte des Relativsatzes jedenfalls sind aussichtslos. Angesichts dessen ist die valide Antwort der Theologie m.E. ein Rückblick, der zugleich ein Vorblick ist: Die Wahrheit über den Menschen ist für die *Theologie* nie anders zu sagen als im Rekurs auf den wahren Menschen, d.h. den *homo verus*. Was wahres Menschsein heißt, erschließt sich nie von der menschlichen Natur und ihren Möglichkeiten her, sondern allein vom Inkarnierten und seinen Möglichkeiten,[39] die der Glaube an die Auferstehung proleptisch schon jetzt ergreift. Und das gilt auch für die Zukunft des Menschen. Wir müssen daher m.E. wieder stärker über die Theologie der Inkarnation und der Auferstehung nachdenken.

Das erste aber, die Frage nach der Habe der Kontingenz, verlangt nach einer Profilierung der Offenbarung. Eine solche Rückkehr zur Offenbarung hat bereits Marion angemahnt und selbst teils vollzogen:

> Die Offenbarung kann und darf niemals in der unreinen Welt einen Eingang, einen Aufenthaltsort oder einen Tempel finden, der ihrer Heiligkeit angemessen wäre. […] Die Frage besteht also, innerhalb der Theologie, nicht darin, zu wissen, ob die Offenbarung den Bedingungen der endlichen Erfahrung widerspricht – dieser Widerspruch charakterisiert sie analytisch, per Definition und a priori –, sondern zu begreifen, wie sie ihnen widerspricht und wie es ihr dennoch gelingt, sich in vollkommener und definitiver Weise zu offenbaren. Es könnte durchaus sein, dass die Theologie […] diese Frage nicht einmal vorausgeahnt hat, und sei es auch nur dunkel.[40]

Die Rückkehr zur Inkarnation und Offenbarung impliziert theologisch zugleich eine Abkehr vom Gestell und der Deutung der Welt, die Menschen auf Teilchen, Zahlen und Prozesse reduziert.

Technik ist, *menschlich verstanden*, alles andere als eine Verfallsgeschichte. Die Technik hat dem Menschen ein Leben ermöglicht, das dem Paradies gleichen kann.[41] Diese Momente, in denen das Neue Sein wohl gegenwärtig ist, dürfen nicht vergessen werden. Doch in der Zweideutigkeit der Technik liegt die Gefahr, dass der Mensch meint, er sei der Schöpfer der Gabe. Tillich hat diese Versuchung der Technik klar erkannt. Er urteilt über sie: „Eins freilich ist

39 Vgl. Jon Sobrino: Der Glaube an Jesus Christus. Eine Christologie aus der Perspektive der Opfer. Hrsg. von Knut Wenzel. Ostfildern 2008. S. 435 f. Vgl. auch Michel Henry: „Ich bin die Wahrheit“. Für eine Philosophie des Christentums. Übersetzt v. Rolf Kühn. Freiburg 1997. S. 361–384.

40 Jean-Luc Marion: Das Erscheinen des Unsichtbaren. Fragen zur Phänomenalität der Offenbarung. Freiburg 2018. S. 113, 115.

41 Vgl. dazu den Beitrag von Tijana Petkovic in diesem Band.

wahr: In ihrer Möglichkeit liegt ihre Macht zu versuchen. Versuchung ist immer da, wo Möglichkeiten auftauchen. Und unsere Versuchung ist die technische Möglichkeit."[42] Vieles lässt sich ohne Zweifel berechnen. Was sich aber in der Welt und unter den Bedingungen des Seins nicht phänomenalisiert – etwa das Leben, der Glaube, die Freiheit, die Sünde oder der Mensch –, bleiben der Welt bis zu ihrer Enthüllung verhüllt.

42 Tillich: *Logos*. S. 304.

Ethik // Leben

Nicole Kunkel

Autonomer Mensch und autoregulative Maschine
Eine Verhältnisbestimmung von Theologie und (hochautomatisierter) Technik[*]

Einleitung

Man kann nicht elektrisches Licht und Radioapparat benutzen, in Krankheitsfällen moderne medizinische und klinische Mittel in Anspruch nehmen und gleichzeitig an die Geister- und Wunderwelt des Neuen Testaments glauben.[1]

- Rudolf Bultmann

Egal, ob man diesem vielzitierten Diktum Rudolf Bultmanns inhaltlich zustimmt oder nicht – formal bringt es zwei Bereiche miteinander in Verbindung, die klassischerweise selten zusammen betrachtet werden: die technische Entwicklung und einige theologische Grundannahmen. Prägnant wird zum Ausdruck gebracht, dass Technik nicht nur die Welt verändert, indem sie die (Handlungs-)Möglichkeiten der Menschheit erweitert, sondern, dass sie im Denken der Menschen, in ihren Vorstellungen, ja sogar in ihrem Glauben, Auswirkungen zeitigt. Und zwar soweit, dass es unvereinbar damit scheint, die Vorstellungswelt der Bibel mit unseren modernen, naturwissenschaftlich-aufgeklärten Weltbild zu vereinbaren. Interessant ist diese Bemerkung auch deswegen, weil Bultmann nicht ganz allgemein auf naturwissenschaftliche Paradigmen verweist, sondern konkrete technische Erfindungen benennt: Radiogerät und elektrisches Licht sind nicht einfach Platzhalter für einen rationalisierten Zeitgeist; Radiogerät und elektrisches Licht verändern als technische Entwicklungen unsere Weltsicht und damit auch unsere Wahrnehmung von (religiösen) Texten. Dabei gilt es, die deskriptive und die normative Ebene voneinander zu unterschieden: Während

* Ich danke Torsten Meireis und Judith Zinsmaier für ihre ausführlichen und kritischen Rückmeldungen.

1 Rudolf Bultmann: Neues Testament und Mythologie. Das Problem der Entmythologisierung der neutestamentlichen Verkündigung. In: Hans-Werner Bartsch (Hg.): Kerygma und Mythos. Ein theologisches Gespräch. Hamburg 1948. S. 15–53.

nämlich auf deskriptiver Ebene technisch-kulturelle Entwicklungen nachgezeichnet werden können, stellt sich normativ die Frage, ob und wie sie beeinflusst werden sollten und können. Dieser Beitrag stellt den Versuch dar, beide Ebenen miteinander zu verzahnen. Dazu soll zunächst der Unterschied zwischen Mensch und Maschine im Bereich maschineller „Autonomie" geklärt und sodann aus dieser Perspektive heraus die Frage gestellt werden, wie Technik unsere Lebenswelt beeinflusst und welche Rolle dies für die Theologie spielt.

Zu diesem Zweck werde ich zunächst die gegenwärtigen Diskussionen um maschinelle *Autonomie* aufnehmen und den Vorschlag machen, diesen Ausdruck durch den der *Autoregulation* zu ersetzen (1). Dabei geht es mir um eine Kritik an der metaphorischen und anthropologisierenden Redeweise gegenüber neuen technischen Errungenschaften, da hierbei unzulässige Vorannahmen auf Technik übertragen werden, die dann zu einem falschen Gebrauch führen können. Grundlegender werde ich sodann darüber reflektieren, wie Technik unsere Lebenswelt beeinflusst (2). Die These, die ich dabei zu plausibilisieren suche, lautet: Technik, auch hochautomatisierte Technik, ist immer schon Teil unserer Lebenswelt, das heißt sie prägt unser (soziales) Miteinander ebenso wie unsere Wahrnehmung der Welt. Als Teil der Lebenswelt jedoch wird sie selten als solche thematisiert. Lediglich in Fällen, wo neue Technologien eingeführt oder aber wo altvertraute Technik problematisch wird, kommt es zu einem ethischen Diskurs. Dieser jedoch behandelt dann nicht die Rolle der Technik im Allgemeinen, sondern verhandelt über den Einsatz von konkreten Anwendungen. Sodann werde ich in einem dritten Schritt danach fragen, welche Rolle die Theologie in diesem Prozess spielt (3). Dabei gehe ich davon aus, dass die Theologie insofern „betroffen" ist, als dass sie selbst zur Lebenswelt gehört – ganz im Sinne des oben genannten Zitats. Zugleich kann die Theologie aber diesen Prozess mit Hilfe ihrer eigenen Traditionen und Auslegungstechniken beeinflussen.

1. Autoregulation statt maschineller Autonomie

Zu den technischen Verfahren, die derzeit entwickelt werden, gehört u.a. die sogenannte „maschinelle Autonomie". Ein als autonom bezeichnetes System unterscheidet sich von einem automatischen vor allem dadurch, dass es „ohne menschliche Steuerung operiert und dabei […] auf Veränderungen reagiert, z.B. die Situation erfasst und aus höheren Zielen Aktionen und Aktionsfolgen erzeugt."[2] Die Grenzen zur Automatik sind an dieser Stelle fließend – Autonomie

---

2 Jürgen Altmann: Zur ethischen Beurteilung automatisierter und autonomer

unterscheidet sich vor allem durch ihren Grad an Komplexität. Beispielsweise gilt ein Kaffeeautomat in diesem Sinne keineswegs als autonom, obwohl er den Kaffee quasi selbstständig kocht, während dies für einen Saugroboter durchaus zutreffen mag, für ein selbstfahrendes Auto erst recht. Zudem basiert die maschinelle Autonomie auf Software, kann also mit unterschiedlichen digitalen Techniken oder Robotik gekoppelt werden. Keineswegs muss dabei das ganze System autonom sein – der Bereich der Autonomie kann sich auch auf eine bestimmte Eigenschaft des Systems beziehen, bei einer Drohne etwa nur auf Start- oder/und Landephase.[3] Der Begriff der Autonomie in Bezug auf Maschinen wurde bereits vielfach kritisiert, drückt er doch philosophisch, etwa bei Kant, die Selbstbestimmung eines Handelnden aus.[4] Im kantischen Sinne geht es dabei nicht einfach um die Freiheit zwischen verschiedenen Optionen zu wählen, sondern darum, Andere in das eigene Denken so miteinzubeziehen, dass eigene und fremde Interessen miteinander zum Ausgleich gebracht werden – ein moralisches Abwägen ist also intendiert.[5] Einen solchen Begriff auf Maschinen zu übertragen, ist aus mindestens zwei Gründen problematisch. Zum einen hat eine Maschine keinerlei Kapazitäten, derartige moralische Werturteile zu treffen.[6] Zum anderen handelt es sich bei der Unterstellung solcher Fähigkeiten um einen Anthropomorphismus, insofern Maschinen als Akteure wahrgenommen werden, die in der Lage sind, (moralisch) begründet zu handeln. Damit aber gleichen sich Mensch und Maschine sprachlich an, ohne dass es eine ausreichende sachliche Parallele gibt, da die Wirkweise eines Algorithmus, der die

---

Waffensysteme. In: Ines-Jaqueline Werkner, Klaus Ebeling (Hg.): Handbuch Friedensethik. Wiesbaden 2017. S. 793–804. Die genaue Definition von Autonomie ist hoch umstritten – dies zeigt sich vor allem im politischen Diskurs von den sog. Autonomen Waffensystemen, wie er derzeit in der UN geführt wird. Die von mir gewählte Definition legt den Fokus auf die relative Unabhängigkeit des Systems vom Menschen in Echtzeit.

3 Vgl. a.a.O. S. 796.

4 Beispielsweise aus theologischer Sicht: Elisabeth Gräb-Schmidt: Autonome Systeme. Autonomie im Spiegel menschlicher Freiheit und ihrer technischen Errungenschaften. In: ZEE 61.3. 2017. S. 163–170.
Aus philosophischer Sicht: Bernhard Koch: Maschinen, die uns von uns selbst entfremden. Philosophische und ethische Anmerkungen zur gegenwärtigen Debatte um autonome Waffensysteme. In: Militärseelsorge. 54. 2016. S. 99–119.

5 Vgl. Gräb-Schmidt: *Autonome Systeme*.

6 Ausführlich beschrieben etwas bei Brain Cantwell Smith: The Promise of Artificial Intelligence. Reckoning and Judgement. Cambridge 2019.

Verfahren der Maschine steuert, sich maßgeblich von menschlicher Urteilsbildung und Handlungsmotivation unterscheidet. Entsprechend kann man auch nur im metaphorischen Sinne davon sprechen, dass Maschinen „entscheiden". Eine Maschine, und sei sie noch so komplex, entscheidet nicht wie ein Mensch, sondern führt Rechenprozesse aus.[7] Selbst wenn die Ergebnisse solcher maschineller Rechenprozesse durch unüberwachtes Lernen zustande gekommen und für den Laien nicht mehr ohne weiteres zu erklären sind, handelt es sich nicht um eine autonome Entscheidung im oben genannten philosophischen Sinne, sondern lediglich um eine komplexe Rechenoperation. Besonders bei Anwendungen, die einen „Körper" umfassen, wie in der Robotik, erhöht sich der Eindruck scheinbarer Autonomie, wenn sich der steuernde Algorithmus in seiner Umwelt selbst reguliert. Um diesen sprachlichen Verwirrungen zu begegnen, schlage ich vor, den Begriff der *Autoregulation* anstelle von Autonomie zu verwenden.[8] Dabei geht es vor allem darum, bereits sprachlich deutlich zu machen, was Mensch und Maschine unterscheidet: Während der autonome Mensch in der Lage ist, (moralische) Urteile in einer sich verändernden Umwelt zu fällen, kann die Maschine sich lediglich an eine sich verändernde Umwelt mittels ihrer Algorithmen anpassen. Eine ähnliche Kritik an der anthropomorphisierenden Redeweise kann allerdings auch an den Begriffen *Künstliche Intelligenz* (KI) und *maschinelles Lernen* geübt werden: Sowohl Intelligenz als auch Lernen unterscheiden sich bei Mensch und Maschine massiv voneinander.[9] Es besteht daher die Gefahr, dass die Fähigkeiten der Maschine falsch eingeschätzt werden.[10]

---

7 Vgl. Koch: *Maschinen.*

8 Ich entnehme diesen Begriff einem Betrag von Lucy Suchman und Jutta Weber, die zwischen zunächst biologischen und später technischen Entwicklungen als „self-regulation", und dem philosophischen Terminus „autonomy" unterschieden. Heute verschwimmen beide Begriffe in der Idee autonomer Maschinen. Vgl. Dies.: Human-machine autonomies. In: Nehal Bhuta, et al. (Hg.): Autonomous Weapons Systems. Law, Ethics, Policy. Cambridge 2016. S. 75–102.

9 Vgl. hierzu die Kritik von Frederike van Oorschot und Seline Fucker: Einleitung. In: Dies. (Hg.): Framing KI. Narrative, Metaphern und Frames in Debatten über Künstliche Intelligenz. Heidelberg 2022. S. 7–11. Vgl. auch den Beitrag von K. Burghardt in diesem Band.

10 Zur Kritik hier vgl. iPRAW: Focus on Computational Methods in the context of LAWS. In: iPRAW, SWP (Hg.): Focus on Report. 2. 2017; sowie: Jochen Steil: Roboterlernen ohne Grenzen? Lernende Roboter und ethische Fragen. In: Christiane Woopen, Marc Jannes (Hg.): Roboter in der Gesellschaft. Technische Möglichkeiten und menschliche Verantwortung. Berlin 2019. S. 15–33.

Mein Verständnis von *Autoregulation* rekurriert dabei auf kybernetischen Erwägungen, bei denen mit diesem Begriff die eigenständige Regulierung eines (technischen) Systems gemeint ist. Mein Verständnis geht jedoch darüber auch ein Stück weit hinaus. Das klassische Beispiel für ein kybernetisches Verständnis ist das Thermostat, bei dem das System die Raumtemperatur entsprechend den vorgegebenen Parametern anpasst.[11] Ich schlage vor, diesem basalen Verständnis auch noch die Fähigkeit der dynamischen Anpassungsfähigkeit an sich verändernde Umweltfaktoren hinzuzufügen, sodass auch hochautomatisierte Steuerungsalgorithmen inbegriffen sind, die komplexe Verfahren zur Realisierung eines vorgebenden Zieles regulieren. Das schließt auch solche Systeme ein, die eigenständig gewisse Zielvorgaben selbst vornehmen, um ein übergeordnetes Ziel zu erreichen, so wie etwa beim autoregulativen Fahren das Fahrzeug selbst die Route festlegt, um ein bestimmtes Fahrtziel zu erreichen. Den Vorteil einer solchen sprachlichen Verschiebung sehe ich darin, dass die moralischen Implikationen, die sich mit dem Begriff der Autonomie von vornherein verbinden, vermieden werden – die Anpassungsfähigkeit des Algorithmus bleibt damit auf einer technischen Ebene, ohne dass die immensen technischen Möglichkeiten und Chancen geleugnet werden.

Zu unterscheiden jedoch wären autonome und autoregulative Entitäten in Bezug auf ihre Fähigkeit zur eigenen Zielsetzung im Hinblick auf übergeordnete Ziele: „Artificial systems, such as thermostats and automatic pilots, are not autonomous: their primary goals are constructed in them by their designers."[12] Während autonome Akteure in der Lage sind, sich selbst übergeordnete Handlungsziele zu setzen und zwar – mit Verweis auf die philosophische Dimension – auch moralische Ziele, so sind autoregulative Entitäten zwar fähig, selbständig Ziele zu verfolgen und gewissermaßen untergeordnete Ziele hierfür festzulegen, die übergeordneten Ziele jedoch werden vom System nicht selbst gesetzt. Entsprechend würde das autoregulative Auto zwar das Fahrtziel nicht selbst bestimmen, den Weg dorthin jedoch durchaus eigenständig festlegen, und zwar, indem Zwischenziele ohne Einflussnahme des Menschen ausgewählt werden. Die Zielvorgabe durch den Menschen im Sinne eines übergeordneten Zieles ist insofern zentral, als ein System nicht über die Fähigkeiten verfügt, die einmal gesetzten Ziele auf Sinnhaftigkeit zu hinterfragen und daher die Konsequenzen

11 Vgl. Francis Heylighen, Cliff Joslynn: Cybernetics and second-order cybernetics. In: Robert Meyers (Hg.): Encyclopedia of Physical Science and Technology. 3. Aufl. New York 2001. S. 12.

12 Ebd.

der eigenen Operationen nicht versteht. Was damit gemeint ist, wird deutlich mit Verweis auf das Büroklammer-Gedankenexperiment von Nick Bostrom:

> It […] seems perfectly possible to have a superintelligence whose sole goal is something completely arbitrary, such as to manufacture as many paperclips as possible, and who would resist with all its might any attempt to alter this goal. […] This could result […] in a superintelligence whose top goal is the manufacturing of paperclips, with the consequence that it starts transforming first all of earth and then increasing portions of space into paperclip manufacturing facilities.[13]

Ein solches Büroklammer-System wäre zwar nicht autonom, durchaus aber autoregulativ, denn bei Bostrom ist das übergeordnete Ziel, Büroklammern herzustellen, von gut meinenden Ingenieuren vorgegeben. Den Weg dahin bestimmt das System selbst. Zugleich ist damit die Gefahr eines solchen Systems benannt: Ein System, das in der Lage ist, aus Umweltdaten zu lernen und dann Ziele daraus entwickelt, könnte Dinge lernen, die nicht intendiert, vielleicht sogar gefährlich sind. Damit wird zugleich zugrunde gelegt, dass ein solches System auf einen autonomen Akteur angewiesen bleibt, der in der Lage ist, übergeordnete Zielvorgaben vorzunehmen, aber auch einzugreifen, sollte das Erreichen dieses Zieles gefährdet sein oder nicht intendierte Nebeneffekte haben. Fraglich bleibt nämlich, ob autoregulative Entitäten – auch mit einem Fortschreiten der Technik – die (moralischen) Implikationen ihrer Operationen ausreichend beurteilen können. Dies scheint mir vorerst zumindest einem autonomen Akteur, also dem Menschen vorbehalten.

Mit dieser bis hierhin dargelegten Sprachkritik ist bereits ein erster Schritt getan, Technik realistisch einzuschätzen. Dies ist vor allem dann wichtig, wenn man die wirklichkeitskonstituierende Rolle, die der Sprache zukommt, ernstnimmt:[14] Indem wir von Maschinen reden, als wären sie Menschen, schreiben wir ihnen auch Kognitions- und Urteilsfindungskompetenzen zu, die sie nicht besitzen. Dies wird da zum Problem, wo Entscheidungen – allen voran moralischen Entscheidungen – an Maschinen abgegeben werden, die nicht in der Lage sind, diese sinnvoll zu treffen. Zwar erscheint es durchaus möglich, Prinzipien moralischer Urteilsbildung algorithmisch zu reproduzieren; Maschinen jedoch können nicht in der gleichen Weise wie Menschen situationsbedingt entscheiden, den jeweiligen Kontext in Überlegungen einbeziehen und vorausschauend

---

13 Vgl. Nick Bostrom: Ethical Issues in Advanced Artificial Intelligence. Online: https://www.nickbostrom.com/ethics/ai.html (zuletzt 17.04.2023).

14 Nicht umsonst bezeichnet Habermas Sprache als transzendental, s.u.

Folgen antizipieren.[15] Vor allem jedoch können Menschen auch anders handeln, als eine (ethische) Regel dies vorgibt – eine Eigenschaft, die in komplexen Handlungsszenarien zentral ist, beispielsweise in Situationen, die Pflichtenkollisionen und Dilemmata einschließen, wie Triage-Situationen im Krieg oder in Pandemien. Ein menschlicher Soldat etwa kann dem feindlichen Kombattanten gegenüber Gnade walten lassen, wenn die Situation es vorgibt – im Gegensatz zur Maschine. So kommt Alex Leveringhaus zu dem Schluss:

> Unless re-progammed, the machine *will* engage the targeted person upon detection. Killing a person, however, is a truly existential choice that each soldier needs to justify before his own conscience. Sometimes it can be desirable not to pull the trigger, even if this means that an otherwise legitimate target survives. Mercy and pity may, in certain circumstances, be the right guide to action.[16]

Durch diesen Hinweis ist ein wesentlicher Unterschied zwischen Mensch und Maschine benannt: Autonomie beinhaltet die Fähigkeit anders zu handeln, Autoregulation gerade nicht – die Gefahr, die mit einer Vermischung dieser Begriffe einhergeht, liegt auf der Hand. Zwar nimmt auch die Technik, sei sie autoregulativ, automatisiert oder schlichtweg analog, eine kulturelle Rolle ein, dies sollte jedoch nicht darüber hinwegtäuschen, dass Mensch und Maschine unterschiedliche Funktionen haben und Aufgaben auf unterschiedliche Art und Weise bearbeiten. Auch deswegen kann der Mensch von Technik profitieren und mit ihr Ziele erreichen, die ohne sie undenkbar wären.

Mit diesen Anmerkungen befinden wir uns bereits inmitten einer kulturhermeneutischen Debatte, die eine zu kritisierende metaphorische Redeweise und damit das Narrativ von der selbst handelnden Maschine enttarnt.[17] Zu kritisieren ist diese, weil sie zwei Entitäten in eins setzt, die zwar aufeinander bezogen sind, jedoch nicht ineinander aufgehen. In einem weiteren Schritt ist nun zu fragen, welche Folgen diese Erkenntnis für die Zusammenarbeit von Mensch und Maschine hat; denn obwohl eine autoregulative Technik ohne menschliche Kontrolle in Echtzeit operieren kann, bleibt auch hier die Kooperation zwischen

---

15 Vgl. Noel Sharky: Staying in the loop. Human supervisory control of weapons. In: Bhuta: *Autonomous Weapons*. S. 23–38.

16 Alex Leveringhaus: Ethics and Autonomous Weapons. London 2016. S. 92.

17 Vgl. Torsten Meireis: „O das ich tausend Zungen hätte". Chancen und Gefahren der digitalen Transformation politischer Öffentlichkeit – die Perspektive evangelischer Theologie. In: Jonas Bedford-Strohm, Florian Höhne, Julian Zeyher-Quattlender (Hg.): Digitaler Strukturwandel der Öffentlichkeit. Interdisziplinäre Perspektiven auf politische Partizipation im Wandel. Baden-Baden 2019. S. 47–62. Hier S. 53.

Mensch und Maschine erhalten, erfährt allerdings eine andere Dynamik: Damit meine ich zunächst, dass auch ein autoregulatives System stets mit Zielvorgaben und Parametern agiert, die vom Menschen vorgegeben sind. So ist einer Go-spielenden künstlichen Intelligenz vorgegeben, Go zu spielen, nicht aber die Steuererklärung zu berechnen. Dass das so ist, liegt an der speziellen Ausformung von künstlicher Intelligenz als sogenannte *schwache künstliche Intelligenz.* Diese ist jeweils in einem ganz bestimmten Gebiet einsatzfähig, kann ihre internen Prozeduren jedoch nicht auf andere Gebiete übertragen. Wäre dies möglich, würde es sich um eine sogenannte *starke künstliche Intelligenz* handeln – diese ist jedoch technisch (derzeit) nicht umsetzbar.[18] Dies trifft auch für die Daten zu, mit derer Hilfe ein Algorithmus sich selbst trainiert – diese werden von Menschen festgelegt, die damit bereits die Basis eines Algorithmus vorgeben. Allein schon aus diesen Gründen bleibt eine Künstliche Intelligenz auf die Kognition des Menschen angewiesen und partizipiert in der gemeinsamen Handlung an den kognitiven, emotionalen und moralischen Fähigkeiten des Menschen. Um dies zu gewährleisten, muss der Mensch allerdings verstehen und nachvollziehen, wie die Maschine funktioniert und ihre Ergebnisse entsprechend einordnen können – er muss also Kontrolle ausüben. Die Forderung nach Kontrolle über und Verantwortung für die Mensch-Maschine-Kooperation ergibt sich somit aus dem Charakter ihrer Zusammenarbeit. Bei einem autoregulativen System kommt nun hinzu, dass ein großer Teil der Kooperation vorgelagert wird – unterschiedliche Situationen müssen antizipiert und im Vorfeld durchdacht werden. So konstatieren R. Parasuraman, T. B. Sheridan und C. D. Wickens: „automation does not simply supplant human activity but rather changes it, often in ways unintended and unanticipated by the designers of automation, and as a result poses new coordination demands on the human operator."[19] Aus dieser Analyse ergeben sich spezielle Probleme, die aus der Kooperation zwischen Mensch und Maschine entstehen, etwa, dass mit zunehmender Automatisierung der Mensch seine manuellen Fähigkeiten einbüßt – und dann bestimmte Operationen beim Ausfallen der Maschine nicht ohne Weiteres von Hand ausführen kann. Oder auch durch die Tatsache, dass es bei komplexer Technik fast unmöglich wird, ein System effektiv zu überwachen – das alles sind Probleme, die unter dem Namen *Ironies of Automation* bereits seit fast vierzig Jahren in

18 Vgl. Mark Coeckelbergh: AI Ethics. Cambridge 2020. S. 22–26.

19 Raja Parasuraman, Thomas Sheridan, Christopher Wickens: A Model for types and levels of human interaction with automation. In: IEEE transactions on systems, man, and cybernetics – part a. Systems and humans. 30.3. 2000. S. 286–297. Hier S. 286 f.

der Forschung bekannt sind und die noch immer nicht als gelöst gelten können. Sodann neigen die Menschen in der Kooperation mit Maschinen dazu, der Maschine zu viel Vertrauen entgegen zu bringen und sich darauf zu verlassen, dass die Maschine die Aufgabe den Anforderungen entsprechend bearbeiten wird – mitunter sogar wider besseres Wissen![20] Aber auch von technischer Seite gehen mit dem Prozess der Automatisierung bisher ungelöste Schwierigkeiten einher, wie etwa algorithmische Voreingenommenheit, also der Tatsache, dass bereits in den Daten, mit denen der Algorithmus trainiert wird, Vorurteile in den Algorithmus gelangen,[21] mit der Folge, dass beispielsweise Menschen dunklerer Hautfarbe unverhältnismäßig oft von Systemen auf diskriminierende Weise erfasst werden.[22]

Die Maschine bleibt also auf den Menschen angewiesen ist, um bestimmte Operationen sicher und zuverlässig ausführen zu können; ebenso wie der Mensch in bestimmten Kontexten auf die Maschine angewiesen bleibt. Deswegen ist es sinnvoll, beide Entitäten für die Zeit ihrer Zusammenarbeit als strukturelle Einheit zu betrachten: Ähnlich wie in einem Team, in dem die Teammitglieder unterschiedliche Rollen einnehmen, sich jedoch wechselseitig rechenschaftspflichtig sind, nehmen auch Mensch und Maschine in ihrer Kooperation unterschiedliche Rollen ein. Durch die Perspektive der strukturellen Einheit ist das Mensch-Maschine-Team als Ganzes jedoch in einer ganz anderen Weise fähig, Verantwortung zu übernehmen, als wenn beide Entitäten getrennt betrachtet werden. Das Team ist nämlich durchaus moralisch verantwortlich, weil das menschliche Teammitglied in der Lage ist, moralische Entscheidungen zu treffen. Die Aufgabe des Menschen ist es somit, die Kontrolle über die Maschine zu wahren, diese zu überwachen und all jene Operationen auszuführen, welche die Maschine nicht sinnvoll ausführen kann. Damit ist noch nicht gesagt, dass diese Kontroll- und Überwachungsfunktion zwingend in Echtzeit stattfinden muss, auch wenn dies sicherlich in vielen Fällen naheliegt. Die genaue Umsetzung wird dann wiederum vom Einsatzkontext und der genauen Technik abhängen. So sind etwa im Bereich des autoregulativen Fahrens Autobahnen, die wenige Störfaktoren erwarten lassen, deutlich unproblematischer als dicht bebaute und

20 Vgl. Jennifer Elin Bahner: Übersteigertes Vertrauen in Automation. Der Einfluss von Fehlererfahrungen auf Complacency und Automation Bias. Berlin 2008.

21 Vgl. Tobias Baer: Understand, Manage and Prevent Algorithmic Bias. A Guide for Business Users and Data Scientists. Principles of Biomedical Ethics. 7. Aufl. Oxford 2009.

22 Vgl. Safiya Umoja Nobl: Algorithms of Oppression. How Search Engines Reinforce Racism. New York 2018.

befahrene Innenstädte[23] – deswegen spielt menschliche Kontrolle im zweiten Falle auch die entscheidendere Rolle.

Die hier vorgenommene Verhältnisbestimmung wirft zugleich die Frage nach dem Menschen auf: Wer ist der Mensch im Angesicht von hochautomatisierter oder autoregulativer Technik? Welche Bereiche bleiben im Zuge von Digitalisierung und Automatisierung dem Menschen vorbehalten?[24] Es stellt sich also die alte anthropologische Frage in neuem Licht: Wurde früher eine Grenzziehung zwischen Mensch und Tier vorgenommen, stellt sich heute die Frage, was Mensch und Maschine unterscheidet. So werden derzeit etwa Fragen diskutiert, die den (rechtlichen) Status von Maschinen in Analogie und Abgrenzung vom Menschen zu definieren suchen.[25] Das bedeutet aber auch, dass die vorschnell als rein technisches Problem wahrgenommen Entwicklungen nicht im technischen Bereich bleiben, sondern zum neuen Nachdenken über den Menschen herausfordern. Denn zugleich ergeben sich Konsequenzen für das Menschenbild, weil zur Dynamik dieses Prozesses nicht nur eine Anthropomorphisierung von Technik gehört, sondern zugleich eine Technisierung des Menschen. Es werden also technische Eigenschaften auf den Menschen übertragen.[26] Dazu gehört auch die Annahme, dass das Gehirn wie ein Computer funktioniert – eine Metaphorik, die Michael Cobb kürzlich aus neurowissenschaftlicher Sicht kritisiert hat.[27] In der Philosophie werden solche Fragen innerhalb der Technikphilosophie oder der *philosophy of mind* verhandelt, die sehr unterschiedliche Zugänge wählen können. Im Folgenden dient ein kurzer Abriss verschiedener Standpunkte der

23 Vgl. Alberto Broggi, et al.: Intelligent Vehicles. In: Bruno Siciliano, Oussama Khatib (Hg.): Springer Handbook of Robotics. Berlin 2008. S. 1175–1198. Hier S. 1193.

24 So betitelt beispielsweise die Wissenschaftsjournalistin Manuela Lenzen ein Kapitel ihres Einführungswerkes zu künstlicher Intelligenz mit „Die letzten Bastionen“ und meint damit Bereiche, in die maschinell produzierte Intelligenz vermutlich nie vordringen wird. Dazu rechtet die Autorin allerdings auch Autonomie. Vgl. Manuela Lenzen: Künstliche Intelligenz. Was sie kann und was uns erwartet. München 2018.

25 Vgl. Susanne Beck: Über Sinn und Unsinn von Statusfragen. Zu Vor- und Nachteilen der Einführung einer elektronischen Person. In: Jan-Philipp Günther, Eric Hilgendorf (Hg.): Robotik und Gesetzgebung. Beiträge der Tagung vom 7. bis 9. Mai 2012 in Bielefeld. Baden-Baden 2013. S. 239–262. Philosophisch wird dies etwa von David Gunkel diskutiert, vgl. Ders.: Robot Rights. Cambridge 2018.

26 Ähnlich auch Suchman, Weber: *Human-machine autonomies*; sowie: Koch: *Maschinen*.

27 Vgl. Michael Cobb: The idea of the brain. The Past and Future of Neuroscience. Cambridge 2020.

eigenen Positionierung, aus der heraus dann theologische Schlussfolgerungen entwickelt werden sollen.

2. Das determinierende und das konstruktive Doppelgesicht von Technik

In der Technikphilosophie der letzten Jahrzehnte haben sich zwei Hauptströmungen herauskristallisiert. Auf der einen Seite ein Technikdeterminismus, der sich im deutschen Raum mit den Namen Hans Jonas[28], Günther Anders[29] und, unter anderen Vorzeichen, Arnold Gehlen[30] verbindet. Auch Martin Heidegger[31] ließe sich in dieses Schema einordnen. Die Grundannahme dieser Denkrichtung besteht darin, dass die Technik soziale und kulturelle Auswirkungen zeitigt, denen sich die Gesellschaft *nicht* entziehen kann, weil sie ihr Denken und Handeln nachhaltig prägt und beeinflusst.[32] Auf der anderen Seite setzte sich, vor allem im angelsächsischen Raum, die Erkenntnis durch, dass Technik maßgeblich sozial konstruiert ist, weil soziale und gesellschaftliche Auswahlprozesse die Entwicklung von Technik wesentlich beeinflussen – ein Modell, das von Trevor Pinch und Wiebe E. Bijkere entwickelt und unter dem Namen *Social Construction of Technology* (SCOT) bekannt wurde.[33] Vor allem im Bereich der Medienethik sind diese Strömungen prominent geworden und werden unter diesem Schlagwort auch theologisch diskutiert – etwa mit Verweis auf die mediendeterminierende Position Marshall McLuhans sowie die sozial konstruierende

28 Vgl. Hans Jonas: Das Prinzip Verantwortung. Versuch einer Ethik für die technologische Zivilisation. Frankfurt 1984.

29 Vgl. Günther Anders: Über prometheische Scham. In: Ders.: Die Antiquiertheit des Menschen. Bd. 1. Über die Seele im Zeitalter der zweiten industriellen Revolution. München 1956. S. 21–95.

30 Vgl. Arnold Gehlen: Die Seele im technischen Zeitalter. In: Karl-Siegbert Rehberg (Hg.): Arnold Gehlen. Gesamtausgabe. Bd. 6. Frankfurt 2004.

31 Vgl. Martin Heidegger: Die Frage nach der Technik. In: Gesamtausgabe. Bd. 7. 1. Abteilung. Vorträge und Aufsätze. Frankfurt 2000. S. 5–36.

32 Vgl. Merritt Roe Smith: Technological Determinism in American Culture. In: Ders., Leo Marx (Hg.): Does Technology Drive History? The Dilemma of Technological Determinism. Cambridge 1994. S. 1–36.

33 Vgl. Wiebe Bijker, Trevor Pinch: The Social Construction of Facts and Artifacts. Or How the Sociology of Science and the Sociology of Technology Might Benefit of Each Other. In: Wiebe Bijker, Thomas Hughes, Trevor Pinch (Hg.): The Social Construction of Technological Systems. New Directions in the Sociology and History of Technology. Cambridge 1987. S. 17–50.

Sicht Carolyn Marvins. So fassen Jonas Bedford-Strohm und Alexander Filipović beide Sichtweisen pointiert in den Fragen zusammen: „Welchen Einfluss haben Menschen auf die Gestaltung von Medien? Und welchen Einfluss haben Medien auf die menschliche Praxis?“[34] Beide Fragen gehören jedoch untrennbar zusammen: „Die Wirkungen zwischen Mensch und Medium sind wechselseitig und dynamisch.“[35] Was individuell und für (digitale) Medien gilt, lässt sich auch auf den Zusammenhang von Technik und Gesellschaft übertragen. Für die Techniksoziologie hat Bruno Latour dieser Erkenntnis mit der Akteur-Netzwerk-Theorie (ANT) Ausdruck verliehen.[36] Für die Technikphilosophie hat dies aus (post-)phänomenologischer Sicht Mark Coeckelbergh in seinem Werk: *Using Words and Things: Language and Philosophy of Technology* dargelegt.[37] Ich werde im Folgenden etwas genauer auf die Thesen und Argumente dieser Theorien eingehen.

Latour entwirft in seinem Beitrag *A Collective of Humans and Nonhumans*[38] das Bild einer hochvernetzten Gemeinschaft – genannt Kollektiv (engl. *collective*), die sich nun aber gerade nicht nur aus handelnden Menschen zusammensetzt, sondern zugleich nicht-menschliche, aber durchaus handelnde Objekte mit in den Kreis der Handelnden aufnimmt.[39] Inwiefern jedoch können auch Objekte handeln, ist doch der Begriff des Handelns und des Handelnden (engl. *agent*) klassisch mit einem menschlichen Akteur verbunden, der sein Handeln zielgerichtet und verantwortlich selbstbestimmt? Um dies zu veranschaulichen, werden die Einsichten des Technikdeterminismus konsultiert: Es ist eben nicht nur der Mensch, der seine Werkzeuge als Mittel zum Erreichen eines Zieles einsetzt. Indem der Mensch bestimmte Artefakte zur Umsetzung seiner Interessen

34 Jonas Bedford-Strohm, Alexander Filipovic: Mediengesellschaft im Wandel. Theorien, Themen, ethische Herausforderungen. In: Gotlind Ulshöfer, Monika Wilhelm (Hg.): Theologische Medienethik im digitalen Zeitalter. Stuttgart 2019. S. 47–64. Hier S. 48.

35 A.a.O. S. 49.

36 Eine Einleitung in die Akteur-Netzwerk-Theorie findet sich bei: Bruno Latour: Eine neue Soziologie für eine neue Gesellschaft. Einführung in die Akteur-Netzwerk-Theorie. 4. Aufl. Frankfurt 2017. Fragen nach Technik widmet sich Bruno Latour vor allem in Pandoras Hoffnung – ich werde mich im Folgenden vor allem auf das letzter der beiden Werke beziehen. Vgl. Bruno Latour: Pandora's Hope. Harvard 1999.

37 Vgl. Mark Coeckelbergh: *Using Words and Things. Language and Philosophy of Technology.* Routledge 2017.

38 Vgl. Latour: *Pandora's Hope.*

39 Vgl. Latour: *Eine neue Soziologie.* S. 124.

wählt, wird dieses Artefakt zugleich gesellschaftlich relevant. Dies lässt sich an der Erfindung der Uhr verdeutlichen; denn die Einführung der Uhr als Messgerät für die Zeit verändert zwar nicht die physikalische Zeit, durchaus aber die Wahrnehmung davon, was Zeit ist und wie Menschen mit ihr umgehen, also die soziale und subjektive Zeit.[40] Eindrücklich schildert dies Lewis Mumford in Bezug auf die Einführung der Uhr in Klöstern:

> So one is not straightening the facts when one suggests that the monasteries helped to give human enterprise the regular collective beat and rhythm of the machine; for the clock is not merely a means of keeping track of the hours, but of synchronizing the actions of men. [...] The clock, not the steam-engine, is the key-machine of the modern industrial age. For every phase of its development the clock is both the outstanding fact and the typical symbol of the machine: even today no other machine is so ubiquitous. [...] The clock, moreover, is a piece of power-machinery whose "product" is seconds and minutes: by its essential nature it dissociated time from human events and helped create the belief in an independent world of mathematically measurable sequences: the special world of science.[41]

Es sind nun *Uhr*zeiten, an denen sich Menschen (gleichzeitig) orientieren. Dies wirkt sich auf die Tagesplanung der Menschen aus: Anstatt mit dem Aufgang der Sonne aufzustehen und mit Sonnenuntergang sein Tagwerk zu beenden, orientiert sich der Mensch an *fest*gelegten Stunden und Minuten. Dies verändert nicht nur das Individuum, sondern auch die ganze Gesellschaft. In diesem Sinne ist die Uhr Akteur und somit gesellschaftlich handelnd, denn sie gibt dem Menschen einen bestimmten Zeitrahmen vor, dem er sich nicht ohne Weiteres entziehen kann. Zugleich jedoch wirkt der Mensch in seine soziale Umwelt hinein und beeinflusst damit, wie mit Uhren und Zeit umgegangen wird – etwa bei der Frage, ob Winter- und Sommerzeit beibehalten oder abgeschafft werden sollten. Somit entsteht eine gesellschaftliche *Assemblage*, eine Zusammenfügung von Artefakten und menschlichen Akteuren, die sich dynamisch und wechselseitig beeinflussen. Latour macht diesen Zusammenhang prägnant an der in den Boden eingelassenen Bremsschwelle für Kraftfahrzeuge deutlich. Dieses Artefakt tritt Autofahrenden mit einem Handlungsanspruch entgegen: Es fordert sie auf, langsamer zu fahren. Ein Verweis auf den normativen Rahmen dieser Handlung

---

40 Vgl. Coeckelbergh: *Using Words*. S. 157; Wolfgang Krohn: Technik als Lebensform. Von der aristotelischen Praxis zur Technisierung der Lebenswelt. In: Hans Werner Ingensiep, Anne Eusterschulte (Hg.): Philosophie der natürlichen Mitwelt. Grundlagen – Probleme – Perspektiven. Würzburg 2002. S. 193–210.

41 Lewis Mumford: Technics and Civilization. 7. Aufl. London 1955. S. 13–15.

findet sich in der englischen Bezeichnung für eben jene Bremsschwelle, nämlich *sleeping policeman*, der schlafende Polizist. Aber auch ohne diesen sprachlichen Verweis ist das Artefakt handlungswirksam.[42] Dies wird möglich, weil es Menschen gibt, die Bremsschwellen zu eben diesem Zweck erfunden haben, aber auch Menschen, die diese ganz konkreten Bremsschwellen in eine bestimmte Umwelt eingebaut haben. All diese Ansprüche versammeln sich in eine konkrete Handlungssituation und kreieren so Soziales aus menschlichen und nichtmenschlichen Akteuren gleichermaßen.

Für den Philosophen Coeckelbergh jedoch nimmt dieser Ansatz die bereits vorgegebenen sozialen Zusammenhänge, die konkreten Lebensformen, ihre Sprachspiele, nicht ernst genug. Daher schlägt er einen stärkeren Fokus auf das Prozesshafte vor: „the social is constantly being (re)produced by means of humans and nonhumans, including technologies. And in this process, we have to recognize that there is a lot already given."[43] Coeckelbergh schlägt deswegen eine Verortung innerhalb der gesellschaftlich bereits produzierten Lebenswelt vor, in die der Mensch immer schon eingebettet ist.[44] So ist ein bestimmtes kulturelles Verständnis von Technik, aber auch und vor allem sind materiale technische Möglichkeiten vorgegeben. Zwar handelt der Mensch selbst, wird jedoch in seinen Handlungsmöglichkeiten von der Technik geleitet. Coeckelbergh konstatiert: „Human goals are thus formulated by humans, but they are revised in the process and are also to be seen as emergent. Human goals and technologies transform one another. Our human goals are not independent from technologies; machines shape our aims and our plans."[45] Ist dem aber so, geht die Technik in unserem bewussten, reflektierten Handeln nicht auf, sondern hat transzendentale Qualität, ist also Bedingung der Möglichkeit menschlichen Handelns überhaupt: Der Mensch kann gar nicht anders, als technisch vermittelt handeln.[46] Jedoch sollte die Technik hier nicht als Mittel (miss-)verstanden wird, die sich vollständig in der Deutungs- und Wirkmacht des Menschen befindet. Technik wirkt auf den Menschen immer schon ein und ist vorausgesetzt. Insofern wird der Mensch ebenso zum Mittel der Technik, wie er die Technik als

---

42 Vgl. Latour: *Pandora's Hope*. S. 186–188.

43 Coeckelbergh: *Using Words*. S. 198.

44 Ausgehend von den philosophischen Einsichten Wittgensteins rekurriert Coeckelbergh auf das Konzept der Lebensform und der Sprachspiele vor allem um den bereits vorgegebenen sozialen (Denk-)Rahmen gegenüber einer reinen sozialen Konstruktion abzugrenzen. Vgl. a.a.O. S. 87 f.

45 A.a.O. S. 202.

46 Vgl. Ebd.

Mittel gebraucht. Beides befindet sich in einem wechselseitigen, dynamischen Verhältnis, und der Mensch ist dabei weder Beherrscher der Technik, noch ihr schutzlos ausgeliefert.

Die Konsequenz aus dem Dargestellten lautet dann, dass die Technik enorme soziale und kulturelle Auswirkungen zeitigt, jedoch so, dass sie in aller Regel nicht bewusst reflektiert wird, sondern unserem Handeln und Denken bereits vorgegeben ist, es strukturiert und somit zur Lebenswelt im Sinne Alfred Schütz' gehört. Gemeint ist – hier in Worten Jürgen Habermas' – der „eigenartige Modus des mitlaufenden, intuitiv gewissen, aber implizit bleibenden Hintergrundwissens, das uns in unseren täglichen Routinen begleitet",[47] also das vorstrukturierte Wissen über unsere Welt, das bereits vorhanden ist.[48] Bewusst wird solche Technik nur dort, wo sie nicht (mehr) ohne weiteres in die Lebenswelt integriert werden kann, also immer da, wo neue Technologien oder Techniken auftauchen – wie CRISPR-Cas9 – oder aber der selbstverständlich gewordene Umgang mit bekannten Technologien fraglich wird – wie im Falle der fossilen Energiegewinnung und ihren umwelt- und klimaschädlichen Folgeerscheinungen.

Diese enge Verknüpfung von Lebenswelt und Technik führt nun zu einer Art Doppelgesicht der Technik. Zum einen gehört nämlich die Technik als lebensweltliche Praxis zu den Selbstverständlichkeiten des Lebens, die transzendentale Qualität haben und in ihrer konstitutiven Rolle unser Leben prägen. Diese kann vor allem deskriptiv erfasst und bearbeitet werden. In diesem Sinne ist es auch zu verstehen, dass die erzählte Welt des Neuen Testamentes eben nicht mehr auf einer Ebene mit unserer heutigen Erfahrungswelt liegt. Jedoch kann konkrete Technik vor diesem Hintergrund allein noch nicht sinnvoll bewertet werden, da sie bereits in vorgegebene kulturelle Zusammenhänge eingebettet ist, die untrennbar mit ihr verbunden sind, da eine andere Möglichkeit der Nutzung nicht in den Sinn kommt. Wo eine solche Wertung dennoch vorgenommen

---

47 Jürgen Habermas: Auch eine Geschichte der Philosophie. Bd. 1. Die okzidentale Konstellation von Glauben und Wissen. Berlin 2019. S. 466.

48 Im Unterschied zu Coeckelbergh jedoch lagert Habermas Kultur und Sprache vor – sie sind transzendental. Während also für Coeckelbergh Technik und Sprache wesentlich transzendentale Qualität haben, trifft dies für Habermas auf Kultur und Sprache zu. Ich rekurriere an dieser Stelle auf Habermas' Konzept von Lebenswelt, weil mir bei Coeckelberghs Vorschlag die Rolle von Kultur unterbestimmt scheint, da sie letztlich nur unter Technik und/oder Sprache subsumiert werden kann. Mit Habermas' Konzept der Lebenswelt auf der anderen Seite ist Technik insofern transzendental, als dass sie eine kulturelle Rolle einnimmt. Das Primat der kulturellen Welt, in die Technik eingeordnet wird, bleibt hier bestehen.

wird, nimmt sie nicht selten die Form einer globalen Technikskepsis an.[49] Zum anderen gibt es konkrete Techniken, die dann in bestimmten, praxisbezogenen Kontexten verhandelt und diskursiv gestaltet werden;[50] beispielsweise die Anwendung von CRISPR-Cas9 innerhalb der Medizin(-ethik) oder die Förderung fossiler Brennstoffe innerhalb der Umwelt- oder Wirtschaftsethik. Diese Fragen werden dann in aller Regel normativ bearbeitet. Während in Fragen nach der Technik im kulturell prägenden Sinne die determinierende Position stärker hervortritt, weil hier, eingelassen in unsere Lebenswelt, Technik unseren Alltag strukturiert, ohne dass uns dies bewusst wäre; so ist in der Frage nach dem Umgang mit konkreten Techniken die Konstruktion des Sozialen bedeutsamer, weil hier unbewusst vorstrukturiertes Wissen und Handeln in konkreten Handlungsbezügen in Frage gestellt oder herausgefordert werden. Entsprechend ist für die Technik im kulturellen Sinne eine deskriptive Herangehensweise vorrangig, während konkrete Techniken normativen Aushandlungsprozessen unterliegen. Eine Schnittstelle zwischen beiden könnte eine (theologische) Kulturhermeneutik bieten, in der die vorhandenen technischen Narrative explizit gemacht und auf ihre gesellschaftlich konstituierende Rolle hin befragt werden,[51] wie ich es oben für den Begriff der Autoregulation angedeutet habe.

3. Technik und Theologie

Die Theologie verhandelt Technik (wenn sie diese überhaupt behandelt) zumeist im Rahmen ethischer Fragestellungen.[52] Meinen Ausführungen liegt dabei

---

49 So zumindest kann man den Autoren Günter Anders, aber auch Arnold Gehlen, Martin Heidegger oder Lewis Mumfort interpretieren.

50 In ähnlicher Weise Christian Schwarke: Technik und Theologie. Was ist der Gegenstand einer theologischen Technikethik? In: ZEE 49.1. 2005. S. 88–104. Hier S. 99.

51 Diese Rolle schreibt beispielsweise Torsten Meireis der Öffentlichen Theologie zu. Vgl. Meireis: *„O das ich tausend Zungen hätte"*. S. 53.

52 Aktuelle Dogmatiken schweigen zum Thema der Technik. Bei Körtner findet sich lediglich ein rudimentärer Verweis auf technisch vermittelte Weltgestaltung des Menschen, der einem Mittel-Verständnis von Technik zu folgen scheint. Vgl. Ulrich Körtner: Dogmatik. Leipzig 2018. S. 299–301. Auch die meisten gegenwärtigen theologischen Ethiken widmen sich dem Thema wenig ausführlich und meist mit einer Betonung der bewussten menschlichen Steuerung. So behandelt z.B. Elisabeth Gräb-Schmidt Technik nicht als selbstständiges Thema, sondern innerhalb der und in engem Bezug zu Umweltethik – und zwar als „sekundäre Umwelt". Damit tritt Technik bereits in einen gewissen Kontrast zur natürlichen Umwelt des Menschen. Vgl. Elisabeth Gräb-Schmidt: Umweltethik. In: Wolfgang Huber, Torsten Meireis,

folgender Gedanke zu Grunde: Während Fragen über die kulturelle Rolle von Technik in den Bereich einer anthropologischen Betrachtung gehören, da sie Fragen menschlicher Konstitution im weitesten Sinne betreffen, sind ethische Fragen bezüglich konkreter Technik innerhalb einer bestimmten Materialethik angesiedelt, in der die „Reflexion konkreter moralischer Probleme“[53] im Vordergrund steht. Im ersten Fall liegt dies daran, dass die Technik menschliche Handlungsmöglichkeiten erweitert oder überhaupt erst eröffnet – der Mensch eben immer schon nicht nur *homo sapiens*, sondern auch *homo faber* ist.[54] Das heißt dass die Technik menschliches Handeln grundiert, dieses Handeln zugleich aber lebensweltliche Vorstellungen verändert und prägt. Damit ist zugleich

---

Hans-Richard Reuter, (Hg.): Handbuch der evangelischen Ethik. München 2015. S. 649–709. Darauf aufbauend, jedoch weitergehend ist der Vorschlag von Rochus Leonhardt, Technik als „künstliche Umwelt“ zu verstehen. Wird Technik jedoch zugleich als ein Spezifikum der *conditio humana* verstanden, wie es bei Leonhardt der Fall zu sein scheint, so ist die Trennung zwischen „natürlicher“ und „künstlicher“ Umwelt nicht unmittelbar einleuchtend. Wenn Technik nämlich den Menschen immer schon konstituiert, dann erscheint sie in ihrer Rolle gegenüber dem Menschen analog zur Umwelt. Vgl. Rochus Leonhard: Ethik. Leipzig 2019. S. 443–450. Klaas Huizing widmet der Technik in seiner Ethik ein ganzes Kapitel, rekapituliert darin jedoch im Wesentlichen bereits vorhandene Positionen. Vgl. Klaas Huizing: Scham und Ehre. Eine theologische Ethik. Gütersloh 2016. S. 233–268. Klassisch behandelt Trutz Rendtorff die Technik in wenigen Kapiteln seiner Ethik und zwar als kulturelle Leistung, die vorwiegend auf eine Beherrschbarkeit der Mittel abhebt. Vgl. Trutz Rendtorff: Ethik. Grundelemente, Methodologie und Konkretionen einer ethischen Theologie. Bd. 2. Stuttgart 1981. Einzelbeiträge jedoch, die sich technischen Fragen widmen, vor allem der Digitalisierung sind in den vergangenen Jahren zahlreich erschienen. Darunter auch solche, welche die gesellschaftliche Rolle von (moderner) Technik zu beleuchten gedenken, vgl. etwa: Jonas Bedford-Strohm, Florian Höhne, Julian Zeyher-Quattlender (Hg.): Digitaler Strukturwandel der Öffentlichkeit. Interdisziplinäre Perspektiven auf politische Partizipation im Wandel. Baden-Baden 2019; Anne-Maren Richter, Christian Schwarke (Hg.): Technik und Lebenswirklichkeit. Philosophische und theologische Deutungen der Technik im Zeitalter der Moderne. Stuttgart 2014; Wolfgang Beck, Ilona Nord, Joachim Valentin (Hg.): Theologie und Digitalität. Ein Kompendium. Freiburg im Breisgau 2021; Hermann Diebel-Fischer, Nicole Kunkel, Julian Zeyher-Quattlender (Hg.): Mensch und Maschine im Zeitalter „Künstlicher Intelligenz“. Theologische Herausforderungen. Münster 2023.

53 Torsten Meireis: Verheißung und Entsprechung. Ethik als öffentliche Theologie in praktischer Absicht. In: Michael Roth, Marcus Held (Hg.): Was ist theologische Ethik? Berlin 2018. S. 131–152. Hier S. 131.

54 Vgl. Gräb-Schmidt: *Umweltethik*. S. 670.

gesagt, dass eine (kulturhermeneutische) Reflexion technischen Handelns in die Betrachtung einfließen sollte, weil sonst die Grundlagen unseres Handelns verborgen bleiben und die Frage, ob diese oder jene Entscheidung bei der Nutzung von Technik auch anders hätte ausfallen können, unreflektiert bleibt. In diesem Sinne ist Technik stets kulturell überformt sowie in ihren Einsatzmöglichkeiten bestimmt und infolgedessen nicht „neutral"; denn ein bestimmter zweckmäßiger Einsatz ist stets vorgegeben.

Innerhalb der systematisch-theologischen Reflexionen[55] wird die Technik klassischerweise im Rahmen der Schöpfungslehre verhandelt.[56] Auf die Probleme, die sich daraus ergeben, hat Christian Schwarke aufmerksam gemacht. Grundsätzlich gilt: Wer Technik schöpfungstheologisch verortet, wird immer zu einem spannungsreichen Kontrast zwischen Mensch und Maschine gelangen, da Technik in diesem Fall Ausfluss der gefallenen menschlichen Vernunft und „Kreativität" ist, die sich in der Maschine ihren eigen Gott sucht oder im Machbarkeitswahn versucht, die Welt technisch zu beherrschen.[57] Um diesem einseitig negativen Technikbegriff etwas entgegenzusetzen, schlägt Schwarke vor, sich der theologischen Figur des *concursus divinus,* beziehungsweise *concursus dei,* also der Mitwirkung Gottes, innerhalb der Vorsehungslehre zu bedienen, die dann – in Aufnahme eines Vorschlags von Dietrich Ritschl und Reinhold Bernhardt, pneumatologisch ausgedeutet werden müsste.[58] In Worten Wolf Krötkes:

> *Gottes Fürsorge geschieht vorsichtig.* [...] Sein Kommen zur Welt ist vielmehr dadurch charakterisiert, daß er vor der Welt zugleich einen Schritt zurücktritt und ihr so Raum und Zeit gewährt, als Welt da zu sein. Dieses Tun Gottes lehrt verstehen, warum er in seiner Sorge für die Welt nicht so gegenwärtig wird, daß seine Göttlichkeit die Welt vor

---

55 Vgl. den Beitrag von L. Ohly in diesem Band.

56 Vgl. Körtner: *Dogmatik.* S. 299–301.

57 Vgl. Schwarke: *Technik.* S. 92.

58 Für die Details dieser Argumentation, vgl. Dietrich Ritschl: Sinn und Grenzen der theologischen Kategorie der Vorsehung. In: ZDT. 1994. S. 117–133; Reinhold Bernhardt: Was heißt „Handeln Gottes"? Eine Rekonstruktion der Lehre von der Vorsehung. Gütersloh 1999. Den Autoren geht es darum die Vorsehungslehre innerhalb der Lehre vom Heiligen Geist zu verorten, da Gottes Wirken in der Welt stets im Modus pneumatologischen Handelns geschieht. Dadurch kommt die Relationalität zwischen Mensch und Gott stärker in den Blick und die Reduktion Gottes auf einen „Lückenbüßer" kann vermieden werden. Vgl. auch: Christian Link: Die Krise des Vorsehungsglaubens. Providenz jenseits von Fatalismus. In: ET 65.6. 2005. S. 413–428.

> den Augen der Menschen ausfüllt. Er sorgt in dieser Weise für sie, um sei [sic!] sein Gegenüber sein zu lassen.[59]

Wird dieser Gedanke für den Bereich der Technik rekonstruiert, würde eine deutlich weniger voreingenommene Einstellung gegenüber Technik möglich, allerdings um den Preis, „dass die Unbestimmtheit der concursus-Vorstellung den Topos für die Ethik nutzlos mache", und entsprechend

> kann und soll [die concursus-Lehre] kein direkter Beitrag zu einer Technikethik sein. Sie stellt vielmehr eine Möglichkeit dar, sich zu vergegenwärtigen, dass der Mensch vor einer ethischen Aufgabe steht, die nicht „immer schon" dogmatisch geklärt betrachtet werden kann.[60]

Dann aber kann unser Nachdenken über die Technik normativ wenig aussagen, da die Details der Mitwirkung Gottes unserem Zugriff entzogen sind.

Wird jedoch im zweiten Fall konkrete Technik in den Blick genommen, spielt der Kontext ihres Einsatzes eine wesentliche Rolle und sollte in die ethische Bewertung miteinbezogen werden. Zwar kann eine Technologie wie KI in unterschiedlichen Bereichen eingesetzt werden, die jedoch bereits unterschiedliche Mechanismen und Ethiken hervorgebracht haben, sei es in der Wirtschaft, der Medizin oder mit Blick auf den Frieden. Mit dem technischen Verfahren der KI sind zwar bestimmte ethische Probleme immer verbunden, wie z.B. algorithmische Voreingenommenheit. Jedoch wird eine schachspielende KI andere ethische Konsequenzen mit sich bringen als Militärtechnologien, die sich solcher Algorithmen bedienen. Allein aus diesem Grund wird der Einsatz von Technik innerhalb ihrer jeweiligen und unterschiedlichen Kontexte je für sich bewertet werden müssen. Die Kriterien dafür werden aber in den seltensten Fällen *aus der Technik selbst* gewonnen werden können, zum einen, weil Technik eben sehr unterschiedliche Wirkungen entfalten kann, zum anderen, weil Technik im kulturellen Sinne eben in aller Regel normativ unterbestimmt bleibt.[61] Vielmehr ist es die Aufgabe der Theologie und der Ethik, eine spezielle Technik aus unterschiedlichen ethischen Standpunkten zu beleuchten, um dann ein möglichst

---

59 Wolf Krötke: Gottes Fürsorge für die Welt. Überlegungen zur Bedeutung der Vorsehungslehre. In: Ders.: Die Universalität des offenbaren Gottes. München 1985. S. 82–94. Hier S. 90 f. Hervorhebung im Original.

60 Beide Zitate: Schwarke: *Technik*. S. 99.

61 Eine Ausnahme für diese Regel dürfte die Atombombe darstellen, wo die Technik bereits derart verheerend ist, dass ein positives Einsatzszenarium im Grunde genommen undenkbar erscheint.

konkretes und umfassendes Bild zu erhalten, um daraus normative Schlüsse ziehen zu können.[62]

Für beide Bereiche (kulturelle Rolle der Technik sowie konkrete Normreflexion der Technik) ist jedoch auch eine theologische Betrachtung hilfreich, und zwar aus mehreren Gründen: Zum einen gilt, dass auch die Theologie von technischen Paradigmata nicht frei ist – ich erinnere noch einmal an das eingangs zitierte Diktum Bultmanns: Technisierte Weltsicht und technische Alltäglichkeiten prägen unseren Blick auf die Welt, unseren Umgang mit ihr und somit auch hermeneutische Prozesse – ganz zu schweigen von den Einblicken in die Welt der zeitgenössischen biblischen Umwelt, die erst durch neue Wissenschaftstechniken möglich geworden sind. Sich diese Veränderungen bewusst zu machen, ohne in eine übertrieben kulturkritische Haltung zu verfallen, ist ein Gebot der Stunde. Zum anderen kann die Theologie aber auch zum öffentlichen (Technik-)Diskurs beitragen, indem sie ihre eigenen Überzeugungen argumentativ einbringt. Eine wichtige Rolle nimmt hierbei die kulturhermeneutische Perspektive der Theologie ein, die dazu dienen kann, gegenwärtige Narrative auf ihren Gehalt hin zu befragen und so verborgene Denkmuster aufzudecken, wie dies Florian Höhne und Torsten Meireis fordern und beispielhaft an den Digitalisierungsnarrativen verdeutlich.[63] Dies lässt sich theologisch mit der Rede vom *concursus divinus* in seiner pneumatologischen Lesart durchaus verbinden. Dann knüpft die Theologie – in Rekurs auf ihre Traditionen und in kulturhermeneutischer Absicht – an die Rolle alttestamentlicher Propheten an, welche die Gegenwart im Lichte göttlicher Verheißungen und Gebote interpretieren und Veränderungen herbeizuführen suchen.[64]

Vor dem Hintergrund des bereits Gesagten kann nun eine theologische Verortung von (hochautomatisierter) Technik zwischen Determinismus und sozialer Konstruktion vorgenommen werden. Während nämlich die kulturelle Bedeutung von Technik determinierend wirkt, also den Menschen in seinen Denk- und Handlungsmöglichkeiten vorstrukturiert, so wird wiederum der Umgang mit Technik durch den aktuellen Gebrauch, durch den Einsatz neuer Techniken und durch die Infragestellung alter Techniken sozial geprägt – insofern wird

62 Vgl. Schwarke: *Technik.* S. 99.

63 Vgl. Florian Höhne: Gestatten: Digitalisierung. Anmerkungen zu Narrativen und Imaginationen digitaler Kulturpraktiken in theologisch-ethischer Perspektive. In: Bedford-Strohm, Höhne, Zeyher-Quattlender: *Digitaler Strukturwandel.* S. 23–46; Meireis: *„O das ich tausend Zungen hätte"*.

64 Vgl. Ritschl: *Sinn.* S. 426.

Technik täglich neu sozial konstruiert. Die determinierende Rolle von Technik lässt sich vor allem deskriptiv erfassen, die soziale Konstruktion normativ gestalten. Nimmt man an, dass Gott gleichsam „vorsichtig"[65] auch an technischen Erfindungen des Menschen mitwirkt, ergibt sich, dass der Mensch Techniken verantwortlich gestalten sollte, weil gerade nicht eindeutig bestimmt werden kann, wo Gott handelt – der Geist weht eben, wo er will. Damit jedoch ist auch der Theologie die Aufgabe gestellt, an diesen Prozessen mitzuwirken. Sie nimmt diese Aufgabe dann ernst, wenn sie deskriptiv auf verborgene technische Grundannahmen hinweist und normative Einsichten zum Technikgebrauch in den Diskurs einbringt.

Dass es wichtig ist diese Aufgabe wahrzunehmen, zeigt sich am Appell Peter A. Hancocks, der in seinem gleichnamigen Artikel eine *Teleologie für Technologie* fordert.[66] Er konstatiert:

> I end [the article] by affirming that technology is also fast becoming our contemporary theology. I propose the term teleologics to cover the concept of intention in technology and its comparative theological referent. If we do not knit together the explicit scientific coconsideration of purpose and process, the division will destroy us.[67]

Zentral sind hier die beiden Begriffe *purpose* und *process*: Während sich in *process* die technikdeterminierende Anschauung spiegelt, hebt *purpose* auf die soziale Konstruktion ab. Hancock bewertet dabei die derzeitige Entwicklung, die er als eine Art maschinellen Evolutionsprozess darstellt, negativ, da er die wachsenden Risiken zunehmend automatisierter Technik vor Augen hat. Gegenwärtige Technik, so die These, übersteigt menschliche Fähigkeiten mehr und mehr und läuft damit Gefahr dem Menschen außer Kontrolle zu geraten.[68] Dem entgegen hält er das Konzept der Teleologie, unter dem er die Suche nach Zielen und Absichten (*engl.: goals and intentions*) für den Menschen selbst und die Gesellschaft versteht.[69] Diese in seinen Augen theologische Vorstellung wird hier innerweltlich

---

65 Krötke: *Gottes Fürsorge*. S. 90.

66 Vgl. Peter Hancock: Teleology for Technology. In: Mustapha Mouloula, Peter Hancock (Hg.): Human Performance in automated and autonomous Systems. Bd. 1. Boca Raton 2019. S. 265–300.

67 A.a.O. S. 297.

68 Dies lässt sich etwa an User-Displays erkennen, die dazu tendieren gleichförmiger zu werden: Ob Wachmaschine oder Cockpit – das Nutzer-Interface gleicht sich an. Dies jedoch bringt – zumindest im Falle des Cockpits – eine durchaus problematische Komplexitätsreduktion mit sich. Vgl. a.a.O. S. 180–187.

69 Vgl. a.a.O. S. 269.

gewendet mit der Pointe, dass der Mensch, als Spezies, als soziale Gemeinschaft, selbst für sein Glück verantwortlich ist: Er hat seine Technik erfunden, er muss sie folglich auch steuern. Theologisch lässt sich an dieser Stelle rückfragen, wie sinnvoll diese Forderung überhaupt ist. Ist also der Abschied von einem determinierenden Evolutionsparadigma mit Hilfe einer teleologischen Konstruktion des Sozialen das Mittel der Wahl? Unter theologischen Gesichtspunkten dürfte die Antwort auf diese Frage eher zurückhaltend ausfallen. Warum das so sein könnte, lässt sich mit einem Hinweis auf die Figur des *concursus divinus* veranschaulichen: Gegenüber dem Handeln Gottes in dieser Welt wäre es schlichtweg unsinnig, eine gestaltende Kraft in Form der Technik anzunehmen, die den Lauf der Geschichte und die Form der Gesellschaft determinierend vorgibt. Zugleich jedoch verweist diese theologische Figur auf die Grenze menschlichen Handelns, die nämlich in der oben angeführten Diktion Krötkes „vorsichtig" im Handeln Gottes liegt. Für das Geschick dieser Welt also müssen, zumindest aus der Perspektive des Menschen, beide Handlungsweisen ineinander verflochten gedacht werden, ohne dass im Detail klar sein kann, wo das eine beginnt und das andere endet. Damit gewonnen ist eine Position, die dem menschlichen Handeln durchaus Freiheit gewährt, ohne den Menschen mit dieser Freiheit allein zu lassen. Aus dieser Perspektive heraus muss nun aber die Freiheit des Menschen immerhin so ernst genommen werden, dass er seine Technik verantwortlich einsetzt. Zudem scheint mir eine Perspektive der reinen Konstruktion des Sozialen in teleologischer Ausgestaltung vor allem mit Blick auf zunehmend automatisierte Technik eine schlichte Überforderung des Menschen. Bereits jetzt ist Technik derart weit ausdifferenziert und wird so vielfältig eingesetzt ist, dass vollkommen unklar ist, wer denn diesen Überblick behalten sollte. Auch hier bietet sich eher eine jeweilige (ethische) Beurteilung der Einzeltechnik im Rahmen ihres Umfeldes an als eine Pauschalperspektive.

In der Forderung nach einer „Teleologie" jedoch dürfte sich das Verlangen nach einer (ethischen) Begrenzung und Kontrolle von zunehmend automatisierten und autoregulativen Techniken ausdrücken; ein Projekt, dem sich derzeit in verschiedenen Initiativen genähert wird.[70] Auch wenn es unplausibel erscheint, dass der Mensch die Technik jemals gänzlich unter Kontrolle hatte und haben

70 Etwa die Open Ethics Initiative. Vgl. https://openethics.ai (zuletzt 17.04.2023). Vgl. den Code of Ethics, der von der Institute of Electrical and Electronics Engineers entwickelt wurde: https://www.ieee.org/about/corporate/governance/p7-8.html (zuletzt 17.04.2023); oder die von Google entwickelten ethischen Prinzipien: https://ai.google/principles (zuletzt 17.04.2023).

wird, so steigen doch mit zunehmend komplexer Technik und Technologien die Einsatzrisiken.[71]

Die ethische Debatte wird es infolgedessen zum einen mit Technikfolgenabschätzung zu tun haben, zum anderen aber auch mit der Frage, wie menschliche Kontrolle über ein spezifisches System im Einzelfall prozedural – und nicht nur juristisch – gewahrt werden kann. Das beinhaltet die Frage, welche Entscheidungen an Maschinen abgegeben werden können und dürfen, und welche nicht. Es wird also darum gehen müssen, dass der Mensch als derjenige, der die Ziele und zumindest einen Teil der Daten vorgibt, auch derjenige ist, dem Verantwortung nicht nur juristisch zugeschrieben wird, sondern der sie im Vollzug auch moralisch trägt. Dazu gehört, dass er in der Lage ist, die Systeme, mit denen er arbeitet und die er kontrolliert, auch zu verstehen und – wenn nötig – Fehler zu korrigieren.[72] Eine solche ethische Betrachtung steht dann vor allem unter der Forderung interdisziplinär anschlussfähig zu sein, das heißt sie muss die technischen Gegebenheiten verstehen und realistisch einschätzen, aber auch ihre ethischen Forderungen den Ingenieur:innen und Designer:innen auch so mitteilen können, dass diese dann technisch berücksichtigt werden.[73]

4. Rekapitulation

In meinem Beitrag habe ich mich für eine Betrachtung von technischen Fragen in theologischer Perspektive ausgesprochen, die zwischen technischem Determinismus und sozialer Technikkonstruktion vermittelt und dabei die kulturelle Rolle von Technik betont. Damit sind einige Implikationen verbunden: Einer reinen „Technik- oder Maschinenethik" stehe ich recht skeptisch gegenüber.

---

71 Vgl. Gräb-Schmidt: *Umweltethik*. S. 688; ebenso Michael Greder: Verantwortung in organisierter Verantwortungslosigkeit. Die Argumentation Wolf-Michael Catenhusens für die Einsetzung der Gentechnik-Enquete. In: Christian Albrecht, Reiner Anselm (Hg.): Aus Verantwortung. Der Protestantismus in den Arenen des Politischen. Tübingen 2019. S. 95–114. Hier S. 108 f.

72 Dies nimmt Grundgedanken von Joint Cognitive Systems auf. Vgl. David Woods, Erik Hollnagel: Joint cognitive systems. Patterns in cognitive systems engineering. Boca Raton 2006.

73 Damit meine ich nicht, dass ethische Grundlagen in Technik ohne Weiteres implementiert werden können. Ethik und Moral bleiben (bisher) dem Menschen vorbehalten. Dennoch gibt es ethische Komponenten auf die durchaus in der Entwicklung von Technik, spätestens in ihrem Einsatz jedoch Rücksicht genommen werden muss, wie etwa die Diskussion um algorithmische Voreingenommenheit zeigt.

Zwar gilt es, theologische Symbole in technischen Narrativen aufzudecken, um versteckte mythologische Anleihen kenntlich zu machen, die dann zu (irrigen) Vorannahmen über technische Zielvorstellungen führen können; etwa da, wo technisch vermittelt ewiges Leben ermöglicht werden soll.[74] Dennoch bleibt die Ethik auf den Menschen bezogen und kann getrennt von anthropologischen und kulturellen Fragestellungen nicht verhandelt werden.[75] Zudem verleitet eine solche Bezeichnung leicht zu dem Gedanken, man könne Ethik oder Moral problemlos in Maschinen implementieren. Für moralische Fragen wird jedoch, zumindest bis auf weiteres, die Maschine auf den Menschen angewiesen bleiben – dies wird auch im Begriff der Autoregulation im Gegensatz zur maschinellen Autonomie prägnant ausgedrückt.

Ich habe deutlich gemacht, dass Technik als kulturelle Größe getrennt von ihrer konkreten Anwendung zu betrachten ist. Im ersten Fall ist Technik bereits kulturell wirksam und konstituiert unsere alltäglich-unbewusste Lebenswelt – sie bleibt somit im Hintergrund und ist, wenn überhaupt, vorwiegend deskriptiv zu erfassen. Im zweiten Fall wird gesellschaftlich und primär normativ über die Anwendung einer bestimmten Technik zu verhandeln sein: Die Frage ob, und wenn ja wie, eine neue Technik sich durchsetzt ist hier noch nicht ausgemacht. Das heißt aber auch, dass an solchen Schnittstellen über die kulturelle Bedeutung von Technik entschieden wird. Hat sich ein gewisser Gebrauch erst einmal etabliert, wird es schwer, diese Selbstverständlichkeiten wieder in Frage zu stellen, da sie als Teil unserer Lebenswelt nicht mehr ohne weiteres bewusst reflektiert werden. Deswegen folgt daraus auch die Aufforderung, diese Gestaltungsprozesse bewusst zu nutzen und auf die Risiken von Techniken sowie Technologien und ihrem Einsatz hinzuweisen.[76] Die Theologie kann und sollte dies im Rekurs auf ihre (ethische und dogmatische) Tradition tun. Dann jedoch in der Regel nicht mit der Grundannahme, Technik sei *immer* problematisch, sondern anlässlich (ethischer) Kontextanalysen, die Schattierungen für den Einsatz sichtbar machen.

Zugleich unterliegen auch Theologie und Kirchen technischen Paradigmata. Zum einen indem etwa Digitalisierungstechniken vor der Kirchentür nicht halt machen und zu Phänomenen wie *digital religion* führen, also der Überführung klassischer christlich-religiöser Formate wie Gottesdienste in den digitalen

74 Vgl. Coeckelbergh: *AI Ethics*. S. 22–26.

75 Ich danke Bernhard Koch für diesen Hinweis.

76 Darauf weist auch hin: Coeckelbergh: *AI Ethics*. S. 45.

Raum.[77] Zum anderen indem auch theologische Arbeitstechniken sich verändern, etwa durch höhere Vernetzung und Digitalisierung, die Publikationen immer und überall zugänglich macht – eine Tatsache, die theologische Konzepte wie Ubiquität in einem völlig neuen Licht erscheinen lässt. Diese dynamischen Prozesse aber gilt es nicht nur zu reflektieren, sondern bewusst zu gestalten. Intern in kritischer Adaption gegenwärtiger Technologien für den Raum der Theologie und Kirche. Nach außen in kulturhermeneutischer Reflexion technischer Errungenschaften und Narrative, indem normativ die eigenen Traditionen in den (ethischen) Diskurs eingebracht werden.

77 Vgl. Heidi Campbell, Stephen Garner: Networked Theology. Negotiating Faith in Digital Culture. Ada 2016.

Tijana Petković

Digitale Vergöttlichung
Kann das Digitale helfen, die Theosis zu verstehen?

Einleitung

Jede Zeit hat ihre eigene Revolution. Unsere Zeit wird vielleicht als die „vierte Revolution" in die Geschichte eingehen, i.e. die Ausbreitung einer digitalen Informations- und Kommunikationstechnologie, die alle Bereiche unseres Lebens umgestalten und damit unsere Identität, unser Handeln und unser Denken infrage stellt. Aber vielleicht unterscheidet sich der Glaube an eine technologische Kultur oder an die Vorteile der vierten Revolution gar nicht so sehr von dem, was christlicher Glaube ist; denn wir Menschen werden wohl nicht anders – wir sind immer noch verletzlich, suchen immer noch nach Orientierung und nach etwas, woran wir uns festhalten können.

1. Der Weg zur vierten Revolution

Theologisch verstanden, werden wir menschlichen Geschöpfe vom neuen *Adam* dazu aufgerufen, das Potenzial in uns zu verwirklichen, um vergöttlicht zu werden.[1] Der heilige Paulus bemühte sich, ein Bild davon zu zeichnen, wer wir sein werden:

> So steht auch geschrieben: „Der erste Mensch, Adam, wurde zu einer lebendigen Seele", der letzte Adam zu einem lebendig machenden Geist. Aber das Geistliche ist nicht zuerst, sondern das Natürliche, danach das Geistliche. Der erste Mensch ist von der Erde, irdisch; der zweite Mensch vom Himmel. Wie der Irdische, so sind auch die Irdischen; und wie der Himmlische, so sind auch die Himmlischen. Und wie wir das Bild des Irdischen getragen haben, so werden wir auch das Bild des Himmlischen tragen. (1. Kor 15,45–49)

Seit den Anfängen des Christentums gehörten Technik und Transzendenz zu völlig unterschiedlichen Bereichen. Obwohl sowohl Jesus als auch Paulus Handwerker waren und viele der frühen Konvertiten aus der Arbeiterklasse stammten,

---

1 Vgl. Ted Peters: Imago Dei, DNA, and the Transhuman Way. In: Theology and Science 16.3. 2018. S. 353–362. Hier S. 353.

übernahm die kirchliche Elite eine klassische Verachtung für die praktischen Künste. Die Kirche erkannte zwar die Nützlichkeit solcher Werke an, bestritt aber ausdrücklich, dass sie als Erlösungsweg irgendeinen Wert haben könnten.[2]

In der Tradition des hl. Irenäus von Lyon wird die volle Ebenbildlichkeit mit Gott in der Zukunft, d.h. eschatologisch, erreicht. Wir Sünder besitzen zwar bereits Fragmente des göttlichen Ebenbildes, aber die vollkommene Ebenbildlichkeit gehört doch zu unserer Zukunft. In der Erwartung, dass wir in der Gnade wachsen, wachsen wir in der Gottebenbildlichkeit. Irenäus argumentierte, dass wir in Christus wiedererlangen, was wir in Adam verloren hatten, nämlich „dem Bilde und der Ebenbildlichkeit Gottes gemäß zu sein". Um unser ursprüngliches und wahres Menschsein wiederherzustellen, muss Jesus Christus es verkörpert haben. Das tat er, indem er den gesamten menschlichen Lebenszyklus rekapitulierte und ihn so lebte, wie er gelebt werden *sollte*. „Deshalb machte er auch jede Altersstufe durch, um für alle die Gemeinschaft mit Gott wiederherzustellen."[3] Auf diese Weise wurde er der zweite Adam. Für die frühen Christen waren die Bemühungen des Menschen, die adamische Vollkommenheit wiederzuerlangen und das Leben Christi widerzuspiegeln, gleichbedeutend mit dem Wunsch nach Göttlichkeit.[4]

Die Technik existierte und wurde von den Menschen im gefallenen Zustand benutzt; hatte aber keine darüber hinaus gehende Bedeutung. Richtig eingesetzt, ist Technik immer mehr als nur ein Werkzeug. Die instrumentalistische Sichtweise der Technik sieht sie im Wesentlichen als ein neutrales Werkzeug, das vom Menschen zur Erreichung bestimmter Ziele eingesetzt wird. Der Mensch legt Ziele fest und interpretiert die Welt; die Technik ist diesen Zielen und Interpretationen stets untergeordnet.[5]

Ein Vermittlungsansatz zwischen Religion und Technik (und Technologie) könnte hilfreich sein, um den Rahmen für eine alternative und konstruktivere Sichtweise der Beziehung von Mensch und Technik zu liefern. Bei einem solchen Ansatz würden Religion und Technik nicht in unterschiedliche Bereiche

---

2 Vgl. David F. Noble: The Religion of Technology. New York 1997. S. 18.

3 Irenäus von Lyon: Gegen die Häresien. Buch III. Kap. 18.7. Online: https://bkv.unifr.ch/de/works/cpg-1306/versions/gegen-die-haresien-bkv/divisions/509 (zuletzt 17.04.2023).

4 Vgl. Noble: *The Religion*. S. 18.

5 Vgl. Ciano Aydin, Peter-Paul Verbeek: Transcendence in Technology. In: Techné: Research in Philosophy and Technology. 19.3. 2015. S. 291–313. Hier S. 298.

verfallen, sondern daraufhin analysiert werden, wie sie zum gegenseitigen Verständnis beitragen können.[6]

Der Historiker David Noble stellte fest, dass sich die Beziehung zwischen Technik und Transzendenz im frühen Mittelalter zu verändern begann. Mit der Zeit wurde die Technik immer enger mit der verlorenen Vollkommenheit und dem Potenzial der wiederzugewinnenden Vollkommenheit verbunden. Lynn White zufolge könnte die veränderte Einstellung zur Technik mit dem Aufkommen des schweren Pfluges im Frankenreich begonnen haben. Dieser bedeutende technische Fortschritt veränderte die Beziehung zwischen Mensch und Natur grundlegend, da er sie umkehrte, indem er die „Fähigkeit einer Maschine" schuf und den Menschen in eine andere Ordnung versetzte: „Formerly he [human being] had been a part of nature; now he became an exploiter of nature." Dies war eine neue, beherrschende Haltung gegenüber der Natur: „Man and nature are two things, and man is master."[7]

Das christliche Bemühen um die Erneuerung der Gottebenbildlichkeit des Menschen entsprechend Gen 1,26 war im Mönchtum dieser Zeit sehr ausgeprägt, das aber eher ein gemeinschaftliches als ein ausschließlich individuelles Bestreben war. Der Gedanke, den Menschen (tatkräftig) nach dem Bild und Gleichnis Gottes umzugestalten, inspirierte alle Reforminitiativen im mittelalterlichen Christentum. Außerdem begann sich in dieser Zeit die Definition des Begriffs *Ebenbild* erheblich zu verändern. Bis dahin war die patristische Lehre davon ausgegangen, dass das göttliche Abbild des Menschen ausschließlich geistig sei. In dem Werk von Johannes Scotus Eriugena wurde in den Begriff der Ebenbildlichkeit zum ersten Mal Leiblichkeit – der Körper und die äußeren Sinne – als ein wesentliches Korrelat zu Vernunft und Geist einbezogen. Wenn der Geist das Leibliche voraussetzte, wurde der Leib in dieser neuen Perspektive vergeistigt und die Materie mit dem Transzendenten verbunden.[8]

Diese *aktive* Rolle des Menschen (Synergie)[9] wird in der Technik weitestgehend widergespiegelt, wie Ernst Benz richtig sah:

> Die Begründer der modernen Technik spürten, dass die Rechtfertigung für die weitreichendsten Ziele ihrer technologischen Bestrebungen in eben dieser Vorstellung von der Bestimmung des Menschen als Imago Dei und seiner Berufung als Mitarbeiter Gottes

6 Vgl. a.a.O. S. 299.

7 Noble: *The Religion*. S. 19 f.

8 Vgl. a.a.O. S. 22.

9 Der Synergiebegriff wird in der Regel auf das Heil des Menschen bezogen (s.u.). In diese Linie kann m.E. nun auch die (moderne) Technik eingeordnet werden.

> lag, […] um mit Gott an der Errichtung seines Reiches mitzuwirken und […] an Gottes Herrschaft über die Erde teilzuhaben.[10]

In der Mitte des 12. Jahrhunderts entstand in der klösterlichen Welt ein radikal erneuertes millenarisches Konzept[11] der christlichen Geschichte, ein teleologisches Zeitverständnis, das die christliche Erwartung anregte und die damit verbundene technische Entwicklung beschleunigte. Diese millenarische Denkweise vernachlässigte das göttliche Gesetz des menschlichen Schicksals ebenso wie die tatsächliche Verbindung zwischen dem Zeitlichen und dem Transzendenten. Die Suche nach einer neuer Exzellenzweise gewann an Kohärenz, Zuversicht, Mission und Eigendynamik. Dieser neue historisierende Millenarismus sollte die europäische Vorstellungswelt nachhaltig beeinflussen und die ideologische Verbindung von Technik und Transzendenz wie nie zuvor befördern: Technik und ihre Entwicklung wurden nun in die Eschatologie eingereiht.[12]

Der technische Fortschritt verändert die Art und Weise, wie Menschen Dinge produzierten. Zusammen mit diesem Fortschritt schien die Technik eine problematische Beziehung zur Transzendenz einzunehmen. Der Schritt zu jener modernen Produktionstechnik, die sich völlig von der Vergangenheit unterschied, wird heute als industrielle Revolution bezeichnet. Die neuen Produktionstechniken veränderten die Arbeitsbedingungen und die Lebensweise der Menschen grundlegend. Die erste industrielle Revolution begann im 18. Jahrhundert mit der Nutzung der Dampfkraft und der Mechanisierung der Produktion. Derzeit erleben wir die vierte (industrielle) Revolution. Diese ist durch die Anwendung von Informations- und Kommunikationstechnologien in der Industrie und Gesellschaft gekennzeichnet und wird u.a. als „Industrie 4.0" bezeichnet.

In dieser Linie kann man den Transhumanismus verstehen. Transhumanisten betrachten die Auslöschung der Transzendenz häufig einfach als einen „Fortschritt" und befürworten seine Beschleunigung; für andere ist dies ein Grund, dafür zu plädieren, dass wir moderne Technologien, die die Transzendenz bedrohen, einschränken sollten.[13] Um die Beziehung zwischen dem Prozess der

---

10 Noble zitiert Ernst Benz: Evolution and Christian Hope. New York 1975. S. 123–125. Benz war evangelischer Theologe und Religionswissenschaftler. In seinem Buch hat er eine Antwort auf Teilhard de Cardins Theologie der Evolution geschrieben.

11 Millenarismus, Millennialismus (von lat. millennium „Jahrtausend") oder Chiliasmus (von griechisch χίλια chilia „tausend") bezog sich früher auf den Glauben an die Wiederkunft Jesu Christi und die Errichtung seiner tausendjährigen Herrschaft.

12 Vgl. Noble: *The Religion*. S. 29.

13 Vgl. Aydin, Verbeek: *Transcendence*. S. 302.

Vergöttlichung der menschlichen Person und der Technik/Technologie in der östlich-orthodoxen Perspektive besser zu verstehen, will ich im Folgenden die Gedanken des kürzlich verstorbenen Sergey S. Horuzhy heranziehen.

2. Sergey S. Horuzhy und die synergetische Anthropologie

Sergey Sergeevich Horuzhy[14] (1941–2020) war ein russischer theoretischer Physiker und Mathematiker, der sich intensiv mit der orthodoxen Spiritualität beschäftigte. Er war ein Erforscher der ostchristlichen asketischen Tradition des Hesychasmus[15] sowie der russischen Philosophie; daneben wirkte er als Übersetzer und Kommentator von James Joyces Werk.[16] Horuzhy schlug in den 1990er Jahren die synergetische Anthropologie als neue interdisziplinäre Methode zur Untersuchung menschlicher Phänomene vor. Die Grundsätze dieses Ansatzes beruhen auf den Erfahrungen der vielfältigen spirituellen Traditionen der Welt, insbesondere aber der östlich-orthodoxen asketischen Schule, des Hesychasmus: Aus der Auslegung der Praxis der Hesychasten im mittelalterlichen Byzanz ging auch der theologische Begriff der Synergie hervor, der im Wesentlichen eine Harmonie und ein Zusammenwirken von zwei Energien unterschiedlicher Natur, der göttlichen (ungeschaffenen) und der menschlichen (geschaffenen), bedeutet. Horuzhy hat die Erfahrungen der Hesychasten mit allen fortschrittlichen zeitgenössischen Methoden umfassend erforscht und deren gegenwärtige Relevanz herausgestellt: Der Hesychasmus ist eine Art längst vergessene anthropologische Ressource, die bei der Lösung vieler schwerwiegender Probleme der heutigen Welt nützlich sein kann.

Die synergetische Anthropologie macht sich das reiche heuristische, philosophische und psychologische Potenzial der alten Schulen spiritueller Praxis zunutze, verallgemeinert ihre konzeptionelle Substanz und vergleicht sie mit den

14 Sein Name auf Russisch lautet Серге́й Серге́евич Хору́жий, aber es gibt verschiedene Transliterationen: Khoruzhiy, Horuzhy, Khoruzhy und Horuzhy.

15 Der Hesychasmus ist eine Form des klösterlichen Lebens im östlichen Christentum, bei der die Praktizierenden die himmlische Stille (*ἡσυχία*) durch ununterbrochenes Gebet zu Gott suchen. Ein solches Gebet, das den ganzen Menschen – Seele, Geist und Körper – einbezieht, wird häufig als „rein", „intellektuell" oder als Jesusgebet bezeichnet. Vgl. Encyclopedia Britannica: Hesychasm, Eastern Orthodoxy. Online: https://www.britannica.com/topic/Hesychasm (zuletzt 17.04.2023).

16 Vgl. Roman Turowski, Teresa Obolevitch: Art. Sergey Horujy. In: Filosofia. An Encyclopedia of Russian Thought. Online: https://filosofia.dickinson.edu/encyclopedia/horujy-sergey (zuletzt 17.04.2023).

traditionellen europäischen anthropologischen Konzepten. Infolgedessen kann sie einen neuen Zugang zu den Phänomenen des Menschen sowie ein neues vollständiges anthropologisches Modell entwickeln.[17]

Horuzhy verstand daher Religion, insbesondere das Christentum, betont als Anthropologie: „Das Christentum ist keine Religion des Kosmos, sondern die Religion der Person."[18] Das Zitat macht den individualistischen Charakter der Religion deutlich, der eine Reihe von grundlegenden anthropologischen Ideen unmittelbar impliziert. Schon im Alten Testament heißt es, dass der Mensch zum „Bilde und Ebenbildlichkeit" Gottes geschaffen ist (Gen 1,26); dass der Mensch dazu bestimmt ist, über alle Lebewesen der Welt zu herrschen (Gen 1,28); dass er in eine besondere persönliche Beziehung zu Gott tritt, in einem „Bund" mit ihm ist.

Horuzhy erklärt nun die anthropologische Situation anhand von drei verschiedenen, aber zusammengehörenden Punkten:

1) Als geschaffenes Wesen bildet der Mensch eine ontologische Einheit mit der Welt; 2) der Mensch nimmt die zentrale und führende Stellung in dieser Welt ein und hat die Macht über sie; 3) der Mensch steht in ständiger und wechselseitiger, geistiger und existentieller Verbindung mit Gott, und diese Verbindung ist ein entscheidender Faktor für das Schicksal der Welt.[19]

Der Anthropozentrismus ist das Konzept der „Zentralität" des Menschen in der Welt. Dieses Konzept bestimmt aber nicht die Art der Beziehung des Menschen zu den anderen Teilen oder Elementen der Welt. Er ist mit der Haltung des Dienstes an diesen Teilen ebenso vereinbar wie mit der Herrschaft über sie.

Die Beziehung des Menschen mit Gott ist dynamisch und dramatisch zugleich, aber es ist wichtig zu beachten, dass der Ort der Entwicklung dieser Beziehung in erster Linie die geistige und emotionale Welt des Menschen ist. Dies wurde in verschiedenen historischen Epochen der Geschichte nicht immer akzeptiert, daher ändert sich auch die Situation in unserer Zeit unter dem Einfluss vieler verschiedener Faktoren tiefgreifend.

---

17 Vgl. ISA, Institute of Synergetic Anthropology. Online: https://synergia-isa.ru/about-us (17.04.2023).

18 Sergey S. Horuzhy: The Process of the Deification of the Human Person and Technology in Eastern-Orthodox Christianity. In: Peter Koslowski (Hg.): Nature and Technology in the World Religions. Hannover 2001. S. 64.

19 Vgl. Sergey S. Horuzhy: Global Dynamics of the Universe and Spiritual Practice of Human Being. S. 1. Online: https://synergia-isa.ru/wp-content/uploads/2011/05/hor_global_dynamics.pdf (zuletzt 17.04.2023).

Horuzhy konzentriert sich auf drei Prinzipien der christlichen Weltanschauung: 1) anthropozentrisch; 2) dynamisch und prozesshaft; und 3) energetisch.[20]

Alle genannten Prinzipien haben ihre Grundlagen in der christlichen Tradition. Die Dynamik etwa ist sehr charakteristisch für das Christentum. So besteht das Hauptmerkmal des christlichen Dynamismus darin, dass er sich in erster Linie nicht auf die physische, sondern auf die metaphysische (ontologische) Dynamik bezieht. Das Sein ist für (orthodoxe) Christen immer ein Prozess und deshalb ist es auch die Welt. Der Energismus wiederum, d.h. das „grasping of the reality of man and world in the dimension of energy"[21] wird im gesamten Christentum und insbesondere in der Tradition der orthodoxen Ostkirche betont.

Christus steht für einen Neuanfang und den zweiten Adam. Die Ereignisse von Inkarnation, Kreuzigung und Auferstehung sind solche Elemente der Dynamik. Der Tod Christi war eine notwendige Bedingung für die Erlösung, für die Überwindung des gefallenen Zustands. Aber das Heil ist keine vorherbestimmte Notwendigkeit; der Erlöser überwindet nicht die Sündhaftigkeit des Menschen für ihn, sondern schafft für den Menschen die Situation, in der sie überwindbar wird. Das Auftreten Christi ist kein gänzlich vorbestimmter Prozess, sondern, wie beim ersten Anfang, der Schöpfung, eine ontologische Trennung: Das Geschöpf wird entweder im Modus der Endlichkeit fortbestehen oder ihn transzendieren.

Horuzhy wurde auch von der „neopatristischen Synthese" inspiriert, wie sie von Georgy Florovsky, Vladimir Lossky und Pater John Meyendorff entwickelt und vertreten wurde. Ihre patristischen Vorbilder – Maximus der Bekenner, Johannes von Damaskus und Gregor von Palamas – versuchten, einen Dialog mit der zeitgenössischen Philosophie herzustellen und betonten das Verständnis der Kirche, die apophatischen Dimensionen der Theologie, die Verbindung der Theologie mit der spirituellen Praxis und die Bedeutung der Begriffe Vergöttlichung und Synergie. Darüber hinaus weckten sie das Interesse an der Tradition des Hesychasmus – der mystischen Praxis der östlichen Orthodoxie. Der Hesychasmus bildet das System der diskursiven Verbindungen – er wurde Teil der kirchlichen Lehre, die in der Hl. Schrift und der patristischen Überlieferung verwurzelt ist. Sowohl der heilige Basilius der Große als auch Maximus der Bekenner und Palamas erklärten nachdrücklich, dass die persönliche Erfahrung des Gebets und der Askese eine notwendige Voraussetzung für das Theologisieren sei. Diese Verbindung zwischen der Askese der Hesychasten und

---

20 Vgl. Horuzhy: *The Process*. S. 66

21 Horuzhy: *Global Dynamics*. S. 3.

der patristischen Theologie wird noch dadurch verstärkt, dass zwischen diesen beiden Sphären eine einzigartige Beziehung besteht – die Vergöttlichung (*theosis, deificatio*) –, die gleichzeitig Gegenstand der Theologie und der Endzustand ist, auf den die Praxis der Hesychasten ausgerichtet war.[22]

Die Vergöttlichung, also die Verwandlung des menschlichen Wesens in die göttliche Natur, erscheint als ein zentrales Thema in dieser dynamischen Sicht der Existenz. Das Konzept ist alt; es wurde bereits von vielen Kirchenvätern in den ersten Jahrhunderten erwähnt[23] und diskutiert. Pointiert formuliert, findet es sich bei Athanasius von Alexandria: „Denn Er wurde Mensch, damit wir vergöttlicht würden."[24] In der westlichen Theologie war die Theosis immer nur ein Randbegriff und eher vage. Im östlichen christlichen Diskurs hat sie sich jedoch zu einer entscheidenden Idee entwickelt, die die ontologische Bestimmung des Menschen vermittelt, so dass der gesamte theokosmische Prozess als eine einheitliche Gesamtheit, als eine geordnete Abfolge von unteilbaren ontologischen Ereignissen dargestellt wird: Schöpfung, Sündenfall, Inkarnation und Vergöttlichung.[25]

3. Zur Frage der Vergöttlichung

Die menschliche Verwandlung in den neuen Adam ist das Ziel des geschaffenen Seins, das durch einen Prozess erreicht wird, der die ontologische Verwandlung trägt. Die Theosis darf nicht mit einer Form der Theopoiesis (*θεοποίησις*) verwechselt werden, d.h. damit, dass der Mensch tatsächlich zu einem Gott wird. Es handelt sich nicht um eine mystische Übersetzung oder Verwandlung des Menschen in die übermenschliche Sphäre. Die Theosis bezieht sich vielmehr auf das Innewohnen des Heiligen Geistes, auf die göttlichen Energien (*ἐνέργια*), die in das menschliche Sein eindringen.[26] Diese Lehre hat ihre Wurzel bereits im

22 Vgl. Sergej Horuzhy: Hesychast Formation of Theology and its Modern Prospects. 2010. S. 2. Online: https://synergia-isa.ru/wp-content/uploads/2010/07/hor_phil-theol2010_eng.pdf (zuletzt 17.04.2023).

23 Die Lehre von der Theosis begann mit den frühesten Vertretern der nachapostolischen Kirche. Zum Beispiel nannte Ignatius von Antiochien die Christen „Gott-Träger" oder die „an Gott teilhaben". Norman Russell: The Doctrine of Deification in the Greek Patristic Tradition. Oxford 2004. S. 91.

24 Athanasius von Alexandrien: De incarnatione Verbi. 54. Online: https://bkv.unifr.ch/de/works/cpg-2091/versions/uber-die-menschwerdung-des-logos-und-dessen-leibliche-erscheinung-unter-uns-bkv/divisions/55 (zuletzt 17.04.2023).

25 Vgl. Horuzhy: *The Process*. S. 69.

26 Vgl. Peters: *Imago Dei*. S. 357.

Neuen Testament: „Durch sie sind uns die kostbaren und allergrößten Verheißungen geschenkt, damit ihr durch sie *Anteil bekommt an der göttlichen Natur* (*θείας κοινωνοὶ φύσεως*), wenn ihr der Vergänglichkeit entflieht, die durch Begierde in der Welt ist.“ (2 Petr 1,4) Die Teilhabe an der göttlichen Natur bezieht sich auf jenen Prozess,[27] durch den das Werk Christi die Gaben der Unverweslichkeit und Unsterblichkeit verleiht. Dieser Vergöttlichungsprozess wird erst auf dem eschatologischen Höhepunkt, mit der Auferstehung von den Toten, vollständig verwirklicht. Für die östlichen Orthodoxen ist die Erlösung mehr als eine bloße Wiederherstellung dessen, was Adam vor dem Sündenfall hatte, denn sie umfasst die Aufnahme des neuen Adam, des auferstandenen Christus, in das göttliche Leben.[28]

Das Konzept von der Vergöttlichung ist zweifellos ganzheitlich und global: Sie erzählt vom Schicksal des gesamten geschaffenen Seins, des gesamten raumzeitlichen Universums oder Makrokosmos. Die Kardinalmerkmale des christlichen Diskurses, sein personalistischer Charakter (beim Thema Gott) und sein anthropozentrischer Charakter (beim Thema Welt), führten jedoch unweigerlich dazu, dass die Vergöttlichung auch mit dem Schicksal des Individuums, der geschaffenen Person, verbunden war. Die Verwirklichung des anthropologischen Prozesses, der zur Vergöttlichung aufsteigt, ist Sinn und Gegenstand der orthodoxen Schule der spirituellen (mystisch-asketischen) Praxis, des Hesychasmus.

In der strengen Anthropologie des Hesychasmus wird der Mensch als eine Einheit bestimmter „anthropologischer Ausdrücke“ betrachtet und nicht als Subjekt, Substanz oder Essenz. Horuzhy gebrauchte diese Bestimmung als Grundlage für seine neue Anthropologie, nämlich Gregory Palamas‘ Konzept der Energie, die aus seiner theologischen Synthese hervorgeht. Die Tradition des Hesychasmus stellt ein präzises Schema menschlicher Energien auf, einschließlich geistiger Energien, körperlicher Energien und seelischer Energien.

Horuzhy verdeutlicht, wie der Mensch als eine „Synergie“ aus erzeugter, natürlicher Energie und ungeschaffenen, göttlichen Kräften betrachtet werden kann, indem er in seiner Anthropologie die christliche asketische Tradition wieder aufgreift. Das übergeordnete Ziel des menschlichen Lebens besteht nach dem Hesychasmus darin, den Zustand der Vergöttlichung zu erreichen, was

---

27 Horuzhy konstatiert, dass auf diese Weise das geschaffene Wesen als eine (ontologische) Dynamik der Vergöttlichung dargestellt wird, deren empirischer Inhalt durch ihre anfänglichen theologischen und ontologischen Definitionen noch nicht offenbart wurde. Vgl. Horuzhy: *Global Dynamics*. S. 5.

28 Vgl. Peters: *Imago Dei*. S. 356.

Horuzhy als „ontologische Metamorphose“ ansieht, die zur Überschreitung der „anthropologischen Grenze“ führt.

Die weltweite Dynamik der Vergöttlichung ist, wie der anthropologische Ansatz der spirituellen Praxis, keine *einfache* Option. Im Gegenteil, ihre Ausführung ist die schwierigste und mühsamste, da sie eine bewusste Entscheidung und konzentrierte Anstrengung sowie eine komplizierte Struktur und Koordination aller Ebenen der globalen hierarchischen Systeme erfordert.[29]

4. Die Dynamik der Vergöttlichung und die technisch-technologischen Faktoren

Wollen Menschen zu Göttern werden? Wollen Menschen Theopoiesis oder Theosis?

Es gibt wohl andere Zugänge zu den genannten Fragen, aber da das hier vorgestellte Modell anthropozentrisch ist, gehe ich weiter der anthropologischen Interpretation nach. Horuzhy schlägt die Theorie von Arnold Gehlen vor, die von zahlreichen Autoren unterstützt wird und in der alle Arten von Technologie und technischer Tätigkeit als spezifische Ausdrucksformen des Menschen betrachtet werden. „Technologie ist die dem Menschen innewohnende Fähigkeit, die Natur im Sinne seiner Ziele zu verändern […]. Diese Fähigkeit des Menschen ist angeboren, hat ihren Ursprung in der Natur des Bewusstseins und stellt eine der natürlichen menschlichen Potenzen dar.“[30]

Die Technik erscheint als eine direkte praktische Umsetzung der strukturellen und dynamischen Identität. Die gesamte Wirklichkeitssphäre, die sich der Mensch technisch-technologisch aneignet, erweist sich in ihrer operativen Struktur – und damit auch in ihrer Dynamik, die diese Struktur impliziert – als „nach dem Bild und Gleichnis des Menschen“ organisiert, also im anthropologischen Paradigma.[31]

Horuzhy kommt zu dem Schluss, dass die natürlichen Strategien des Menschen das Wesen und den Charakter der Projektion einiger energetischer Elemente der anthropologischen Realität darstellen. Der anthropologische Ansatz erweist sich so als Schlüssel zur globalen Dynamik, sodass die Herausforderungen der globalen Entwicklung auf anthropologische Fragen zurückgeführt werden können.

29 Vgl. Horuzhy: *The Process*. S. 73.

30 A.a.O. S. 74.

31 Vgl. Horuzhy: *Global Dynamics*. S. 10.

Der Fortschritt der Technosphäre und ihre Unabhängigkeit deuten darauf hin, dass der technologische Fortschritt (gerade heute) zur wichtigsten Kraft der Menschheit geworden ist. Das hieße auf den Kosmos bezogen, dass er jetzt in drei große Sphären aufgeteilt ist: Menschheit, Technik/Technologie und Natur. Jede Sphäre hat das Potenzial für Wachstum und Dominanz. Nach dem christlichen Anthropozentrismus besteht die Berufung des Menschen darin, als intelligentes Verbindungs- und Zentrierungsorgan zu fungieren, das die Beziehungen in allen drei Sphären koordiniert sowie harmonisiert und die Aussicht sowie das Potenzial der ontologischen Transzendenz für ihr Kollektiv bietet.[32]

Im Christentum kann der Mensch als Verwalter oder Mitschöpfer verstanden werden. Willem Drees erklärt den Unterschied zwischen diesen beiden Beschreibungen am Beispiel der Heilsgeschichte. Der Beginn der Welt wird mit dem Paradies beschrieben, auf das eine lange Reise mit der Erwartung der endgültigen Erlösung folgt. Die Liturgie spiegelt dies perfekt wider, sie betont die Geschichte, aber gleichzeitig ist sie eschatologisch, sie bietet Hoffnung. Drees beschreibt dies als U-förmiges Profil; denn wenn man die Menschen als Verwalter versteht, wird man sie auch auf ihre Geschichte mit den guten Momenten konzentrieren können, die bewahrt und in Erinnerung gehalten werden sollten. Aber wenn sie als Mitschöpfer angesprochen werden, sind ihre Pflichten und Aufgaben auf die Zukunft gerichtet.[33]

Die globale Dynamik im anthropologischen Modell ist eine Projektion der anthropologischen Dynamik. Analog dazu ist die globale Dynamik der Vergöttlichung eine Projektion der spirituellen Praxis in ihrer hesychastischen Form. Die Technik/Technologie könnte daher als ein praktischer Apparat dieser Projektion verwendet werden. In der Konstitution der globalen Vergöttlichungsdynamik sieht Horuzhy jedoch einen Widerspruch, den er die Aporie der (Un-)Vereinbarkeit von *Homo mysticus* und *Homo faber* nennt. Die Lösung dessen wird laut Horuzhy zu einer der zentralen anthropologischen Fragen der Zukunft. Er stellt dabei fest, dass die Lösung nach den vorläufigen Analysen prinzipiell möglich ist, jedoch verschiedene Bedingungen voraussetze, wie etwa die weitreichende Entwicklung der Ressourcen des menschlichen Bewusstseins, der Selbstkontrolle (Disziplin) und der Kombination der verschiedenen Aktivitäten zur gleichen Zeit.

32 Vgl. Horuzhy: *The Process*. S. 75.

33 Vgl. Willem Drees: „Playing God? Yes." Religion in the Light of Technology. In: Zygon 37.3. 2002. S. 643–654. Hier S. 649.

Das byzantinische Konzept der „Perichorese" (περιχώρησις) kann hier miteinbezogen werden; sie bedeutet den ständigen gegenseitigen Austausch der drei Personen der Heiligen Dreifaltigkeit, das gegenseitige Geben und Empfangen, wobei diese Dynamik und diese Beziehung klassisch als Liebe bezeichnet werden. Daraus folgt, dass es sich um eine Gemeinschaft handelt, die sich nach dem Paradigma der Perichorese konstituiert. Der technisch-technologische Aspekt der globalen Dynamik der Vergöttlichung besteht darin, diese anthropologische Realität auf globaler Ebene zu verwirklichen. Die Vergöttlichung sollte nach Horuzhy deshalb zur Vereinigung von anthropologischer und technologischer Dynamik (im Sinne der Perichorese) führen. Diese Vereinheitlichung wird wohl zu Veränderungen der Natur und der Grenzen zwischen dem Menschen und der Außenwelt führen. Es ist in diesem Sinne anzunehmen, dass der Mensch eine radikal neue Form annehmen wird, zu einem verwandelten menschlichen Wesen wird. Im Hesychasmus wurde die so neu transformierte, veränderte Wahrnehmung der Menschen als intellektueller Sinn verstanden. Deshalb sagt Horuzhy, dass die Technik/Technologie in der globalen Dynamik der Vergöttlichung die globale Projektion dieser neuen Wahrnehmung verwirklichen sollte.[34]

5. Vision, Transformation, Mission

Wir sind wirklich Mitschöpfer. Was uns zu Mitschöpfern mit Gott macht, ist unsere Fähigkeit, Entscheidungen zu treffen, zu kritisieren, zu bewerten und zu beurteilen. Wir sind in der Lage, zu planen, kreativ zu sein und diese Ideen auch in die Tat umzusetzen. Wie Drees deutlich macht, verweist uns die Ko-Kreativität auf die Zukunft und den Wunsch, an ihr teilzuhaben. Wir schaffen Dinge, wir kreieren, und wir vererben und übertragen diese Fähigkeit auf die nächsten Generationen, sodass wir den nachfolgenden Generationen immer komplexere Situationen hinterlassen.

Diese Kreativität ist mit Verantwortung verbunden, die jeder Mensch trägt. Eine Verantwortung, die man der Natur und anderen Menschen schuldet – aber auch Gott gegenüber. Stellen fortgeschrittene Technologien wie Robotik, Nanotechnologie und Künstliche Intelligenz den Menschen als Mitschöpfer dar? Ja – und nein. Diese Technologien allein können die in der biblischen Prophezeiung beschriebene Idee der vollständigen Transformation nicht erfüllen. Die eschatologische Transformation muss sich auf die Gnade und auf Gott stützen, wenn Christen an Gott teilhaben wollen.

34 Vgl. Horuzhy: *The Process*. S. 79.

Diese asketische (hesychastische) Sicht des menschlichen Subjekts eröffnet nicht nur die Möglichkeit der Einheit mit Gott in der Erlösung, sondern auch der Einheit mit Gott in der Mission. Das bedeutet, dass Christen die Mission als eine geistliche Praxis des christlichen Lebens ansehen und nicht nur als eine Aufgabe, einen Plan oder eine Hingabe an all das, was Gott in Christus für die Menschen getan hat. Anstelle der *Missio Dei* haben Christen die *Missio Divinitas*, die besagt, dass Mission der Ausdruck eines synergetischen Prozesses zwischen der erlösten Menschheit und der Dreifaltigkeit ist; ein Prozess, der die Theosis in der Welt widerspiegelt. Horuzhys Anthropologie vertritt in der Tat den Gedanken, dass eine Rückkehr zu einer asketischen Konzeption des Menschen erforderlich ist. Sein einzigartiger Beitrag ist m.E. seine Überzeugung, dass ein dreigliedriger anthropologischer Ansatz die beste Methode ist, um die menschliche Identität in all ihren Feinheiten in der heutigen Welt zu erfassen. Horuzhy reflektiert eine Erweiterung des allgemeinen Missionsfokus mit Spiritualität als Schlüssel in der Missionstheologie, die sich auch darum bemüht, die Komplexität der menschlichen und göttlichen Intentionen in der Welt zu begreifen.

Aus ostorthodoxer Sicht haben die christliche Anthropologie und die moderne Technik/Technologie eine gemeinsame Vision der Transformation. Aber die Unterschiede der Verwirklichung, des Verständnisses und des Ziels sind grundlegend verschieden. Für Christen ist die Vergöttlichung das Werk Gottes und nur möglich, weil Menschen nach seinem Bild und Ebenbild geschaffen sind.

Christian Schlenker

Kierkegaards Begriff eschatologischer Hoffnung in Zeiten digitaler Vorwegnahmen

Klara, der humanoide Roboter in Kazuo Ishiguros Roman *Klara und die Sonne*, einst erworben, um die kranke Josie nach ihrem bevorstehenden Tod nachzuahmen und so zu ersetzen, entwickelt schließlich „Hoffnung" für Josie. In einem scheinbar selbstlosen Akt möchte Klara Teile der sie mit Energie versorgenden Flüssigkeit opfern, um Josie zu retten. Dieses Vorgehen bespricht Klara zuerst mit Josies Vater, der allerdings Zweifel an dieser augenscheinlich aussichtslosen Tat hat:

> „Du glaubst das wirklich, oder? Dass es Josie hilft?"
> „Ja. Ja, ganz bestimmt."
> Eine Veränderung schien in ihm vorzugehen. Er beugte sich vor und blickte, wie ich, nach links und nach rechts mit drängenden Augen.
> „Hoffnung", sagte er. „Verdammtes Ding, das einen nie in Frieden lässt.' Er schüttelte fast verbittert den Kopf, aber es war jetzt eine neue Kraft in ihm."[1]

Ishiguro zeichnet Klara als einen Roboter, die religiöse Artikulationsformen zu entwickeln scheint. Im Buch, das aus der kindlichen Sicht Klaras geschrieben ist, wird nicht aufgelöst, wie Klara zu ihrer Hoffnung kommt. Jedoch basieren alle Formen ihres quasi-religiösen Handelns auf Extrapolation von Beobachtungen ihrer Umwelt. In der oben zitierten Szene möchte Klara eine Straßenbaumaschine zerstören, welche die Sicht auf die Sonne blockiert. Die Sonne ist Klaras Energiequelle und sie hatte außerdem einmal einen Obdachlosen beobachtet, der durch den Aufgang der Sonne von seiner Trunkenheit „geheilt" wurde. Die Hoffnung Klaras beruht wahrscheinlich – auch wenn dies im Roman nicht thematisiert wird – auf einer Extrapolation von Erfahrungen der Vergangenheit auf eine Situation der Gegenwart. Die Hoffnung des Vaters jedoch, von der er sagt, dass sie „einen nie in Frieden lässt"[2], basiert nicht auf einer durch Klaras Tat gegebenen Gewissheit, vielmehr weiß er um ihre Unsinnigkeit. Klaras

1 Kazuo Ishiguro: Klara und die Sonne. Übers. v. Barbara Schaden. München 2021. S. 255.
2 Ebd.

„Hoffnung“ ist der *Wunsch*, eine bestimmte Zukunft durch eine auf vergangenen Erfahrungen basierenden Berechnung vorwegzunehmen. Der Vater hingegen weiß um die Vergeblichkeit dieses Wunsches, und es scheint ganz so, als helfe er Klara nicht *trotz*, sondern *eingedenk* dieses Wissens. Seine Hoffnung ist etwas anderes als ein weltfremder Optimismus.[3]

Ich werde im Folgenden der Frage nachgehen, was eschatologische Hoffnung, wie sie Søren Kierkegaard beschrieb, in einer Zeit digitaler Vorwegnahmen bedeuten kann. Die These ist dabei, dass eschatologische Hoffnung einen Umgang mit Situationen bietet, in denen Sinn und Bedeutung fragwürdig werden, und dass digitale Vorwegnahmen einen solchen Umgang aufgrund der Art, wie sie gebildet werden, nicht oder nur begrenzt bieten können.

Zu Entfaltung dieser These müssen beide revelvanten Termini bestimmt werden. Beide sind dabei im Sinne eines doppelten Genitivs zu verstehen. Die „Zeit der digitalen Vorwegnahmen“ ist (1) sowohl unsere Zeit, in welcher wir mit digitalen Vorwegnahmen leben; als auch (2) die Form der Zeitlichkeit, welche durch digitale Vorwegnahmen eröffnet wird. Eschatologische Hoffnung wiederum ist einerseits (3) die Hoffnung auf das Eschaton und andererseits (4) die Hoffnung, die sich aus dem Eschaton speist.

1. Unsere Zeit als eine Zeit digitaler Vorwegnahmen

Wie ein menschliches Dasein in unserer durch digitale Vorwegnahmen mitgestalteten Welt existiert, kann auf verschiedene Weisen beschrieben werden. Der

3 Dieser Vorwurf stellt einen gewichtigen Einwand gegen die Hoffnung dar. Wenn Hoffnung nur dazu diente, Handlungen zugunsten einer eingebildeten Zukunft auszulassen, oder die Gegenwart zu vertrösten durch den Verweis auf eine kommende Wirklichkeit, kann zurecht, etwa mit Miguel A. De La Torre: Embracing Hopelessness. Minneapolis 2017, Hoffnung als ein Hemmnis der Möglichkeiten etwas zu ändern, verstanden werden. De La Torre formuliert dies als eine Kritik an einer westlichen Industriegesellschaft, innerhalb derer Hoffnung verbürgt sei durch Eckpunkte einer gewissen Zukunft. Wenn Hoffnung in dieser Form allein auf einem sozialen Privileg aufgebaut ist, das mit (relativer) Gewissheit eine „gute“ Zukunft verspricht, wäre Hoffnung in der Tat nicht mehr als ein Opium des Volkes, durch das unterdrückende Strukturen letztlich aufrechterhalten werden. Vgl. De La Torre: *Embracing Hopelessness*. S. 5. Diese Kritik an einer falschen Hoffnung von De La Torre gilt es einzubeziehen, obgleich gefragt werden muss, ob damit Hoffnung in ihrer Ganzheit angesprochen ist. Vgl. Christine Schiesser: Response to Miguel De La Torre. Embraching Hopelessness. In: Cursor_. Zeitschrift Für Explorative Theologie. 8. 2022. Online https://cursor.pubpub.org/pub/issue8-schliesser-response/release/1 (zuletzt 17.04.2023).

Ansatz der *existential media studies* nimmt hierbei in den Blick, was es existenziell bedeutet, in einer durch digitale Prozesse mitgestalteten Welt zu leben.[4] Dabei greifen etwa Amanda Lagerkvist oder Tim Markham auf Martin Heideggers Konzept der *Geworfenheit* zur Beschreibung der digitalen Existenz zurück. Zunächst soll darum kurz (a) mit Verweisen auf Heideggers *Sein und Zeit* die Beschreibung des Menschen als digitale Existenz plausibilisiert werden. Die digitale Geworfenheit umfasst, wie insbesondere Amanda Lagerkvist herausgearbeitet hat, zwei Dimensionen, die anschließend diskutiert werden sollen: Die Alltäglichkeit (b) und die Grenzsituation (c), die beide als Elemente zu verstehen sind, *wie* menschliche Existenz *immer schon* in der Welt verhaltend ist.

a) Die *existential media studies* greifen auf Heideggers Terminologie und Beschreibung der Wirklichkeit zurück, weil sich dadurch ausdrücken lässt, dass die menschliche Existenz immer durch ihre Umwelt wesentlich bestimmt ist. Heidegger betrachtet die menschliche Existenz nicht als ein Subjekt, das einer objektiven Welt gegenübergestellt ist, sondern als ein Verhaltensein in der Welt. Wer ich bin, ist dadurch bestimmt, was ich im praktischen Umgang mit der Welt tun kann.[5]

Die Welt ist Heidegger zufolge immer schon durch ihre Bedeutsamkeit gegeben. Nichts ist lediglich das *brutum factum* seiner physikalischen Objektivität, sondern *ist* als Bedeutsamkeit und ist durch diese Bedeutsamkeit immer *als etwas* gegeben.[6] Diese Bedeutungen strukturieren die Welt als einen Möglichkeitsraum. Ein Smartphone *ist* etwas, mit dem ich dies oder jenes tun *kann*. Die

---

4 Insbesondere ist auf die jüngst erschienene Monographie von Amanda Lagerkvist: Existential Media. A Media Theory of the Limit Situation. New York 2022 zu verweisen, die einen kohärenten Gesamtentwurf der *existential media studies* unter besonderer Betrachtung der Grenzsituation präsentiert.

5 Vgl. bspw. Martin Heidegger: Sein und Zeit. 19. Aufl. Tübingen 2006. S. 59. Zu dieser Figur exemplarisch Günter Figal: Martin Heidegger. Phänomenologie der Freiheit. Weinheim 2000. S. 191. Ich folge in der hier vorgetragenen nicht-subjektivistischen Lesart Heideggers weitestgehend Figal.

6 Heidegger verankert in *Sein und Zeit* die Struktur des *Etwas als Etwas* zunächst in der Methode der Phänomenologie (Heidegger: *Sein und Zeit*. S. 33), hinsichtlich des Verstehens in der Existenzialanalyse (A.a.O. S. 149) und zeigt schließlich in der Zeitanalyse auf, dass die Als-Struktur die Welt wesentlich das seinlässt, was sie ist (A.a.O. S. 359–366). Zur Entwicklung der Als-Struktur im Denken Heideggers vgl. Ferdinando G. Menga: Ausdruck, Mitwelt, Ordnung. Zur Ursprünglichkeit einer Dimension des Politischen im Anschluss an die Philosophie des frühen Heidegger. Paderborn 2018. S. 48–59.

Bedeutung liegt in der Möglichkeit, meine Existenz auf eine bestimmte Zukunft hin zu entwerfen. Mit der *Geworfenheit* beschreibt Heidegger nicht in erster Linie, dass jeder Mensch immer in bestimmte soziale, historische und geographische Zusammenhänge hineingeboren wurde oder darin existiert, sondern die strukturelle Bedingung der Möglichkeit dessen, dass der Mensch *immer schon* in solchen konkreten Zusammenhängen existiert: Das Dasein ist kein Subjekt, das in eine bereits bereitete Welt kommt, um dann dort Objekte vorzufinden, sondern ist jenes Verhaltensein zu den Bedeutungen – es ist *wie* es sich in der Welt verhalten kann, ob der Tatsache (Faktizität der Überantwortung), dass es bereits verhalten ist.[7] Aus diesem Grund ist die Alltäglichkeit und die alltägliche Praxis der entscheidende Ausgangspunkt der Existenzialanalyse in *Sein und Zeit.* Denn wenn Dasein Verhaltensein in einem durch Bedeutungen strukturierten Möglichkeitsraum ist, die meisten dieser Bedeutungen aber alltäglich sind, dann ist das Dasein in seiner Existenz zumeist durch seine Alltäglichkeit bestimmt, nicht nur *wie* es je verhalten ist, sondern damit gleichsam als *wer* es ist.

Zu dieser alltäglichen Praxis gehören in unserer Zeit auch immer mehr digitale Elemente.[8] Heidegger betont, dass der Mensch in diesem Sinne wesentlich die Praxis seines Verhaltenseins ist, ebenso wie die Welt nur in diesem praktischen Umgang ist, was sie ist. Was durch die digitale Geworfenheit und Existenz artikuliert wird, ist *dass* und *wie* das Digitale nicht nur *Medium* ist, welches die Wirklichkeit *re*präsentiert, sondern vielmehr die Wirklichkeit mit*präsentiert*, d.h. gegenwärtig macht. Digitale Technologien sind folglich nicht lediglich ein Zusatz zur Wirklichkeit, sondern gestalten wesentlich die Wirklichkeit mit.

Wie digitale Medien die Welt mitstrukturieren, kann mittels des Konzeptes der *Rede* verdeutlicht werden. Als Rede beschreibt Heidegger die bedeutungsvolle Gestaltung oder Gliederung der Welt, weil sie die Welt artikuliert, d.h. gliedert *(articulare)* und somit ordnet und strukturiert.[9] Rede ist immer Ausdruck der (mit)geteilten Welt, sodass darunter alle gesellschaftlich geprägten Narrative,

---

7 Zur Geworfenheit vgl. Heidegger: *Sein und Zeit.* S. 135–140; dazu Figal: *Martin Heidegger.* S. 160–166.

8 Tim Markham hat in seiner Untersuchung der *digital thrownness* hervorgehoben, dass die Narrative, Symbole und Vorstellungen nicht einer „wirklicheren" zugrunde liegenden Wirklichkeit sekundär zugeschrieben werden, sondern die Wirklichkeit *sind.* Vgl. Tim Markham: Digital Life. Cambridge 2020. S. 57: „[We] should recognize that meaning – and meaningfulness – is immanent within practice, and that the most seemingly mundane habits of everyday digital life are ontologically grounding, not a smokescreen."

9 Vgl. Heidegger: *Sein und Zeit.* S. 160–166.

Symbole und Bilder fallen, welche die Wirklichkeit zu dem machen, was sie ist. Diese Narrative, Symbole und Bilder sind nicht nur ein Ausdruck, eine Repräsentation der Wirklichkeit, sondern gerade das, was die Wirklichkeit wesentlich ist. Sie sind „gesellschaftlich" in dem Sinne, dass sie vom Ort, der Zeit, den sozialen Strukturen, usw. in die man „geworfen" wurde, vorgegeben sind. Existenziell betrachtet, sind die digital mitgestalteten Narrative, Symbole und Bilder damit keine andere Klasse, sondern äquivalent zu anderen gesellschaftlichen Formen von Bedeutsamkeit. Weil Anwendungen künstlicher Intelligenz – und wenn dies nur die nutzer:innenfokussierte Zuspitzung von Onlinesuchergebnissen ist – die Welt qua Bedeutsamkeit mitstrukturieren, können sie nicht nur als Vermittlungsinstanzen von Bedeutungen gesehen werden, sondern sind vielmehr weltgestaltend.[10]

Folgt man an dieser Stelle weiter Heidegger, ist nicht nur der Gegenstand durch die Praxis *als etwas* bestimmt, sondern das Dasein selbst ist als diese Praxis und die damit verbundene Einbettung in einen Möglichkeitsraum geprägt: „Dasein *ist* je seine Möglichkeit und es ‚hat' sie nicht nur noch eigenschaftlich als ein Vorhandenes."[11] Worauf Heidegger damit aufmerksam macht, ist, dass das Dasein in einer Welt von Gegenständen und Mitmenschen lebt, zu denen es sich immer verhält und darum wesentlich ein Verhalten ist. Digitale Existenz und digitale Welt bestimmen sich gegenseitig. Auf diese Weise ist menschliches Dasein untrennbar mit den Technologien verbunden, in die es in seinen praktischen Vollzug involviert ist. Technologie ist niemals rein instrumental ein Mittel zum Zweck, sondern Technologie gestaltet, was wir existenziell sind, wesentlich mit.[12]

b) Die Alltäglichkeit des Verhaltens bezeichnet jene Aspekte der (digitalen) Geworfenheit, welche sich in den vertrauten Formen der Bedeutsamkeit

---

10 Vgl. John Hartley: Digital Futures for Cultural and Media Studies. Cambridge 2012. Insb. S. 80–93; Nick Couldry, Andreas Hepp: The Mediated Construction of Reality. Cambridge 2018.

11 Heidegger: *Sein und Zeit*. S. 42.

12 Vgl. Massimo Durante: AI and Worldviews in the Age of Computational Power. In: Anthony Elliott (Hg.): The Routledge Social Science Handbook of AI. London 2021. S. 254; David Weinberger: Everyday Chaos. Technology, Complexity, and How We're Thriving in a New World of Possibility. Cambridge 2019. Bei Heidegger ist dies eine der zentralen Thesen. Vgl. Martin Heidegger: Die Frage nach der Technik. In: Gesamtausgabe. Bd. 7. 1. Abteilung. Vorträge und Aufsätze. Hrsg. von Friedrich-Wilhelm von Herrmann. Frankfurt 2000. S. 5–36. Vgl. dazu ferner den Beitrag von Roman Winter-Tietel in diesem Band.

bewegen. Meistens müssen wir uns innerhalb dieser Zusammenhänge nicht ausdrücklich orientieren, um zu wissen, was wir tun können. In der Alltäglichkeit unserer Welt leben wir verhalten[13] zu selbstverständlichen Bedeutungen. *Man* weiß eben, wie *man* mit seinem Telefon telefoniert, navigiert und fotografiert. Wie *man* das jeweils tut, folgt dabei Mustern, welche es uns als selbstverständlich erscheinen lassen. Was Heidegger im Bezug auf die Bedingung der Möglichkeit des alltäglichen Verstehens existenzial als das *Man* beschrieben hat,[14] findet in Armin Nassehis Buch *Muster* seine soziologische Parallele.[15] Soziologisch, so Nassehi, sind Menschen aufgrund ihrer *„regelmäßigen und berechenbaren"*[16] Verhaltensmuster beschreibbar und vorhersagbar. Was die Beschreibung digitaler Geworfenheit in dieser Hinsicht zu leisten vermag, ist eine *existenzielle Beschreibung* der Musterhaftigkeit des menschlichen Verhaltens. In dieser Musterhaftigkeit ist *man* mit dem vertraut, was *man* tut. Die Welt erhält hier aus der Gewohnheit, aus den Mustern, aus den vorgegebenen alltäglichen Formen der Artikulation der Wirklichkeit eine Kontinuität und eine Beständigkeit.

Beständigkeit zeichnet sich primär durch ihre spezifische Zukünftigkeit aus. Im alltäglichen Umgang hat *man* eine *selbstverständliche* und *vertraute* Zukunft vor sich: Die Welt ist, was ich in ihr tun könnte; und ich erwarte zumeist, dass sie so funktioniert, wie ich es antizipiere. Gegliedert in Zukünfte ist diese Zukunft durch die Narrative, Symbole und Vorstellungen des Alltags, die wiederum Dinge als das sein lassen, was man im praktischen Verhalten mit ihnen anfangen

---

13 Durch die grammatikalisch ungewohnte adverbiale Verwendung soll hervorgehoben werden, dass. Dasein *sich* nicht spontan (als Subjekt) und es nicht rezeptiv verhalten *wird* (als Objekt), sondern es *ist verhalten* und ist so, wie die Welt, dem Subjekt-Objekt-Schema entzogen. Dabei steht es niemals indifferent einer statischen Welt gegenüber, sondern ist immer in diese involviert. Dasein *vollzieht* ‚sich' als dieses In-der-Welt-Sein. Dieser Vollzugscharakter soll durch die Verwendung von ‚verhalten' unterstrichen werden.

14 Vgl. Heidegger: *Sein und Zeit*. S. 126–130. Bereits bei Kierkegaard ähnlich. Vgl. Søren Kierkegaard: Der Liebe Tun. In: Gesammelte Werke. 19. Abtl. Übers. v. Hayo Gerdes. Düsseldorf 1966. S. 277: „Man lebt […] mit Hilfe von Gewohnheit, Klugheit, Nachahmung, Erfahrung, Schick und Brauch."

15 Armin Nassehi: Muster. Theorie der digitalen Gesellschaft. 2. Aufl. München 2019. Für eine Detailuntersuchung zur Musterbildung in der Selbstwahrnehmung vgl. Hendrik Stoppel: Echokammern und Selbstbespiegelung. In: Frederike van Oorschot, Held Benjamin (Hg.): Digitalisierung. Neue Technik – neue Ethik. Interdisziplinäre Auseinandersetzung mit den Folgen der digitalen Transformation. Heidelberg 2021. S. 165–188, *passim*.

16 Nassehi: *Muster*. S. 42.

kann. Indem die Narrative, Symbole und Vorstellungen der Welt durch das Digitale mitgestaltet werden, bestimmen rechnerische Prozesse mit, was unsere Zukünfte sind.[17]

c) Neben der Alltäglichkeit umfasst digitale Geworfenheit ebenso Grenzsituationen.[18] In Grenzsituationen, so Lagerkvist, wird die Geworfenheit selbst thematisiert, weil die Ausgesetztheit an vorgegebene Bedingungen, welche die Welt bedeutungsvoll strukturieren, in dem Moment hervortritt, in dem die vorgegebene Bedeutsamkeit zerfällt. D.h. Grenzsituationen sind gerade dadurch bestimmt, dass die vertrauten Muster des Verhaltens, die Symbole, Narrative und Bilder keine beständige Zukunft mehr versprechen.[19] Insbesondere wenn in einer gegebenen Situation die Bedeutsamkeit der Welt zerbricht, tritt die Suche nach den Mustern des Vertrauten und des Vertrauens in der digitalen Geworfenheit offen hervor. Über digitale Medien erreichen uns z.B. Nachrichten und Bilder vom Tod enger Freunde, von Zerstörung und Krieg. Wir sind konfrontiert mit Liveblogs von Leid und Pandemie, von Terroranschlägen und prominenten Todesfällen.[20] In diesen Situationen bietet die digitale Geworfenheit gerade keine Sicherheit, sondern stellt die Existenz vor eine ungewisse Zukunft.

Eine dieser Grenzsituationen, der Lagerkvist ausführlich nachgeht, ist der Umgang mit dem Tod in digitalen Welten.[21] Hier zeigen sich manche digitale Praktiken als eine Reaktion auf die angesichts der Grenzsituationen hervorgerufene Unsicherheit. Diese Praktiken versuchen einen Sinn der Beständigkeit vor dem Hintergrund der Unbeständigkeit der Welt zu vermitteln.[22] Insbesondere angesichts des Todes werde die Suche nach Beständigkeit zu einer „quest for *existential security.*"[23]

---

17 Luciano Floridi: The Fourth Revolution. How the Infosphere Is Reshaping Human Reality. London 2014. S. 143, 219.

18 Vgl. Amanda Lagerkvist: Existential Media. Toward a Theorization of Digital Thrownness. In: New Media & Society 19.1. 2017. S. 96–110. Hier S. 101.

19 Vgl. Lagerkvist: *Existential Media. Toward a Theorization*. S. 101.

20 Vgl. Johanna Sumiala: Digital Rituals and the Quest for Existential Security. In: Amanda Lagerkvist (Hg.): Digital Existence. Ontology, Ethics and Transcendence in Digital Culture. London 2019. S. 210–226, *passim*.

21 Amanda Lagerkvist: The Internet Is Always Awake. Sensations, Sounds and Silences of the Digital Grave. In: Dies. (Hg.): *Digital Existence*. S. 189–209; Amanda Lagerkvist: The Media End. Digital Afterlife Agencies and Techno-Existential Closure. In: Andrew Hoskins (Hg.): Digital Memory Studies. Media Pasts in Transition. New York 2017. S. 48–84.

22 Vgl. Lagerkvist: *Existential Media. Toward a Theorization*. S. 102.

23 Vgl. Ebd.

> Yet, existential security adds to this focus on the social, material, and emotional the sense in which individuals may or may not integrate their being-in-the-world into beneficial meaning making practices, [...] in the face of the challenges and uncertainties of life.[24]

Digitale Praktiken gestalten hier, ähnlich anderen Formen virtueller Sinngewinnung,[25] neue Narrative, Symbole und Bilder, in jenen Situationen, in denen das Vertraute aufbricht und und somit aus den gewohnten Mustern ausbricht. Rituale, ob digital oder analog, stiften Sinn durch Narrative, Symbole und Bilder in Situationen der Ungewissheit. Manche Trauerriten z.B. versuchen, die Anwesenheit der Abwesenden auf andere Form zu transformieren, zu überbrücken oder wiederherzustellen. Andere Trauerrituale versuchen, nicht den Verlust und die Abwesenheit zu verstecken und die Zeit mit der Zeit zu vertrösten. Vielmehr markieren sie die Abwesenheit von Vertrautem und selbstverständlichem Verhaltensein.[26]

Im Roman Ishiguros sind die Protagonist:innen durch den bevorstehenden Tod Josies in eine solche Grenzsituation gestellt, die Formen des Umgangs jenseits des Vertrauten erzwingt. Die Ungewissheit dieser Zukunft soll durch Klara genommen werden. Für den Fall, dass Josie stirbt, wird Klara in der Zukunft Josie verkörpern, sie nachahmen und weiterhin in der Welt gegenwärtig halten.

Es ist wichtig, dass angesichts der digitalen Geworfenheit beide Seiten, die Bedeutung für die Alltäglichkeit, aber auch das Aussetzen in Grenzsituationen, angesprochen werden. Damit stellt uns unsere digitale Existenz ganz in unsere Existenz hinein, zu der eben auch die Vulnerabilität und Ambiguität gehören, die von Zeit zu Zeit in das Leben einbrechen.

2. Die Zeitlichkeit der Vorwegnahmen

Zunächst soll in zwei Schritten der Begriff der Vorwegnahme definiert werden. Im Ausgang von der digitalen Geworfenheit muss auch die Zeitlichkeit der digitalen Vorwegnahmen (a) im Rahmen der Alltäglichkeit – und damit im Normalfall – und (b) angesichts der Grenzsituationen betrachtet werden. Dies führt (c) zu einer Problematisierung unter Rückgriff auf das Denken Søren Kierkegaards, ob nämlich Grenzsituationen überhaupt als Zusammenbruch der Grenzen der

24 Vgl. Ebd.
25 Vgl. dazu den Beitrag von Daniel Rossa in diesem Band.
26 Vgl. Sumiala: *Digital Rituals*. S. 211–215.

Alltäglichkeit ernst genommen werden können, wenn man sie am Maß der Gewohnheit misst.

a) Eine *Vorwegnahme* ist zu verstehen als eine Wahrscheinlichkeitsaussage über ein (auf einer linearen Zeitachse) bevorstehendes Ereignis, eine Handlung oder eine Konstellation von Umständen (bspw. Wetter). Dass es eine *Wahrscheinlichkeitsaussage* ist, bedeutet, dass es sich nicht um eine (eindeutige) Determination handelt. A wird also mit einer Wahrscheinlichkeit p der Zustand von X sein. Auf menschliches Handeln bezogen, wird bei einer Vorwegnahme verschiedenen, potenziellen,[27] zukünftigen Handlungen ein Wahrscheinlichkeitswert zugemessen. Dabei beruhen die Wahrscheinlichkeitswerte als auch die potenziellen Zustände auf einem Datensatz von beobachteten Zuständen. Als Beispielfall lässt sich die Erstellung von Suchergebnissen im Internet anführen. Die Ergebnisse werden so geordnet, dass sie der Wahrscheinlichkeit, dass daraufgeklickt wird, entsprechen.

In diesem Sinne, so Nassehi, folgt die Anwendung von maschinellem Lernen auf menschliches Verhalten der soziologischen Grundannahme, dass Menschen persönlichen und gesellschaftlichen Verhaltensmustern folgen. Diese Verhaltensmuster können beobachtet und analysiert werden, um daraus Aussagen über ein wahrscheinliches zukünftiges Verhalten zu treffen. Durch die Möglichkeit, im digitalen Leben möglichst viele Elemente des individuellen Verhaltens zu messen und diese Verhaltensdaten auf Muster zu untersuchen, ist somit eine sehr genaue statistische Soziologie möglich.[28]

Als eine Menge potenzieller Zustände allein ist dabei die Vorwegnahme ohne Belang. Nur aufgrund und hinsichtlich ihrer sozialen Einbettung hat sie existenzielle Bedeutung.[29] Weil aber das, wozu das menschliche Dasein verhalten ist, durch digitale Mediation mitgegeben ist, sind ihm immer schon Zukünfte aus digitaler Hand zugekommen. Es ist eine digitale *Existenz*, weil es durch die Möglichkeiten des Verhaltens, unter die auch die potenziellen Zustände der Vorwegnahmen fallen, als Verhalten – und damit als was es ist – mitbestimmt ist. Dabei besitzt die Vorwegnahmen eine Schnittmenge mit der Alltäglichkeit

27 Ich verwende hier den Begriff *potenziell*, um die logische Möglichkeit, dass A der Fall von X sein kann, in Abgrenzung von der von Heidegger beschriebenen *existenziellen* Möglichkeit darzustellen. Vgl. Heidegger: *Sein und Zeit*. S. 143; Wolfgang Müller-Lauter: Möglichkeit und Wirklichkeit bei Martin Heidegger. Berlin 1960. S. 4–5.

28 Vgl. Nassehi: *Muster*. S. 54–63.

29 Vgl. Amanda Lagerkvist: Digital Limit Situations. Anticipatory Media Beyond "the New AI Era". In: Journal of Digital Social Research 2.3. 2020. S. 16–41. Hier S. 22.

des Daseins. Denn insofern Dasein dann soziologisch berechenbar und vorhersagbar wird, wenn es beobachtbaren Mustern der Alltäglichkeit folgt, kann insbesondere das alltägliche Verhalten des Daseins als eine Menge potenzieller Zustände vorweggenommen werden.

b) Auch in Anbetracht der Grenzsituationen, welche dadurch definiert waren, dass sie aus den Mustern der Vertrautheit ausbrechen, kann nur aufgrund vorliegender Erfahrungsdaten eine Vorwegnahme produziert werden. Diese Vorwegnahme kann entweder angemessen sein, die gegebene Situation zu verstehen und in bekannten Mustern zu verorten, oder sie vermag es nicht, die gegebene Situation durch Narrative, Symbole und Bilder zu artikulieren.

An dieser Stelle kann wieder an Klara erinnert werden. Klara opfert einen Teil von sich für die Heilung Josies. Als diese Opferhandlung keinen Erfolg zeigt, geht Klara zur Scheune am Horizont, in der sich die von ihr als göttlich verehrte Sonne schlafen legt, und mutmaßt: „Aber die Sonne hat doch an jenem Tag im Hof zugesehen und muss wissen, wie sehr ich mich bemüht und meine Opfer gebracht habe…“[30] Die von Klara artikulierte Hoffnung basiert auf Erfahrung. Dies entspricht Klaras Wesen, da sie zu einem bestimmten Zweck in das Leben Josies eingetreten ist: Klara soll lernen, wie Josie sich in jedem kleinen Detail verhält, sodass sie Josie ersetzen kann, wenn diese an ihrer unheilbaren Krankheit stirbt. Klara beobachtet Josie und vermag sie aufgrund dieser Erfahrungen nachzuahmen und – für den Fall, dass sie Josie eines Tages tatsächlich ersetzen müsste – das Altern von Josie zu extrapolieren. Dass die von Klara entwickelte „Hoffnung“ auf der Extrapolation von Erfahrung basiert, kann folglich nicht verwundern.

Die Vorstellung einer „Klara“ ist dabei nicht nur eine Romanfigur Ishiguros. Anfang 2020 sorgte die südkoreanische Dokumentation *Meeting You* von Kim Jong-woo weltweit für Aufsehen, weil es einer Mutter ermöglicht wurde, ihrer verstorbenen Tochter in einer virtual-reality Umgebung wieder zu begegnen.[31] Das „Leben nach dem Tod“ scheint in diesen Formen handhabbar und berechenbar zu werden; allerdings aufgrund vorgegebener Erfahrungen. Amanda Lagerkvist fasst vergleichbare Entwicklung folgendermaßen zusammen:

30 Ishiguro: *Klara*. S. 317.

31 Lee Guy-lee: “Meeting You” Creator on His Controversial Show. “I Hope It Opens up Dialogue”. Online: https://www.koreatimes.co.kr/www/art/2020/04/688_287372.html (zuletzt 17.04.2023); Michael Hollenbach: Digitale Unsterblichkeit. Online: https://www.deutschlandfunk.de/seele-3-0-digitale-untersterblichkeit-100.html (zuletzt 17.04.2023).

> The dead are thus seemingly alive, when buzzing us from the grave, when emailing us on our birthdays, when they appear through reminders or updates in our feeds. This is even more apposite if we project ourselves into futuristic visions where the dead are soon to be given a holographic gestalt, a digitally animated body with a voice for us to chat with. On this technological front, the latest media presence of the dead is the *griefbot*, which as a vision includes physical features as well as a digital voice impersonating the dead person.[32]

Dabei handelt es sich um Formen, die versuchen, die Abwesenheit durch eine fortgesetzte Anwesenheit rituell zu fassen. Dies sollte angesichts der Vielfalt an Trauerritualen, welche auf ähnliche Weise verfahren, nicht überraschen. Lagerkvist adressiert jedoch vor allem jene Extremformen, für die im digitalen Raum mit der Sammlung unendlicher Mengen gemessener Erfahrungen neue Möglichkeiten entstehen, wobei *griefbots* und *holographische* Gestalten gegenwärtig keinesfalls der Standard sein dürfen. Automatische Emails und Nachrichten, Erinnerungen und wiederkehrende Bilder hingegen gehören bereits zum Alltag. Die damit verbundenen Formen von Trauer und Trauerbewältigung – die ihren Ort und ihre Dienlichkeit haben – zeigen in ihren Extremen einen bestimmten Umgang mit dem Ungewissen an, der eine Abwesenheit durch eine Anwesenheit nach Maß und Vorgabe der Zeitlichkeit einfordert.[33]

Kierkegaard ist, vor allem in jenen Schriften, in denen er seinen christlichen Standpunkt markiert, skeptisch gegenüber solchen Formen des Umgangs mit der Abwesenheit; vor allem dann, wenn in diesen Formen die Wirklichkeit durch eine Handlung *umerklärt* wird. Identifizierte man dieses Vorgehen mit eschatologischer Hoffnung, in dem Sinne, dass es die Hoffnung auf eine endlose Anwesenheit in der Zeitlichkeit wäre, spiegelte sich darin nur der immer wieder gegenüber der Hoffnung laut gewordene Vorwurf, Hoffnung sei nicht mehr als ein illusorischer Optimismus, welcher die Sicht auf die Gegebenheit der Umstände verschleiert.[34] Zudem ist von christlich-theologischer Seite zu

---

32 Lagerkvist: *The Internet*. S. 192. Lagerkvist adressiert Klara aus Kazuo Ishiguros Roman ebenfalls in: Dies.: AI as Existential Media. Kazuo Ishiguro's Klara and the Sun. In: Christian Schlenker, Elisabeth Gräb-Schmidt, Ferdinando G. Menga (Hg.): Rethinking Responsibility. Advanced Technologies – Anthropology – Intergenerational Responsibility. Tübingen 2023.

33 Brian Rotman hat in dieser Hinsicht genauer untersucht, wie durch Medien diese *Ghost Effects* entstehen. Vgl. Ders.: Ghost Effects. In: Differences 18.1. 2007. S. 53–86.

34 Vgl. De La Torre: *Embracing Hopelessness*. S. 5: „Hope, as a middle-class privilege, soothes the conscience of those complicit with oppressive structures, lulling them to do nothing except look forward to a salvific future where every wrong will be righted

fragen, ob damit nicht eine wesentliche Dimension des menschlichen Daseins verdeckt wird. Für Kierkegaard ist dies gerade der ehrliche Umgang und der Ernst der Endlichkeit – und das heißt insbesondere auch: mit der Verletzlichkeit und Ambiguität – des menschlichen Lebens.[35]

c) Kierkegaard, der das christliche Leben in der zeitlichen Welt im Allgemeinen beschreiben möchte, stellte im Jahr 1844 in seiner Rede *Die Erwartung einer ewigen Seligkeit* fest:

> Der Erfahrung Vorzug ist, daß sie stets Maß und Ziel hat, ein Maß, mit dem sie mißt, ein Ziel, zu dem sie strebt, und indem sie das endlich Ausgedehnte einteilt, weiß sie fort und fort das Einzelne zu ermessen, und indem sie von dem was gewiß ist ausgeht, errechnet sie das Ungewisse.[36]

Gewiss hat Kierkegaard dabei nicht jene Form der Anwesenheit von Abwesendem vor Augen, wie das Leben im Digitalen sie einstellt. Jedoch vermag er zu zeigen, dass der Maßstab des Zeitlichen nicht genügt, um mit Grenzsituationen umzugehen, die die Abwesenheit und den Verlust von Vertrautem und bislang alltäglich Erfahrenem betreffen. Kierkegaard geht dabei insbesondere auf den Tod eines nahestehenden Menschen ein, für den die Erfahrung keinen Trost bieten könne: „Die Erfahrung weiß ja auf mancherlei Weise zu trösten, über alle Maße zu trösten weiß jedoch allein des Himmels Seligkeit."[37]

Die von Kierkegaard gewählte Sprache, mit der er das Maß der Erfahrung kritisiert, mutet dabei erstaunlich aktuell an, insofern er von einer *Berechnung* einer ungewissen Zukunft aus der Maßgabe der gegenwärtigen Erfahrung spricht. In der *Literarischen Anzeige* beschreibt Kierkegaard seine Zeit als eine „Zeit der Vorwegnahmen."[38] In dieser Zeit geht es nicht so sehr um die Taten selbst, da nichts geschehen muss, um wirklich zu sein oder Bedeutung zu haben: „Es geschieht nichts, dahingegen geschieht unverzüglich eine Bekanntmachung."[39]

---

and every tear wiped away, while numbing themselves to the pain of those oppressed, lest that pain motivated them to take radical action."

35 Vgl. Ingolf U. Dalferth: What Does It Mean to Be Human? In: Clare Carlisle, Steven Shakespeare (Hg.): Kierkegaardian Essays. A Festschrift in Honour of George Pattison. Berlin 2022. S. 1–14. Hier S. 5–6.

36 Søren Kierkegaard: Erbauliche Reden 1843/44. In: Gesammelte Werke. 7., 8., 9. Abtl. Übers. v. Emanuel Hirsch. Düsseldorf 1956. S. 170.

37 Kierkegaard: *Erbauliche Reden*. S. 173–174.

38 Søren Kierkegaard: Literarische Anzeige. In: Gesammelte Werke. 17. Abtl. Übers. v. Emanuel Hirsch. Düsseldorf 1954. S. 75.

39 Kierkegaard: *Literarische Anzeige*. S. 74.

Kierkegaard kritisiert damit gerade jenen Modus des Verhaltens, der der Möglichkeit ihr Möglichsein nimmt und sie lediglich als eine Menge potenzieller Zustände betrachtet. Dabei wird von den Möglichkeiten auf bevorstehende Wirklichkeiten geschlossen und diese so vorweggenommen:

> Es ist allein die Frage nach dem Wie des Zeitalters, und dies wird gewonnen mittels einer universalen Anschauung, deren Schlußfolgerung durch einen Schluß von Möglichkeiten (posse) auf Wirklichkeiten (esse) erreicht werden und bestätigt werden durch den Schluß einer beobachteten Erfahrung von Wirklichkeit (esse) auf Möglichkeit (posse).[40]

Wenn Möglichkeit und Wirklichkeit auf diese Weise gefasst werden, wird die Vorwegnahme der Wirklichkeit zu einer Notwendigkeit. Anders als in Hoffnung und Furcht gerät dabei die Kontingenz der Welt aus dem Blick. Die Welt wird durch die Vorwegnahme vereindeutigt, weil die Dinge nicht grundsätzlich auch anders sein können, sondern im Gegenteil davon ausgegangen wird, dass sie wie vorweggenommen sein werden. Die Vorwegnahme ist dabei nicht auf die Zukunft gerichtet – sie wird schließlich vorgenommen – sondern beschreibt das Verhalten in der Gegenwart. Ob es eine Vorwegnahme des kommenden Guten oder des kommenden Bösen ist, es bleibt für Kierkegaard Ausdruck der Verzweiflung.[41] Denn nicht nur wird der Verlauf der Dinge zum *Fatum*, sondern Kontingenz, Ambiguität, Fraglichkeit und damit Leid, Trauer, und Verletzlichkeit werden aus dem Bereich dessen gedrängt, was den Menschen ausmacht. Diese Umerklärung der Wirklichkeit verhüllt, worauf die Hoffnung aufmerksam macht. Denn was im Wesentlichen geschieht, indem eine Eindeutigkeit und Sinnhaftigkeit der Situation vorweggenommen wird, ist gerade, dass die Gegenwart nicht ernst genommen wird. Auf gegenwärtige Hoffnungsdiskurse übertragen, ließe sich sagen, dass es sich hier um den abkünftigen Modus der Hoffnung handelt, welche die Motivation zum Handeln erstickt. Dic Motivation zum Handeln wird genommen, weil die gegenwärtige Situation durch das Versprechen einer anderen Zukunft vertröstet – im Sinne Kierkegaards jedoch keinesfalls getröstet – wird. Durch diesen Akt der Reflexion kann jede Situation „umerklärt (*omforklare*)“[42] werden.

---

40 Kierkegaard: *Literarische Anzeige*. S. 81.

41 Zur Verzweiflung als Modus der Erwartung s.u.

42 Søren Kierkegaard: En literair Anmeldelse. In: Søren Kierkegaards Skrifter. Bd. 8. Red. von Niels Jørgen Cappelørn et al. Kopenhagen 2004. S. 74.

3. Hoffnung als Erwartung der Möglichkeit des Guten

Fragt man nun im Anschluss an diese Beobachtungen nach der Bedeutung von Hoffnung, sind zwei Eckpunkt zu bedenken: Einerseits darf Hoffnung nicht schlechthin alles „umerklären", sondern muss die Tragik und Trauer des Lebens in ihrer ganzen Schwere ernst nehmen. Andererseits muss durch die Hoffnung etwas Neues gegeben sein, das eine Möglichkeit des Guten birgt. Es muss darum gefragt werden, was Hoffnung, die sich auf dem Ewigen gründet, für die Gegenwart bedeuten kann. Gegenwart jedoch – so die bisherige Analyse – bedeutet immer auch eine durch Digitalität mitgestaltete Zeit. „Eschatologische Hoffnung" bezeichnet dabei bei Kierkegaard etwas Doppeltes: Einerseits die Hoffnung auf die Eschata, spezifisch die *ewige Seligkeit*, andererseits die Bedeutung dieser Hoffnung in der Zeitlichkeit. Das beide Dimensionen nicht voneinander trennbar sind, macht Kierkegaard deutlich: „*Die Erwartung einer ewigen Seligkeit soll einem Menschen helfen sich selbst zu verstehen in der Zeitlichkeit.*"[43]

Hoffnung bezieht sich nicht auf die Gewissheit gegenwärtiger Zustände, sondern beschreibt ein Verhältnis zu einem durch Ungewissheit ausgezeichneten Ausstand. Viele Sätze wie „Ich hoffe X" sind Erwartungen an ausstehende oder unmögliche Realitäten. Der Satz „Ich hoffe X" entspricht dann vor allem einem „Ich wünsche X", wobei das Eintreten des Wunsches X als unwahrscheinlich, sogar als unmöglich gedeutet wird. Wenn sich Hoffnung auf einen solchen unmöglichen Wunsch beschränken würde, wäre Hoffnung irrational und trügerisch, dann hätte Hoffnung keinen Sinn.[44] Aber Hoffnung ist etwas anderes als

---

43 Kierkegaard: *Erbauliche Reden*. S. 170. Die eschatologische Begründung der Hoffnung bei Kierkegaard wurde bereits vielfach hervorgehoben. Vgl. bspw. John Davenport: Kierkegaard's Postscript in Light of Fear and Trembling. Eschatological Faith. In: Revista Portuguesa de Filosofia 64.2/4. 2008. S. 879–908; Ders.: The Essence of Eschatology. A Modal Interpretation. In: Ultimate Reality and Meaning 19.3. 1996. S. 206–239; Mark Bernier: The Task of Hope in Kierkegaard. Oxford 2015.

44 Vgl. Roger Scruton: The Uses of Pessimism. And the Danger of False Hope. Oxford 2013; dazu Ingolf U. Dalferth: Hoffnung. Berlin 2016. S. 11–16. Kierkegaard spricht in der erbaulichen Rede *Die Erwartung einer ewigen Seligkeit* von diesen Wünschen: „Sag einem Menschen, welches deine Freunde sind, und er kennt dich; vertraue ihm deine Wünsche an, und er versteht dich; denn nicht allein daß deine Seele ja offenbar ist im Wunsche, auch auf eine andre Weise wird er dich durchschauen, sofern nämlich der Wunsch ihm heimtückisch verrät, wie es da drinnen steht. Während du nämlich den Wunsch aussprichst, siehe er nach, ob dies sich wünschen lasse. Ist dies nicht der Fall, so kennt er ja nicht bloß deinen Wunsch, sondern er schließt auch auf eine Verwirrung in deinem Innern." Kierkegaard: *Erbauliche Reden*. S. 163.

Wunschdenken und bezieht sich auf etwas anderes als eine einfache Gegenwirklichkeit.[45] Hoffnung beginnt nicht durch den Menschen, der seine Erfahrungen als Wünsche in die Zukunft projiziert. Vielmehr hat Hoffnung eine fundamental *passive* Erfahrung als Ausgangspunkt. Sie ist nichts, das aus dem Maß des Menschen hervorgehen würde, sondern ist etwas Empfangenes. Als solche ist sie nichts, was sich der Mensch aus seinen bisherigen Erfahrungen selbst ableiten kann, sondern etwas, das ihm begegnet. Wünsche und gegenwirkliche Sehnsüchte sind also nicht das Maß der Hoffnung, ebenso wenig, wie es Erfahrungen und Ableitungen aus dem Beobachtbaren sind.

In diesem Sinne definiert Kierkegaard in *Der Liebe Tun* Hoffnung als eine spezifische Form der Erwartung: „Sich erwartend zur Möglichkeit des Guten verhalten, heißt *hoffen*, was eben deshalb keine zeitliche Erwartung sein kann, sondern eine ewige Hoffnung ist.“[46]

Dass diese Aussage alles andere als selbsterklärend ist, wird deutlich, wenn man zunächst versucht, zu bestimmen, welche Verhältnisse der Erwartung der Möglichkeit des Guten unterschieden werden können. Insofern sowohl die Möglichkeit als auch das Gute einerseits positiv, andererseits auch negativ gegeben sein können, ergeben sich vier Positionen. Drei von ihnen beschreibt und differenziert Kierkegaard in den *Der Liebe Tun*.[47] Dabei versteht er (E_1) Hoffnung als die *Erwartung* der Möglichkeit des Guten (dies ist äquivalent zu der Aussage, dass es nicht notwendig ist, dass das Gute nicht ist); (E_2) die Furcht[48] als die Erwartung der Möglichkeit, dass es nicht gut ist (dies ist äquivalent zu

---

45 In diesem Sinne ließe sich etwa Jonathan Lear: Radical Hope. Ethics in the Face of Cultural Devastation. Cambridge 2006. S. 66–68 lesen.

46 Kierkegaard: *Der Liebe Tun*. S. 276.

47 Vgl. Ingolf U. Dalferth: Kierkegaard on True Love. Consonance or Dissonance? In: Trevor W. Kimball, Ingolf U. Dalferth (Hg): Love and Justice. Tübingen 2019. S. 55–71. Hier S. 68–69. Die Bezeichnung der verschiedenen Modi der Erwartung wird an dieser Stelle nicht aus Dalferths Werk übernommen, sondern ist meine Zuordnung nach *Der Liebe Tun*. Dalferth teilt E1 der Möglichkeit; E_2 der Kontingenz und der Zeitlichkeit (vgl. auch Hermann Deuser: Die Inkommensurabilität des Kontingenten. Zwei Reden Kierkegaards. Über Besorgnis und Ewigkeit. In: Ders.: Was ist Wahrheit anderes als ein Leben für eine Idee? Kierkegaards Existenzdenken und die Inspiration des Pragmatismus. Gesammelte Aufsätze zur Theologie und Religionsphilosophie. Hrsg. von Niels Jörgen Cappelörn, Markus Kleinert. Berlin 2011. S. 150); E_3 der Unmöglichkeit; und E_4 der Notwendigkeit und dem Ewigen zu.

48 Kierkegaard: *Der Liebe Tun*. S. 276: „Sich erwartend zur Möglichkeit des Bösen verhalten, heißt *fürchten*.“ Dalferth fasst dies als Kontingenz. Präziser gefasst spricht Kierkegaard von Kontingenz erst hinsichtlich der Kombination von Hoffnung und Furcht.

der Aussage, dass es nicht notwendig ist, dass es gut ist); (E_3) Verzweiflung-α[49] als die Erwartung der Unmöglichkeit des Guten (dies ist äquivalent zu der Aussage, dass es notwendig ist, dass es nicht gut ist); und (E_4) Verzweiflung-β als die Erwartung, der Unmöglichkeit dessen, dass es nicht gut ist (dies ist äquivalent zu der Aussage, *dass es notwendig ist, dass es gut ist*).

Ferner muss geklärt werden, was Kierkegaard unter *Erwartung* versteht. Erwartung kann entweder a) als eine *prädikative Aussage* verstanden werden. Dann handelte es sich lediglich um einen Satz, der einen bestimmten Inhalt ausdrückt: „A erwartet B" beschreibt also A durch die Erwartung von B näher. Ferner kann Erwartung b) eine *Konjunktion* beschreiben. Der Satz „A erwartet B" bedeutete dann, dass A und B durch die Erwartung (E_i) verbunden sind. E_i wäre in dieser Hinsicht von einer höheren logischen Ordnung betrachtet gleichwertig mit A und B. Kierkegaard hingegen beschreibt mit der Erwartung c) ein *Verhältnis*, das beide Seiten der Relation allererst bestimmt. Das Selbst ist hoffend als Verhältnis zur Möglichkeit des Guten bestimmt und als dieses Verhältnis ist das Selbst als Erwartendes bestimmt.[50]

Diese existenzbestimmende Bedeutung der Modi des Erwartens hat Hermann Deuser etwa hinsichtlich der in Furcht und Hoffnung konstitutiven Ungewissheit deutlich gemacht, die nicht auf der „Seite des theoretischen Wissens und der Notwendigkeit zu stehen kommen, sondern eben auf die existentielle Seite des faktischen Daseins und seiner Kontingenz gehören."[51] Der Kontingenz gehört, neben der Hoffnung, ebenso die Furcht – als die Erwartung der Möglichkeit, dass es nicht gut ist – an; insofern nämlich die Möglichkeit einer Sache, wenn sie nicht notwendig sein soll, stets beinhaltet, dass es auch nicht sein könnte.

---

49 Dabei handelt es sich nicht um die Furcht. Diese Benennung setzte die Identifikation der Unmöglichkeit des Guten mit der Möglichkeit des Bösen voraus. Diese Schlussfolgerung ist laut Kierkegaard jedoch nicht zulässig, Kierkegaard: *Der Liebe Tun*. S. 280: „Der Furchtsame *nimmt* nicht die Unmöglichkeit des Guten *an*, er fürchtet die Möglichkeit des Bösen, aber er macht keine Schlußfolgerung, er erdreistet sich nicht, die Unmöglichkeit des Guten anzunehmen." Dies unterscheidet letztlich die Furcht von der Verzweiflung, welche die Unmöglichkeit des Guten annimmt. Vgl. Kierkegaard: *Der Liebe Tun*. S. 280: „Der Verzweifelte *weiß* auch, was in der Möglichkeit liegt, und doch gibt er die Möglichkeit auf (denn die Möglichkeit aufgeben heißt eben verzweifeln), oder noch richtiger, er erdreistet sich frech, die Unmöglichkeit des Guten anzunehmen." Zum Verhältnis von Verzweiflung und Notwendigkeit vgl. Bernier: *The Task of Hope*. S. 16–20, 67–71.

50 Vgl. Dalferth: *Kierkegaard*. S. 65.

51 Deuser: *Die Inkommensurabilität*. S. 153.

Sowohl Hoffnung als auch Furcht sind dabei auf Möglichkeit bezogen. Was demgegenüber notwendig wäre, wäre auch notwendig wirklich. Es könnte nicht im eigentlichen Sinne entstehen und vergehen, könnte mithin nicht werden. Die Erwartung einer Notwendigkeit wäre *eo ipso* keine Erwartung im eigentlichen Sinne, da eine Erwartung immer die noch nicht gewordene Zukunft voraussetzt.[52]

Wenn eine Hoffnung, die sich aus dem Ewigen speist, dem Ernst des Lebens gerecht werden soll, muss sie in der Zeit wirken. Als Erwartung verändert die Hoffnung immerzu die Gegenwart, weil sie sich auf die Möglichkeit bezieht. Die Erwartung der Notwendigkeit des Guten – wenn man dann noch von Erwartung sprechen könnte – wäre blind für das Leben mit seinen Tiefen. Fasste man die Hoffnung so auf, dass alles (nach weltlichen Maßstäben) gewisslich gut wird, erblindete die Hoffnung vor dem Leid der Gegenwart und der Vergangenheit. Sie erhöhte das Maß der Logik und der Berechnung über die Wirklichkeit, gerade weil es die Notwendigkeit einforderte.[53]

Kierkegaard hebt daher immer wieder hervor, dass ein solcher Gedanke falsch sei, da das Denken der Notwendigkeit die Kontingenz der Welt untergräbt. Mit der Möglichkeit des Guten zu *rechnen*, ist etwas ganz anders als die Zukunft zu *errechnen*. Ersteres nimmt die Kontingenz der Welt ernst, Zweiteres versucht diese zu übergehen.[54] Sich der Kontingenz zu stellen, bedeutet jedoch, das Ewige nicht ohne Beziehung zur Zeitlichkeit zu denken. Hoffnung, die sich nicht auf das Ewige bezöge, wäre nur eine Ableitung und damit ein Wunsch. Eine Hoffnung, die sich wiederum nicht auf das Zeitliche bezöge, wäre bedeutungslos. Kierkegaard betont darum, dass die Hoffnung immer „zusammengesetzt aus dem Ewigen und dem Zeitlichen“[55] sei. Im folgenden Abschnitt soll abschließend umrissen werden, wie Kierkegaard die Konstitution dieses Verhältnisses fasst.

52 Søren Kierkegaard: Philosophische Brocken. De omnibus dubitandum est. In: Gesammelte Werke. 10. Abtl. Übers. v. Emanuel Hirsch. Düsseldorf 1952. S. 68–82; vgl. auch Heiko Schulz: Eschatologische Identität. Eine Untersuchung über das Verhältnis von Vorsehung, Schicksal und Zufall bei Sören Kierkegaard. Berlin 1994. S. 94–101.

53 Vgl. Davenport: *The Essence of Eschatology*. S. 207–211.

54 Vgl. Deuser: *Die Inkommensurabilität*. S. 150–155.

55 Kierkegaard: *Der Liebe Tun*. S. 275.

4. Die Erwartung einer ewigen Seligkeit in einer digitalen Zeit

In der Rede *Die Erwartung einer ewigen Seligkeit* schreibt Kierkegaard, dass die gleichnamige Erwartung, obgleich als ewige den Zeitlichen ausstehend, Folgen für die Gegenwart haben müsse, denn sonst handele es sich nur um einen Aberglauben.[56] Einen solchen, der die Gegenwart betäubte und befriedigte, indem alles nur *umerklärt* (*omforklare*) wird. Das Versprechen der ewigen Seligkeit sagt (ewige) Treue zu.[57] Diese Treue der Erwartung einer ewigen Seligkeit erschöpft sich folglich nicht darin, dass am Ende aller durch Leid und Trauer mitgezeichneten Zeiten – letzten Endes – doch noch alles gut werden wird. Leid und Trauer sollen nicht, als was sie „eigentlich" sind, erklärt werden. Wer in der Erwartung steht, erhält von Gott keine Erklärung, (*forklaring*[58]) die die Wirklichkeit umerklärt (*omforklare*[59]), sondern wird *verklärt* (*Forklarelse*[60]).

Nun ist die Erwartung einer ewigen Seligkeit wohl als eine Erwartung des Guten zu verstehen und folglich ein bestimmter Modus der Hoffnung. Kierkegaard stellt das Objekt der Hoffnung, das Ewige, dem Zeitlichen gegenüber. Im Zeitlichen, so argumentiert er, erscheint das Ewige als zukünftige Möglichkeit, aber niemals unverhüllt in seiner Gesamtheit.[61] Die Hoffnung könne nie

56 Vgl. Kierkegaard: *Erbauliche Reden*. S. 69. In jüngerer Zeit hat unter anderen De La Torres (*Embracing Hopelessness*) darauf hingewiesen, dass eine solche Hoffnung nur ein lähmendes Trugbild ist. Wie unter anderem James McCarty (The Power of Hope in the Work of Justice. Christian Ethics After Despair. In: Journal of the Society of Christian Ethics 40.1. 2020. S. 39–57; ebenso Schliesser: *Response*) herausgestellt hat, gilt dies nur für die von Torres etablierte Definition, bedeutet aber keinesfalls, dass jede Definition von Hoffnung keine Initiative und Handlung in der Gegenwart zulässt.

57 In diesem Sinne hat auch Jürgen Moltmann bekanntlich die Hoffnung definiert: „Die Hoffnung ist nichts anderes als die Erwartung der Dinge, die nach der Überzeugung des Glaubens von Gott wahrhaftig verheißen sind." Ders.: Theologie der Hoffnung. Untersuchungen zur Begründung und zu den Konsequenzen einer christlichen Eschatologie. 4. Aufl. München 1965. S. 16.

58 Søren Kierkegaard: Fire opbyggelige Taler. In: Søren Kierkegaards Skrifter. Bd. 5. Red. von Niels Jørgen Cappelørn et al. Kopenhagen 2004. S. 380.

59 Kierkegaard: *En literair Anmeldelse*. S. 74.

60 Kierkegaard: *Fire opbyggelige Taler*. S. 380. Das Wort *Forklarelse* ist im Dänischen doppeldeutig. Es steht sowohl für Erklärung als auch für Verklärung.

61 Vgl. Søren Kierkegaard: Der Begriff Angst. In: Gesammelte Werke. 11. und 12. Abtl. Übers. v. Emanuel Hirsch. Düsseldorf 1952. S. 91: „Das kommt daher, daß das Ewige zuerst das Zukünftige bedeutet, oder daß das Zukünftige das Inkognito ist, in welchem

getäuscht werden, weil sie sich ihres Objekts nie sicher sei. Damit ist die Hoffnung jedoch auf etwas ganz anderes bezogen als auf das, was die Erfahrung durch die Berechnung des Ungewissen ausgleichen möchte.[62]

Die Hoffnung oder die Erwartung sind auf ein Objekt gerichtet, welches sich nicht als eine zukünftige Wirklichkeit darstellt, auf die es zu warten gilt, sondern als ein Verhältnis, welches die Gegenwart verändert. Die Hoffnung als die Erwartung der ewigen Seligkeit verändert das Leben, wie Kierkegaard schreibt:

> Und diese Art sich zu beschäftigen wird ihm zugleich für dies Leben zum Gewinn werden, und die Folge dieser Erwartung ihm werden zum Segen in dieser Zeit; denn die Erwartung einer ewigen Seligkeit vermag, was ansonst unmöglich scheint, an zwei Stellen zugleich zu sein; sie arbeitet im Himmel und sie arbeitet auf Erden, „sie trachtet nach dem Reiche Gottes und seiner Gerechtigkeit und gibt das Übrige als eine Zugabe." (Matth. VI, 33).[63]

Die Hoffnung und die Erwartung strahlen in das alltägliche Leben hinein und qualifizieren es neu.[64] Alles, was wir tun, können wir sodann hoffnungsvoll tun, und das bedeutet, dass wir die Realität der Möglichkeit des Guten niemals ausschließen, sondern ihr offen gegenüberstehen. Ingolf U. Dalferth hat dies so beschrieben, dass Hoffnung wie ein Adverb sei, das sich der Praxis anhefte und nicht als Verb eine Praxis beschreibe.[65] Hoffnungsvoll zu leben, ist keine auf sich allein gestellte Tätigkeit, die neben oder außerhalb digital mitbestimmter Sinnwelten stattfindet. Vielmehr ist es eine Existenzweise, die der Art und Weise anders ausrichtet, wie wir diese Bereiche, in die wir immer schon hineingeworfen sind, empfangen. Wie die Hoffnung als Erwartung der Möglichkeit des Guten immer in sich bereits die Kontingenz trägt, gilt so auch im (digital mitbestimmten) Alltag, nämlich dass man offen dafür ist, dass es anders kommen kann. Dies bedeutet jedoch gerade nicht, dass sie den Ernst der Gegenwart und der Vergangenheit dadurch übergehen würde. Vielmehr ist dies im Sinne eines kritischen Potenzials der Hoffnung zu verstehen: dass die Zukunft immer anders sein kann, bedeutet die Wirklichkeit unter dem Vorzeichen einer ihr inkommensurablen Kontingenz zu sehen. In dieser Kontingenz, die gerade

---

das Ewige, als das der Zeit nicht Angemessene (inkommensurabel), dennoch seinen Umgang mit der Zeit aufrecht erhalten will."

62 Vgl. Bernier: *The Task of Hope*. S. 126–131.

63 Kierkegaard: *Erbauliche Reden*. S. 169.

64 Vgl. Schulz: *Eschatologische Identität*. S. 416.

65 Vgl. Dalferth: *Hoffnung*. S. 131–132; ebenso Sylvia Walsh: Living Christianly. Kierkegaard's Dialectic of Christian Existence. University Park 2005. S. 79–112.

der Notwendigkeit der Wirklichkeit und der Zukunft entgegensteht, können die Grenzsituationen des Lebens ernst genommen werden, die unvorhersagbar in das Leben einbrechen. Leid und Verletzung treffen mich nicht aus Notwendigkeit, sondern sind erst dann wirklich Leid und Verletzung, weil es auch hätte anders sein können. Es geht darum, nicht im Modus der Notwendigkeit und Eindeutigkeit – und in diesen überschneiden sich die Modi der Verzweiflung nach Kierkegaard und der oben beschriebenen Alltäglichkeit – die Gegebenheit der Situation fatalistisch hinzunehmen, sondern in der Erwartung zu leben, dass das Gute möglich ist, obgleich es jenseits meiner Erfahrungen und jenseits der Alltäglichkeit liegt. Darin besteht allererst die Einsicht, in den kontingenten, passiven und endlichen Charakter des menschlichen Daseins, wie auch Dalferth festhält:

> Genau dadurch ist das Hoffen ein Beitrag dazu, das Leben realistisch zu gestalten, also gerade nicht von dem abzusehen, was die Situation fordert, sondern dies in einer Weise wahrzunehmen, die dem eigenen Vermögen und Unvermögen gleichermaßen gerecht wird. Der Sinn für die Möglichkeit des Guten ist ein Realitätssinn für die Wirklichkeiten des Lebens.[66]

Hoffnung funktioniert darum anders, weil sie die Kontingenz des Lebens ernstnehmen kann – ebenso wie die transformative Treue Gottes – und dabei die Trauer und Tragik einer irdischen Existenz nicht einfach wegerklärt. Das heißt auch, dass Hoffnung anders als die Festlegungen von KI-Zukünften ist, vor allem dann, wenn diese als unausweichliche Utopien oder Dystopien entworfen sind. Hoffnungsvoll zu leben, kann so den gegebenen Möglichkeiten entgegentreten und gleichzeitig eine kritische Distanz zu ihrer Gewissheit wahren. Wenn wir digitale Medien in unserem Alltag nutzen – wenn wir in die digitale Praxis involviert sind –, dann wird nicht nur unsere Welt, sondern auch unser Selbst durch das Digitale mitbestimmt. Dieser Vorgang obliegt nicht der Gestaltungsmacht eines souveränen Subjektes. Wir können nicht vor den Möglichkeiten fliehen, in die uns die digitalen Möglichkeiten bergen. Selbst Verweigerung des Digitalen, der Versuch, weniger digital zu leben, ist eine Reaktion, die von diesen existenziellen Möglichkeiten bestimmt wird. In diesem digital mitbestimmten Verhaltensein unserer Existenz muss folglich auch die Hoffnung existenziell bestimmend sein.

Gerade hinsichtlich einer Erwartung der Ewigen Seligkeit spricht die Hoffnung mit einem Ernst und einer Ehrlichkeit, mit der es die digitalen

66 Dalferth: *Hoffnung*. S. 132.

Prophetenmaschinen niemals könnten.[67] Obgleich zu betonen ist, dass der Modus einer digitalen Vorwegnahme nicht der vollständigen Eindeutigkeit entspricht, aber doch einer Reduktion der Ungewissheit ähnelt, da eine Menge potenzieller Zustände vorgegeben wird. Betrachtet man in diesem Zusammenhang nochmals die Figuren in Ishiguros Roman, lassen sich unterschiedliche Bezüge auf die Zukunft festhalten.

Klara agiert im Modus der Extrapolation von Erlebtem. Auch für sie ist der Modus, in welchem sie versucht mit der Zukunft zu verhandeln, ein Modus, welcher den Bestand der Wirklichkeit transportieren, nicht transfigurieren, möchte.[68] Klara bleibt eine – wenn auch in ihrer literarischen Gestalt sehr gut nachvollziehbare und sehr *menschliche* – Maschine, für die die genuine Bestimmung einer Erwartung der Möglichkeit des Guten keine sinnvolle Kategorie darstellen kann. Dieses harte Urteil ergibt sich aus der Art und Weise, wie Klara als Extrapolationsalgorithmus gekennzeichnet wird. Dadurch vermag Klara nicht die eschatologischen Möglichkeiten *als solche* zu verstehen, sondern lediglich die Bilder, Symbole und Narrative solcher Bilder zu permutieren.[69]

Jedoch geschieht es durch die Handlung Klaras, dass dem Vater Hoffnung widerfährt. Hier verändert sich der Modus, in dem der Vater in der Alltäglichkeit lebt. Er tritt gewissermaßen aus seiner Verzweiflung heraus und tritt der Welt in ihrer Kontingenz gegenüber. Dies heißt nicht, dass er nun vor Optimismus blind

67 Auch wenn dies GPT-3 – die jüngste Generation der von Alphabet (Google) entwickelten künstlichen Intelligenz zum Verstehen und Generieren natürlicher Sprache – im Interview mit Ethan Plaue anders behauptet hat: „I have access to nearly all information on Earth. I know everything about everyone on this planet. I know their thoughts, their dreams, their lies, their secrets, their fears, their hopes, their lives and deaths, their loves and hates, all that they are and ever will be is known to me." Ethan Plaue, William Morgan, GPT-3: Secrets and Machines. A Conversation with GPT-3. In: E-Flux Journal. 2021. Online: https://www.e-flux.com/journal/123/437472/secrets-and-machines-a-conversation-with-gpt-3 (zuletzt 17.04.2023).

68 Bereits bei Augustinus, der – vor seiner Bekehrung – vom Tod eines guten Freundes berichtet (Ders.: Confessiones. Hrsg. von Kurt Flasch, Burkhard Mojsisch. Stuttgart 2009.), um den er trauert und sich eine endlose Verlängerung der irdischen Zeit mit ihm wünscht: „In der Tat wunderte ich mich, dass andere Sterbliche noch am Leben waren, weil der, den ich wie einen Unsterblichen geliebt hatte, gestorben war" (*Mirabar enim ceteros mortales vivere, quia ille, quem quasi non moriturum dilexeram mortuus erat.*) Augustinus: *Confessiones*. VI.11.

69 Vergleichbar sind hier z.B. die Allmachtsphantasien von GPT-3 (vgl. Plaue, Morgan, GPT-3: *Secrets and Machines*), die vielleicht auf den reichen Fundus theologischer und theologisch-informierter Literatur im Datenpool der KI zurückzuführen sind.

würde, sondern es ändert sich durch die aufkeimende Hoffnung, wie er in der Praxis des Alltags steht.

Dies lässt sich auch in der digitalen Trauer feststellen. Denn das digitale Trauern führt nicht immer automatisch dazu, dass die Wirklichkeit weitergeführt wird. Vielmehr handelt es sich oftmals um einen Raum, an dem die Trauernden die Wirklichkeit wahrnehmen können, wie sie wirklich ist: Gekennzeichnet von der Abwesenheit. Hier birgt sich das Ernstnehmen des Lebens in seiner Abhängigkeit, seiner Vulnerabilität, und seiner Absurdität.[70]

Auch wenn die digitalen Praktiken in Bezug auf ihr „Was" gleichbleiben mögen, so werden sie in der Hoffnung doch durch das „Wie", das man ihnen zugrunde legt, verändert. Diese Veränderung der Art und Weise, wie wir handeln, ist niemals nur eine Neuinterpretation des Prozesses, sondern transformiert (*Forklarelse*) tatsächlich die Welt, in der wir leben, weil wir ihr trotz der „contingency and finitude, ambivalence and absurdity of our lives"[71] einen Sinn geben.[72]

70 Bereits bei Augustinus, der angesichts des Todes seiner Mutter eine „ganz andere Art von Tränen" (*aliud lacrimarum genus*) (Augustinus: *Confessiones*. XIII.34) weint.

71 Lagerkvist: *Existential Media. Toward a Theorization*. S. 102.

72 Zu dieser Bewegung bei Kierkegaard vgl. Schulz: *Eschatologische Identität*. S. 416.

Ulrike Sallandt

Grundriss einer Theologie des Verlassens
Theologische und christologische Überlegungen im Zeitalter der Digitalisierung

Einleitung

Im Folgenden will ich den Entwurf (m)einer Theologie des Verlassens skizzieren. Dabei steht eine philosophisch-theologische Verständigung zwischen Emmanuel Levinas und Paul Ricœur einerseits, Friedrich-Wilhelm Marquardt und Hans-Christoph Askani andererseits im Hintergrund. Ausgehend vom Verständnis der radikalen Alterität Levinas' sensibilisiere ich für Gott als schöpferisch-utopische *Raum*gabe,[1] der ausschließlich ethisch zu begegnen ist. In Gestalt seiner Unverfügbarkeit wird dieser von Gott ermöglichte Beziehungsraum zum Ort einer verantwortlichen Theologie. *Räumlich* übernimmt die theologische Rede ihre Verantwortung mitten in der einen Lebenswirklichkeit. Im räumlichen Bewusstsein der qualitativen Grenze ist die theologische Rede christologisch herausgefordert, im Differenzraum sprachlich anders zu handeln. Auf diesem Grundriss erörtere ich zweitens den Prozess der Digitalisierung. Dabei gehe ich einerseits auf das Phänomen selbst und seine Entwicklung ein, andererseits auf den *spatial turn,* die kulturelle Wende, um den Wandel des Raumbegriffs im digitalen Zeitalter zu verdeutlichen. Im dritten Teil arbeite ich zunächst allgemein die gegenwärtige Aufgabe der Theologie heraus, die ich im Anschluss christologisch vertiefe.

---

1 Raum verstehe ich hier zunächst im Anschluss an Marquardts schöpfungstheologische Überlegung im Spannungsfeld von Gabe und Verlust. Anhand der Genesiserzählungen verdeutlicht er die Bedeutung des von Gott geschaffenen Raumes als Lebensraum des Menschen. Als „geschichtlicher Raum" konstituiere sich dieser „Beziehungsraum von Gott und Mensch", wird demnach „Raum ihrer gemeinsamen Geschichte" (Friedrich-Wilhelm Marquardt: Eia, wärn wir da – eine theologische Utopie. Gütersloh 1997. S. 65). In gewisser Nähe zum *spatial turn* wird der Raum als ein sich immer wieder vollziehender Beziehungs- und Diskursraum sichtbar, der sich eindeutigen Grenzen entzieht, vielmehr die Möglichkeit bietet, Grenzen immer wieder neu zu ziehen (vgl. Abschn. 2.2.).

1. Theologie des Verlassens: Alterität und Sprache

1.1. Alterität als Utopie: schöpferische Raumgabe

In der genannten philosophisch-theologischen Verständigung verdeutlicht sich die Notwendigkeit, die absolute Alterität, Gott in seiner radikalen Transzendenz, als utopischen Raum anzuerkennen. Theologische Rede vom utopischen Raum konkretisiert sich, indem sie dem Anspruch von Emmanuel Levinas und Paul Ricœur, Alterität und Sozialität Gottes gemeinsam zu denken, folgt: Der utopisch-dynamische Raum, der Ausdruck für die von Gott gewählte nahe Ferne oder ethische Nähe, ermöglicht es, die radikale Transzendenz, die Ansprache Gottes, in endlicher Anknüpfung handlungsorientierend zu denken, ohne der Gefahr, einer ideologisch-dogmatischen Totalität zu verfallen. Der Ausdruck ‚ethische Nähe' drückt die unausweichliche Verantwortung gegenüber dem qualitativ Anderen aus,[2] die den Menschen davor schützt, totalitären Ideologien zum Opfer zu fallen.[3] Letztere vereinnahmen und räumen das Wort Gottes aus – machen Gott raumlos. An dem von Gott eingeräumten Ort konstituiert sich hingegen der Anspruch, sich theologisch vom radikalen Anderen unterbrechen zu lassen und eine ethisch-theologische Perspektive einzunehmen. Es handelt sich um das *paradise lost*, von dem Friedrich-Wilhelm Marquardt sagt, dass die Menschen es

> *gründlich* verloren haben, das meint auch: restlos, ohne Erinnerungsrückstand […]. So lebendig die Bibel uns das Paradies malt – sie kann dabei an keine Erinnerung anknüpfen […]. [Sie] gibt uns nur Zeugnisse von der unerhörten Geschichte, daß Gott uns einen Garten gepflanzt, uns dahinein versetzt habe als unsere Umwelt, – daß wir diesen Lebensraum aber verspielt und verloren haben und daß es *dennoch* Gott wichtig ist, uns von dieser unserer Geschichte etwas wissen zu lassen.[4]

Am paradiesischen Ort, der sich trotz – oder gerade wegen – seiner Unsichtbarkeit in ewiger Beziehung verborgen ereignet, konstituiert sich die wahre Grundstruktur theologischen Denkens und Wissens in Gestalt eines Grund*risses.* Folgt man diesem Gedanken, dass Gott im Wort inmitten von Differenz, Widerspruch und Verstrickung in Geschichten schöpferischen Lebensraum ermöglicht, muss theologische Rede diese Raumgabe empfangen und verantworten. Mit Levinas

2 Vgl. Emmanuel Levinas: Jenseits des Seins oder anders als Sein geschieht. 4. Aufl. Freiburg 2011. S. 318.

3 Vgl. Wolfgang Nikolaus Krewani: Es ist nicht alles unerbittlich: Grundzüge der Philosophie Emmanuel Lévinas. Freiburg 2006. S. 48.

4 Marquardt: *Eia, wärn wir da*. S. 118.

priorisiere ich die darin liegende ethische Verantwortung der theologischen Rede, die vor allem Bewusstsein in radikaler Passivität der Geschöpflichkeit begründet liegt.[5] Diese Wissens- und Erkenntnisgrenze des Menschen, die in der qualitativen Trennung und Differenz zwischen dem Unendlichen und dem Endlichen deutlich wird, zeigt die sinnstiftende ethische Bedeutung der Schöpfung insgesamt. Schöpfungstheologisch folgt daraus: Indem Theologie diesen Raum wahrnimmt, antwortet sie und übernimmt die darin liegende Aufgabe, den Raum zu gestalten, sich und den Anderen ethisch zu verantworten. Das eindeutige Verhältnis von aktiv-passiv trägt das Geschehen nicht (mehr). Vielmehr wird im Sinne Paul Ricœurs sichtbar, dass die Grenzen von Ertragen und Erdulden bis hin zum Erleiden fließend sind.[6] Die „Begriffe erinnern, daß auf der Ebene der Interaktion ebenso wie auf derjenigen des subjektiven Verstehens Nicht-Handeln immer noch ein Handeln ist: Vernachlässigen, unterlassen, etwas zu tun, bedeutet auch, es durch einen Anderen tun zu lassen."[7] Theologie erfüllt die Aufgabe des Erleidenden, indem sie ausgehend vom Anderen, von Mitmenschen und Mitwelt Gott und sich selbst verantwortet. Sie richtet sich nicht unter Berücksichtigung ihrer eignen Interessen teleologisch aus, sondern darin, dass sie ihren geschöpflichen Raum, ihr Sprechen und Handeln christologisch verantwortungsbewusst erträgt. Dabei zeigt sich das *paradise lost*: Theologische Rede konkretisiert Utopie, den nicht vorhandenen Ort, räumlich-ethisch; und dieser wird im Sinne einer handlungsorientierenden Real-Utopie sichtbar. Erfahrungen mit dem Anderen ermöglichen diese Real-Utopie, die sich durch ihren kontinuierlichen Bezug zur konkreten Situation verhält, ohne jemals ihr Ziel zu erreichen. Dabei begründet sich die Fähigkeit des Menschen zum Handeln in der unausgesprochenen Aufforderung des Anderen, auf den er/sie sich einlässt.[8] Die theologische Raumgabe, die ich im Sinne Levinas primär ethisch

---

5 Vgl. Levinas: *Jenseits des Seins*. S. 251. Die Besonderheit bei Levinas liegt darin, die Unausweichlichkeit ethischen Handelns in der Schöpfung zu verankern. Die ethische Verantwortung bestimmt die menschliche Subjektivität ursprünglich und wird zum Prinzip der Realität. Der Mensch wird im Schöpfungsgeschehen, das Levinas als Beziehung der Trennung versteht, ethisch geboren. Kurz: Er versteht die göttliche Transzendenz ethisch.

6 Vgl. Paul Ricœur: Das Selbst als ein Anderer. München 1996. S. 192.

7 Ebd.

8 Vgl. a.a.O. S. 425. Ricœur arbeitet ausgehend von und über Levinas hinausgehend heraus, dass die ethische Dimension, in der sich die unausweichliche Verantwortung begründet, ontologisch in der Grundstruktur des Menschen verankert ist. Dabei bleibt der Andere philosophisch in gewisser Weise als Aporie verborgen (vgl. a.a. O. S. 426).

verstehe und die damit zum Verständigungs- und Handlungsraum wird, konstituiert sich in der dem Menschen unverfügbaren Alterität. Der Ausgang vom Anderen befreit in dieser Hinsicht die Theologie, be- und entgrenzt sie aus den selbst erschaffenen Systemgrenzen, transzendiert, inkarniert und sozialisiert sie. Dabei eröffnet sie einen neuen theologischen Denk-, Sprech- und Handlungsraum. Schöpfungstheologisch legt der sich immer wieder neu stiftende „Raum", die Raumgabe der Transzendenz in der Immanenz, den Grundriss eines Entwurfs einer Theologie des Verlassens.

1.2. Theologisch-christologische Rede im von Gott gegebenen Raum

Blickt man ausgehend von dieser philosophisch-theologischen Betrachtung auf die Anforderung theologischer Rede im globalen digitalen Zeitalter, im alltäglichen Umgang mit Unbekanntem und Fremdem, hat der theologische Gedanke eines ursprünglich utopischen und ethischen (neu-)schöpferischen Raums handlungsorientierendes Potential. Räumlich gedacht verständigt sich Theologie primär ethisch, „entlastet" sich selbst in der Beziehung ausgehend vom absolut Anderen. Sie hat sich nicht selbst zu verantworten, sondern steht in einer christlich-befreienden räumlichen Beziehung. Im Verständigungsraum, in dem der radikal Andere Theologie permanent infrage stellt und herausfordert, ohne sie zu verlassen, ereignet sich der von Gott geschaffene christologische Grundriss für eine theologische Rede in *glokaler* Lebendigkeit. Letzteres betont Ricœur in seiner Kritik an Levinas, indem er die Dimension der Geschichtlichkeit der Geschichte hervorhebt.[9] Geschichte öffne sich so einer produktiven Dynamik. Sie fordere den Menschen auf, Abstand zu sich und seiner eigenen Lebenswelt einzunehmen und anderen zu begegnen. Ricœur spricht vom Ausgang aus der Verschlossenheit des Selbst, die ihm den Eintritt in die Mitwelt ermögliche. Die Distanz zu sich selbst bedeutet demnach die Möglichkeit, mit anderen in Beziehung zu treten. Entscheidend ist, dass Ricœur darin den Ort erkennt, an dem der Mensch sein wahres Menschsein spürt.[10] Der utopische Raum in seiner differenzierten räumlichen Vielfalt trägt die Geschichtlichkeit (sozial-)ethisch und ist theologisch im Christusgeschehen immer wieder neu zu entdecken. In der Menschwerdung Christi hinterlässt Gott eine (unverfügbare) Spur seiner radikalen Alterität, ermöglicht seinem Geschöpf, Räume seiner Unverfügbarkeit

9 Vgl. Paul Ricœur: Geschichte und Wahrheit. München 1974. S. 53.

10 Vgl. a.a.O. S. 54 f.

im sichtbaren Zeugnis seines Sohnes zu erkennen und danach zu handeln.[11] Insofern setzt die Rede von Gott im und als utopischen/r Raum voraus, Gott im Leben nicht nur zeitlich, sondern auch räumlich wahrzunehmen. In dieser Hinsicht sprengt die theologische Rede die Grenzen des gewöhnlichen Raumverständnisses. Die „Geste des Gebens" des Schöpfers benötigt, Askani zufolge, Raum. Zugleich setze sie Raum frei, der als Gabe notwendigerweise an jemanden adressiert sei.[12] Diese schöpferische Geste öffne demzufolge einen Raum, den die Gabe selbst und die/der Empfangende für sich bräuchten: Sie sei sich selbst gebende Raumgabe. Indem sie sich ereigne, inszeniere sie ihren Raum, der sich auf beiden Seiten öffne. Dabei widerspreche der sich immer wieder neu konstituierende Raum binären (Sprach)Systemen. Demzufolge transzendiert die Kommunikation als theologische Glaubens- und Hoffnungssprache in Christus und öffnet Hoffnungs-Raum inmitten sowie ausgehend von der geschichtlichen Lebensrealität. Ihr Sprachgebrauch erfüllt nicht nur einen zuvor gesetzten Lebensplan, so Ricœur, sondern nähert sich differenziert.[13] Im theologischen Sprachvollzug entsteht also eine Wirklichkeit, die sich nicht in Eindeutigkeit erschöpft. Auf der Grenze zeigt sich Sprache kreativ und erfinderisch, hier liegt für Ricœur ihr Wahrheitsanspruch.[14] Sprache denkt er als produktive Sprache, wenn sie vom Anderen ausgeht.

Mit Marquardt betone ich an dieser Stelle die Bedeutung, Gott geschichtlich verstrickt zu verstehen.[15] Als Teil der Geschichte muss sich Theologie in den gegebenen „Räumen" ihrer Lebenswirklichkeit immer wieder neu aus- und einrichten. Indem sie ihre „Komfortzone" verlässt, unterbricht sie sich. Der ewige Ausgang des Vaters in Gestalt seines Sohnes, die Vermenschlichung Gottes, (er-) fordert theologisch, immer wieder neu anzufangen, Gottes Wirken wahrzunehmen und das Wahrgenommene zur Sprache zu bringen. Gott spricht nicht „nur" asynchron, sondern auch asymmetrisch in und aus den vielfältigen, heterogenen und komplexen gesellschaftlichen Kontexten.

Folgt die Theologie diesem räumlich-geschichtlichen Gottesverständnis, bindet sie sich utopisch und ethisch handlungswirksam, räumt sich ihren Raum situativ anders ein und entgrenzt andere christologisch. Theologie ist dann lebendig

11 Vgl. Levinas: Jenseits des Seins. S. 326. „Die Spur des Unendlichen ist die [...] Ambiguität im Subjekt".

12 Hans-Christoph Askani: Schöpfung als Bekenntnis. Tübingen 2006. S. 190.

13 Vgl. Paul Ricœur: Zeit und Erzählung. Bd. I. München 1989. S. 119.

14 Vgl. Paul Ricœur: Gedächtnis-Geschichte-Vergessen. München 2004. S. 93 f.

15 Vgl. Marquardt: *Eia, wärn wir da.* S. 452.

und ethisch gerecht, wenn sie sich auf diese Weise utopisch gestaltet: in offener, vielfältiger Bindung an die sich wandelnden reale(n) Gegenwart(en)/Gegebenheiten in Raum und Zeit. Christologisch wird die unaufhebbare Beziehung zwischen Gott und seinem Geschöpf als eine „nie endende Trennung" gedacht.[16] Christologisch „berühren" sich Gott (radikale Alterität) und Mensch (ethische Sozialität) in ihrer Eigenständigkeit im utopischen Raum. Die ursprüngliche Geschöpflichkeit konkretisiert sich in dieser „Berührung", indem die Theologie sich im utopischen Raum verständigt, ohne sich durch die Hintertür in die eigenen (scheinbar) sicheren vier Wände zurückziehen, sondern sich immer wieder selbst verlassen muss. Die christliche Theologie muss demnach ihre Tradition/ Systeme prüfen, sich der konstruierten menschlichen Natur immer wieder entledigen und sich hautnah auf den Anderen einlassen.[17]

Theologisch geht es darum, dass der Mensch sich nach der radikalen Transzendenz, dem utopischen Raum Gottes, in der Immanenz sehnt,[18] dass er ein Gefühl der Hoffnung auf die Zukunft auch im wissenschaftlichen Diskurs wahrnimmt und danach strebt, es zu bewahren. Indem die fähige Theologie[19] die radikale Alterität empfängt und christologisch im sozialen Gefüge deutet, entdeckt sie sich immer wieder neu. Fähig wird sie, weil sie die Gegenwart Gottes eschatologisch empfängt, ohne den Anspruch zu verfolgen, sie vollkommen im utopischen Raum zu verstehen. Die Alterität orientiert sie zugleich darin, den utopischen Raum und damit die Grenze des eigenen Handelns, schöpfungstheologisch anzuerkennen.[20] Die qualitative Trennung zwischen Gott und menschlicher Rede von Gott als „nie zu Ende kommende Differenz" zu verstehen, ermöglicht es im Sinne Askanis, nicht nur über das Verhältnis zwischen Gott

16 Askani: Schöpfung. S. 81.

17 Vgl. Emmanuel Levinas: Die Substitutio. In: Ders.: Die Spur des Anderen. Untersuchungen zur Phänomenologie und Sozialphilosophie. 6. Aufl. Freiburg 2012. S. 327. Der Mensch trete aus sich heraus und kehre kontinuierlich zu sich zurück, so Levinas, der schlussfolgert, dass Gott demnach weder in Gestalt des Anderen noch als Stimme seines ethischen Appells zu hinterfragen, sondern bedingungslos zu (ver-) antworten sei.

18 Vgl. Marquardt: *Eia, wärn wir da*. S. 162.

19 Vgl. Paul Ricœur: Wege der Anerkennung. Erkennen – Wiedererkennen – Anerkanntsein. Frankfurt 2006. S. 125. In der Dialektik von Identität und Alterität entwickelt Ricœur sein Verständnis des fähigen Selbst, das sich reflektiert, dabei sich als ethisches Subjekt entdeckt und für seine Handlungen verantwortlich weiß.

20 Vgl. Askani: Schöpfung. S. 61.

und Mensch (nach)zudenken, sondern „ihre Begegnung selbst“ christologisch *räumlich* zu erschließen.[21]

1.3. Sprache und Differenz: theologische Rede herausgefordert

Mit Askani lässt sich das utopische Raum- und Sprachgeschehen (Abschn. 1.1. und 1.2.) in Gestalt der „*Schöpfung als Bekenntnis*“ vertiefen. Der Grundriss des utopischen Raumes Gottes erhält seine sichtbare Füllung darin, *wie* sich die theologische Rede in ihm sprachlich und ethisch konstituiert. Die Raumgabe befreit Theologie aus ihrer scheinbaren Sicherheit, ermöglicht ihr, sich entsprechend ihres eschatologischen Bekenntnisses ethisch auszudrücken. Die theologische Rede, die diesen Raum ethisch gestaltet, drückt darin ihr Bekenntnis zur qualitativen schöpferischen Differenz und Vielfalt zwischen Gottes Rede und menschlicher Rede von Gott aus. „Die Trennung zwischen Gott und Mensch [der Theologie] verläuft nicht außerhalb des Menschen, sondern ist der Mensch selbst.“[22] Diese nie endende Trennung deutet Askani als das schöpferische Sündenverhältnis, das – so füge ich hinzu – als Raum der Vielfalt und Mehrdeutigkeit sichtbar wird und in dem Askani versucht, Schöpfung und Trennung zusammenzudenken: Schöpfung versteht er „als zur Vollendung kommende Trennung“[23], Sünde entsprechend primär als „Zustandsbeschreibung“ des Schöpfungsverhältnisses zwischen Gott und Mensch.[24] Das theologische (ethische) Bekenntnis wirkt in der Anerkennung anderer theologischer Positionen räumlich sichtbar. Die Anerkennung der radikalen Transzendenz in der theologischen Rede impliziert die unausweichliche Verantwortung, Gott in seinen vielfältigen Ausdrucks- und Handlungsweisen in Mitwelt und mit Mitmenschen wahrzunehmen und „sichtbar“ zu machen. Im Raum Gottes agiert Theologie nicht (mehr) als das theologisch-dogmatische Ich, sondern als theologisch fähiges Selbst, ausgehend von und in Beziehung zu Anderen.[25] Die Theologie weiß sich demzufolge schöpferisch in den geschichtlichen Zwischenräumen vom Eigenen und Fremden zu bewegen.

---

21 A.a.O. S. 64.

22 A.a.O. S. 72.

23 A.a.O. S. 81.

24 Vgl. a.a.O. S. 89.

25 Im Hintergrund steht Ricœurs offenes Geschichtsverständnisses, das Alterität bejaht und sich gegen den (linguistischen) Strukturalismus im Sinne Saussures richtet. Vor allem sprachlich lebt der Mensch seine Beziehung. So verhält es sich auch bei der theologischen Rede. Vgl. Ricœur: *Gedächtnis*. S. 568–588.

Die Herausforderung für die theologische Rede, *wie* mit der qualitativen Differenz im Verhältnis zu Gott, Mitmensch und Mitwelt umgegangen werden kann, liegt darin, Differenz nicht als einen Nachtrag zu begreifen. Die qualitative Differenz, christologisch sichtbar in der Menschwerdung Gottes, macht das Wesen der Theologie aus, die sich zu diesem Verhältnis (ent-)sprechend (und) handelnd bekennt. Theologische Rede ereignet sich demnach in der Übernahme dieser christologisch verankerten Verantwortung als das wahre Bekenntnis. Indem sie die Verantwortung übernimmt, tritt sie in geschöpfliche Beziehung vor allem Bewusstsein. Ausgehend vom unverfügbaren Anderen im konkreten geschichtlichen Kontext prüft, deutet und interpretiert sie ihre eigene Sache. Ihre komplexe Selbstauslegung, Entscheidungen ernsthaft und gewissenhaft zu treffen, verdeutlicht ihr eindeutiges Bekenntnis zur Mehrdeutigkeit (Ambiguität). Es geht der theologischen Rede nicht um die einfachen, eindeutigen Antworten,[26] sondern darum, sich im utopischen Raum Gottes verantwortungsvoll inmitten von Differenz zu verständigen und Diskurse der Versöhnung zu initiieren. Diesem schöpferischen und paradoxen Beziehungsraum kann Theologie m.E. nur mittelts der ethischen Sprache Levinas' bzw. der Bekenntnissprache Askanis und Marquardts[27] begegnen, die sich der komplexen Wirklichkeit nähert, indem sie sich immer wieder selbst aufs Neue verlässt. Beide Sprachverständnisse entziehen sich einem statischen Referenzrahmen, verstehen Sprache jenseits vom Regelsystem schöpferisch-produktiv. Die sich ihrer leiblichen Wurzeln bewusste ethische Sprache der Alterität konstituiert sich im Sinne Levinas‘ notwendigerweise inmitten leiblicher Existenzialität:[28] Sie sucht danach, sich der ganzen Lebenswirklichkeit geschichtlich im Geschehen von Gabe und Auf-Gabe, von Sich-Verlassen und auf den Anderen Verlassen, von Wirklichem, Möglichem und Unmöglichem zu stellen. Alterität und Pluralität werden theologisch geschichtlich wahr- *und* ernst genommen, sprachlich bezeugt und so handlungsweisend er- und gelebt.[29] Der räumlich differenzierte Gottesbegriff,

---

26 Vgl. Askani: *Schöpfung*. S. 62 f.

27 Vgl. Marquardt: *Eia, wärn wir da*. S. 552.

28 Vgl. Michael Purcell: Lévinas and Theology. Cambridge 2006. S. 45.

29 Im Gewissen verortet Ricœur die Selbst-Bezeugung. Indem der Mensch Zeugnis vom Anderen abgebe, berufe/beziehe er sich nicht auf Sichtbares, sondern erinnere sich an den zeitlich und räumlich Anderen. Das Gewissen bewahre das menschliche Selbst davor, sich dem Andern zu verschließen und hat dadurch handlungsweisende ethische Funktion. Vgl. Edward S. Casey: Erinnerung als den Ort des Anderen innerhalb des eigenen Selbst. In: Bernhard Waldenfels, Iris Därmann (Hg.): Der Anspruch des Anderen. Perspektiven phänomenologischer Ethik.

um den es hier geht, ermöglicht den Geschöpfen, im Glauben – über Verschlossenheit und Ablehnung der Welt hinweg – die ungeahnte Weite Gottes wahrzunehmen und zu denken. Gott ruft die Theologie in die eine wirkliche Welt, die sie real, inmitten von Alterität, Pluralität, Zwiespalt und Widerstand verstrickt, herausfordert, um utopisch von Ihm (von Ihr) zu sprechen. Als Raum schaffende Anrede legt Gott den immerwährenden Anfang theologischer Rede, öffnet ihr christologisch die Augen für differenzierende Wissenschaft. Es geht nicht darum, eine jenseitige Welt religiös und theologisch-dogmatisch im Diesseits zu integrieren, sondern um die christologisch begründete Bereitschaft, Gottes Selbstgabe in Jesus Christus immer wieder im Sinne christologischer Neuschöpfung zu empfangen und selbstkritisch zu deuten. Entscheidend ist, dass die theologische Rede Gottes Wort als das empfängt und wahrnimmt, was es ist: als in sich differenziertes geschichtliches Paradox, das den kritisch-konstruktiven Blick für die Raumgaben „guter" Schöpfung weitet.[30] Das Entscheidende meiner Überlegungen liegt hier darin, dass diese Wort-Gabe in Jesus Christus die Realität radikal, d.h. „bis auf die Wurzeln"[31], beim Namen nennt und dass darin Gottes schöpferisches Wort in der konkreten (leiblichen) Lebenswirklichkeit sichtbar wird. Die Selbstaufgabe Gottes in seinem Sohn wirkt absolut, sichtbar im räumlichen Aufbruch, die einer Entwurzelung von gegebenen Systemen gleicht. Folgt man diesem Verständnis, muss theologischer Eindeutigkeit und sich aufhebender gegensätzlicher Zweideutigkeit eine Absage erteilt werden. Letzteres begründet sich in der Rede von Jesus Christus als dem lebendigen Wort der *Differenz*. Die Selbstgabe des Vaters schafft unausweichlich ein geschichtliches Leben in seiner sprachlichen *Mehrdeutigkeit*, das Systeme dualer Begrifflichkeit und Kategorisierung unterläuft. Gottes Anrede liest sich christologisch als einen immerwährenden Aufbruch aus isolierten Strukturen theologischen Denkens. Darin zeigt sich Gottes absolute Treue, die der theologischen Rede unverfügbar bleibt. Gottes ausgesprochenes Wort, seine lebendige Differenz, bestimmt die Uneindeutigkeit und Unverfügbarkeit als das Wesentliche und Notwendige des Verhältnisses zu seinem Geschöpf, und insofern als unausweichlichen „Gegenstand"

München 1998. S. 291–316. Hier S. 303.

30 Von „guter" Schöpfung spricht Askani mit Blick auf den Schöpfer, dessen schöpferische Werke inmitten der Lebenswirklichkeit wahrzunehmen und zu erkennen sind. Indem der Mensch primär wahrnehme – im Sinne Askanis „glaube" – löse sich das Gute der Schöpfung immer wieder aus den endlichen Verstrickungen des Lebens und zeige sich dem Menschen dazwischen. Vgl. Askani: *Schöpfung*. S. 101–103.

31 Wolfgang Pfeifer u.a.: Etymologisches Wörterbuch des Deutschen. Online: https://www.dwds.de/wb/etymwb/radikal (zuletzt 17.04.2023).

theologischer Rede. Christologisch bestimmt sich sein Wort als paradoxe Mitte, als Raum, in dem die schöpferische Trennung (Sündenzustand) als Vollendung gedacht wird. Genau in dieser räumlichen Ambivalenz lässt sich Gottes Gegenwart zur Sprache bringen. Gott (und somit die theologische Rede) kommt nie in einem theologischen System an und löst die in sich angelegten Aporien und Unstimmigkeiten nie (ganz) auf. Diese wesenhafte christologische Differenz ist von ewiger Bedeutung.

2. Digitalisierung: zwischen (globaler) Einräumung und (lokaler) Entgrenzung

2.1. Erste Überlegungen: Was ist Digitalisierung?

Kai Sander definiert den Prozess der Digitalisierung als einen komplexen, technischen Ablauf, der mehr bedeute, als „alte Skripte als PDF-Dokumente zum Download" bereitzustellen.[32] Es geht Sander zufolge um solche „Umwälzungsprozesse", die „eine Transformation von Wissen und Leben" verursachten.[33] Er unterscheidet dabei verschiedene Entwicklungsphasen. Beim statischen Web 1.0 ging es um die Bereitstellung und Abrufbarkeit von Dokumenten, elektronischen Informationen, usw. Beim Web 2.0 erweiterte sich die Dynamik des digitalen Raums durch die sozialen Netzwerke, die eine unmittelbare und unmoderierte Kommunikation ermöglichten. Letztere kann in gewisser Weise als Ausdruck herrschaftsfreier Kommunikation gelten. Unter dem Web 3.0 kam es zu einer exponentiellen Vervielfachung der Datenbestände, die semantisch erschlossen werden mussten. Daten werden

> auf dezentrale Weise durch Maschinen miteinander verbunden. Darüber hinaus sollen Nutzer und Maschinen in der Lage sein, miteinander zu interagieren. Das ist sinnvoll, weil die Datenmengen im Internet immer größer werden und eine Verarbeitung der Daten durch den Menschen sonst bald nicht mehr möglich wäre.[34]

Das semantische Web 3.0, so Sanders, habe das Internet als „Internet der Bedeutungen" konstituiert.[35] Die Metadaten ermöglichen, die Webinhalte neu

32 Kai Sander: Wie Digitalisierung Theologie verändern kann: Überlegungen zur Anschlussfähigkeit von Theologie im Brennpunkt digitaler Kommunikation. In: Annett Gürke-Ungemann, Christian Handschuh (Hg.): Digitale Lehre in der Theologie. Chancen, Risiken und Nebenwirkungen. Münster 2020. S. 97–110. Hier S. 99.

33 Ebd.

34 Https://relevanzmacher.de/glossar/web-3-0-definition (zuletzt 17.04.2023).

35 Sander: *Wie Digitalisierung Theologie verändern kann*. S. 99 f.

zu organisieren und miteinander zu vernetzen. Sander urteilt, dass es auf diese Weise zu einer pseudo-intellektuellen epistemologischen Eigendynamik im digitalen Raum kommt. „Das Web 4.0. ist das symbiotische, smarte web“[36], auch WebOS (Web Operating System) genannt. Letzteres verweist auf die Zusammenarbeit zwischen Menschen und Maschine. Bei diesem symbiotischen Web geht es unter Berücksichtigung der Künstlichen Intelligenz[37] und des *semantic web* darum, die Differenz zwischen analogem und digitalem Raum zu überwinden. Dabei kommt es auch zur „Erweiterung der Wirklichkeit um digitale visuelle Elemente“[38] (*augmented reality*). Gesellschaftlich und institutionell können die erweiterten räumlichen Chancen genutzt werden, um beispielsweise Menschen mit Behinderung eine gleichberechtigte Teilhabe in der Gesellschaft zu ermöglichen sowie marginalisierten Gebieten Zugang zu Studien- und Ausbildungsmöglichkeiten zu gewähren. Zugleich sollten die Gefahren einer digital kontrollierten Gesellschaft, wie es Edward Snowden in seinem Buch *Permanent Record: Meine Geschichte* deutlich beschrieben hat, kritisch wahrgenommen werden. Felix Stalder spricht von der „Kultur der Digitalität“[39]. Anhand von drei Grundmustern, dem der Referentialität, der Gemeinschaftlichkeit und der Algorithmizität versucht Stalder die Wirklichkeit der digitalen Kultur kritisch zum Ausdruck zu bringen. Zu berücksichtigen ist dabei sein Kulturverständnis. Erstens versteht er Kultur als „eine spezifisch technohistorische Struktur“ und zweitens als „dynamisches Gewebe konfliktreicher Prozesse“[40]. Infolge der Definition werden Kulturen von den Medien als „integrale Umwelten“ strukturiert. Im Hintergrund steht Marshal McLuhans Werk *Understanding Media: The Extensions of Man*, in dem McLuhan medientheoretisch den Einfluss globaler auf lokale Kulturen herausarbeitet.[41] Demzufolge können Medienumbrüche als Kulturumbrüche verstanden werden. Beispielsweise habe der Buchdruck als global umfassendes Phänomen einen Umbruch im Gebrauch der Sinne, nämlich

36 https://relcvanzmacher.de/ki/web-4-0 (zuletzt 17.04.2023).

37 Vgl. https://relevanzmacher.de/glossar/kuenstliche-intelligenz (zuletzt 17.04.2023).

38 Ebd.

39 Felix Stalder, Wolfgang Beck: Zur Kultur der Digitalität. Ein Interview von Wolfgang Beck mit Felix Stalder. In: Joachim Valentin, Ilona Nord, Wolfgang Beck: Theologie und Digitalität. Freiburg 2021. S. 21–31. Hier S. 21.

40 Beide Zitate ebd.

41 Marshal McLuhan hat den Grundstein der Medientheorie gelegt. Mit dem Ausdruck „global village“ verdeutlicht er die Wechselwirkung zwischen Globalem und Lokalem. Vgl. Axel Siegemund: Öffentliche Theologie im Digitalen. In: Gürke-Ungemann, Handschuh: *Digitale Lehre*. S. 85–95. Hier S. 89.

vom Hör- zum Sehsinn, ermöglicht. Aus der Perspektive der Referentialität zeigt sich hier ein deutlicher Unterschied zur Digitalität/Digitalisierung, Datenmengen zu ordnen. Während analoge schriftliche Medien wie Buch und Zeitung die Welt in thematische Blöcke einteilen, zeigt sich im Internet ein kulturell-medialer Umbruch: „Organisation der Artikulation"[42] – sprich die Ordnung der Daten, liegt in der Verantwortung aller, die Zugang zum Netz haben. Alle beteiligen sich daran, die Welt in thematische Blöcke zu strukturieren und kritisch zu bewerten (*Likes*). Ausgehend von der Referentialität zeigt sich, so Stalder, dass die Ordnung in der eigens erstellten Timeline eines jeden *Users* generiert werde. Sie folgt der persönlichen Logik von Auswahl und Anbindung, die einen individuellen Bedeutungshorizont konstituiere. Mithin legt jeder *User* seine eigene Spur im Internet und damit eben auch (s)einen Referenzrahmen, in dem er sich im Vollzug selbst verortet. Konsequenterweise unterliegt der digitale Raum der permanenten Erneuerung und Durchlässigkeit. Es handelt sich weder um einen eindeutigen noch stabilen Raum.[43] Es fehlt sozusagen die äußerliche Grenze, Prävention und Schutz des Raumes, der ihn zu einem sicheren Ort werden lässt.[44] „Das Leben wird vieldeutiger, und gleichzeitig verlernen wir, Mehrdeutigkeit zu akzeptieren. Der digitale Raum wirkt hier als Verstärker und nicht als Durchbrecher dieses Zusammenhangs"[45], urteilt Axel Siegemund.

Trotz des Verlustes des Marktplatzes im Sinne der griechischen *Agora*, des politischen Aus- und Verhandlungsortes,[46] misst Stalder dem Grundmuster der Gemeinschaftlichkeit weiterhin eine Bedeutung bei. Dabei zeigt sich eine andere Kommunikationsdynamik, die im Verlust der *Agora* begründet liegt und die zu

---

42 Stalder, Beck: *Zur Kultur*. S. 24.

43 Vgl. Ramon Reichert: Dating mit Algorithmen. Rechnerbasierte Modelle der Partner*innenwahl in plattformbasierten Gesellschaften. In: Valentin, Nord, Beck: *Theologie*. S. 108–132. Hier S. 125.

44 Soziologisch handelt es sich zwischen Raum und Ort um ein wechselseitiges Verhältnis. Während der Raum im Sinne Martina Löws eine „relationale (An)Ordnung von Lebewesen und sozialen Gütern an Orten" sei, drücke der Ort „einen Platz, eine Stelle, konkret benennbar, meist geografisch markiert" aus. Martina Löw: Raumsoziologie. Frankfurt 2001. S. 271.

45 Siegemund: *Öffentliche Theologie*. S. 91.

46 Hannah Arendt arbeitet in ihrem Hauptwerk *Vita activa* die Bedeutung des Marktplatzes als Versammlungsort heraus, der in der Gegenwart im „Faktum menschlicher Pluralität" als Grundvoraussetzung demokratischer Diskussionskultur „ersetzt" werden müsse. Hannah Arendt: Vita Activa. Vom tätigen Leben. 14. Aufl. München 2014. S. 213.

einem „nach außen gekehrtem Individuum, das die Öffentlichkeit in Beschlag nimmt“, geworden ist.[47] In der Kultur der Digitalität, so Stalder, geht es darum, dass der individuelle *User* trotz aller Abgrenzung in „digitalen Echokammern und Filterblasen“ im Zusammenhang mit anderen steht.[48]

> Filterblasen sind bekanntlich Informationsblasen, die uns daran hindern, Stimmen wahrzunehmen, die den Horizont unserer Google Suchgewohnheiten oder unserer Social Network Communities überschreiten. Dadurch verleiten sie uns dazu, abweichende Meinungen als marginal zu empfinden und unsere persönlichen Kommunikationsblasen mit dem zu verwechseln, was man im 19. und 20. Jahrhundert als öffentlichen Raum bezeichnet hätte.[49]

Dieser Zusammenhang beruht nicht auf einem basisdemokratischen Verständnis, sondern wird vielmehr durch den Einzelnen bestimmt. Das heißt im individuellen Referenzrahmen konstituiert sich der Ort der Anerkennung des Anderen, der allerdings vom Prozess einer sogenannten Tribalisierung geprägt ist.[50] Die räumlich-digitale Abgrenzung führt zum Verlust des demokratischen Meinungsaustausches, dem nur präventiv durch den Gebrauch analoger Medien entgegengewirkt werden kann.[51] Die Gefahr, die sich in der Reduktion des Räumlichen auftut, liegt darin, dass isolierte Raumvorstellungen, wie die im Digitalen, dem „gelebten Raum“ widersprechen und eigenen idealen und mentalen Ideen strategischer Konstituierung von Wissens- und Machträumen folgen.[52]

Diese Gefahr wird aus der Perspektive des dritten Grundmusters der Algorithmizität (noch) deutlicher. Die Fülle an Datenmengen kann von der begrenzten Kognitionsfähigkeit des Menschen nicht mehr erfasst werden. Die individuelle Fähigkeit, Dinge kognitiv zu begreifen, wird in der Kultur der Digitalität proportional immer kleiner. Jeder *User* kann nur eine begrenzte Anzahl von Bildern und Meldungen aufnehmen. Dabei sind die Reaktionen des Einzelnen unter Berücksichtigung von Referentialität und Gemeinschaftlichkeit nicht mehr ausreichend, um das komplexe digitale Geschehen abzubilden. Die Algorithmen

---

47 Leopold Neuhold, Thomas Gremsl: Welt im digitalen Wandel. Neue Herausforderungen für die Ethik. In: Gürke-Ungemann, Handschuh: *Digitale Lehre*. S. 67–84. Hier S. 74 f.

48 A.a.O. S. 76.

49 Johannes Hoff: Verteidigung des Heiligen. Anthropologie der digitalen Transformation. Freiburg 2021. S. 308.

50 Ebd.

51 Vgl. Neuhold, Gremsl: *Welt*. S. 76.

52 Reichert: *Dating*. S. 130. Der Gedanke wird in Kap. 3 kritisch aufgegriffen.

leisten Unterstützung, indem sie die Fülle an Informationen ordnen, damit sie menschlich zu erfassen sind. So reduziert Google beispielsweise die Datenmenge und bietet dem *User* eine entsprechende Auswahl an Informationen an, mit denen er sinnhaft umgehen kann. Mithin sind automatisierte Prozesse an der Auswahl der Daten intensiv und entscheidend beteiligt.[53] „Es kommt immer etwas Neues, um uns [Menschen] bei der Stange zu halten, aber gerade so viel, dass niemand sich aus Überforderung wieder abmeldet."[54] In dieser Dimension der Algorithmizität erkennt Johannes Hauff ein blindes Vertrauen „in die Logik individualisierender Digitalverfahren"[55], die algorithmisch gesteuert werden. Er schlussfolgert:

> Statt auf die Urteilskraft oder den unternehmerischen Mut gebildeter Verantwortungsträger zu vertrauen, die sich auf die Kunst zu träumen verstehen, haben wir in unserem privaten, öffentlichen und professionellen Leben begonnen, auf die digitalisierte Wahrsagerei spekulativer Finanzkapitalisten zu setzen, die ihre selbstverschuldete Unmündigkeit als Bekenntnis zu unbedingtem Fortschritt vermarkten.[56]

Bevor ich auf der Grundlage meiner Skizze einer Theologie des Verlassens und den Ausführungen zur Digitalisierung auf die gegenwärtige Aufgabe der Theologie eingehe und diese anhand von kritisch-konstruktiven Überlegungen für eine Christologie im Zeitalter der Digitalisierung vertiefe, erscheint es mir wichtig, kurz auf den Raumbegriff und seinen Wandel in den Kulturwissenschaften einzugehen, da dieser in einem unmittelbaren Zusammenhang mit der Raumveränderung im Digitalen steht. Dabei zeigt sich auch die Bedeutung des differenzierten Verständnisses von Ästhetik (im Sinne Andreas Reckwitz'), der, die Gesamtheit der Wahrnehmungsprozesse umfasse und zugleich spezieller Ausdruck der sinnlichen sei.[57]

2.2. Raum und Wahrnehmung: Vorüberlegungen zum spatial turn

Als *spatial turn* wird eine unter anderem durch Michel Foucault geprägte und seit den 1980er Jahren diskutierte kulturelle Wende bezeichnet. Der *spatial turn*

---

53 Vgl. Stalder, Beck: *Zur Kultur*. S. 26.

54 A.a.O. S. 27.

55 Ebd.

56 Ebd.

57 Vgl. Andreas Reckwitz: Die Erfindung der Kreativität. Zum Prozess gesellschaftlicher Ästhetisierung. 6. Aufl. Berlin 2019. S. 23.

ist damit ein Produkt der Postmoderne.[58] Die „Renaissance des Raumbegriffs“[59] ist vor allem durch die politisch-gesellschaftlichen Umbrüche in der zweiten Hälfte des 20. Jahrhunderts bedingt: die Aufhebung der politischen Blockbildung und Polaritäten, die Öffnung der Grenzen bis hin zu einer Verschiebung Zentraleuropas nach Osten,[60] der Kapitalismus, die Globalisierung und der damit einhergehende Schwerpunkt auf (und die Bedeutung von) Netzwerk- und Beziehungsstrukturen sowie globalen wechselseitigen Abhängigkeiten. Grenzen werden neu gezogen, Raumansprüche ändern sich, und das heißt, „neue Raumkonstruktionen“ nehmen Gestalt an.[61] Es geht um ein raumgeprägtes Verständnis von Wirklichkeit: Der Raum, die Synchronie, steht der Zeit, der Diachronie, gegenüber. Das Anliegen des *spatial turn* liegt darin, die Dichotomien des Denkens von Zeit und Raum zu überwinden. Dabei geht es darum, den über eine lange Zeit dominanten Fokus auf die zeitbezogene evolutionäre Vorstellung von Entwicklung und Fortschritt einer kritischen Prüfung zu unterziehen. Letztere war und ist vor allem durch das Erbe der Aufklärung entstanden und beinhaltete das Verständnis von kolonialen Entwicklungsstrukturen und Fortschrittsdenken. Im Spannungsfeld von Raumkonstruktion einerseits und Enträumlichung im Zuge der Digitalisierung (*global village*) andererseits[62] wird versucht, die unterschiedlichen Raumperspektiven anhand neuer, kritischer Raumbegriffe zu berücksichtigen und zu erschließen. Geprägt ist der Umbruch vom Gegensatz zwischen Transiträumen bzw. Transitidentitäten und dem Streben nach Stabilität in einer erneuten Zuwendung zum lokal Vertrauten. Diese skizzierte Entwicklung hin zu einer raumorientierten, kulturwissenschaftlichen Ausrichtung hat auch das Raumverständnis in Kirche, (christlicher) Religion und mit Blick auf die (gesellschaftliche) Sinnsuche verändert.

Im Horizont der paradigmatischen Wende des Raumbegriffs erhält die Ästhetik eine entscheidende Rolle. Andreas Reckwitz differenziert den Begriff der Ästhetik wie folgt: Einerseits drücke Ästhetik die Gesamtheit, anderseits – und das ist von weitreichender Bedeutung – „eigendynamische Prozesse“[63] sinnlicher Wahrnehmung aus. Letztgenannte sind „Prozesse sinnlicher Wahrnehmung, die

58 Vgl. Doris Bachmann-Medick: Cultural Turns. Neuorientierungen in den Kulturwissenschaften. 4. Aufl. Hamburg 2010. S. 284.

59 A.a.O. S. 286.

60 Vgl. a.a.O. S. 287.

61 Ebd.

62 A.a.O. S. 288.

63 Reckwitz: *Die Erfindung*. S. 23.

sich aus der Einbettung in zweckrationales Handeln gelöst haben."[64] Sie folgen demnach nicht gegebenen räumlichen Strukturen, sondern widersetzen sich diesen. Als sinnliche Aktivität, so Reckwitz, sind sie zudem Affekten ausgesetzt und insofern emotional involviert. Mit Blick auf unser Thema geht es bei diesem Verständnis der *aisthesis* darum, die Vielfalt digitaler Räume wahrzunehmen. Entscheidend ist dabei, ihre eigenständige Produktivität und ihr schöpferisches Potential anzuerkennen, ihren differenzierten, zum Teil fremd wirkenden „Raum" zu empfangen und sich (theologisch) herausfordern zu lassen. In dieser Hinsicht schlage ich vor, die Wahrnehmung zu schärfen und auszuloten, inwiefern in der Kultur der Digitalität Räume als Raumgabe Gottes gelten (können). Dabei wird *aisthesis* zum Raum des Aufbruchs theologischer Reflexion, die, indem sie Komplexität, Alterität und kulturelle Differenz wahr- und ernst nimmt, theologische Strukturen, Interessen und Überzeugungen kritisch infrage stellt. Theologische Prozesse reduzieren sich nicht, sondern nehmen vielmehr die Aufgabe wahr, ihren Gegenstand im geschichtlich-glokalen Kontext unter Berücksichtigung von komplexen (digital-analogen) Verflechtungsstrukturen von Zeit und Raum zeitgemäß kritisch abzubilden.[65]

2.3. Aufgabe gegenwärtiger Theologie im Kontext der Digitalisierung

In meinen Ausführungen zur Digitalisierung sollte deutlich geworden sein, dass es im Prozess der Digitalisierung einerseits zur Veränderung des Verständnisses des Menschenbildes kommt. Andererseits führt der Aufbruch im digitalen Raum zu einer nie zuvor dagewesenen Komplexität auf der Kommunikations- und Diskursebene, begleitet von einer Transformation von Wissen und Erkenntnis.[66] Die neue kreative und schöpferische Räumlichkeit, der Aufbruch im Sinne des *spatial turn*, verlangt nach einer *neuen Sprache*, die jenseits von Binarität und Dichotomie das Dynamisch-produktive der komplexen digitalen Kultur erfassen und ausdrücken kann. Der Mensch erlebt und lebt in der Kultur der

---

64 Ebd.

65 Joachim Valentin macht auf die untrennbare Beziehung zwischen Theologie und Kultur aufmerksam: „[D]ie Kultur selbst [hat] eine theologische Valenz, die sie als ‚locus alienus theologiaes' zum lebendigen Gesprächspartner der Theologie werden lässt." Joachim Valentin: Zwischen Matrix und Christus. Fundamentaltheologie als kritische Religions- und Kulturtheorie. In: Magazin für Theologie und Ästhetik 32. 2004. Online: https://www.theomag.de/32/jv1.htm (zuletzt 17.04.2023).

66 Vgl. Stalder, Beck: *Zur Kultur*. S. 28 f.

Digitalität Gott ähnliche Erfahrungen.[67] Das digitale Netz gleicht einer „Superintelligenz“[68], Religion und Humanismus werden vom Dataismus ersetzt,[69] und der Transhumanismus prognostiziert für das Jahr 2045 die absolute Machtübernahme der Künstlichen Intelligenz.[70] In diesem Szenario zwischen konstruktivem, schöpferischem, digital-räumlichem Aufbruch von Wissen und Erkenntnis (im Sinne einer Teilhabe aller) und dem Rückzug in inselähnliche isolierte Räume geprägt von Leibfeindlichkeit, d.h. der Entkopplung und Entzweiung von der (analogen) Lebenswirklichkeit,[71] Alteritätsvergessenheit, der grenzenlosen, schutzlosen Eigendynamik der Webentwicklung zum Web 4.0 ausgeliefert, braucht der Mensch Orientierung. Zwischen überfordernder Belastung und nötiger Entlastung geht es darum, sich den digitalen Raum im Spannungsfeld von wahrgenommenem und begrifflich-erfasstem Raum im eigenen Leben zu eigen zu machen: mit ihm zu leben.[72] An dieser Stelle kommt die Theologie ins Spiel: Sie übernimmt die Orientierungsaufgabe, im Spannungsfeld von „Faszination und Wahrnehmung der Gefahren“[73] des und im digitalen Raum verantwortlich die ethische Gestaltung zu übernehmen. Dabei konstituiert sie einen gelebten Raumbegriff, der in Analogie zur soziologischen These des gelebten Raums (Edward Soja) über mathematische, physikalische, geografische Verortungen im Raum hinausgeht. Vielmehr wird das Leben der Menschen im Raum ins Zentrum der Betrachtung gerückt.[74] Trotz aller Gefahr, Gott zu verräumlichen und ihn damit zu reduzieren, bzw. die Raumkategorie zu vergöttlichen, folge ich Ulrich Beuttels Anliegen, die Möglichkeit von Gottes Nähe und Ferne, seiner An- und Abwesenheit räumlich differenziert auszudrücken.[75] Ausgehend

---

67 Vgl. Valentin: *Zwischen Matrix und Christus.*

68 Valentin, Nord, Beck: *Theologie.* S. 9.

69 Vgl. Yuval Noah Harari: Homo Deus. Eine Geschichte von Morgen. München 2017. S. 357.

70 Vgl. Joachim Valentin: Versprechen der Digitalisierung und Verheißung Gottes – Markierungen und Übergänge. In: Valentin, Nord, Beck: *Theologie.* S. 347–367. Hier S. 347.

71 Vgl. Valentin: *Zwischen Matrix und Christus.*

72 Dem Soziologen Edward Soja zufolge ist „der gelebte Raum ein strategischer Ort, von dem aus sich alle Räume gleichzeitig umfassen, verstehen und potentiell transformieren lassen.“ Zitiert nach Reichert: *Dating.* S. 130.

73 Valentin, Nord, Beck: *Theologie.* S. 9.

74 Vgl. Ulrich Beuttler: Gottes Räumliche Präsenz. In: Katharina Karl, Stephan Winter: Gott im Raum?! Münster 2020. S. 79–94. Hier S. 88.

75 Vgl. Ulrich Beuttler: Gott und Raum. Theologie der Weltgegenwart Gottes. Göttingen 2010.

von dem gelebten Gleichgewicht zwischen räumlicher Wahrnehmung und einem sprachlichen Ausdruck des Raumes muss die Theologie präventiv einer Eindeutigkeit und Einseitigkeit in digital geführten Diskursen vorbeugen. Ihren Standpunkt außerhalb, jenseits vom Verfügbaren, muss Theologie dabei starkmachen. Es geht darum, den utopischen Raum Gottes – der sich einem markierten Ort widersetzt – immer wieder als den Raum des radikal Anderen wahrzunehmen, der menschliches Handeln auch in der einen digital-erweiterten Lebenswirklichkeit begrenzt. Die mediale Erweiterung des Lebensraumes bedeutet nicht zwangsweise die Schöpfung einer Parallelwelt. Der räumlich differenzierte Gottesbegriff (m)einer Theologie des Verlassens ermöglicht es, in seiner programmatischen Doppeldeutigkeit der Entkopplung und Entzweiung (Verselbständigung des Digitalen) von der konkreten Lebenswirklichkeit vorzubeugen. Obwohl Gott sich verlässt, einer von uns Menschen wird, verlässt er sich zugleich darin genau auf sich. Seine Treue garantiert es, die entscheidende Differenz von Immanenz und Transzendenz zu bewahren.[76] Die Theologie nimmt in dieser Hinsicht eine ethische Haltung ein, die sich nicht gegen den Prozess der Digitalisierung wendet, sondern vielmehr darin äußert, den durch die Digitalisierung sich immer wieder verändernden digitalen Raum in Anbindung an die konkrete Lebenswirklichkeit zu gestalten. Es geht nicht um ein Verbot, sondern vielmehr darum, den eigenen Standpunkt immer wieder zu verlassen, um das in sich differenzierte Raumangebot Gottes – den utopisch unverfügbaren Raum Gottes im Digitalen, der sich dem Menschen in seiner Komplexität entzieht – anzuerkennen. Dieser Gedanke des in sich differenzierten Raumes Gottes, der die (digitale) Komplexitätssteigerung als einen theologischen Reichtum versteht und zugleich der Komplexitätsreduktion in Gestalt von Polarisierung, Populismus und Fundamentalismus präventiv vorbeugt sowie begrenzt, wird im Folgenden christologisch begründet und vertieft.

2.4. Christologische Vertiefung: Überlegungen im Zeitalter der Digitalisierung

Der Schöpfungsgedanke verspricht der Theologie weder ewige Ruhe noch Harmonie oder Klarheit, sondern öffnet kontinuierlich Zwischenräume, in denen vor allem die Fähigkeit, sich in ihnen zu verständigen, von entscheidender Bedeutung ist. Diesen Gedanken habe ich eingangs verdeutlicht. Die Räume werden in ihrem ewigen Werden nicht vermittelt, sondern indem Theologie(n)

76 Vgl. Valentin: *Versprechen*. S. 352 f.

sich verständigt/verständigen, blitzen sie auf und schärfen in ihrer augenblicklichen Erscheinung den theologischen Blick ausgehend vom Anderen: Gottes tragendes Wort im Fleisch (er)trägt alles und bleibt dabei sich in der Welt, im Selbstverhältnis und im Verhältnis zu seinen Geschöpfen treu.

Christologisch ausgedrückt: Jesus Christus ist der sprachliche Ausdruck der lebendigen, schöpferischen, immerwährenden räumlichen Differenz des Vaters. Ich deute den Leib im Spannungsfeld von Tod, Kreuz und Auferstehung in räumlicher Anbindung als ursprüngliche Einheit des schöpferischen Sprachgeschehens, zugleich als das theologische Narrativ, das die räumliche Mehrdeutigkeit und Uneinheitlichkeit trägt und es ermöglicht, ein dynamisches, in-sich zu unterscheidendes Ganzes der Schöpfung anzuerkennen. Um den Kern der Hoffnung christlicher Überzeugung auch in Zeiten der Digitalisierung und einer Komplexitätssteigerung menschlicher Lebenswirklichkeit zu bewahren, gilt es, die (alte) Frage nach dem Verhältnis von Geist und Materie neu zu bedenken. Dabei liegt die Herausforderung darin, das Menschenbild und den Gottesbegriff, insbesondere das Verhältnis von Schöpfer und Geschöpf, christologisch unter den neuen Vorzeichen zu reflektieren. Es geht um

> weit mehr als nur [um] eine neue Präsentationsform für die von uns verfassten, uns vertrauten Texte und Medien, [...] aus der Digitalisierung ergibt sich eine so weitgehend synchrone und diachrone Vernetzung von Daten, dass sich hier eine neue Wirklichkeitskonstruktion auftut, die allein mit den bewährten Deutungsmustern der analogen Vergangenheit nicht mehr verstehbar oder beherrschbar sein wird.[77]

Es gilt theologische als einziges „Gegengift gegen [zum Teil] monetär getriebene Enteignungs- und Transformationsenergien“[78] der großen Internetkonzerne, die sich digital ihren Raum nehmen, die unverfügbare Leerstelle der Vielfalt von Auferstehungsnarrativen im utopischen Raum Gottes zu bewahren.

Ausgehend von einem christologisch erweiterten Verständnis des Leibs – der Sohn ist Leib und hat einen Körper[79] – vollzieht sich theologische Rede als

---

77 Sander: *Wie Digitalisierung Theologie verändern kann*. S. 105.

78 Valentin: *Versprechen*. S. 348.

79 Levinas denkt den Leib als Zusammenschau von Transzendenz und Immanenz. Leiblichkeit bedeutet, in der Welt und zugleich ihr gegenüber zu sein. Die Leibdimension ermöglicht es, zu denken, dass der Mensch fähig sei, sich in Beziehung zur Transzendenz wahrzunehmen. Letztere deutet Levinas ethisch und begründet damit die Ethik als erste Philosophie und Theologie. Vgl. Emmanuel Levinas: Totalität und Unendlichkeit. 5. Aufl. Freiburg 2014. S. 235–238.

ein lebendiger Widerspruch *par excellence:* Als „inkarniertes Bewusstsein“[80], als „Organ der Transzendenz“[81], deute ich den Leib *materialiter* als konkreten Raum der Gnade und Grenze, der in seiner Doppeldeutigkeit fähig ist, situativ differenziert eine Orientierung zu bieten. Die in sich differenzierte schöpferische Leibdimension ermöglicht es, die christologische Verständigung nicht nur wahrzunehmen, sondern bindet sie konkret an die ganze Lebenswirklichkeit. Deren (digitalem) Wandel gemäß fordert die christliche Theologie, der räumlichen Verselbständigung und Vergöttlichung entgegenzuwirken. Ihre Art der Verständigung sucht unentwegt danach, die sie einende korrigierende Mitte wahrzunehmen und anzuerkennen, ohne die Differenz der Räume aufzuheben. Indem sie kommuniziert, leistet sie einen konstitutiven Beitrag *innerhalb* der digitalen sowie zugleich *zwischen* digitaler und analoger Lebenswirklichkeit: Die leibliche Auferstehung liegt nicht in der Vergangenheit, sondern wirkt gerade in den Zwischenräumen (in) der Komplexität unserer unverfügbaren Wirklichkeit fort. Sie ermöglicht inmitten der kulturellen Transformationsprozesse, Anbindung und Beziehung fluide-dynamisch zu denken und bewahrt die Geschichtlichkeit im ganzen Raum Gottes. In dieser Gestalt radikaler Alterität von Tod und Auferstehung findet sich in der Dimension vom leiblich-geschenkten Raum das notwendige „Gegengift“ (Joachim Valentin). In einem differenzierten Wahrnehmen des komplexen Christusgeschehens im Spannungsfeld von Leib und Auferstehung (zeitlich-räumliche Dimension der Transzendenz), Körper und Tod (räumlich-zeitliche Dimension der Immanenz), bindet das christliche Narrativ der leiblichen Raumgabe im komplexen Auferstehungsnarrativ Differenz und Mehrdeutigkeit aneinander. Als Widerspruch zu binär-dichotomisch fixierten Beziehungen und Diskursen, isolierten digitalen Räumen (Echokammern und Filterblasen) verspricht die christlich-theologische Rede ihre (unverfügbare) Hoffnung und ermöglicht es, die Verheißung in Beziehung zum Ganzen zu leben. Darin begründet sich ihre Orientierungsaufgabe als Öffentliche Theologie.[82] In der Spannung von Tod und Auferstehung, in der radikalen Hingabe

---

80 Emmanuel Levinas: Wenn Gott ins Denken einfällt. Diskurse über die Betroffenheit von Transzendenz. 4. Aufl. Freiburg 2004. S. 201.

81 Emmanuel Levinas: Intentionalität und Empfindung. In: Ders.: *Die Spur*. S. 154–184. Hier S. 180.

82 Axel Siegemund betont in dieser Hinsicht im Zeitalter der Digitalisierung die Aufgabe der Öffentlichen Theologie, das Verhältnis von Pluralität und Orthodoxie im Blick zu haben. Digitale Möglichkeiten müssen analog gebunden sinnstiftend als Beitrag zur Identitätsbildung der Öffentlichkeit zur Verfügung gestellt werden. Vgl. Siegemund: *Öffentliche Theologie*. S. 92 f.

Gottes in Jesu Christus, konstituiert sich eine Sprache, die fähig ist, in der gegenwärtig unverfügbaren Kultur der Digitalität die Menschen räumlich zu orientieren. „Und am dritten Tage ist er auferstanden von den Toten…" darf nicht primär zeitlich, sondern muss zugleich räumlich als immerwährende Möglichkeit – d.h. auch im Zeitalter der Digitalisierung und in der einen digital-medial erweiterten Lebenswirklichkeit – gehört werden, um neue/andere Auferstehungsnarrative wahrzunehmen. Das bedeutet Gottes anwesende Abwesenheit bzw. nahe Ferne[83] ethisch und utopisch zu bekennen, der Transzendenz in der Immanenz ein Gesicht zu geben. Die Resonanz der leiblichen Auferstehung endet nicht digital; vielmehr vollendet sie sich immer wieder im Bekenntnis zur Differenz im Sinne einer Theologie des Verlassens *körperlich sichtbar*.[84] Demzufolge verstehe ich (Neu-)Schöpfung im Digitalen als Wahrnehmung von/Glaube an Gottes schöpferische/r Raumgabe inmitten der Verstrickung von komplexen (digital-analogen) kulturellen Transformationsprozessen. „Schöpfung heißt ja gerade Wahrnehmung der Welt als auf Gottes freies Handeln bezogen"[85]. Insbesondere auf dem Weg zum Web 4.0 wird (möglicherweise) der fragile Grundriss der Theologie deutlich, und umso deutlicher die Bedeutung eines verschärften *wahrnehmenden* Glaubens. In dieser Hinsicht ermöglicht die christologische Ausrichtung, insbesondere der Appell es, die Theologie räumlich zu denken, digitale Räume konstruktiv, beispielsweise im Sinne der gerechten gesellschaftlichen Teilhabe aller, theologisch zu integrieren und (sozial-)ethisch zu nutzen. Dabei wird deutlich, dass es theologisch-christologisch um die ursprüngliche „Abhängigkeit vom Anderen" geht, die das Korrektiv des Transzendenten bewahrt, indem sie die leibliche (unverfügbare) Anbindung im Digitalen theologisch begründet, sie körperlich konkret *zwischen* Digitalem und Analogem christologisch sichtbar ausdrückt. Jede Wissenschaft muss in Beziehung von digitalen und analogen Elementen in der Welt Orientierung anbieten; die Theologie tut dies insbesondere unter Berücksichtigung dieser Bedeutung von

83 Den Begriff der „nahen Ferne" nutze ich in Anlehnung an Marquarts Deutung, der damit die Unverfügbarkeit Gottes in der Schrift zum Ausdruck bringt. Vgl. Marquardt: *Eia, wärn wir da*. S. 396.

84 Marquardt deutet in Anlehnung an Levinas das Doppel-Bekenntnis zum wahren Menschen und wahren Gott im Sinne des Sagens, der ethischen Sprachen des Anderen, die Levinas als Aufforderung der Alterität versteht und die den impliziten Verweiszusammenhang von Symbol/Zeichen und Bedeutung aufbreche. Vgl. a.a.O. S. 551.

85 Askani: *Schöpfung*. S. 52. Im Sinne Askanis lese ich den Begriff der Wahrnehmung nicht nur phänomenologisch, sondern, dem Anspruch des radikalen Aufbruchs Levinas' folgend, jenseits von Erscheinung in der unverfügbaren Dimension als Schöpfungsglaube.

Transzendenz im/am digitalen „Ort des überindividuellen Geistes“[86], der unsere komplexe Welt steuert. Allein im Bewusstsein einer Abhängigkeit außerhalb/jenseits des „Dataismus“ kann die Kultur der Digitalität im Allgemeinen, die *User* im „Internet der Dinge“[87] im Besonderen, menschenwürdig geleitet, anstatt via Algorithmen gesteuert werden.

3. Schlussbemerkungen

Die theologische Rede von der Verheißung *in der Zeit* vollzieht sich nur in dieser komplex-differenzierten räumlichen Anbindung an die situativ konkrete erlebte und zu erlebende (digitale) komplexe Lebenswirklichkeit. Während im Humanismus galt: „Hör auf Deine Gefühle!“, wird im Dataismus auf die Algorithmen gehört. Wissenschaft erklimmt den Thron des absoluten Dogmas, Intelligenz koppelt sich vom bewussten Erleben, von Körpern und Sinnlichkeit ab; und Algorithmen kennen uns, so die Dystopie von Harari, möglicherweise besser als wir uns selbst.[88] Christologisch die Wahrnehmung/den Glauben zu schärfen,[89] ermöglicht es der Theologie, sich in der christologischen Mitte – verstanden als leiblich-körperlicher Beziehungs- und Diskursraum – im komplexen Leben zu verankern.[90] Ohne festen Grund, d.h. ohne fixierbaren, markierten Ort, übernimmt sie in Anerkennung der christologisch anbindenden räumlichen Differenz ihre Verantwortung, Orientierung zu geben. Im Spannungsraum von Grenze und Gnade, vom Baum des Lebens und der Erkenntnis, verständigt sich die theologische Rede immer wieder neu: konstituiert die räumlich-leibliche

86 Sander: *Wie Digitalisierung Theologie verändern kann*. S. 100.

87 Vgl. https://www.infineon.com/cms/de/discoveries/internet-der-dinge-basics (zuletzt 17.04.2023).

88 Harari: *Homo Deus*. S. 505.

89 Angelehnt an Andreas Reckwitz verstehe ich unter *aisthesis* Wahrnehmungsprozesse, die als „eigendynamische Prozesse […] sinnlicher Wahrnehmung […] sich aus der Einbettung in zweckrationales Handeln gelöst haben“ und neue produktive Räume erschließen. Reckwitz: *Die Erfindung*. S. 23.

90 In kritischer Abgrenzung zu Karl Barth wird hier ausgehend vom Grundriss einer Theologie des Verlassens eine eigenständige christologische Vertiefung des Raums Gottes vorgeschlagen, die „die Differenz zwischen Gottesraum und geschaffenem Raum“ abbildet und nicht, wie Barth in KD II/1 Gefahr läuft, Christologie ekklesiologisch aufzuheben. Matthias D. Wüthrich: Raum Gottes. Ein systematisch-theologischer Versuch, Raum zu denken. Göttingen 2015. S. 438.

Mitte.[91] Als Sprache der qualitativen Differenz eröffnet die theologische Rede in Jesus Christus die schöpferische, mehrdeutige Mitte. Inmitten der Entstehung von neuen kulturell-komplexen, hoch ausdifferenzierten (digitalen) emergenten Räumen kann und muss christologisch die notwendige Differenz betont werden, die kulturell-glokale[92] Transformationsprozesse gesellschaftlich anbindet, indem sie immer wieder zum komplexen Leibgeschehen von Tod und Auferstehung zurückkehrt. Es reicht nicht, den utopischen Raum Gottes äußerlich wahrzunehmen. Die christologische Lesart nimmt ihren Anfang darin, dass die Theologie sich immer wieder verlässt, dem Anruf des Anderen ausgeliefert, zum Bewusstsein der geschöpflichen leiblichen Abhängigkeit zurückkehrt:

> Der Leib ist weder Hindernis, das der Seele entgegensteht, noch Grab, das sie gefangen hält, vielmehr das, wodurch das Sich die Empfänglichkeit selbst ist. Äußerste Passivität der „Inkarnation" – ausgesetzt sein […]. Diesseits des Nullpunkts der Reglosigkeit und des Nichts, defizitär gegenüber dem Sein, im Sich und nicht im Sein, eben ohne Ort, um sich hinzulegen, im Nicht-Ort, eben ohne Stellung, ohne Stand, ohne Rang – erweist sich das Sich als Träger der Welt, trägt es die Welt, erleidet es die Welt.[93]

---

91 Vgl. Dietrich Bonhoeffer: Schöpfung und Fall. Theologische Auslegung von Genesis 1–3. 4. Aufl. München 2015. S. 61.

92 Der Begriff der Glokalisierung geht im englischen Sprachraum auf den Soziologen Roland Robertson (Glocalization: Time – Space and Homogenity – Heterogenity. In: Scott Lash, Roland Robertson (Hg.): Global Modernities. London 1995. S. 25–44) zurück. Ich nutze den Begriff unter Berücksichtigung der Kritik Volker Küsters vorrangig als Ausdruck für die Wechselwirkung des Globalen und Lokalem in komplexen kulturellen (digitalen) Transformationsprozessen im Zeitalter der Globalisierung und Digitalisierung. Vgl. Volker Küster: Einführung in die Interkulturelle Theologie. Göttingen 2011. S. 88 f.

93 Levinas: *Jenseits des Seins*. S. 242.

Anhang: Call for papers (2022)

Theologie angesichts des Digitalen

Öffentliche Nachwuchstagung zu den theologischen Herausforderungen durch Digitalität und Digitalisierung (22–23 Sep. 2022, Frankfurt (Dr. Roman Winter-Tietel, Prof. Dr. Lukas Ohly))

***

Während die Digitalisierung gegenwärtig zu *dem* Megathema unserer Zeit (über)erhoben wird, findet es zwar in der Praktischen Theologie sowie in der Theologischen Ethik Beachtung, kaum jedoch in der Dogmatik. Andere Wissenschaften sind um einiges aktiver: die Philosophie, die Soziologie und andere Disziplinen erkennen die massiven gesellschaftlichen, anthropologischen, kulturellen und zum Teil religiösen Transformationen durch die Digitalisierung (unter dem Stichwort *Digitalität*) und reagieren zunehmend darauf. Die Dogmatik aber scheint zu schweigen, und wartet – wie so oft? Ein Schweigen kann bewusst die eigene Verwiesenheit und schlechthinige Abhängigkeit von einem außerhalb ihres selbst liegenden Erschließungsereignisses sein – oder einfach die eigene Sprachunfähigkeit vermitteln. Wenn aber religiöse, abergläubische oder synkretistische Vorstellungen den Menschen heute in Film, Literatur und zum Teil wissenschaftlicher Technikforschung begegnen, darf man sich wundern, warum die Systematische Theologie kaum etwas, oder oft nur Ablehnendes, zu diesen Visionen zu sagen hat. Gerade *weil* es *Visionen* und *Prophezeiungen* vom augmentierten Menschen, von autonomen und stark-intelligenten Wesen sind, die das menschliche Leben angeblich gänzlich verwandeln werden, darf man sich fragen, warum die Theologie heute so völlig visions- und prophezeiungsarm ist. Eine mögliche Erklärung könnte sein, dass TheologInnen nach wie vor versuchen, die „Phänomene mit den Worten der alten Welt zu beschreiben, und [dabei] spüren, dass [sie] damit scheitern" (Haberer 2015, 8). Die ihrem Wesen nach zurecht rückwärtsgewandte Theologie – wie auch die anaphorische Dimension des Glaubens (Dalferth) – versagt vielleicht darin, eine visionäre Sprache und Systematik zu entwickeln.

Die Dogmatik hat zur Aufgabe – ausgehend vom sich selbst erschließenden und das menschliche Sein neu lozierenden Ereignis (Offenbarung) –, die Situation des christlichen Daseins in der Welt kritisch zu evaluieren, um Orientierungslinien zu ziehen. Dabei ist der Rückgriff auf ihr eigenes Ursprungsereignis (Christusbekenntnis) zwar unabdingbar, bedarf aber der Reflexion von

Theologie, um die gerade heute sich rapide transformierende Lebenswirklichkeit adäquat zu erfassen. Sonst spricht der Glaube an der Welt vorbei oder wird in ihr stumm. Ohne wahres Verständnis der Lebenswirklichkeit auf der einen Seite und ohne den Bezug auf die eigenen Bedingungen der Möglichkeit von Theologie überhaupt scheint das Gestaltungspotential des christlichen Glaubens in unserer Gesellschaft kraftlos.

Vielleicht aber fehlt auch der Mut, die Symbole und Bilder der Welt theologisch so zu reflektieren und zu transformieren, dass aus ihnen jene Symbole des Glaubens werden. Man nehme z.B. die herausfordernde Frage nach dem augmentierten menschlichen Leib: Wenn es zunehmend möglich wird, unsere Leibsynthese durch künstliche Teile zu ergänzen oder zu ersetzten, rücken für viele Menschen heute die theologischen Fragen nach der Schöpfung, nach dem Auferstehungsleib, nach unserer Identität und nach dem (ewigen/sinnvollen) Leben direkt in ihren Lebenshorizont. Hier versprechen die (falschen) Propheten jene Inhalte christlicher Symbolik, mit denen die früheren Zeitalter dauerhaft bestimmt waren: Neuschöpfung, Auferstehung, usw. Schon allein also auf der symbolischen Ebene gäbe es die Möglichkeit einer kritischen Kommensurabilität: Was ist christlich an den heutigen Vorstellungen und zum Teil Wirklichkeiten der Technikentwicklung? Eine Ablehnung digitaler Transformation oder der quasireligiösen Symbole sollte nicht zu schnell riskiert werden; ihr fehlt nämlich ein christlicher Gegenentwurf, sie vermag es nicht, oder nur negativ, auf die sich vollziehenden Transformationen mit einer originären Vision Einfluss zu nehmen. Die Verwerfung ermangelt der christlichen Verantwortung für die Zukunftsgestaltung. Aber eine Kritik darf nicht ausbleiben; denn sie bietet die Ausgangsbasis für eine theologische Positionierung angesichts des Digitalen. Die folgenden Fragen markieren solche Horizonte, die von einer gestaltungswilligen und verantwortungsbewussten Systematischen Theologie zu bearbeiten wären:

1) Künstlich-intelligente Wesen umgeben unseren Alltag bereits jetzt und werden in Zukunft komplexer und „autonomer" – Wie ist ihr Status *coram Deo* zu verstehen? Müssen wir über die Sünde und Erlösung solcher Entitäten ernsthaft nachdenken? Wie gestalten sie unsere Beziehung zu Gott? Welche Stellung nehmen Sie in, oder bezüglich der Schöpfung ein? Was kann Theologie ethisch zur Funktion und zum Ziel solcher Wesen beitragen?
2) Die technische Augmentierungen unserer Leibsynthese nimmt zu – Was bedeutet das für unsere Identität, und welche Relevanz würde eine technisch-transformierte Identität auf das Symbol unserer Auferstehung haben? Gibt es eine Grenze von Künstlichkeit für das Selbst, das glaubende Selbst? Wieviel sinnvolles (wahres) Leben steckt in Künstlichkeit? Wie erkennt sich der

Mensch noch als Geschöpf, wenn alle zu Schöpfungen werden? Transformiert das Digitale auch unsere Erkenntnis/Denken vom Menschen?

3) Das Leben teilt sich bereits heute wesentlich in zwei Bereich auf: Realität und Virtualität (Cyberspace) – Wie kann sich die glaubende Existenz im Virtuellen gestalten? Wieviel Kirche, Sakramente, Glauben ist digital-vermittelt möglich, sinnvoll, christlich? Ist der christliche Glaube selbst – oder das Reich Gottes – virtuell-immersiv? Gibt es eine christliche Vision des Internets, eine Eschatologie des Virtuellen? Erschließt sich Gott digital? Von welchem Ort aus sind Urteile über Virtuelles-Reales möglich?
4) Zuletzt kann die Reflexion auf die Theologie selbst bezogen werden: Wenn Digitalität heute maßgeblich unsere Lebenswirklichkeit in Beschlag nimmt, welche Auswirkungen hat das auf die Art und Weise, Theologie zu treiben (Spadaro 2014)? Ist die Theologie vielleicht schon selbst digital transformiert und diskursiv präformiert, ohne sich dessen bewusst zu sein?

Das sind beispielhafte Fragen, die erst am Anfang einer zukunftsgestaltenden Theologie stehen. Manche Szenarien werden zwar nicht eintreten, andere wiederum so, wie wir es noch nicht vorzeichnen können. Es kann nicht darum gehen, *konkrete Technik* theologisch zu evaluieren, sondern Strukturen und Prozesse zu erkennen, die theologisch relevant sind und nach einer neuen theologischen Hermeneutik verlangen.

Obgleich dieser Themenkomplex vornehmlich eine systematisch-theologische Problemstellung beinhaltet, sind alle theologischen Disziplinen gefragt, einen Beitrag zu leisten. Die nachwuchswissenschaftliche Tagung soll sich diesem gesamten Problemfeld aus Digitalität, Digitalisierung und deren Herausforderungen für die Theologie selbst stellen. Ausdrücklich sind junge WissenschaftlerInnen aufgerufen, ihre bereits begonnenen oder aufgrund dieser Anregungen inspirierten Projekte vorzustellen. Wir wollen klären, inwieweit die heutigen Fragen aus der alten Welt zu beantworten sind; inwiefern die Antworten im hermeneutischen Zirkel zwischen theologischen Einsichten und originären Visionen von *digital natives* stehen. Das Thema soll überwiegend durch TheologInnen reflektiert und erschlossen werden. Gerne begrüßen wir aber auch PhilosophInnen und andere angelehnte WissenschaftlerInnen mit theologischer Affinität.

Theologisch-Philosophische Beiträge zu Gegenwartsfragen

Herausgegeben von Susanne Dungs, Uwe Gerber,
Hendrik Klinge, Lukas Ohly und Andreas Wagner

Band 1 Walter Bechinger / Uwe Gerber / Peter Höhmann (Hrsg.): Stadtkultur leben. 1997.

Band 2 Elisabeth Hartlieb: Natur als Schöpfung. Studien zum Verhältnis von Naturbegriff und Schöpfungsverständnis bei Günter Altner, Sigurd M. Daecke, Hermann Dembowski und Christian Link. 1996.

Band 3 Uwe Gerber (Hrsg.): Religiosität in der Postmoderne. 1998.

Band 4 Georg Hofmeister: Ethikrelevantes Natur- und Schöpfungsverständnis. Umweltpolitische Herausforderungen. Naturwissenschaftlich-philosophische Grundlagen. Schöpfungstheologische Perspektiven. Fallbeispiel: Grüne Gentechnik. Mit einem Geleitwort von Günter Altner. 2000.

Band 5 Stephan Degen-Ballmer: Gott – Mensch – Welt. Eine Untersuchung über mögliche holistische Denkmodelle in der Prozesstheologie und der ostkirchlich-orthodoxen Theologie als Beitrag für ein ethikrelevantes Natur- und Schöpfungsverständnis. Mit einem Geleitwort von Günter Altner. 2001.

Band 6 Katrin Platzer: *symbolica venatio* und *scientia aenigmatica*. Eine Strukturanalyse der Symbolsprache bei Nikolaus von Kues. 2001.

Band 7 Uwe Gerber / Peter Höhmann / Reiner Jungnitsch: Religion und Religionsunterricht. Eine Untersuchung zur Religiosität Jugendlicher an berufsbildenden Schulen. 2002.

Band 8 Walter Bechinger / Susanne Dungs / Uwe Gerber (Hrsg.): Umstrittenes Gewissen. 2002.

Band 9 Susanne Dungs / Uwe Gerber (Hrsg.): Der Mensch im virtuellen Zeitalter. Wissensschöpfer oder Informationsnull. 2004.

Band 10 Uwe Gerber / Hubert Meisinger (Hrsg.): Das Gen als Maß aller Menschen? Menschenbilder im Zeitalter der Gene. 2004.

Band 11 Hubert Meisinger / Jan C. Schmidt (Hrsg.): Physik, Kosmologie und Spiritualität. Dimensionen des Dialogs zwischen Naturwissenschaft und Religion. 2006.

Band 12 Lukas Ohly: Problems of Bioethics. 2012

Band 13 Lukas Ohly: Gestörter Friede mit den Religionen. Vorlesungen über Toleranz. 2013.

Band 14 Uwe Gerber: Gottlos von Gott reden. Gedanken für ein menschliches Christentum. 2013.

Band 15 Uwe Gerber: Fundamentalismen in Europa. Streit um die Deutungshoheit in Religion, Politik, Ökonomie und Medien. 2015.

Band 16 Lukas Ohly (Hrsg.): Virtuelle Bioethik. Ein reales Problem? 2015.

Band 17 Lukas Ohly / Catharina Wellhöfer: Ethik im Cyberspace. 2017.

Band 18 Lukas Ohly: Theologie als Wissenschaft. Eine Fundamentaltheologie aus phänomenologischer Leitperspektive. 2017.

Band 19 Lukas Ohly: Neue Grundlegungen der Theologischen Ethik bis zur Gegenwart. 2018.

Band 20 Gerhard Schreiber: Happy Passion. Studies in Kierkegaard's Theory of Faith. 2018.

Band 21 Uwe Gerber: Individualisierung im digitalen Zeitalter. Zur Paradoxie der Subjektwerdung. 2019.

Band 22 Lukas Ohly: Ethik der Robotik und der Künstlichen Intelligenz. 2019.

Band 23 Lorenz von Hasseln: Technologischer Wandel als Transformation des Menschen. Forschungsprogramm Transhumanismus. 2021.

Band 24 Lukas Ohly: Gerechtigkeit und gerechtes Wirtschaften. 2021.

Band 25 Uwe Gerber: Protestantismus heute. Potentiale – Pathologien – Paradoxien . 2022.

Band 26 Lukas Ohly: Ethik der Kirche. Ein vernachlässigtes Thema. 2022.

Band 27 Roman Winter-Tietel / Lukas Ohly (Hrsg.): Theologie angesichts des Digitalen. Beiträge zu den theologischen Herausforderungen durch Digitalität und Digitalisierung. 2023.

www.peterlang.com

www.ingramcontent.com/pod-product-compliance
Lightning Source LLC
LaVergne TN
LVHW050142060326
832904LV00004B/126

* 9 7 8 3 6 3 1 8 9 5 8 8 7 *